松宮孝明 編
Takaaki Matsumiya

判例刑法演習

法律文化社

目　次

序　章　刑法判例の読み方
- Ⅰ　本書の目標 ………………………………………………………………… 1
- Ⅱ　本書において学んでほしいこと ………………………………………… 1
- Ⅲ　「判例」とは何か？ ……………………………………………………… 2

第1章　「因果関係」を論じる意味——「米兵ひき逃げ」事件
1. 事実関係 ………………………………………………………………… 14
2. 裁判所の判断 …………………………………………………………… 15
3. 当該判例について検討すべき論点 …………………………………… 16
4. 当該判例の射程 ………………………………………………………… 27

第2章　不作為の因果関係・殺人罪と保護責任者遺棄致死罪との関係 ——「十中八九」事件
1. 事実関係 ………………………………………………………………… 29
2. 裁判所の判断 …………………………………………………………… 30
3. 当該判例について検討すべき論点 …………………………………… 31
4. 当該判例の射程 ………………………………………………………… 40

第3章　正当防衛・過剰防衛——「ゴミ捨て場闘争」事件
1. 事実関係 ………………………………………………………………… 42
2. 裁判所の判断 …………………………………………………………… 43
3. 当該判例について検討すべき論点 …………………………………… 43
4. 当該判例の射程 ………………………………………………………… 53
5. 補論：侵害終了後の防衛行為（「量的過剰」）……………………… 53

第4章　緊急避難——「オウム真理教集団リンチ殺人」事件
1. 事実関係 ………………………………………………………………… 57
2. 裁判所の判断 …………………………………………………………… 58

i

3　当該判例について検討すべき論点……………………………………60
　　4　当該判例の射程……………………………………………………………75

第5章　事実の錯誤──「窃盗と遺失物等横領の間の錯誤」事件
　　1　事実関係……………………………………………………………………81
　　2　裁判所の判断………………………………………………………………82
　　3　当該判例について検討すべき論点……………………………………82
　　4　当該判例の射程……………………………………………………………93
　　5　補論：方法の錯誤について……………………………………………94

第6章　過失致死傷罪と「信頼の原則」──「黄色点滅信号機」事件
　　1　事実関係……………………………………………………………………98
　　2　裁判所の判断………………………………………………………………99
　　3　当該判例について検討すべき論点……………………………………101
　　4　当該判例の射程……………………………………………………………108

第7章　早すぎた構成要件実現と実行の着手
　　　　　──「クロロホルム殺人」事件
　　1　事実関係……………………………………………………………………111
　　2　裁判所の判断………………………………………………………………112
　　3　当該判例について検討すべき論点……………………………………113
　　4　当該判例の射程……………………………………………………………125

第8章　共同正犯と正当防衛──「仲間の過剰防衛」事件
　　1　事実関係……………………………………………………………………130
　　2　裁判所の判断………………………………………………………………132
　　3　当該判例について検討すべき論点……………………………………133
　　4　当該判例の射程……………………………………………………………137

第9章　共犯からの離脱または共謀関係の解消
　　　　　──強盗着手前離脱事件
　　1　事実関係……………………………………………………………………140
　　2　裁判所の判断………………………………………………………………141
　　3　当該判例について検討すべき論点……………………………………142

目　次

　　4　当該判例の射程 ……………………………………………………… 154

第10章　共犯と「条件付故意」──「K-1脱税」事件
　　1　事実関係 ……………………………………………………………… 161
　　2　裁判所の判断 ………………………………………………………… 162
　　3　当該判例について検討すべき論 …………………………………… 164
　　4　当該判例の射程 ……………………………………………………… 172

第11章　他殺と自殺関与の区別
　　　　　──「自動車による海中飛込み強制」事件
　　1　事実関係 ……………………………………………………………… 176
　　2　裁判所の判断 ………………………………………………………… 178
　　3　当該判例について検討すべき論点 ………………………………… 179
　　4　当該判例の射程 ……………………………………………………… 186

第12章　承継的共（同正）犯──暴行加担事件
　　1　事実関係 ……………………………………………………………… 188
　　2　裁判所の判断 ………………………………………………………… 189
　　3　当該判例について検討すべき論点 ………………………………… 191
　　4　当該判例の射程 ……………………………………………………… 197

第13章　事後強盗罪の法的性格──「パチスロロム取替え」事件
　　1　事実関係 ……………………………………………………………… 201
　　2　裁判所の判断 ………………………………………………………… 202
　　3　当該判例において検討すべき論点 ………………………………… 203
　　4　当該判例の射程 ……………………………………………………… 212

第14章　財産上不法の利益──「暗証番号聞き出し」事件
　　1　事実関係 ……………………………………………………………… 216
　　2　裁判所の判断 ………………………………………………………… 218
　　3　当該判例について検討すべき論点 ………………………………… 219
　　4　当該判例の射程 ……………………………………………………… 229

iii

第15章　詐欺罪と財産上の損害——「搭乗券」事件

1. 事実関係 ·· 234
2. 裁判所の判断 ··· 235
3. 当該判例について検討すべき論点 ·································· 237
4. 当該判例の射程 ··· 245
5. 補論：暴力団であることを秘してゴルフ場の利用を申し込む行為と欺く行為 ··· 246

第16章　不法領得の意思——「國際航業」事件

1. 事実関係 ·· 252
2. 裁判所の判断 ··· 253
3. 当該判例について検討すべき論点 ·································· 257
4. 当該判例の射程 ··· 263
5. 補論：交付罪における不法領得の意思 ··························· 264

第17章　「背任」の意味と背任罪の共犯——「北國銀行」事件

1. 事実関係 ·· 268
2. 裁判所の判断 ··· 270
3. 当該判例について検討すべき論点 ·································· 273
4. 当該判例の射程 ··· 282

第18章　「偽造」の意味——「法定代理人による偽造」事件

1. 事実関係 ·· 287
2. 裁判所の判断 ··· 288
3. 当該判例について検討すべき論点 ·································· 288
4. 当該判例の射程 ··· 293
5. 補論：「同姓同名」の利用や戸籍名での「偽造」？ ············ 294

第19章　主観的違法要素と必要的共犯——「昭電疑獄」事件

1. 事実関係 ·· 300
2. 裁判所の判断 ··· 300
3. 当該判例について検討すべき論点 ·································· 301
4. 当該判例の射程 ··· 310

第20章　横領の意味・不可罰的事後行為・公訴時効
　　　　　——「横領物の横領」事件

1	事実関係	314
2	裁判所の判断	315
3	当該判例について検討すべき論点	317
4	当該判例の射程	322
5	補論：「横領物」を譲り受けた者の共犯の成否および抵当権を設定させ土地売却をあっせんした銀行側の責任	324

あとがき
判例索引

略 語 表

刑　　録 ……… 大審院刑事判決録
刑　　集 ……… 大審院刑事判例集，最高裁判所刑事判例集
集　　刑 ……… 最高裁判所裁判集刑事編
裁　　時 ……… 裁判所時報
高刑集 ……… 高等裁判所刑事判例集
高刑速 ……… 高等裁判所刑事裁判速報集
裁　　特 ……… 高等裁判所刑事裁判特報
判　　特 ……… 高等裁判所刑事判決特報
東高時報 …… 東京高等裁判所刑事判決時報
下刑集 ……… 下級裁判所刑事判例集
刑　　月 ……… 刑事裁判月報
評論全集 ….. 法律評論全集
判　　時 ……… 判例時報
判　　タ ……… 判例タイムズ
新　　聞 ……… 法律新聞

序章

刑法判例の読み方

I　本書の目標

　本書は，刑法の総論と各論の知識を有機的に結びつけ，多様な事例に応用できることを目標とする演習書である。その中でも，とくに重点を置いているのは，共犯論や罪数論，各論の複合問題など，多様な犯罪類型を知って初めて応用できる法概念とそれに関する「判例」の射程，そして，「判例」が及んでいない部分での論理的な考え方，説得の仕方である。

　「判例」の射程を学ぶという作業は，司法試験合格だけを目的とするものではなく，合格後を見据えた教育をするものである。以下では，各テーマに応じて，それを具体的に説明しよう。

II　本書において学んでほしいこと

　本書を読んで学んでほしいことは，以下の事柄である。

① 各章の冒頭に掲げる裁判例（＝表題判例）が扱った事案の事実関係，すなわち重要な認定事実は何かを把握すること。
② その事件における主な争点と，それに関する両当事者の主張を把握すること。とりわけ，それは刑法のどの条文の解釈をめぐる争いかを意識すること。
③ それに対する裁判所の判断を明らかにすること（可能であれば，すべての審級について）。その際には，その判断を控訴・上告趣意と比較して理解すること。

④争点に現れなかったものも含めて，当該判例について検討すべき論点を明らかにし，これに関する「判例」および主な「学説」を把握すること。その際には，調査官解説および主な判例評釈などを参考にすること。
⑤表題判例の射程，すなわち「先例的価値」を明らかにすること。その際には，事案が似ていながら結論が異なった裁判例との比較が重要である。

なお，ここにいう「判例」とは，刑訴法405条2号にいう「最高裁判所の判例」，および同条3号にいう「大審院若しくは上告裁判所たる高等裁判所の判例又はこの法律施行後の控訴裁判所たる高等裁判所の判例」のことであり，下級審がこれと相反する判断を示したときには上告理由となるものであって，刑訴法410条により，上告裁判所が原判決を破棄するか，それとも，裁判所法10条に基づき，大法廷を開いて「判例」を変更し原判決を維持するかの選択を迫られるものを指す。

以下では，まず，この「判例」の意味を，具体的な裁判例を挙げて説明しよう。

Ⅲ 「判例」とは何か？

例：「親族間の犯罪に関する特例」(刑法244条) にいう「親族」の範囲
　表題判例：最決平成6・7・19刑集48巻5号190頁
　　参考判例①：最判昭和24・5・21刑集3巻6号858頁
　　参考判例②：東京高判昭和38・1・24高刑集16巻1号16頁
　　参考判例③：大判明治43・6・7刑録16輯1103頁
　　参考判例④：大判昭和12・4・8刑集16巻485頁

1 事実関係

　甲は，A株式会社が所有し，被告人と6親等の血族の関係にあるBの保管する現金を窃取した。なお，Bからは告訴はなされていない。
　　■主な争点■
　　　(i) 刑法244条にいう「親族」関係は，窃盗犯人と財物の占有者との間にあるだけでは足りないか？

> (ii)参考判例①は，本件の先例，つまり，本件につき刑訴法405条2号にいう「判例」となるか？

　刑法244条は，その第1項で「配偶者，直系血族又は同居の親族との間で第235条の罪，第235条の2の罪又はこれらの罪の未遂罪を犯した者は，その刑を免除する」と規定し，その第2項で「前項に規定する親族以外の親族との間で犯した同項に規定する罪は，告訴がなければ公訴を提起することができない」と規定している（なお，表題判例の当時は，現在の第1項と第2項はまとめて，244条1項として規定されていたので，決定の中では，現在の第2項も含めて，第1項と呼ばれている）。

　そこで，本件では，同居していない6親等の血族であるBが保管する現金を盗んだ甲につき，Bの告訴がなくても窃盗罪で公訴を提起し有罪を言い渡すことが許されるかどうかが問題となる。

　その答えは，刑法244条にいう「親族」関係が，窃盗犯人と誰との間の関係をいうのかによって異なる。これについては，1) 窃盗犯人と盗まれた財物の所有者との間の関係とする「所有者説」，2) 窃盗犯人と財物の占有者との間の関係とする「占有者説」，3) 窃盗犯人と財物の所有者および窃盗犯人と財物の占有者の双方の関係とする「双方説」が考えられる。このうち，2) の「占有者説」を採れば，本件では，盗まれた現金を保管していたBの告訴がないので，裁判所は，刑訴法338条により，判決で公訴を棄却すべきことになる。

　しかし，本件では，その第1審判決は公訴を棄却することなく被告人を窃盗罪で有罪とし，控訴審判決（＝原判決）もこれを認めた。そこで，弁護人は，最判昭和24・5・21（参考判例①）が「刑法第244条親族相盗に関する規定は，窃盗罪の直接被害者たる占有者と犯人との関係についていうものであって，……その物件の所有権者と犯人との関係について規定したものではない」と述べていることなどを根拠として，原判決を判例違反として破棄し，公訴を棄却すべきであると主張した（ほかに，参考判例②も挙げている）。

　なお，原判決は，従前の判例（参考判例③および④）が，窃盗犯人と財物の所有者との間には親族関係があるが窃盗犯人と財物の占有者との間に親族関係がない事案（以下，「第1類型」と呼ぶ）についても，窃盗犯人と財物の占有者との

間には親族関係があるが窃盗犯人と財物の所有者との間に親族関係がない事案（以下，「第2類型」と呼ぶ）についても，刑法244条の適用を否定してきたこと（つまり「双方説」を採用してきたこと）と，参考判例①は第1類型の事案に関するものであって，これとは事案を異にする第2類型の事案について，従前の判例と異なる判断を示しているとみることには疑問がある上，仮に，そのような判断を示しているとしても，この判決を第2類型の事案についての従前の判例を変更した判例として扱うのは相当でないと述べて，公訴棄却の主張を斥けていた。

2 裁判所の判断

本決定（「表題判例」）は，弁護人が判例違反の根拠として挙げた参考判例①は「事案を異にし本件に適切でな」いとしたうえ，以下のように述べて判例変更の手続きを取らずに，上告を棄却した。

「窃盗犯人が所有者以外の者の占有する財物を窃取した場合において，刑法244条1項が適用されるためには，同条1項所定の親族関係は，窃盗犯人と財物の占有者との間のみならず，所有者との間にも存することを要するものと解するのが相当であるから，これと同旨の見解に立ち，被告人と財物の所有者との間に右の親族関係が認められない本件には，同条1項後段（＝現在の第2項）は適用されないとした原判断は，正当である。」

3 当該判例について検討すべき論点

(1) 参考判例①は，本件の先例となるか？

弁護人がいうように，たしかに参考判例①は「刑法第244条親族相盗に関する規定は，窃盗罪の直接被害者たる占有者と犯人との関係についていうものであって，……その物件の所有権者と犯人との関係について規定したものではない」と述べている。これは，「占有者説」を述べたものである。したがって，これによれば，窃盗犯人が盗んだ財物の占有者の親族である場合には，刑法244条が適用されるべきことになる。

事実，参考判例②は，被告人の親族が他人から盗んできた財物を盗んだという「第2類型」に属する事案について，「刑法第244条の親族相盗に関する規定は，盗罪の直接被害者である被害物件の占有者と犯人との関係について規定したもので，所有者と犯人との関係について規定したものではないと解すべきことは昭和24年5月21日最高裁判所第二小法廷判決（刑事判例集3巻6号858頁以下参照）の判示するところ」であると述べて，窃盗罪を理由とする公訴を棄却した。

ところが，本件の原判決は，それまでの判例（参考判例③および④など）が「双方説」を採用してきたことや，参考判例①は「第1類型」の事案に関するもので，「第2類型」とは事案が異なることを理由に，「この判決を第2類型の事案についての従前の判例を変更した判例として扱うのは相当でない」と述べて，従来の「双方説」に従った判断をしている（そのほかにも，札幌高判昭和28・9・15高刑集6巻8号1088頁，名古屋高金沢支判昭和36・12・25高刑集14巻10号681頁，広島高松江支判昭和41・5・31判時485号71頁が，同様の判断を示している）。

そして，表題判例は，この点につき，参考判例①は「事案を異にし本件に適切でな」いと述べて，判例変更の手続きを取らずに，上告を棄却している。つまり，「事案が違うので参考判例①は本件の先例とならない」と述べているのである。

(2)「判例」とは何か？

つまり，最高裁は，刑訴法405条にいう「判例」とは，裁判所が述べる判決や決定の理由そのものや，その中の一般的な法令解釈を示した部分などではない，と考えているのである。なぜなら，そうではなくて「判例」とは理由中の一般的な法令解釈を示した部分だと考えるのであれば，参考判例①は，はっきりと，「刑法第244条親族相盗に関する規定は，窃盗罪の直接被害者たる占有者と犯人との関係についていうものであって，……その物件の所有権者と犯人との関係について規定したものではない」と述べているのであるから，本件のような「第2類型」の事案で公訴を棄却しなかった原判決に対しては，最高裁は，これを判例違反として破棄するか，それとも事件を大法廷に回付して判例変更の手続きを取るかのいずれかをしなければならなかったはずだからである。

これに対して，本件の原判決は，参考判例①を「本件のような第2類型の事

案についての従前の判例を変更した判例として扱うのは相当でない。」と述べている。つまり、参考判例①が現実に扱った事案である「第1類型」については刑法244条の適用を否定した結論は「判例」となるが、参考判例①が現実には扱っていなかった「第2類型」については、それは「判例」でないというのである。これは、現実に裁判所が扱った事案に対する結論が「判例」だという趣旨である。

つまり、参考判例①は、「第1類型」のような窃盗犯人と財物の占有者との間に親族関係がない事案について刑法244条の適用はないという結論を出しているので、「第1類型に刑法244条の適用はない」という部分が「判例」であり、表題判例では「第2類型に刑法244条の適用はない」という部分が「判例」だということである。もちろん、その際、窃盗犯人の年齢や性別などといった些細な事案の相違は、重要ではない。犯人が女性だから「占有者説」が採用されるといったことはないのである。したがって、「判例」とは、適用される法令にとって「重要な事実」に対する結論を意味することになる。

(3)「主論」と「傍論」

ということは、最高裁の裁判例でも、その理由の中に、「判例」となる部分とそうでない部分とがあるということである。参考判例①を例に取れば、これは「第1類型」の事案について刑法244条の適用を否定したものであるから、「刑法第244条親族相盗に関する規定は、窃盗罪の直接被害者たる占有者と犯人との関係についていうもの」であり、占有者と犯人との間に親族関係がない場合は刑法244条の適用はないという限りでは、これは「判例」なのである。したがって、裁判所がこれと矛盾する判断をすれば刑訴法405条にいう「判例」違反として上告理由となり、かつ、これを変更するには判例変更の手続きを取らなければならないことになる。

これに対して、「その物件の所有権者と犯人との関係について規定したものではない」という部分は、その扱った「第1類型」に属する事案の結論には関係がない。したがって、この部分は「判例」にならないのである。この部分を「傍論」と呼ぶ。

この「傍論」は、表題判例である本決定にもある。本決定は「第2類型」に属

する事案に関するものであるから，これについて刑法244条の適用がないという結論を導くには，「窃盗犯人が所有者以外の者の占有する財物を窃取した場合において，刑法244条1項が適用されるためには，同条1項所定の親族関係は，所有者との間に存することを要する」と述べておけば足りる。したがって，この部分が「主論」となる。これに対して，「窃盗犯人と財物の占有者との間のみならず」と述べている部分は，本件事案に刑法244条が適用されないという結論を導くためには不要な部分なので，「傍論」となる。

そして，この参考判例①と表題判例の双方の「主論」部分を合わせると，刑法244条の「親族」関係に関する現在の「判例」は「双方説」を採用している，という結論が導かれる。そこで，表題判例の「判例」としての意義は，これまでの最高裁が，窃盗犯人と財物の占有者との間には親族関係があるが財物の所有者との間には親族関係がないという「第2類型」の事案について判断を示していなかった点につき，初めて判断を示し，「双方説」が「判例」であることを明示したというところにある。

(4)「判例」の射程は何を「重要な事実」とみるかに左右される

ところが，このように，表題判例によって初めて，「判例」は「双方説」を採用したことが明示されたと考えることも，見方によっては早計であるかもしれない。次のような事例を考えてみよう。

　事例①：甲は，親族でないAが甲の父親Bの家から盗み出した骨董品を，父親に返すのではなく自己のものとして売り払う目的で，Aから盗んだ。なお，この骨董品の所有権はBにある。

事例①は，窃盗犯人と財物の所有者との間には親族関係があるが，財物の――不法な――占有者との間には親族関係がないという「第1類型」に属する事案と考えられる。また，甲は，所有者であるBのためにこの骨董品を取り返す目的で盗んだわけではない。したがって，これは適法な取り戻し行為ではない。加えて，甲は，この骨董品を自己のものとして売り払う目的をもっているので，「不法領得の意思」も認められる。

そうなると，事例①では，「第1類型」に関する参考判例①が先例として存

在するので，所有者との間の親族関係を理由として刑法244条の適用を認めると——それもBは甲の父親なので同条第1項により刑を免除すると——「判例」違反になるようにみえる。

　ところが，見方を変えると，この事例は，参考判例①とは「事案を異にする」ものとなる。すなわち，参考判例①の事案は，食肉組合の代表者が適法に保管していた財物の窃盗の事案で，窃盗犯人とこの「適法な占有者」との間に親族関係がなかったものであり，これに対して，事例①は窃盗犯人と「不法な占有者」との間に親族関係がないものであって，この点で事案を異にすると考えてみるのである。

　このようにみる根拠としては，「適法な占有者」は保護されるべきであるから，その人物と窃盗犯人との親族関係は重視されるべきだが，「不法な占有者」はそれ自身としては保護されるべきではなく，せいぜい，背後の所有者の保護に必要な限度で保護されるだけである——だから，窃盗犯人からの被害者による取り戻しは窃盗罪にならないが，窃盗犯人からさらに窃盗をすれば，窃盗罪になる——から，窃盗犯人が占有者とは親族でなくても，背後の所有者との間に親族関係がありさえすれば，刑法244条の適用を認めてもよいという考え方を挙げることができる。

　こうなると，この事例は「第1類型」に属するが，その中でも参考判例①の事案とは異なるもので，この事案については「判例」はないことになる。したがって，これについて刑法244条の適用を認めても，——その結論を妥当と考えるか否かとは別に——「判例」違反とはならないことになるのである。

(5) さらに深い分析もできる

　もっとも，このような「判例」の射程の区分については，これではまだ不十分だと考えることもできる。次の事例②を考えてみよう。

　　事例②：甲は，親族でないAが同じく親族でない質屋のCの店舗から盗み出した骨董品を，自己のものとして売り払う目的で，Aから盗んだ。なお，この骨董品は甲の父親Bが所有し，Bが質物としてCに預けていたものであった。

事例②では，親族である所有者Bと親族でない占有者Aのほかに，親族でない質権者Cが登場する。そこで，A自身の占有は不法なもので，これを尊重する必要はなく，また所有者Bは甲の父親であるから紛争が両者の間に限られるのであれば——刑法244条1項で刑を免除して——刑罰外で処理してもらうほうがいいとしても，Aに質物を盗まれたCからみれば，甲の行為は，自己の質権に基づく質物の追求を困難にする行為であって，それを無視されてはたまらない。つまり，事例②では，紛争はすでに親族外に拡大しているのであって，刑法244条を適用すべきではないと考えることも可能なのである。
　そこで，このように考える人は，「事例②は事例①とは事案を異にする。なぜなら，事例②では，窃盗犯人と所有者との間に，親族ではない権利者（＝被害者）が入っているからだ」と主張できることになる。ゆえに，事例②で刑法244条の適用を否定することは，事例①でこれを肯定することと矛盾しないのである。つまり，このようにみる場合，「重要な事実」は，侵害された占有が「適法な占有」か「不法な占有」か，ではなく，「不法な占有」の場合も含めて，親族でない権利者（＝被害者）が存在しているか否かにあるのである。
　もちろん，窃盗罪の適用にとっては生の「占有侵害」が重要であって，その占有が「適法な」ものか「不法な」ものかは重要でない，という考え方を採用すれば，事例①も参考判例①とは事案を異にしないことになる。このようにみる場合には，事例①に刑法244条を適用することは「判例」違反となってしまう。
　以上の考え方のどれが説得的で合理的かは，みなさんの頭で考えてみてほしい。

(6) 自己に引き付けた「判例」解釈

　このように，何を「重要な事実」とみるかによって，「判例」の射程は変化する。一見同じように思える事案でも，見方を変えれば，「重要な事実」が異なると考えることができ，他方，異なるように思える事案でも「重要な事実」は同じだと考えることができるのである。したがって，優れた法律家は，自己の支持する結論ないし自己の依頼者に有利な結論を得るために，「判例」をどのようにみるべきかについて，裁判官を説得する技術を身につけている。
　みなさんが，本書によって，このような技術を身につけられることを期待する。

4 補論：国家公務員法に違反する公務員の「政治的行為」に関する「判例」

　最近，最高裁は，国家公務員法（以下，「国公法」）上の公務員の「政治的行為」に関する事件につき，「判例違反」に関してさらに注目すべき判断を示した。以下では，この裁判例について説明しよう。

　　参考判例⑤：最判平成24・12・7刑集66巻12号1337頁
　　参考判例⑥：最大判昭和49・11・6刑集28巻9号393頁

(1) 参考判例⑤の事実関係

　厚生労働省事務官であった被告人は，特定の政党を支持する目的で，勤務時間外である休日に，その勤務地から離れた場所において同党の機関紙を投函して配布した。これが国公法110条1項19号（2007年改正前のもの），102条1項，人事院規則14-7（政治的行為）6項7号，13号（5項3号）にあたるとして起訴された。

　参考判例⑤の原判決は，本件配布行為は，裁量の余地のない職務を担当する，地方出先機関の管理職でもない被告人が，休日に，勤務先やその職務と関わりなく，勤務先の所在地や管轄区域から離れた自己の居住地の周辺で，公務員であることを明らかにせず，無言で，他人の居宅や事務所等の郵便受けに政党の機関紙や政治的文書を配布したことにとどまるものであると認定したうえで，本件配布行為に対して上記罰則規定を適用することは，憲法21条1項および31条に違反するとして，第1審判決を破棄し，被告人を無罪とした。検察官より参考判例⑥（一般に，「猿払事件大法廷判決」と呼ばれるもの）に対する判例違反等を理由に上告がなされた。

(2) 参考判例⑤の争点

　参考判例⑥は，郵便局職員が，その所属する労働組合の決定に従って選挙用ポスターの掲示や配布をした事案に関して国公法の上記罰則を適用したものである。参考判例⑤の原判決は参考判例⑥に違反するか。

(3) 参考判例⑤の判断

　参考判例⑤は，管理職的地位になくその職務に裁量の余地のない被告人が，休日に，国ないし職場の施設を利用せずに，公務員としての地位を利用することなく，公務員により組織される団体の活動としてでもなく，公務員であることを明らかにすることなく，無言で郵便受けに文書を配布した本件行為は，国公法の構成要件に該当しないという限定解釈を示した。

　そのうえで，参考判例⑥は，公務員により組織される団体の活動としての性格を有する文書の掲示または配布の事案についてのものであるとして，その射程を明らかにした。

>「所論引用の判例（＝参考判例⑥）の事案は，特定の地区の労働組合協議会事務局長である郵便局職員が，同労働組合協議会の決定に従って選挙用ポスターの掲示や配布をしたというものであるところ，これは，上記労働組合協議会の構成員である職員団体の活動の一環として行われ，公務員により組織される団体の活動としての性格を有するものであり，勤務時間外の行為であっても，その行為の態様からみて当該地区において公務員が特定の政党の候補者を国政選挙において積極的に支援する行為であることが一般人に容易に認識され得るようなものであった。これらの事情によれば，当該公務員が管理職的地位になく，その職務の内容や権限に裁量の余地がなく，当該行為が勤務時間外に，国ないし職場の施設を利用せず，公務員の地位を利用することなく行われたことなどの事情を考慮しても，公務員の職務の遂行の政治的中立性を損なうおそれが実質的に認められるものであったということができ，行政の中立的運営の確保とこれに対する国民の信頼に影響を及ぼすものであった。」

　次いで，参考判例⑤は，原判決に対する検察官の判例違反の主張は，事案を異にする判例を引用するもので適切でないとしたのである。

>「したがって，上記判例は，このような文書の掲示又は配布の事案についてのものであり，判例違反の主張は，事案を異にする判例を引用するものであって，本件に適切ではなく，所論は刑訴法405条の上告理由に当たらない。」

(4) 当該判例について検討すべき論点

　すでに説明したように,「判例」とは, ある事件において裁判所が示した結論を説明するために示した「中間命題」ではなく, ある類型の事案にはこのような法が適用されるという, 事案と結論との一般化された結びつきである。ところで, 参考判例⑥は, 上記罰則は公務員が「特定の政党を支持する政治的目的を有する文書を掲示し又は配布する行為」一般を禁止し処罰するものであり, かつ, それは合憲であるとする中間命題を展開していた。この中間命題が「判例」なら, 本件被告人の行為も上記罰則の構成要件に該当し, かつ, その処罰も合憲であることになるので, これを否定する原判決は「判例違反」にあたることになろう。

　しかし, 参考判例⑤は, そのような中間命題に囚われることなく, 先の「判例」の定義に忠実に, 参考判例⑥の射程を判断した。すなわち, 参考判例⑥は,「公務員により組織される団体の活動としての性格を有する文書の掲示又は配布の事案」でない本件には及ばないと解したのである。そのうえで, 上記罰則の構成要件の限定解釈により, 本件行為がこれにあたらないことを示した。ゆえに,「本件罰則規定の法令解釈において本件多数意見と猿払事件大法廷判決の判示とが矛盾・抵触するようなものではない」(参考判例⑤に付された千葉補足意見) のであり, 結論において同旨の原判決にも「判例違反」はないことになるのである。

◆復習問題１

> 　以下の事例につき, 甲と乙の罪責について論じなさい。
> 　甲はXとその配偶者Yとの間の子であり, 乙はXとその内縁の妻との間の子であってXから認知されている。甲と乙は, Xと同居している。
> 　甲は, Xが別居中のYから盗んだY所有の指輪を保管していることを知った。そこで, 甲は, 乙に相談し, 二人でその指輪を盗み出したが, その際, 乙は, その指輪はXが所有する物であると思っていた。
> 　甲, 乙及び丙の罪責を論ぜよ (ただし, 特別法違反の点は除く)。
>
> （参考：平成20年度旧司法試験論文式刑法第２問）

◆**復習問題 2**

　以下の事例につき，甲と乙の罪責について論じなさい。
　甲はＸとその配偶者Ｙとの間の子であり，乙はＸとその内縁の妻との間の子であってＸから認知されている。甲と乙は，Ｘと同居している。
　甲は，Ｙが別居中のＸから盗んだＸ所有の指輪を保管していることを知った。そこで，甲は，乙に相談し，二人でその指輪を盗み出したが，その際，乙は，その指輪はＸが所有する物であることを知っていた。
　甲及び乙の罪責を論ぜよ（ただし，特別法違反の点は除く）。

（参考：平成20年度旧司法試験論文式刑法第2問）

〔松宮　孝明〕

第1章

「因果関係」を論じる意味
――「米兵ひき逃げ」事件――

表題判例：最決昭和42・10・24刑集21巻8号1116頁
参考判例①：最判昭和25・3・31刑集4巻3号469頁
参考判例②：最決平成2・11・20刑集44巻8号837頁
参考判例③：最決平成15・7・16刑集57巻7号950頁
参考判例④：最決平成16・2・17刑集58巻2号169頁
参考判例⑤：最決平成16・10・19刑集58巻7号645頁

1 事実関係

(1)甲は，右助手席に乙を同乗させて普通乗用自動車を運転し，東京都調布市内から立川方面に向けて時速60kmで走行していた。
(2)その途上，上記市内の信号機の設置してある交差点にさしかかった際，走行中の貨物自動車2台を追い越した直後，前方注視不十分のまま運転し，折から道路左側端を自転車に乗車し同方向に走行中のAが右折してくるのに対する発見が遅れ，直近3～5m前方に至ってはじめてこれに気づき，急制動の措置をとったが間に合わず，自車前部をAの自転車の右側後部に衝突させて，Aをはね飛ばした(第1行為)。
(3)これにより，Aは甲の運転する自動車の屋根にはね上げられ，意識を消失するに至った。しかし，甲はこのことに気付かず，そのまま自動車を運転し，疾走を続けた。
(4)その後，上記衝突地点から4kmを隔てた地点で，右助手席に乗車していた乙がこれに気づき，時速約10kmで走っている上記自動車の屋根からA

の身体をさかさまに引きずり降ろし，アスファルトの道路上に転落させた（第2行為）。

(5)Aは，甲の運転する自動車車体との激突，および舗装道路面または路上の物体との激突によって，顔面，頭部の創傷，肋骨骨折，その他全身にわたる多数の打撲傷等を負い，頭部の打撲に基づく脳クモ膜下出血および脳実質内出血によって死亡した。

■**主な争点**■
(i)行為時において予見不可能な事情が介在した場合の因果関係の判断
(ii)複数の行為者が介在した事案で，そのいずれが被害者に致命傷を与えた行為であるか不明である場合の因果関係の判断

2 裁判所の判断

原判決が，被告人の罪責につき業務上過失致死罪（刑法211条1項前段）としたのは，因果関係の判断を誤っており，業務上過失傷害罪とすべきであるとした（業務上過失致死罪と業務上過失傷害罪は法定刑が同一であり，原判決の是認する第1審判決の量刑判断は不当とは認められないことから，上告は棄却されている）。

「原判決は，『被告人の自動車の衝突による叙上の如き衝撃が被害者の死を招来することあるべきは経験則上当然に予想し得られるところであるから，同乗者乙（原文は本名──引用者）の行為の介入により死の結果の発生が助長されたからといって，被告人は被害者致死の責を免るべき限りではない。』との判断を示している。しかし，右のように同乗者が進行中の自動車の屋根の上から被害者をさかさまに引きずり降ろし，アスファルト舗装道路上に転落させるというがごときことは，経験上，普通，予想しえられるところではなく，ことに，本件においては，被害者の死因となった頭部の傷害が最初の被告人の自動車との衝突の際に生じたものか，同乗者が被害者を自動車の屋根から引きずり降ろし路上に転落させた際に生じたものか

を確定しがたいというのであって，このような場合に被告人の前記過失行為から被害者の前記死の結果の発生することが，われわれの経験則上当然に予想しえられるところであるとは到底いえない。したがって，原判決が右のような判断のもとに被告人の業務上過失致死の罪責を肯定したのは，刑法上の因果関係の判断をあやまった結果，法令の適用をあやまったものというべきである。しかし，本件では，被告人は，道路交通法72条1項前段，117条の救護義務違反の刑によって処断されているのみならず，業務上過失致死と同傷害の法定刑は同一であり，被告人の刑責が業務上過失傷害にとどまるにしても，本件犯行の態様等からみて，一審判決のした量刑は不当とは認められないから，右あやまりは，いまだ原判決を破棄しなければ，著しく正義に反するものとはいえない。」

3 当該判例について検討すべき論点

■Q1　相当因果関係説とは，どのような考え方か？

　相当因果関係説とは，条件関係の存在を前提として，問題となる行為から当該結果が発生することが経験則からみて通常あり得るといえる場合に，その行為と結果との間に因果関係を認める考え方である。そこで，相当因果関係の存否を検討するには，まず，問題となる行為と結果との間に条件関係があるかを確認しておく必要がある。そのうえで，相当因果関係の存否を検討する。

　相当因果関係の存否の検討では，経験則に従って，そのような行為からそのような結果が生じることが通常あり得るかどうかを判断する（「経験則からみて通常あり得る」という性質のことを経験的通常性という）。経験的通常性の有無は，実際の判断においては，経験則からみてきわめて稀な事情があった場合に相当因果関係を否定するという形で行われる。たとえば，甥が叔父の財産の相続をもくろみ，叔父が落雷にあって死ぬことを期待して，夕立が予報される日に森に散歩に出かけるよう勧めるという事例（雷雨事例）で，叔父が散歩に出かけたところ，甥の目論みどおり，落雷で死亡したとしよう。そのようなことは，われわれの経験則からはきわめて稀なことであるから，散歩に出かけるよう勧め

る甥の行為と叔父の死の結果の相当因果関係は否定される。このことは，甥に叔父を殺そうという明確な意思がある場合でも変わらない（この場合，散歩に出かけるように勧めるという行為には，そもそも人を死なせることに対する危険が備わっていないので，未遂犯も成立しないであろう）。これに対し，被害者の右腕にナイフで切り付けて傷害を負わせたところ，傷そのものはさほど深くなかったが，傷口から細菌に感染したことにより死亡したという事例では，ナイフで傷害を与える行為と，被害者の死亡には相当因果関係が認められる。たしかに，被害者の直接の死因は細菌の感染によるものであるが，傷口から細菌に感染して死に至るという成り行きは，それほど稀なものとはいえないからである。

経験的通常性の有無を判断する場合に，どのような事情を判断資料（判断基底）とするかという問題がある。この問題について，行為当時に一般人が認識できた事情に加え，一般人には認識できなかった事情のうち行為者が特に認識していたものを，判断資料とすべきとする見解がある（相当因果関係説の折衷説）。この見解によると，被害者の右腕にナイフで切り付けて傷害を負わせたところ，傷は軽かったが被害者が血友病にかかっていたため失血死したという事例（血友病事例）では，傷害行為と死亡の結果の相当因果関係は，一般には否定されるが，行為者が被害者の血友病を知っていた場合には，肯定される。

しかしながら，この事例のように被害者に特別な疾患や特異体質があるケースで，判例は因果関係を認める。たとえば，参考判例①は，被告人が被害者の左目部分に蹴りつけ，10日位で治癒する程度とされる傷害を負わせたところ，被害者はかねてより脳梅毒にかかっており脳に高度の病変があったので，顔面に激しい外傷を受けたため脳の組織が一定程度崩壊して死亡したという事案において次にように判示している。

> 「鑑定により被告人の行為によって脳組織の崩壊を来したものであること従って被告人の行為と被害者の死亡との間に因果関係を認めることができるのであってかかる判断は毫も経験則に反するものではない。又被告人の行為が被害者の脳梅毒による脳の高度の病的変化という特殊の事情さえなかったらば致死の結果を生じなかったであろうと認められる場合でも被告人が行為当時その特殊事情のあることを知らずまた予測もできなかったと

> してもその行為がその特殊事情と相まって致死の結果を生ぜしめたときはその行為と結果との間に因果関係を認めることができるのである。」

　ここでは，脳梅毒による脳の高度の病的変化という特殊事情がなければ，死の結果が発生しなかったという場合に，行為者がそれを知らず，また予測することができなかったとしても，因果関係を肯定することができるとされており，折衷説の考え方が明示的に退けられている。また，このような判断方法は，最判昭和46・6・17刑集25巻4号567頁（被害者に重篤な心臓疾患のあった事案）など，一連の判例でとられている。このような考え方に対しては，実際上，条件説をとるに等しいと批判する見解もあるが，理論的には，条件説を明示的に採用したものではない。とりわけ本判決では，被告人側の主張に即して，経験則への適合に言及されている。そして，脳梅毒にかかっている人が目の部分を強く蹴りつけられて，脳組織の高度の病変により死に至ることは，経験則からみて通常あり得ることである。判例の立場としては，持病や特異体質といった特殊事情が行為当時被害者にあったとしても，それが実際に認定されたものである限り，その事実を前提に経験則に従って因果関係を判断するということである。そこで，行為当時に存在する特殊な事情などを考慮してもなお，そのような経過を辿ることが経験則上きわめて稀であるという場合には，相当因果関係が否定される。表題判例はまさにそうした事案であった。

・経験則の意味と「社会通念上相当」
　経験則による相当因果関係の判断は，いわゆる「社会通念」だけで行われるわけではない。「経験則」とは，『法律学小辞典［第4版補訂版］』（金子宏・新藤幸司・平井宜雄（編），有斐閣（2004年））によると，「経験から帰納された事物に関する知識や法則」をいい，それは，「日常生活の常識的な思惟（しい）法則から科学上の極めて専門的な知識・法則に至るまでのものがあるが，専門的な経験則のときは鑑定でそれを確かめる必要がある」とされる。ここからわかることは，経験則が日常生活の常識と常に同じというわけではなく，ときに高度の専門的な科学的知識によって確定される必要があり，まさにそのために鑑定制度があることである。「社会通念」や「日常生活の常識」などという曖昧な用語を

持ち出して，素人考えだけで相当性の有無を論じてはいけない。その意味で，一部の見解が相当性の判断基準として用いる「社会通念上相当」という表現は，誤解を招きやすいものである。

■Q2　甲による第1行為は，Aの頭部の打撲による死亡の結果に対し，一般的にみて危険性を有するといえるか？

　相当因果関係説の基本的な考え方を理解したところで，本問の検討に入ろう。本問では，甲による第1行為と，Aの頭部打撲による死亡の結果の因果関係の存否が問題となる。具体的には，時速60kmほどで走行中の乗用車が走行中の自転車に衝突し，自転車に乗っていたAが自動車の屋根にはね上げられることと，後にAが頭部の打撲に基づく脳クモ膜下出血および脳実質内出血によって死亡することの間に，経験的通常性があるかどうかを判断する。このような成り行きは，きわめて稀であるとか，あるいは，まったくありえないとまではいえないであろう。自転車に乗っていて自動車に衝突した者が，衝突の際に車体に頭部をぶつけることはあり得るし，また，国道を疾走していた自動車に衝突としたということであれば，その衝撃はかなりものであったと考えられる。それゆえ，第1行為それ自身については，被害者Aの具体的な死亡の結果との間に経験的通常性はあるといってよい。

■Q3　被害者Aの死因形成への影響力の有無の確定と相当因果関係の判断の関連について，表題判例と参考判例②を比較しながら検討せよ

　甲による第1行為が，被害者Aの死因となった頭部の打撲に対して一般的な危険性を有するとしても，具体的にそのような死因を形成したと即断してはならない。自動車の屋根の上にはね上げられた人を道路上に引きずり降ろすという，乙の第2行為もまた，第1行為と同等かそれ以上に，頭部の強度の打撲に対して危険性を有するからである。

　このような場合，刑事裁判では，因果関係の判断のために，事実関係の詳細な検討や法医学鑑定などを通じて，どちらの行為が死因の形成に決定的な影響を及ぼしたかを確定しようとする。しかし，死因形成への影響の有無や程度は，刑事裁判において常に解明されるわけではない。表題判例は，次のように

述べていることからもわかるように，まさにこのような事案に関するものであったということができる。

> 「ことに本件においては，被害者の死因となった頭部の傷害が最初の被告人の自動車との衝突の際に生じたものか，同乗者が被害者を自動車の屋根から引きずり降ろし路上に転落させた際に生じたものかを確定しがたい。」

　死因が複数の関与者のどの行為によってもたらされたか明らかでない場合，相当因果関係の有無は，死因形成への影響力のレベルでは判断できない。このような場合の相当因果関係の判断はどのようになされるのかが，本問の中心的な問題である。

　これに対し，参考判例②は，被告人が洗面器の底や革バンドで被害者の頭部を多数回殴打するなどの暴行を加え，恐怖心による心理的圧迫等によって被害者の血圧を上昇させ，内因性高血圧性橋脳出血を発生させて意識消失に陥らせた後，被害者を大阪南港にある資材置き場に放置したところ，何者かが被害者の頭部を角材で殴打し，翌朝，被害者が遺体で見つかったという事案において，次のように述べている。

> 「このように，犯人の暴行により被害者の死因となった傷害が形成された場合には，仮にその後第三者により加えられた暴行によって死期が早められたとしても，犯人の暴行と被害者の死亡との間の因果関係を肯定することができ」る。

　参考判例②は，第2暴行の死亡結果に対する影響の有無については，「幾分か死期を早める影響を与えるものであった」と述べるのみで，それ以上に具体的な説示がなされているわけではない（死期を早める影響を与えた，とはされていないことに注意）。たしかに，第1暴行に被害者の死因の形成を認める法医学鑑定も，第2暴行の死亡結果に対する影響力を明確に否定しているわけではない（本件上告趣意のうち，刑集44巻8号844頁以下に記載されている尋問部分を参照）。しかし，本件被害者の死因が，橋脳という脳の一番奥の部分における大型の出血であり，脳内にはそれ以外に傷害が見られないことや，高血圧，動脈硬化といった被害者の特異体質を考慮すると，第2暴行がこの出血に与えた影響は，

まったくないとは言い切れないもののきわめて小さい（上告趣意で引用されている法医学者の証言も，第2暴行の橋脳出血に対する寄与について，「全くないということはなかなかいえない」というにすぎず，明確に影響があったといっていない）。それゆえに，参考判例②は，第2暴行の因果関係に関しては，被害者の死期を早めたと明確に述べることなく，死期を早める影響を与えるものであったという，曖昧な表現にとどめたうえで，第1暴行と結果の間の因果関係を肯定している。それは，第1暴行が被害者の死因形成に決定的な影響を及ぼしたことが明白だからである。この点で，第1暴行が被害者の死因の形成に影響を与えたかは確定しがたいとされた表題判例の事案とは，明らかに異なる。

■Q4　乙による第2行為は，第1行為時において予見可能なものといえるか？また，予見可能性の判断は，相当因果関係の判断においてどのような意味をもつか？

そこで，行為者の行為が被害者の死亡という結果発生に具体的な影響を与えたか不明な場合の因果関係が問題となる。ここで，表題判例は，先にQ3で引用した部分に続き，次のように述べている。

> 「同乗者が走行中の自動車の屋根の上から被害者をさかさまに引きずり降ろし，アスファルト舗装道路上に転落させるというがごときは，経験上，普通，予想しえられるところではな」い。

自分の乗っている自動車の屋根の上に，（おそらくは負傷している）見知らぬ人が乗っかっているのを見た場合，走行中にもかかわらず，とっさにこれを引き下ろす行為は，あまりに突飛なものというべきである。われわれの経験則からも，それは稀な反応である。それゆえ，表題判例も，上記のように述べるのである。

このような場合，第1行為は，Q2でみたように，一般的考察からは被害者の死因となった傷害の形成につき相当性を有し得るにもかかわらず，死亡の結果に対する相当因果関係は否定されるというのが，表題判例のとった結論である。結果発生に相応の影響を有していたと想定される介在事情が，経験則上予測不可能であった場合，因果関係は認められない。ここで，第2行為の死因形

成に対する影響力の有無や程度が解明されなかったにもかかわらず，そのような判断を行うことの意味が問題となるが，これは，争点に関する事実関係が明らかとならなかった場合，被告人に有利に認定するという刑事裁判の原則を踏まえたものと理解してよい。

　介在事情が結果発生に相応の影響力を有しており，かつ，その事情の予見可能性が認められない場合，相当因果関係は否定される。この場合，当該因果経過は経験的通常性の範囲を超えている。表題判例は，このような考え方に立つということができる。

■Q5　参考判例③の検討を通じて，介在事情の予見可能性はどのような形で判断されるか確認せよ

　ここまで，因果関係の判断においては，結果発生に対する具体的影響——本問のような致死事例の場合には死因形成に与えた具体的影響——，および結果発生に重要な影響を与えた事情に対する予見可能性が，基準としての意味を持つことをみてきた。

　このうち，予見可能性は，抽象的，直観的な判断であってはならない。それでは予見可能性の有無が，人によって異なって判断されてしまう危険がある。ここでも，結果発生への影響力の場合と同様，具体的事情に即して判断されることになる。参考判例③に即して，このことを確認しよう。

　参考判例③の事案は，被告人らから計3時間近くにわたって激しい暴行を受けていた被害者が，隙をみて逃げ出したところ，逃走途中に高速道路に進入してしまい，そこで自動車にはねられて死亡したというものである。直観的には，被害者がいくら激しい暴行を受けて心身に深いダメージを負っているとはいえ，普通の人であれば危険な高速道路内に立ち入ることは考えられない（因みに，被害者は，被告人らとともに工場の派遣社員として働いていた若者である）。そのような事情は，一般的にいって予見不可能である。本件の第1審判決も次のように述べて，被告人らの暴行と被害者死亡の間の因果関係を認めなかった。

「現場の地理的な条件や被害者が逃走して探索されている状況下にあるという心理状態を考えても，選択の余地は多々あり，そういう中で本件被害者が

第1章 「因果関係」を論じる意味

> 本件事故現場となった本件高速道路本線上へ進入するしかない或いはその蓋然性が高いといえるような事情は見出せず，被告人らの暴行から逃れる目的があったとしても，本件被害者が本件高速道路上に進入するということは，通常の予測の範囲外といえる。」

これに対し，第2審では因果関係が肯定され，参考判例③も次のように判示してこれを是認した。

>「以上の事実関係の下においては，被害者が逃走しようとして高速道路に進入したことは，それ自体極めて危険な行為というほかないが，被害者は，被告人らから長時間かつ執ような暴行を受け，被告人らに対し極度の恐怖感を抱き，必死に逃走を図る過程で，とっさにそのような行動を選択したものと認められ，その行動が，被告人らの暴行から逃れる方法として，著しく不自然，不相当であったとはいえない。そうすると，被害者が高速道路に進入して死亡したのは，被告人らの暴行に起因するものと評価することができるから，被告人らの暴行と被害者の死亡との間の因果関係を肯定した原判決は，正当として是認することができる。」

本件の事案では，被害者は逃走の時点で，深夜の公園で2時間10分にわたり，さらにマンションの居室内において45分ほど，被告人ら6名の者から執ような激しい暴行を受けていた。逃走に至ったのも，隣室の人が静かにするよう言いに来たのに被告人らが対応していた，わずかな隙をついてのものであり，その後すぐに追跡を受けていた。もし捕まってしまえば，さらに激しい暴行を受け，場合によっては命を落とすこともあり得ると考えるのが自然であろう。被害者がすでに被告人らの暴行によって極度の恐怖心を抱いていたことから，被害者の心理状態を踏まえれば，高速道路内に進入するという，通常であれば危険で不合理と思われる事情についても，著しく不自然，不相当なものとはいえない，すなわち予測のできるものであると，参考判例③は考えたのである。ここでは，被害者に高速道路内への進入という行動を選択せしめた心理状態が，被告人らの暴行によってもたらされたことが重要である。このように，介在事情の予見可能性も，行為者の行為から結果に至るまでの事情を，被害者の

心理状況なども含めて具体的に考察することで判断される。

 これに対する批判として，具体的な事情を踏まえながら判断すると，事後的にみればそれぞれの事情の間には必然的なつながりがあるから，結局，すべてのケースで因果関係が肯定されるというものがある。しかし，行為から結果に至るまでの個々の事情がそれぞれ必然的なつながりを有することと，そのような事情の連鎖を全体としてみたときの，経験則からみた通常性の存否とは次元を異にする問題である。すなわち，行為から結果に至るまでの経過が因果的に矛盾なく説明できるものであっても，そのような経過を辿ることが経験則上きわめて稀であることはある（こうした因果経過に関する説明が，専門的な事項に深く関係する場合，経験則とは，素人的な直観ではなく，専門的見地によるものであることは，すでにQ1で述べたとおりである）。本問の事例は，まさにそのようなものである。

■Q6　参考判例④，⑤の位置付けについて検討しながら，犯罪論において因果関係を論じる意味について考察せよ

 ここまで述べてきた事柄は，因果関係に関する比較的最近の裁判例である参考判例④および⑤にも基本的に当てはまる。

 参考判例④の事案は，被告人らが被害者に与えた傷害は，左後頸部刺創による左後頸血管損傷等であり，傷は頸椎左後方に達し，深頸静脈，外頸骨静脈沿叢などを損傷し，大量の出血を来すものであった。被害者の容体はいったん安定したが，その後急変し，上記傷害に基づく頭部循環障害による脳機能障害により死亡したというものである。本件では，被告人から，被害者が無断退院をしようとしたり，点滴管を引き抜くなどして暴れたため，容体が悪化したと聞いているとの主張がなされていた。この点に関し，参考判例④の事実関係の摘示では，「被害者が医師の指示に従わず安静に務めなかったことが治療の効果を減殺した可能性があることは，記録上否定することができない」としている。このような場合の因果関係につき，参考判例④は，次のように判示する。

「以上のような事実関係等によれば，被告人らの行為により被害者の受けた前記の傷害は，それ自体死亡の結果をもたらし得る身体の損傷であって，

> 仮に被害者の死亡の結果発生までの間に，上記のように被害者が医師の指示に従わず安静に務めなかったために治療の効果が上がらなかったという事情が介在していたとしても，被告人らの暴行による傷害と被害者の死亡との間に因果関係があるというべきであ」る．

　ここでは，被告人らから受けた被害者の傷害自体が，死亡の結果をもたらし得る身体の損傷であることから，因果関係が肯定されている．被告人が聞いたとされる，暴行後に被害者がとった行動の影響は考慮されていない．それは，被告人らの行為自体が結果発生に対して与えた影響が決定的であると評価されたことによるといえる．それゆえ，被害者の不適切な態度の予見可能性については言及されていない．

　参考判例⑤の事案は，高速道路上を乗用車で走行していた被告人が，トレーラーの運転態度に立腹し，幅寄せしたり前方に進入したりするなどしてトレーラーを停車させたうえで運転席まで行き，運転手を怒鳴りつけたり，手拳で顔面を殴打するなどした．その間，別の2台の乗用車が停車中のトレーラーを避けようして互いに追突し，トレーラーの前方に停まった．その後，被告人は，乗っていた乗用車を同乗者に運転させて走り去ったので，トレーラー運転手も発進しようと思ったが，エンジンキーがみつからず，乗用車の運転手らとしばらく探し回った後に，ズボンのポケット入れていたことに気付いた．そして，エンジンキーを入れ発進しようとしたが，前方に上記の2台の乗用車が停まっていたため，道を開けるよう依頼するためにトレーラーを降りて歩きかけたところ，トレーラーに普通乗用車が追突して，運転者および同乗者3名が死亡し，同乗者1名が全治3ヶ月の重傷を負った，というものである．なお，事故当時は夜明け前で，現場付近は照明設備のない暗い場所であり，相応の交通量があるという状況であった．本件では，上記のような事情から，被告人の乗用車が走り去った後も，トレーラーが高速道路上に7, 8分間停車しており，そのために，被害者らの乗っていた乗用車がトレーラーに追突したという事情が介在している．このような場合に，最初にトレーラーを停車させた被告人の行為と，トレーラーへの追突による被害者らの死傷の結果との間の因果関係につき，参考判例⑤は次のように判示する．

> 「以上によれば，A（トレーラー運転手―引用者注）に文句を言い謝罪させるため，夜明け前の暗い高速道路の第3通行帯上に自車及びA車を停止させたという被告人の本件過失行為は，それ自体において後続車の追突等による人身事故につながる重大な危険性を有していたというべきである。そして，本件事故は，被告人の上記過失行為の後，Aが自らエンジンキーをズボンのポケットに入れたことを失念し周囲を捜すなどして，被告人車が本件現場を走り去ってから7，8分後まで，危険な本件現場に自車を停止させ続けたことなど，少なからぬ他人の行動等が介在して発生したものであるが，それらは被告人の上記過失行為及びこれと密接に関連してされた一連の暴行等に誘発されたものであったといえる。そうすると，被告人の過失行為と被害者らの死傷との間には因果関係があるというべきである。」

　本件の被告人が行ったように，高速道路上でトレーラーを不用意に停車させ，その運転手に文句を怒鳴りつけり，暴行を加えてトレーラーが発進できない状況を一定時間継続させること自体，追突による死亡事故を引き起こす危険を孕んでいる。また，たしかに事故に至るまでのプロセスには，トレーラー運転手らの行動が介在してはいるが，それは，別の2台の乗用車による追突や，トレーラー運転手がエンジンキーをズボンのポケットに入れたことを失念して探し回るなどの点も含め，とくに異常といえるものではない（後者の点については，被告人から因縁をつけられ，暴行を受ける等の事情があったことも考慮する必要がある）。因果関係を認めるための理由付けにおいて，参考判例⑤は，「誘発」というキーワードを用いているが，これは，上記のような被告人の行為から追突事故による死傷の結果までのつながりが相当性を有するという判断と，本質的な相違はないと考えられる（この点は，同じく「誘発」によって因果関係を説明した裁判例として著名な，最決平成4・12・17刑集46巻9号683頁でも同様といえる）。

　このように判例をみてくると，いずれも，冒頭で示した経験的通常性による因果関係の判断を，基本的には踏まえていることがわかる。その場合，Q4で検討したように，介在事情が抽象的に予見可能かなどと考えるのは，因果関係の判断として適切でない。もっとも，予見可能性という概念は，そのような抽象的判断を想起させるものではあるので，最近では，結果発生に至る具体的経

過を考察の対象とすることを明確に打ち出すために，予見可能性に替えて，「危険の現実化」という概念が用いられることもある。しかし，本章の検討を踏まえれば，両者に本質的な相違はないことが理解されよう。なお，危険の現実化については，第2章（3Q5）でいま少し詳しく取り上げる。

最後に，経験的通常性の判断が，実際には，きわめて稀な経過について相当性を否定するものであるという点であるが，これは，偶然に生じた結果について行為者の刑事責任を問うてはならないという，われわれの社会の基本的思想を具体的に示すものといえよう。犯罪論において，因果関係を論じる意味の一つは，ここにあるといえる。

4　当該判例の射程

■表題判例と参考判例②〜⑤の判断に，相違する点はみられるか？　これまでの検討を踏まえながら考察せよ

表題判例は，第2行為の介入が，「経験則上当然に予想しえられるところであるとは到底いえない」として因果関係を否定したという意味で，最高裁判例としては注目すべき判断を示したものであった。これに対し，参考判例②〜⑤は一見すると，予測し難いような事情が結果発生に介在しているようにみえる。そのため，表題判例は因果関係について特殊な判断を示したものと見る向きもあり得よう。しかしそうではなく，介在事情の結果発生に対する影響の有無，具体的事情を踏まえた上での予測可能性の有無を丁寧にみながら，結果に至るまでの具体的経過の経験的通常性を判断するという理論枠組みにおいて，両者の間に相違点はないと考えてよい。

〔注〕
1）　現在であれば，過失運転致死罪（自動車の運転により人を死傷させる行為等の処罰に関する法律5条）とされるところである。

◆復習問題１

　甲は，乙に，Ａを殺害すれば100万円の報酬を与えると約束した。そこで，乙がＡを殺そうとして日本刀で切り付けたところ，Ａは，身をかわしたため，通常であれば２週間で治る程度の創傷を負うにとどまったが，血友病であったため，出血が止まらず，死亡するに至った。甲は，Ａが血友病であることを知っていたが，乙は知らなかった。
　甲及び乙の罪責について，自説を述べ，併せて反対説を批判せよ（ただし，特別法違反の点は除く）。

（参考：平成４年度旧司法試験論文式刑法第１問）

◆復習問題２

　甲は，愛人と一緒になるために，病気で自宅療養中の夫Ａを，病気を苦にした首つり自殺を装って殺害する計画を立てた。そこで，甲は，まずＡに睡眠薬を飲ませ熟睡させることとし，Ａが服用する薬を睡眠薬とひそかにすり替え，自宅で日中Ａの身の回りの世話の補助を頼んでいる乙に対し，Ａに渡して帰宅するよう指示した。睡眠薬の常用者である乙は，それが睡眠薬であることを見破り，平素の甲の言動から，その意図を察知したが，Ａの乙に対する日ごろのひどい扱いに深い恨みを抱いていたため，これに便乗してＡの殺害を図り，睡眠薬を増量してＡに渡した。Ａは，これを服用し，その病状とあいまって死亡した。Ａが服用した睡眠薬は，通常は人を死亡させるには至らない量であった。
　甲及び乙の罪責を論ぜよ（ただし，特別法違反の点は除く）。

（参考：平成10年度旧司法試験論文式刑法第１問）

〔安達　光治〕

第2章

不作為の因果関係・殺人罪と保護責任者遺棄致死罪との関係
――「十中八九」事件――

表題判例：最決平成 1・12・15刑集43巻13号879頁
　参考判例①：最決昭和63・1・19刑集42巻1号1頁
　参考判例②：最判昭和34・7・24刑集13巻8号1163頁
　参考判例③：大判大正 4・2・10刑録21輯90頁
　参考判例④：最決平成17・7・4刑集59巻6号403頁
　参考判例⑤：最決平成24・2・8刑集66巻4号200頁

1　事実関係

(1)甲は，その引き換えに性交渉をもつ意図のもとに，某年5月7日午後11時10分ころ，ホテルの一室において，13歳の少女Aに対し，覚せい剤を含有する水溶液を左腕に注したところ，午後11時40分ころに至り，Aは，頭痛，胸苦しさ，吐き気等の症状を訴えはじめ，これが次第に高じてきた。
(2)翌5月8日午前0時半ころには，その訴えは一層強くなり，「熱くて死にそうだ」などといいながら，着衣を脱ぎ捨て，2階にある同室のガラス戸を風呂場の引き戸と錯覚して開けて戸外に飛び出そうとしたり，部屋の中を無意味に動き回ったりするなど，覚せい剤による錯乱状態に陥り，正常な起居の動作ができないほどに重篤な心身の状態に陥った。これに対し，甲は背中をさすったりするなど介抱に努めたが，救急車を自分で呼ぶか，ないしはホテルの従業員に呼んでもらうなどの措置をとろうとはしなかった。
(3)同日午前1時40分ころ，Aはそれまでの激しい身動きをやめ，上半身をねじるようにしてうつぶせになり，時折小さくを体をねじるようにしたり，顔を左右に動かすものの，目は閉じたまま，うめき声をあげ，不規則に荒

い呼吸をしながら，もがくように苦しんでいた。
(4)同日午前2時15分ころ，被告人は，上記のような状況を認識しながら，迎えに来た配下の者の運転する自動車でホテルから立ち去った。この時点で，Aは(3)の時点と同じ位置で同じ姿勢のまま寝かされていたが，足がけいれんしている状態であったものの，なお存命していた。
(5)Aは，同日午前10時40分ころ，ホテルの従業員によって，(4)の時点とほぼ同一の状態で倒れたまま死亡しているところを発見された。解剖の結果，Aの死因は，覚せい剤による急性心不全であり，死亡時刻は遅くとも5月8日午前4時20分ごろまでと推定されるとの鑑定がなされた。

■主な争点■
(i)保護責任の発生根拠，保護責任者による義務の発生時点およびその内容
(ii)保護責任者の義務の懈怠と結果発生との間の因果関係
(iii)保護責任者不保護致死罪の故意
(iv)殺人罪と保護責任者遺棄致死罪との区別

2 裁判所の判断

「原判決の認定によれば，被害者の女性が被告人らによって注射された覚せい剤により錯乱状態に陥った午前0時半ころの時点において，直ちに被告人が救急医療を要請していれば，同女（上記事実関係におけるA——引用者注）が年若く（当時13年），生命力が旺盛で，特段の疾病がなかったことなどから，十中八九同女の救命が可能であったというのである。そうすると，同女の救命は合理的な疑いを超える程度に確実であったと認められるから，被告人がこのような措置をとることなく漫然同女をホテル客室に放置した行為と午前2時15分ころから午前4時ころまでの間に同女が同室で覚せい剤による急性心不全のため死亡した結果との間には，刑法上の因果関係があると認めるのが相当である。したがって，原判決がこれと同旨の判断に立ち，保護責任者遺棄致死罪の成立を認めたのは，正当である。」

3 当該判例について検討すべき論点

■Q1　甲は、刑法218条における保護責任者の地位にあるといえるか？

　まず，Aが刑法218条にいう「病者」に該当するかであるが，これについて本件1審判決（札幌地判昭61・4・11高刑集42巻1号52頁）は，遅くとも5月8日午前0時5分ころ入浴中の被告人に対し以前よりも強い調子で頭痛等を訴えはじめた時点（上記事実関係の(2)よりも少し早い時点）において，すでに健康を害し身体の自由を失い，他人の扶助を必要とする状態にあったと認められるから，「病者」であったと認定する。そして，(2)の時点以降，(4)の時点においてもなお，依然として生命に危険のある状態におかれていたと認められるとする。

　次に，甲のAに対する保護責任者の地位の有無であるが，Aは13歳の未成年であるものの，甲とAの間に親子関係があるわけではなく，法律上ないしは契約上，甲はAを扶助すべき立場にあるわけではないことから，甲のAに対する保護責任の発生根拠が問題となる。この点に関し，表題判例はとくに述べていないが，第1審判決および原判決においては，次のような点が根拠として挙げられている。すなわち，(i)被害者は，被告人が他の者に提供した覚せい剤を注射されており，被告人はそのことを認識しながら，体調不良を訴えていた被害者に対し2度にわたり覚せい剤を注射しており，被害者の健康状態の悪化に直接的・間接的に原因を与えている点，(ii)被告人は，被害者の健康状態の悪化の一部始終をそのそばにいて目撃し，その異常な行動が覚せい剤の薬理作用によるものであることを十分に理解した上で，2時間ほど介抱に努めていた点，(iii)被害者が要保護状態に陥った場所はホテルの客室内という密室性の高い場所であり，被害者が要保護状態に陥ってから後は，同室内には正常な判断力，行動力を有する者は被告人しかいなかった点，である。(i)は先行行為，(ii)は要保護性の認識，(iii)は被害者の生存についての支配的関係に関するものといえる。下で見るように，これらの事情から，条理ないしは健全な社会通念に基づき，甲は保護責任者の地位にあることが認められる。

　甲に対する義務の内容に関して，第1審および原審判決は，表題判例の事件のあった地域では，事件当時，救急医療体制が確立されており，救急措置につ

いての専門的訓練を受けた救急隊員の乗り組む十分な台数の救急車が常時出動可能な態勢であって，要請があれば比較的短時間（原審判決によると，平均所用時間として20分程度）で救急医療機関に被害者を搬入し，適切な救急医療を施すことが可能であったと指摘する。事件のあったホテルの客室内からも，被告人は，直接ないしはホテルの従業員を介して救急医療を要請することが可能であったとされる。このような事実関係の下では，救急医療を要請することが，保護義務の内容となる。

　以上のような関係を踏まえ，第1審判決は，被告人の保護責任者の地位およびその認識に関して次のように結論づける。

「前記のようなＡの要保護状態等の本件事実関係の下では，条理ないしは健全な社会通念に基づき，被告人には，遅くともＡが自力で起居動作等を行う能力を失っていたとみられる5月8日午前0時25分ごろ以降は医師の診察・治療を求めるなどして，Ａの生命・身体の危険を除去し生存に必要な保護をなすべき法律上の義務が生じていたものであって，刑法218条1項にいう保護責任者の地位にあったと言わなければならない。そして，被告人は，Ａが他人の扶助を要する状態にあり，かつ，何らかの適切な保護処置を講じるのでなければＡの生命の危険は除去されず，更にＡがそのような状態に陥ったのは自己がＡに覚せい剤を注射したことが直接の原因であり，自己以外にＡのために医師の診察治療を求めるなど必要な保護処置を講じうる者はないとの認識にも欠けるところがなかったものと認めることができる。」

　第1審判決では，被告人には保護責任者の地位の生ずる事情につき，完全な認識があり，それがある限り，自己が保護責任者ではないと誤信したとしても，それはいわゆる法律の錯誤にすぎず，故意は阻却されないとされる（保護責任に関する認識については，原審および表題判例でも特別に問題とされていないので，この立場を前提としているとみてよい）。

　ここでのひとつの問題は，要扶助者が生命の危険にさらされている状況下で，生存に必要な保護をしないという認識は，少なくともその死を受容するという意識，すなわち，未必的な殺人の故意と評価できるのではないかというこ

とである。この点は，Q4で問題とする。

■Q2 甲の保護責任者としての義務の懈怠とAの死亡結果の間の因果関係を肯定することができるか？ また，それはどのように判断されるか？

甲には，Aの生存に必要な保護を行う義務の履行を怠り，最終的にAは，覚せい剤を注射されたことに起因する急性心不全で死亡した。そこで，甲の保護義務の懈怠と，Aの死亡結果との間に因果関係があるかが問題となる。ここでは，保護義務の懈怠という不作為が原因として想定されているので，因果関係は，「当該保護義務を履行していれば，事態はどのように推移していたか」という形で，当該保護義務の履行という仮定的事情を付け加えて判断される。その際，仮定的判断の常として，そのような事情を付け加えて考えた場合，事態がどのように推移したかが，確実性をもって判断できない場合があり得る。理論的には，たとえ救急医療の体制が完備されていたとしても，被害者の身体的状態によっては，救急医療を要請した場合に，被害者が救命できなかった可能性が排除できないといったケースがあり得るからである。これに関し，表題判例は次のように述べて因果関係を肯定する。

> 「原判決の認定によれば，Aが被告人らによって注射された覚せい剤により錯乱状態に陥った午前0時半ころの時点において，直ちに被告人が救急医療を要請していれば，Aが年若く（当時13年），生命力が旺盛で，特段の持病がなかったことなどから，十中八九Aの救命が可能であったというのである。そうすると，Aの救命は合理的な疑いを超える程度に確実であったと認められるから，被告人がこのような措置をとることなく漫然Aをホテル客室に放置した行為と……Aが同室で覚せい剤による急性心不全のため死亡した結果との間には，刑法上の因果関係があると認めるのが相当である。」

ここで使われている「十中八九」という表現は，もともと，本件の鑑定（金子鑑定）が用いていたもので，第1審判決はこの鑑定を踏まえ，5月8日午前1時40分までの時点，本問では(3)の時点までであれば，十中八九の高率で被害者を助けることができたとする（原審判決の評価でも，ほぼ同様である）。この表現にかかわる評価につき，第1審判決と原審判決とでは判断が分かれている。第

1審判決は次のように述べて，因果関係を否定する事情とみている。

> 「森田鑑定及び金子鑑定も，Aが適切な救急措置を受けておれば救命された可能性を否定することはできないとするものの，現実にどの時点で医師の診察・治療を求めておれば確実に救命することができたかについては，正確な意見を述べることはできず，逆に同女の死亡の可能性も否定できず，現実の救命可能性が100パーセントであったということができないともしており，そうすると，同女の死亡は被告人が遺棄行為によって与えた危険が現実に具体化した結果であるとは断定しがた」い。

このような第1審判決の判断に対し，控訴審判決は，次のように述べてこれを批判する。

> 「森田，金子の両証人兼鑑定人が，5月7日午後11時すぎの覚せい剤による頭痛，胸苦しさ，吐き気などの急性症状の発現から翌8日午前0時半ころないし午前1時半ころにかけての錯乱状態，そしてこれに続く動作の不活発な状態と，刻々容態の変化する約2時間半ないし3時間程度の短い時間帯の中で，Aにつき『現実にどの時点で医師の診療・治療を求めておれば確実に救命することができたかについては，正確な意見を述べることはできず』，『現実の救命可能性が100パーセントであったとはいうことができないともし（た）』（原判示）のは，事実評価の科学的正確性を尊ぶ医学者の立場として，むしろ当然のことというべきである。」

控訴審判決によると，両鑑定人は，むしろ被害者の救命の可能性について肯定的な立場をとっているとされ，このことから，被告人による不保護と被害者の死亡との間には刑法上の因果関係を認めるのに十分とされる。したがって，この「十中八九」という表現は，具体的な確率の数値（つまり，80％とか90％）に言及し，裁判所は，救命がその程度の確率であっても因果関係を認めてよいと考えているというように理解すべきではない。そうではなく，基準となる時点で救急医療を要請していれば，救命がほぼ確実であったと判断されることを示す表現と考えられる。

第 2 章　不作為の因果関係・殺人罪と保護責任者遺棄致死罪との関係

■Q3　Q2で検討した因果関係は，何に対するものであるか？　参考判例①と比較して述べよ

　因果関係の判断が何に対するものであるかに関し，被害者の生命が救護措置によって最終的に救われたという「救命」と，最終的には被害者の生命は助からないものの，救護措置によっていくばくかの時間長く生きられたという「延命」とを区別しておく必要がある。この点，表題判例は，被告人による不保護と被害者の「救命」の間の因果関係を問題としている。これに対し，参考判例①は，保護責任者遺棄致死の成否に関し，認識の対象としてではあるが，次のように述べている。

> 「右堕胎により出生した未熟児（推定体重1000グラム弱）に保育器等の未熟児医療設備の整った病院の医療を受けさせれば，同児が短期間内に死亡することはなく，むしろ生育する可能性のあることを認識し，かつ，右の医療を受けさせるための措置をとることが迅速容易にできたにもかかわらず，同児を保育器もない自己の医院内に放置したまま，生存に必要な措置をとらなかった結果，出生の約54時間後に同児を死亡するに至らしめた。」

　「生育する可能性」について，参考判例①の調査官解説（原田國男「判解」昭和63年度4頁）は，「本件未熟児については保育の措置をとらなければ，そのことにより確実に死を惹起する場合であり，保育の措置をとれば，延命は確実にできたと認められる」と述べており，救命ではなく延命の可能性を問題としているようである（この後の部分でも，同解説は延命の可能性を問題としている）。被害者（といえるかは，各論的な問題を孕むが）が未熟児であったという，本件の特殊性を考慮しているのかもしれないが，因果関係の判断につき，一方では救命に対するものであるとし，他方では延命で足りるとするのでは，因果関係を判断する基準となる時点や因果関係の認められる範囲などにおいて，混乱を招くことになりかねない。たとえば，本問では，救命の可能性についてみているからこそ，(2)のような比較的早い時点での不作為と結果の間の因果関係が問題となるのであって，延命の可能性で足りるとするなら，これより遅い時点での不作為でも因果関係を認めるのに十分ということになり得る。参考判例①の事案は特殊な事情に基づくものと解するならば，通常は，表題判例のように救命の可

能性を問題となることになろう。

■Q4　保護責任者遺棄致死罪と不作為の殺人罪はどのようにして区別されるか？

　参考判例②は，自動車運転中の過失により通行人に約3ヶ月の入院加療を要する傷害を負わせた被告人が，この傷害により歩行不能となっていた被害者を自分の自動車に乗せて運び，医者を呼んで来てやるからと偽って，折柄降雪中の薄暗い車道上に放置して立ち去ったという事案につき，保護責任者遺棄罪の成立を認めた。この判決は，「車馬等の交通に因り人の殺傷があつた場合には，当該車馬の操縦者は，直ちに被害者の救護その他必要な措置を講ずる義務」，すなわち現在でいう道交法上の救護義務 (72条1項。当時は道路交通取締法24条，同施行令67条) から，被告人の保護責任を導き出している。

　参考判例②は，被害者が後に発見され病院で治療を受けたため，死に至らなかったケースであるが，被害者に対し生存に必要な保護をせずに死亡させた事案では，殺人罪を適用した裁判例もある。東京地判昭和40・9・30下刑集7巻9号1828頁は，自動車運転者が過失により通行人をはねて重傷を負わせ，意識不明に陥っている被害者を，いったんは救護して病院に搬送する意思で助手席に同乗させ，その後，救護の意思を放棄して，被害者を適当な場所に遺棄するために走行を続け，車内で死亡させた事案に関するものである。この判決は，「一刻も早く被害者を病院に連れて行かなければ死ぬかもしれないと思った」という被告人の供述から，被告人は被害者の死を未必的に予見していたとし，そのような認識をしながら，あえて被害者を病院に搬送しようとせず，自動車の走行を続けた行為により，被告人の被害者の死に対する認容の意思も認められるとして，殺人罪の成立を認めた[2]。さらに，東京高判昭和46・3・4高刑集24巻1号168頁は，事故後，病院に搬送するために被告人の運転する自動車に乗せられた被害者が，事故の発覚による処罰も重く，多額の補償金も請求されると思った被告人によって後に人気のないところに放置され，その2時間半ほどしてから発見されたため一命を取り留めたという事案について，被告人が被害者を放置した行為につき，殺人の未必の故意を認め，不作為の殺人未遂罪にあたるとした（道交法上の事故の際の救護義務違反との罪数関係につき，殺人未遂に

吸収されるのではなく，両者は罪質が異なることから観念的競合としている）。

　このような，自動運転者が事故の被害者を遺棄したケース以外でも，保護責任のある者に不作為の殺人を認めた判例がある。参考判例③は，添え金が目的で生後6ヶ月に満たない赤ん坊を被告人が貰い受け，満足な食物を与えずに死亡させた事案につき，被告人は契約により被害者の養育の義務を負うものと認められ，殺害の意思でその生存に必要な食物を与えずに死に至らしめたものであるから，殺人罪にあたることは論を俟たないとした。参考判例④は，「シャクティ治療」と称する独自の治療を受けさせるために，脳出血で倒れ入院中の被害者を，その息子に命じて病院から運び出してホテルの一室に連れてこさせたが，被告人は被害者にシャクティ治療を施すにとどまり，生命維持に必要な医療措置を受けさせないまま，被害者を約1日間放置して死亡させた事案に関するものである。被告人は被害者の容態を見たときに，そのままでは死亡する危険があることを認識したが，自己の指示の誤りが露呈することを避ける必要などから，被害者の生存に必要な医療措置をとらせなかったことにつき，未必的な殺意を認めている。そのうえで参考判例④は，不作為による殺人罪の成立に必要な作為義務に関し，次のように判示する。

> 「被告人は，自己の責めに帰すべき事由により患者の生命に具体的な危険を生じさせた上，患者が運び込まれたホテルにおいて，被告人を信奉する患者の親族から，重篤な患者に対する手当てを全面的にゆだねられた立場にあっ」て，「患者の重篤な状態を認識し，これを自らが救命できるとする根拠はなかったのであるから，直ちに患者の生命を維持するために必要な医療措置を受けさせる義務を負っていた」。「それにもかかわらず，未必的な殺意をもって，上記医療措置を受けさせないまま放置して患者を死亡させた」。

　すなわち，事故の責に帰すべき事由により被害者の生命に具体的危険を生じさせたという先行行為，重篤な患者の手当てを全面的に委ねられていたという事実的な引き受け，自己の能力では被害者を救命できないという事情を認識していたことから，殺人罪としての作為義務を認めた。もっとも，このような事情は，Q1の検討でみたように，表題判例でも認められる。それにもかかわら

ず，本件で殺人罪の適用が肯定された理由としては，やはり，殺人の未必の故意があったと認められたことがある。

■**Q5** 欠陥があるとみられる製品の修理・回収を怠ったことと，当該製品の使用により第三者に死傷の結果が生じたこととの因果関係は，どのように判断されるか？

　製品の欠陥が原因とみられる事故で死傷の結果が発生した場合に，当該製品の品質保証を担当する部署の責任者の刑事責任が問題となったのが，参考判例⑤である。本件は，トラック前輪のタイヤホイールと車軸を結合する「ハブ」と呼ばれる部品が，車両の走行中に輪切り状に破損して前輪が脱落し，歩行者らに衝突して死傷させた事故（瀬谷事故）につき，事故のあったトラックを含む自動車の品質保証業務を直接担当し，ないしは上司として責任のあった2名の被告人が，業務上過失致死傷罪に問われたものである。本件事故当時には，本件トラックに装着されていたハブ（Dハブ）よりも強度の点で改良された型のハブ（Fハブ）が開発・供用されており，リコールによってFハブに付け替える修理を行うことは可能であった。また，被告人らは本件事故を直接担当していたわけではないが，これ以前に，走行中のバスが同じく輪切り状破損により脱輪する事故（中国JRバス事故）が起きており，被告人らはこの事故の処理を担当するなどしていた。その際，破損の原因はDハブの強度不足というよりも，長期間の使用による摩耗にあると結論付け，リコールなどの措置はとらなかった。そのため，後続の事故についても同様の対応であった。大要これらの事情を前提に，本件第1審判決（横浜地判平成19・12・13刑集66巻4号279頁）は，被告人らの製品回収・修理の不作為と本件事故との因果関係について次のように述べる。

　「FハブはDハブに比して格段に強度が優っていたのも既に述べたとおりであり，もし本件瀬谷事故の事故車両のハブがFハブに交換されていれば，交換後のFハブについて疲労破壊による輪切り破損の可能性を仮に考えるとしても，それは，本件瀬谷事故の時点とは全く異なることになることは明らかである。すなわち，Fハブにも輪切り破損の可能性が否定できないとしても，このことは，被告人らの過失行為と本件瀬谷事故との間の因果

関係の認定を何ら揺るがすものではない。」

　本件瀬谷事故の車両は，整備が十分とはいえず，事故当時過積載であったことが指摘されている。第１審判決は，そのような事情を考慮してもなお，Ｄハブの強度不足が疑われた時点で，Ｆハブに交換する修理が行われていれば，少なくとも本件の事故が起きなかったことは明らかであるとして，不作為と事故との条件関係を肯定し，因果関係を認めたものといえる。たしかに，本件事故の時点でＦハブに交換されていれば，事故は起きなかったかもしれない。その意味で，仮定的判断としての条件関係は存在する。しかし，因果関係を検討するうえで解明されるべき根本的な問題は，本件事故の原因であるＤハブの輪切り破損が，強度不足に起因するものかということである。この点，本件控訴審判決（東京高判平成21・2・2刑集66巻4号371頁）は，強度不足がＤハブの輪切り破損の原因であるとの客観的なデータはなく，本件瀬谷事故の原因がＤハブの強度不足であると断定できるだけの証拠もないと述べつつ，具体的判断においては，Ｄハブの強度不足の疑いによりリコールしておけば，本件瀬谷事故は確実に発生していなかったとする。しかし，輪切り破損事故が，そもそもＤハブの強度不足に基づくものでない場合，リコールによる一斉修理・交換を要求すること自体不合理であるから，被告人らにＤハブの修理・交換の作為義務を認める上で，この点の解明は是非とも必要である（破損の原因が長期間の使用による摩耗であるのなら，一定期間経過した車両につき，交換をするだけでよい）。この点に関し，参考判例⑤は次のように判示している。

「被告人両名に課される注意義務は，前記のとおり，あくまで強度不足に起因するＤハブの輪切り破損事故が更に発生することを防止すべき注意義務である。Ｄハブに強度不足があったとはいえ，本件瀬谷事故がＤハブの強度不足に起因するとは認められないというのであれば，本件瀬谷事故は，被告人両名の上記義務違反に基づく危険が現実化したものとはいえないから，被告人両名の上記義務違反と本件瀬谷事故との間の因果関係を認めることはできない。そうすると，この点に関する原判決の説示は相当でない。」

　これは，本件のような先行行為（製品を市場に送り出したこと）を理由とする作為

義務が問題となる場合に，作為義務の履行と結果発生の間の因果関係は，単に作為義務を履行していれば結果が確実に防止できたという関係があるだけでは足りず，結果発生が，そもそも先行行為による危険の現実化であるといえなければならないことを示している。先に触れたように，結果発生が先行行為に起因するものでないのならば，作為義務の履行を求めることは不合理であるから，この判示は正当であるといえる。[3]

4 当該判例の射程

表題判例は，保護責任者が被害者の生存に必要な保護義務を履行していれば，被害者はほぼ確実に救命できたといえる場合に，保護責任者の不作為と被害者の死亡結果との間の因果関係を肯定したものである。まず，被害者の救命に対する因果関係を問題にする点で参考判例①と異なり，被告人に殺意が認められないという点で，不作為の殺人罪の成立を認めた参考判例②～④の一連の裁判例とは異なる。また，本件は，基本的に先行行為に基づく保護責任者としての義務を認めたものとみてよいが，理論的には，不作為と結果発生の間の因果関係を認めるためには，作為義務（保護責任者の義務）の履行により結果発生がほぼ確実に防止できたという関係があるだけでは足りず，特に，結果発生が先行行為に起因するものか疑いを持ち得る事案では，先行行為の危険性が結果発生に現実化したことが確認されなければならない。このことを明らかにしたのが，参考判例⑤である。

〔注〕
1） 本件の調査官解説である原田國男「判解」平成1年度394頁は，「保護責任者遺棄致死罪の成立を認めた原判断を正当としているから，その前提として被告人の保護責任をも肯定している」とする。
2） 自動車内で事故の被害者を死亡させたケースとして，盛岡地判昭和44・4・16刑月1巻4号434頁があるが，これは，救護措置により被害者の死を回避できたとは認められないとして，不作為と死亡結果との間の因果関係を否定し，保護責任者遺棄罪の成立を認めたものである。
3） もっとも，参考判例⑤は，本件も含めた10年弱の間にあった40件の輪切り破損事故の中にはハブの摩耗の程度が激しいとはいえない事故事例も含まれていたこと，応力に関する実験結果からは強度不足の欠陥があることが推認されること，本件事故後に国土交通大臣に対し出されたリコール届け出書ではDハブに強度不足があったことを自認していたこと，摩耗が

原因とする説もDハブの輪切り破損の原因が専ら整備不良など使用者側の問題であったといえるほどに合理性，説得性がある見解とはいえないことなどを理由に，本件瀬谷事故は，被告人らの義務違反に基づく危険が現実化したものとして，因果関係を肯定している。しかしながら，本決定における田原判事の反対意見において指摘されているように，本件ではリコールにかかるハブを装着していた車両が22万台余りに達しており，ハブの輪切り破損事故はそのうちのせいぜい数十件にしか起きていないことに留意すべきである。同判事も述べるように，この程度の事故比率で，破断の原因が摩耗ではなく，Dハブそのものの強度不足にあると疑うことは客観的に困難であるし，Dハブの寿命に関するデータについても示されていない中で，上記のような事情から，Dハブの強度不足が本件輪切り破損による事故の原因であると推論するのは，無理があるように思われる。

◆復習問題

　甲は，……たまたま開いていたB社の建物の玄関ドアから誰もいない建物内に入った。甲は，その事務室に入り込み，バールで金庫をこじ開け，その中から現金を盗み，更に金目の物がないかと室内を物色していたところ，机の上に積まれていた書類の束に甲の手が触れたため，その書類の束がB社の従業員丙が退社の際に消し忘れていた石油ストーブの上に落ち，これに石油ストーブの火が燃え移った。甲は，その書類の束から小さな炎が上がり，更にストーブの上から燃え落ちた火が床にも燃え移りそうになっているのを見て，今なら近くにあった消火器で容易に消せるが，このまま放置すればその火が建物全体に燃え広がるだろうと思いながらも，消火のためにここにとどまれば自分の盗みが発覚するのではないかとおそれ，その場からそのまま立ち去った。他方，帰宅途中であった丙は，石油ストーブを消し忘れていたことを思い出し，B社に戻り，その事務室に入ろうとしたところ，事務室の床が燃えているのを発見した。この時点でも，まだ容易にその火を消すことができる状況にあったことから，丙は，その火をそのまま放置すれば建物全体が燃えてしまうと思いつつ，今ならまだ近くにあった消火器で十分消せると考えた。しかし，丙は，その床が燃えているのは自分の石油ストーブの消し忘れが原因であると思い，自分の火の不始末が発覚するのをおそれ，その場からそのまま立ち去った。その結果，B社の建物は全焼した。
　甲及び丙の罪責を論ぜよ（ただし，特別法違反の点は除く）。

（参考：平成22年度旧司法試験論文式刑法第1問）

〔安達　光治〕

第3章

正当防衛・過剰防衛
――「ゴミ捨て場闘争」事件――

表題判例：最決平成20・5・20刑集62巻6号1786頁
参考判例①：最判昭和32・1・22刑集11巻1号31頁
参考判例②：最決昭和52・7・21刑集31巻4号747頁
参考判例③：最判昭和60・9・12刑集39巻6号275頁
参考判例④：最判昭和44・12・4刑集23巻12号1573頁
参考判例⑤：最判平成1・11・13刑集43巻10号823頁

1 事実関係

(1)本件の被害者であるＡ（当時51歳）は、本件当日午後7時30分ころ、自転車にまたがったまま、歩道上に設置されたごみ集積所にごみを捨てていたところ、帰宅途中に徒歩で通り掛かった被告人（当時41歳。以下、甲と呼ぶ。）が、その姿を不審と感じて声を掛けるなどしたことから、両名は言い争いとなった。
(2)甲は、いきなりＡの左ほおを手けんで1回殴打し、直後に走って立ち去った（第1暴行）。
(3)Ａは、「待て。」などと言いながら、自転車で甲を追い掛け、上記殴打現場から約26.5m先を左折して約60m進んだ歩道上で甲に追い付き、自転車に乗ったまま、水平に伸ばした右腕で、後方から甲の背中の上部又は首付近を強く殴打した。
(4)甲は、上記Ａの攻撃によって前方に倒れたが、起き上がり、護身用に携帯していた特殊警棒を衣服から取出し、Ａに対し、その顔面や防御しよう

とした左手を数回殴打する暴行を加え，よって，同人に加療約3週間を要する顔面挫創，左手小指中節骨骨折の傷害を負わせた（第2暴行）。
(5)甲は，この事件について傷害罪で起訴され，正当防衛を主張するも，第1，第2審で有罪判決を受けた（第1審は懲役10月，第2審は懲役6月執行猶予3年）。その際，過剰防衛（刑法36条2項）を理由とする刑の減免もなされなかった。

■主な争点■
(i)甲に正当防衛（刑法36条1項）は成立しないか？
(ii)甲に過剰防衛（刑法36条2項）を理由とする刑の減免はできないか？

2 裁判所の判断

「所論は，Aの前記1(3)の攻撃に侵害の急迫性がないとした原判断は誤りであり，被告人の本件傷害行為については正当防衛が成立する旨主張する。しかしながら，前記の事実関係によれば，被告人は，Aから攻撃されるに先立ち，Aに対して暴行を加えているのであって，Aの攻撃は，被告人の暴行に触発された，その直後における近接した場所での一連，一体の事態ということができ，被告人は不正の行為により自ら侵害を招いたものといえるから，Aの攻撃が被告人の前記暴行の程度を大きく超えるものでないなどの本件の事実関係の下においては，被告人の本件傷害行為は，被告人において何らかの反撃行為に出ることが正当とされる状況における行為とはいえないというべきである。そうすると，正当防衛の成立を否定した原判断は，結論において正当である。」

3 当該判例について検討すべき論点

■Q1　正当防衛の成立要件をすべて挙げよ

表題判例は，口論の果てに甲がAを1回殴打したことでAから追いかけられて殴打されたため，おそらくその後に続くであろうAの殴打から身を守る意味も込めて素手のAを特殊警棒で数回殴打し，傷害を負わせた，という事案に関するものである。これは，いわゆる「自招侵害」に対する防衛，ないし「挑

発防衛」と呼ばれるものである。自ら招いたものであるとはいえ，一応，Aの殴打から身を守るために行った暴行による傷害なので，それについて，正当防衛も過剰防衛も認められないというのはなぜなのかが問題になる。つまり，表題判例がそのような結論に至った根拠と，その射程が問題なのである。

そこで，まず，争点となっている正当防衛の一般的な成立要件を押さえ，「自招侵害」ないし「挑発防衛」の場合にそれが否定される，または制限される根拠と範囲を考えておく必要がある。

刑法36条1項は，「急迫不正の侵害に対して，自己又は他人の権利を防衛するため，やむを得ずにした行為」は，罰しないと述べている。これは，侵害が，①急迫した，②不正なものであることと，行為が，③自己又は他人の権利を防衛するため，④やむを得ずにしたものであることを，正当防衛の成立要件とするという意味である。一般に，①は侵害の「急迫性」，②は侵害の「不正性」，③は防衛行為の「必要性」，④は防衛行為の「相当性」と呼ばれている。また，これに加えて，③は「防衛の意思」を意味するという見解もあり，日本の実務では，表面的には，これも必要とされている[1]。

そこで，次に，「自招侵害」ないし「挑発防衛」の場合には，このうちのどれが欠けることになるのかを検討する。

■Q2 「喧嘩闘争」の場合に正当防衛は必ず否定されるか？　参考判例①を参照して答えよ

表題判例の第1審判決は，次のように述べて[2]，正当防衛も過剰防衛も否定した。

> 「被告人は，自分が先に手を出して逃走中に殴打されたものであり，被告人自身もAが追いかけてくる可能性を認識していたものと推認されるから，たとえ，本件集積所と本件犯行現場が約90メートル離れていたとしても，全体的にみると，本件は一連の喧嘩闘争というべきである。したがって，原則的に正当防衛の観念を入れる余地はない。そして，Aの攻撃が強烈なものであったとしても，素手での攻撃に過ぎず，これに対し，被告人は，いわゆる武器である特殊警棒を用いているのであるから，この点からも正当防衛を論ずることはできない。」

つまり、「喧嘩闘争」であるから正当防衛は（そして過剰防衛も）あり得ないというのである。加えて、素手の相手に対して特殊警棒を用いることも、正当防衛を否定する根拠とされている。

しかし、従来の判例は、「喧嘩闘争」だから正当防衛も過剰防衛も認められない、という考え方を、すでに否定していた。たとえば、参考判例①は、次のように述べている。すなわち、「法律判断として、まず喧嘩闘争はこれを全般的に観察することを要し、闘争行為中の瞬間的な部分の攻防の態様によって事を判断してはならないということと、喧嘩闘争においてもなお正当防衛が成立する場合があり得るという両面を含むものと解することができる」と。その上で、参考判例①は、「喧嘩闘争」だから正当防衛の観念を容れる余地がないとした原判決を誤りであるとし、「本件につき少くとも過剰防衛の有無ないし量刑についても影響あること論をまたないところであって、右判断は判決に影響を及ぼすこと明らかであるから論旨は理由があり、原判決はこの点において破棄を免がれない」と結論づけている。つまり、「喧嘩闘争」だから正当防衛も過剰防衛も認められない、という考え方は、判例において否定されているのである。

■ Q3 「急迫性」を否定する「積極的加害意思」を定義し、参考判例②を参照しながら、「急迫性」が否定される理由を考えよ。また、表題判例の事案では、「積極的加害意思」はあるか？

したがって、本件でも、その控訴審判決は、「喧嘩闘争」だという理由ではなく、「急迫性」が認められないという理由で、正当防衛も過剰防衛も否定した。その判決理由は、次のように書かれている。

> 被告人は、「Aに暴行を加えた際にはもちろん、走り去る途中でも、Aが被告人の挑発を受けて報復攻撃に出ることを十分予期していたものと推認できる。実際、Aは、被告人から暴行を加えられたため、やられたらやり返すとの思いから、被告人を直ぐさま自転車で追い掛けて行き、約90メートル先で追い付いて、第2暴行を加えており、Aの被告人に対する第2暴行は、被告人がAに対して第1暴行を加えたことによって招いたものといわざるを得ない。加えて、第2暴行は、第1暴行と時間的にも場所的にも接

> 着しており，事態にも継続性があり，第2暴行の内容も，相当強烈であったものの，素手による1回限りの殴打に過ぎず，第1暴行との関係で通常予想される範囲を超えるとまでは言い難いものである。結局，Aによる第2暴行は不正な侵害であるにしても，これが被告人にとって急迫性のある侵害とは認めることはできない。」

つまり，①被告人が自らの暴行によって侵害を招いたという自招性，②被告人の第1暴行と被害者の暴行と接着性・継続性，③被害者の暴行が第1暴行との関係で予想される範囲を超えないことが，侵害の「急迫性」を否定するというのである。

しかし，従来の判例は，被害者の暴行を自ら招いたとかそれが予想されるとかいった理由で侵害の「急迫性」を否定するものではなかった。たとえば，参考判例②は，「刑法36条が正当防衛について侵害の急迫性を要件としているのは，予期された侵害を避けるべき義務を課する趣旨ではないから，当然又はほとんど確実に侵害が予期されたとしても，そのことからただちに侵害の急迫性が失われるわけではないと解するのが相当」と述べている。つまり，「当然又はほとんど確実に侵害が予期された」としても，そのことだけでは「急迫性」は否定されないというのが，判例の考え方なのである。

もっとも，参考判例②は，これに続いて，次のようにも述べている。

> 刑法36条が「侵害の急迫性を要件としている趣旨から考えて，単に予期された侵害を避けなかったというにとどまらず，その機会を利用し積極的に相手に対して加害行為をする意思で侵害に臨んだときは，もはや侵害の急迫性の要件を充たさないものと解するのが相当である。」

この「侵害の機会を利用し積極的に相手に対して加害行為をする意思」を，俗に「積極的加害意思」と呼ぶが，これが認められれば，侵害の「急迫性」は否定されるというのが，一応，判例と考えてよいであろう。これは，相手方の侵害を確実だと事前に予期し，かつ，警察などの国家機関に助けを求める十分な余裕があるのにそれをせず，むしろこの機会を利用して積極的に加害行為をしようとして待ち構えている場合には，不意の攻撃で国家機関に助けを求める余

裕がないので例外的に自力行使を認めるという正当防衛の趣旨に合わず，ゆえに，その要件である「急迫性」が否定されて正当防衛が認められなくなるのだ，という考え方を背景にしている。

　しかし，表題判例の被告人には，このような「積極的加害意思」はない。なぜなら，被告人は，被害者に第1暴行を加えた直後に逃げ出しているからである。この機会を利用して積極的に害を加える意思であれば，逃げるはずはないであろう。したがって，本件では，「積極的加害意思」を認めて「急迫性」を否定することは難しいのである。

　そのため，表題判例は，「被告人の本件傷害行為は，被告人において何らかの反撃行為に出ることが正当とされる状況における行為とはいえないというべきである。そうすると，正当防衛の成立を否定した原判断は，結論において正当である。」と述べた。つまり，原判決は「結論において正当」ではあるが，侵害の「急迫性」がないのではなく，被告人の反撃行為が一切正当とされない状況なのだ，という判断を示したのである。

■Q4　参考判例③を参照して，「防衛の意思」を定義せよ。また，表題判例の事案では，「防衛の意思」は否定されるか？

　ついでにいえば，本件では，「防衛の意思」も否定できない。「防衛の意思」は，参考判例③によれば，「急迫不正の侵害に対し自己又は他人の権利を防衛するためにした行為と認められる限り，たとえ，同時に侵害者に対し憎悪や怒りの念を抱き攻撃的な意思に出たものであっても，その行為は防衛のための行為に当たると解するのが相当である」と定義される[4]。つまり，たとえ「積極的加害意思」があっても，同時にそれが相手方の侵害に対抗して自己の権利を守るものであることが意識されていれば，「防衛の意思」は否定されないのである。

　もっとも，判例における「防衛の意思」を理解するためには，どのような事実についてこの判断が示されたかを知ることが必要である。これは，この参考判例③の要旨に，ほぼ示されている。

「被告人が，自己の経営するスナック店内において，相手方から一方的にかなり激しい暴行を加えられているうち，憎悪と怒りから調理場にあった文

化包丁を持ち出し、『表に出てこい』などと言いながら出入口へ向かったところ、相手方から物を投げられ、『逃げる気か』と言って肩を掴まれるなどしたため、更に暴行を加えられることをおそれ、振り向きざま手にした包丁で相手方の胸部を一突きして殺害した本件事実関係のもとにおいては……、被告人の行為は、『表に出てこい』などの言辞があったからといって、専ら攻撃の意思に出たものとはいえず、防衛の意思を欠くことにはならない。」

つまり、憎悪と怒りがあっても、「更に暴行を加えられることをおそれ、振り向きざま手にした包丁で相手方の胸部を一突きして殺害した」事案では、「防衛の意思」は否定されないのである。

これを本件の事案に応用すれば、次のようになる。すなわち、「甲は、上記Aの攻撃によって前方に倒れたが、起き上がり、護身用に携帯していた特殊警棒を衣服から取出し、Aに対し、その顔面や防御しようとした左手を数回殴打する暴行を加え」たが、これは「更に暴行を加えられることをおそれ」ての行為だと思われるので、甲の「防衛の意思」は否定されないと。

■Q5　参考判例④⑤を参照して、「防衛行為の相当性」を定義せよ。また、表題判例の事案では、「防衛行為の相当性」は否定されるか？　否定されれば、過剰防衛の余地もなくなるか？

それでは、甲の特殊警棒による暴行は、防衛のために「やむを得ずにした行為」、つまり防衛行為としての「相当性」のある行為といえるであろうか。

ここでは、まず、判例における「相当性」の定義を示しておく必要がある。これにつき、参考判例④は、次のように述べている。

「刑法36条1項にいう『已ムコトヲ得サルニ出テタル行為』（筆者注——1995年改正前の旧い条文）とは、急迫不正の侵害に対する反撃行為が、自己または他人の権利を防衛する手段として必要最小限度のものであること、すなわち反撃行為が侵害に対する防衛手段として相当性を有するものであることを意味するのであって、反撃行為が右の限度を超えず、したがって侵害に対する防衛手段として相当性を有する以上、その反撃行為により生じた結果

がたまたま侵害されようとした法益より大であっても，その反撃行為が正当防衛行為でなくなるものではないと解すべきである。」

　つまり，「相当性」とは，急迫不正の侵害に対する反撃行為が，自己または他人の権利を防衛する手段として必要最小限度のものであることを意味するのであり，その際，生じた害と防ごうとした害との間の均衡性は要求されていないのである。

　ただ，「生じた結果がたまたま侵害されようとした法益より大であっても」の解釈は分かれている。「たまたま」というのは，生じた害の方が大きくなったのは偶然で，防衛者には事前にわからなかったことを意味するという考え方（「事前判断説」）と，そもそも生じた害の方が大きかったか小さかったかは正当防衛にとっては重要でなく，したがって，生じた害が大きくなることを防衛者が事前にわかっていても，「相当性」は否定されないとする考え方（「均衡性不要説」）である。そこで，たとえば，電車が頻繁に通過する狭いホームの上で被害者による執拗な侮辱や暴行──さらにはわいせつ行為──をやめさせるには突き飛ばすしかないという状況におかれた防衛者を考えてみよう。突き飛ばせば被害者が線路に転落して電車にはねられ死亡する危険があるという場合に，他に適切な防衛手段がないというのであれば，「事前判断説」では防衛をしないで被害を我慢する義務が課せられる。反対に，「均衡性不要説」では，他に方法がなく，それが防衛行為として必要最小限度のものであるなら，突き飛ばして仮に被害者が死亡したとしても，それは正当防衛になる。どちらが「正義」にかなうか，よく考えてみよう。[5]

　さらに，防衛行為の相当性にとって「武器の対等」は必要か，という問題もある。言い換えれば，素手の相手に対して武器を用いる場合には，それだけで「相当性」が否定されるのか，という問題である。これについては，参考判例⑤が，次のように述べている。

「原判決が，素手で殴打しあるいは足蹴りの動作を示していたにすぎないK（被害者）に対し，被告人が殺傷能力のある菜切包丁を構えて脅迫したのは，防衛手段としての相当性の範囲を逸脱したものであると判断したのは，刑

> 法36条1項の『已ムコトヲ得サルニ出テタル行為』の解釈適用を誤ったものといわざるを得ない。すなわち，右の認定事実によれば，被告人は，年齢も若く体力にも優れたKから，『お前，殴られたいのか。』と言って手拳を前に突き出し，足を蹴り上げる動作を示されながら近づかれ，さらに後ずさりするのを追いかけられて目前に迫られたため，その接近を防ぎ，同人からの危害を免れるため，やむなく本件菜切包丁を手に取ったうえ腰のあたりに構え，『切られたいんか。』などと言ったというものであって，Kからの危害を避けるための防御的な行動に終始していたものであるから，その行為をもって防衛手段としての相当性の範囲を超えたものということはできない。」

　つまり，参考判例⑤は，素手の相手に対して包丁を構えて脅迫しても，それが相手からの危害を避けるための防御的な行動に終始していた場合には，防衛行為の「相当性」を認めたのである。ゆえに，判例では，少なくとも，形式的な「武器対等」の考え方は採用されていないと考えてよいであろう。

　なお，参考判例⑤について，これは被告人と被害者の体力差を埋めるために包丁の使用を認めたもので，「実質的な武器対等」の考え方を示したものだとする見解もある。しかし，この判例は，最終的には，「Kからの危害を避けるための防御的な行動に終始していたものであるから」と述べて，防御的行動であったことのみを理由に挙げているので，そのように考える必要はないであろう。なにより，体力的には同等であっても，包丁を示して脅迫することで相手がすぐさま退散するのであれば，わざわざ包丁を捨てて素手で殴りあうより，お互いのダメージは少ないのだから。

　さて，表題判例の事案に戻るなら，ここでは，甲は素手のAに対して，護身用に携帯していた特殊警棒を衣服から取出し，その顔面や防御しようとした左手を数回殴打する暴行を加え，よって，Aに加療約3週間を要する顔面挫創，左手小指中節骨骨折の傷害を負わせるという第2暴行を行っている。この認定事実からみる限り，甲の暴行はAから身を守るものとしては必要最小限度を超えているといえるであろう。その際，特殊警棒の使用は，それだけで「相当性」を否定するのではなく，素手の相手に対して防御的どころか積極的な攻撃

を加えていることと，その殴打回数などを総合的に考慮して，判断することが必要である。

■Q6　表題判例が正当防衛を否定した理由を考察せよ

　しかし，「相当性」が否定されるだけで正当防衛の他の要件は揃っているというのであれば，「過剰防衛」の可能性は残る。それなのに表題判例は「何らかの反撃行為に出ることが正当とされる状況における行為とはいえない」と述べて，どのような反撃つまり防衛行為でも違法であるとしている。これは，なぜであろうか。

　これについては，挑発防衛ないし自招侵害の場合には，防衛行為の時点では正当防衛の条文上の要件がすべて揃っているが，そのような防衛行為は「社会的相当性」を欠き，違法であるとする見解がある。しかし，刑法36条1項に列挙されている正当防衛の要件がすべて揃っているのに，「社会的相当性」といった条文にない要件を追加し，これが欠けることを理由として有罪を言い渡すことは，立法者が刑法36条によって市民に不処罰を約束したことを裏切るもので，違法性阻却事由に関する「罪刑法定主義」ないし市民に対する「公正な告知」に違反する不当な考え方だというほかない。

　自ら侵害を招いておきながらこれを撃退するのは防衛権の濫用で，民法1条3項が禁止している「権利の濫用」として許されないという考え方もある。しかし，自ら招いたとはいえ，予想に反して相手が殺害をも辞さない攻撃を加えてきたときに，とりわけ逃げ場がない場合，防衛をしないでおとなしく殺されろという理屈も，到底納得できるものではない。

　挑発防衛ないし自招侵害の場合には，防衛行為の時点では正当防衛であっても，それを違法な原因行為によって招いたのだから，適法行為を利用する間接正犯の一種である，自己の適法な行為を利用する「原因において違法な行為」という考え方で，全体として違法な行為となるという考え方もある。しかし，これも，自己の原因行為と防衛行為との間に，相手の自由意思による違法な行為が介在するので，単純に「間接正犯」と同じ考え方で説明できるものではない。

　さらに，これらの場合には，36条の個々の要件が否定されるのではなく，全体として防衛行為とはいえないという見解もある。しかし，これもまた，「社

会的相当性」の欠如を理由とする考え方と同じく，違法性阻却事由に関する「罪刑法定主義」ないし市民に対する「公正な告知」に違反する不当な考え方である。
　そこで，表題判例はどのような条件があれば，反撃行為すなわち防衛行為が一切許されなくなるとしているのかを，再度，確認してみよう。そこでは，次の事柄が重視されている。
　①Aの攻撃は，被告人の暴行に触発された，その直後における近接した場所での一連，一体の事態であること
　②被告人は不正の行為により自ら侵害を招いたものであること
　③Aの攻撃が被告人の前記暴行の程度を大きく超えるものでないこと

　つまり，表題判例は，侵害者の攻撃が防衛者の暴行に触発されたものであることを当然の前提にして，侵害が直後の近接した場所での事態であり（時間的場所的近接性），自招行為は不正な行為であり（自招行為の不正性），かつ，侵害が自傷行為たる暴行の程度を大きく超えるものでないこと（侵害の均衡性）を条件として，防衛行為を一切違法としているのである。
　言い換えれば，これらの条件が満たされれば，被告人は防衛をしてはいけないということである。ということは，この場合には，これまで正当防衛の要件の中で検討されていなかったもの，つまり侵害の不正性が否定されると考えてよいであろう。簡単にいえば，いわれなく1発殴られた人は，その直後にその付近であれば，同程度の暴行をしても不正ではない，つまり1発殴り返してもよい，ということである。
　これはまるで小学生の喧嘩のルールのようであるが，最高裁の示した判断をこのようなルールだとして説明すれば，殴り返す権利のある人に対しては防衛行為は一切許されないので，「被告人の本件傷害行為は，被告人において何らかの反撃行為に出ることが正当とされる状況における行為とはいえない」というその結論も，得心のいくものとなる。
　もっとも，裁判所がこのような小学生の喧嘩のルールで判断するのは妥当でない，と考えるのであれば，本件は，やはり過剰防衛とすべき事案であったということになるであろう。ただし，防衛の程度を超えた行為が意識的な著しい過剰行為であるなどの事情でその情状がよくなければ，過剰防衛を理由とする

刑の減免はすべきでないことになる。なぜなら，刑法36条2項は，「防衛の程度を超えた行為は，情状により，その刑を減軽し，又は免除することができる。」(傍点筆者)と述べているからである。本件事案は，そのようなものと考える余地もある。

4 当該判例の射程

■参考判例と比較しつつ本決定の先例的意義を検討せよ

　以上の検討から，表題判例の射程は，防衛者が暴行によって被害者の攻撃を誘発した場合には，

① 被害者の攻撃が，防衛者の暴行に触発された，その直後における近接した場所での一連，一体の事態であること
② 防衛者が不正の行為により自ら侵害を招いたものであること
③ 被害者の攻撃が防衛者の①の暴行の程度を大きく超えるものでないこと

という条件が満たされるとき，防衛者の反撃行為つまり防衛行為はすべて違法であって，正当防衛にも過剰防衛にもならない，というものだと考えることができる。
　ただし，本件は，

④ 素手の被害者に対して防衛者が特殊警棒という武器を用いて多数回殴打した

という事案でもあるので，防衛者が素手でもう少し穏やかな反撃をしていた場合にも正当防衛や過剰防衛が否定されるという保証はない。なぜなら，本件は武器を用いて多数回殴打した，刑の減免に値しない意識的な著しい過剰行為であって，防衛者が素手でもう少し穏やかな反撃をしていた場合とは事案を異にすると考えることができるからである。

5 補論：侵害終了後の防衛行為（「量的過剰」）

　侵害者が防衛行為によるダメージで怯んで，もはや攻撃をしてこなくなったのに，続けて暴行を加えた場合，それは「過剰防衛」（刑法36条2項）として刑の

任意的減免の対象となるであろうか。この問題に答えた代表的な裁判例に，以下の２つのものがあるので，ここでは，補論として，これを説明しておこう。

　　　参考判例⑥：最判昭和34・2・5刑集13巻１号１頁
　　　参考判例⑦：最決平成20・6・25刑集62巻６号1859頁

(1) 一見矛盾する判例

　参考判例⑥は，被告人が，鉈(なた)を振って，屋根鋏を持ち立向かってきた被害者の頭部に一撃を加え，さらに，被害者の攻撃により恐怖，驚愕，興奮かつ狼狽していたため，横倒れになった被害者の頭部めがけて鉈を振って切りつけ，同人を脳損傷のため即死させて殺害した事実につき，殺人罪で全体を過剰防衛として刑を減軽したものである。これに対して，参考判例⑦は，被害者から殴りかかられたりアルミ製の灰皿を投げつけられたりした被告人が，身を守るために，この攻撃をかわしつつ被害者を殴打したところ，転倒して頭を打った被害者が身動きしなくなったのに，その後も蹴りつけるなどの暴行を加えて被害者に傷害を与えた被告人につき，最初の殴打については正当防衛を認め，後の暴行については傷害罪として過剰防衛による刑の減免を認めなかったものである。[6]

　一見すると，参考判例⑥は「量的過剰」について一連の行為を総合して過剰防衛を認め，参考判例⑦は一連の行為を分断して正当防衛と，過剰防衛にあたらない傷害とを認めたので，矛盾しているようにみえる。しかし，事案を詳細にみると，そうではないことがわかる。

(2) 過剰防衛による刑の減免制度の趣旨

　一般に，過剰防衛とは，急迫不正の侵害に対する防衛行為が，その程度（「相当性」）を逸脱した場合を意味する。したがって，過剰防衛であるためには，その前提として，急迫不正の侵害が存在していることが必要である。ゆえに，侵害急迫時の過剰な防衛（これを「質的過剰」と呼ぶ。）は36条２項にいう過剰防衛であるが，侵害終了後の過剰な防衛（これを「時間的過剰」または「量的過剰」と呼ぶ。）はこれにあたらない。

　しかし，たとえば不意の攻撃に対して驚愕し，そのため相手方がひるんだ後も，まだ攻撃されるかもしれないという恐怖等から，つい防衛行為をやりすぎてしまうということは，防衛者の心理として珍しいものではない。他方，過剰

防衛について刑を，任意的にであれ，減免する趣旨は，不意の侵害に対して驚愕・畏怖・動転して過剰な防衛をしてしまう心理状態を理由とする期待可能性の低減を考慮したものと考える「責任減少説」によるなら（根拠は，36条2項の「情状により」），不意に侵害を受けたために動転した心理状態を引きずって，なおも攻撃されるかもしれないと思いつつ行われる「量的過剰」についても，刑の減免を否定する理由はないことになる。ゆえに，「量的過剰」の場合でも，過剰な行為（鉈での切りつけ）が，まだ襲われるかもしれないと思いつつ「異常の出来事により甚しく恐怖，驚愕，興奮且つ狼狽したあまり」に行われた事案については，全体を総合して過剰防衛とする参考判例⑥に，それなりの合理性があるものと考えられる。

(3) 1個の防衛行為か否か？

しかし，この考え方を裏返せば，もはや攻撃を受けることはないと認識しており，この種の期待可能性の低減した心理状態を引きずっていない「量的過剰」の場合には，全体を包括して過剰防衛による刑の減免を認める理由はないことになる。この点につき，参考判例⑦は，本件事実関係の下では，「第1暴行により転倒した甲が，被告人に対し更なる侵害行為に出る可能性はなかったのであり，被告人は，そのことを認識した上で，専ら攻撃の意思に基づいて第2暴行に及んでいるのであるから，第2暴行が正当防衛の要件を満たさないことは明らか」であり，そして，「両暴行は，時間的，場所的には連続しているものの，甲による侵害の継続性及び被告人の防衛の意思の有無という点で，明らかに性質を異にし」，被告人が「おれを甘く見ているな。おれに勝てるつもりでいるのか。」などと発言した上で抵抗不能の状態にある甲に対して相当に激しい態様の第2暴行に及んでいることにもかんがみると，「その間には断絶があるというべきであって，急迫不正の侵害に対して反撃を継続するうちに，その反撃が量的に過剰になったものとは認められない」（傍点筆者）ので，「1個の過剰防衛の成立を認めるのは相当でなく，正当防衛に当たる第1暴行については，罪に問うことはできないが，第2暴行については，正当防衛はもとより過剰防衛を論ずる余地もない」と判示している。被害者甲が攻撃不能状態にあることを認識しつつ，専ら「憤激」という「攻撃の意思」に基づいて行われた第2暴行は，もはや第1暴行と一体のものとはいえないという趣旨であろう。この

点において，過剰防衛を認めた参考判例⑥とは事案を異にすると考えてよい。

ゆえに，暴行が時間的・場所的に連続していることのみから，常に「一連一体の防衛行為」であると考えるべきでないことに，注意が必要である。言い換えれば，行為が1個であるか2個であるかという問題は，違法性や責任と区別された構成要件該当性の判断で可能となるのではなく，罪数論で用いられる違法性と責任の判断を経た犯罪成立要件としての「一般構成要件」（＝構成要件に該当する違法で有責な行為）がいくつ充足されたかによって決まるのである。

〔注〕
1） 実際には，「防衛の意思」を独立した要件と解さないと説明できない裁判例はない。というのも，他の要件がすべて認められている事案に関して「防衛の意思」だけが認められないので正当防衛は認められないと判断した裁判例はないからである。
2） 東京地八王子支判平成18・7・5刑集62巻6号1794頁。
3） 東京高判平成18・11・29刑集62巻6号1802頁。
4） 同旨の先行判例として，最判昭和46・11・16刑集25巻8号996頁，最判昭和50・11・28刑集29巻10号983頁。
5） 類似の事案について正当防衛を認めた裁判例に，千葉地判昭和62・9・17判時1256号3頁がある。
6） なお，被害者は最初の暴行によって転倒した際に致命傷を負い，後に死亡した。

◆復習問題

> 甲及び乙は，路上を歩いていた際，日ごろから仲の悪いAと出会い，口論となったところ，立腹したAは甲及び乙に対し殴りかかった。甲は，この機会を利用してAに怪我を負わせてやろうと考えたが，その旨を秘し，乙に対し，「一緒に反撃しよう。」と言ったところ，乙は甲の真意を知らずに甲と共に反撃することを了承した。そして，甲は，Aの頭部を右拳で殴り付け，乙は，そばに落ちていた木の棒を拾い上げ，Aの頭部を殴り付けた結果，Aは路上に倒れ込んだ。この時，現場をたまたま通りかかった丙は，既にAが路上に倒れていることを認識しながら，仲間の乙に加勢するため，自ら別の木の棒を拾い上げ，乙と共にAの頭部を多数回殴打したところ，Aは脳損傷により死亡した。なお，Aの死亡の結果がだれの行為によって生じたかは，明らかではない。
> 　甲，乙及び丙の罪責を論ぜよ（ただし，特別法違反の点は除く。）。
> （参考：平成21年度旧司法試験論文式刑法第1問）

〔松宮　孝明〕

第4章

緊急避難
――「オウム真理教集団リンチ殺人」事件――

表題判例：東京地判平成 8・6・26判時1578号39頁

参考判例①：大阪高判平成10・6・24判時1665号141頁
参考判例②：最判昭和28・12・25刑集7巻13号2671頁
参考判例③：東京高判昭和57・11・29刑月14巻11・12号804頁

1 事実関係

　オウム真理教の元信者であった被告人は，同じく元信者で教団の薬剤師であった被害者Dとともに，教団施設で病気治療中のXの母親を同施設から連れ出す目的で同施設内に侵入したが，教団施設から連れ出す際に信者に発見され，抵抗したものの結局取り押さえられ，それぞれ両手に手錠をかけられてガムテープで口をふさがれるなどされた上，教団代表者であったAの指示により別の教団施設に連行され，信者らに取り囲まれて監禁された状態にされた。そのような状況でAは「お前はちゃんと家に帰してやるから，心配するな。大丈夫だ。」「ただ，それには条件がある。」「お前がDを殺すことだ。それができなければ，お前もここで殺す。できるか。」などと言って，被告人にD殺害を促した。この時点では被告人が殺害を拒んだとしてもただちに被告人が殺害される危険性まではなかったものの，あくまでも拒否し続けたならば，被告人自身も殺害される危険性のある状態であったほか，前述のとおり被告人はAらに身体を拘束された状態であった。このような状態下で被告人はDの殺害を決意し，教団幹部らによって押さえつけられていたDの首をロープで絞めつけ，窒息死させて殺害した。

57

■主な争点■
(ⅰ)「現在の危難」があったというためにはどのような内容が必要か？
(ⅱ)緊急避難行為の必要性および補充性（避難行為）とはどのようなものか？
(ⅲ)「補充性」要件とは別に，避難行為の「相当性」要件が要求されるべきか？
(ⅳ)補充性要件が欠ける場合において，過剰避難は成立するか否か？
(ⅴ)「強制による緊急避難」の事例における問題点は何か？

2　裁判所の判断

「……事実関係によると，……被告人は，Aらに不法に監禁された状態下で，Dの殺害を決意し，その殺害行為に及んだものであるから，右時点において，少なくとも，被告人の身体の自由に対する現在の危難が存在したことは明らかである。」

「緊急避難における『現在の危難』とは，法益の侵害が現に存在しているか，または間近に押し迫っていることをいうのであり，近い将来侵害を加えられる蓋然性が高かったとしても，それだけでは侵害が間近に押し迫っているとはいえない。また，……生命体生命という緊急避難の場合には，その成立要件について，より厳格な解釈をする必要がある……。……被告人があくまでもDの殺害を拒否し続けた場合には，被告人自身が殺害された可能性も否定できないが，被告人がD殺害を決意し，その実行に及ぶ時点では，被告人は，Aから口頭でDを殺害するように説得されていたに過ぎず，被告人の生命に対する差し迫った危険があったとは認められないし，また，この時点で，仮に被告人がD殺害を拒否しても，ただちに被告人が殺害されるという具体的な危険性も高かったとは認められないのであるから，被告人の生命に対する現在の危難は存在しなかったというべきである。したがって，被告人の行為は緊急避難行為には該当しない。……被告人も，自己の生命に対する侵害が差し迫っているという認識までは有していなかった

と認められるから，この点について被告人に誤想はなかったというべきであり，誤想避難も成立しない。」

「(被告人のD殺害行為が被告人の身体の自由に対する現在の危難を避けるために『已むことを得ざるに出でたる行為』といえるかについて) 緊急避難，過剰避難の成立要件である『已むことを得ざるに出でたる行為』とは，当該避難行為をする以外に他に方法がなく，このような行為を行うことが条理上肯定し得る場合をいう。そして……避難行為が他人の生命を奪う行為である場合には，右の要件をより厳格に解釈すべきことも前述のとおりである。」

「補充性の要件についていえば，被告人が避難行為に出る以前にどれだけの行為をしたかということが重要なのではなく，客観的にみて，現在の危難を避け得る現実的な可能性をもった方法が当該避難行為以外にも存在したか否かという点が重要なのであり，この観点からすれば，前述のとおり，被告人は，外部と隔絶された教団施設内で，両手に前手錠を掛けられたうえ，Aの面前で10名近い教団幹部に取り囲まれている状況にあったのであり，被告人が自力でこの拘束状態から脱出することや，外部に連絡して官憲の救助を求めることは不可能な状態にあったといってよい。また，前記のとおり，被告人やDの行った行為が教団破壊行為であり，教祖であるAが，教団の教義に基づき，被告人をしてDを殺害させることによって事態を収拾しようと考え，その旨を周囲にいた教団幹部に話している以上，被告人にAの翻意を促す説得行為を要求してみたところで，被告人の身体の拘束が解かれる現実的な可能性はほとんどないといわざるを得ない……。このような状況からすると，被告人は，Aの意思によって身体の拘束を解かれる以外に監禁状態から脱するすべはなく，Aの意思によって身体の拘束を解かれるためには，Dを殺害しなければならないということに帰するのであって，結局，被告人が身体拘束状態から解放されるためには，Dを殺害するという方法しかとり得る方法がなかったものと認めざるを得ない。」

「次に，相当性の要件について検討するに，本件では，侵害されている法益が被告人の身体の自由であり，避難行為によって侵害される法益がDの生

命であることから，これを単純に比較すれば，当初より法益の均衡を著しく失しているともいえ，自己の身体の拘束状態を脱するために他人の生命を奪う行為に出るということは，条理上これを肯定することができないというべきであるから，その点からすると，避難行為の相当性を欠くとの検察官の主張もあながち理解できないわけではない。しかしながら，前述のとおり，被告人が現に直面している危難は被告人の身体の自由に対する侵害であるが，被告人に対する侵害そのものはこれにとどまるものではなく，危難の現在性は認められないとはいえ，被告人があくまでもこれを拒否すれば被告人自身の生命に対しても侵害が及びかねない状況も他方では認められるのであり……，当面被告人が避けようとした危難が被告人の身体の自由に対する侵害であったとしても，その背後には，危難の現在性はないとはいえ，被告人の生命に対する侵害の可能性もなお存在したといい得るのであるから，このような状態下で，被告人の身体の自由に対する侵害を免れるためにDの殺害行為に出たとしても，このような行為に出ることが条理上肯定できないとまではいえない。したがって，被告人のD殺害行為について，避難行為の相当性も認められるというべきである。」

「以上の次第で，被告人のD殺害行為は，被告人の身体の自由に対する現在の危難を避けるために，已むことを得ざるに出でたる行為とは認められるが，他方，被告人は，自己の身体の自由に対する危難から逃れるために，Dを殺害したのであって，法益の均衡を失していることも明らかであるから，結局，被告人の行為には，過剰避難が成立するといわなければならない。」

3 当該判例について検討すべき論点

■Q1 「現在の危難」があったというためにはどのような内容が必要か？

刑法37条は「自己又は他人の生命，身体，自由又は財産に対する現在の危難を避けるため」に，避難行為が行われたことを要件としている。この「生命，身体，自由又は財産」は例示列挙であると考えられているが，ここで問題となるのは「現在の危難」の内容である。判例では従来から「現に危難の切迫して

いること」とされており、表題判例も「法益の侵害が現に存在しているか、または間近に押し迫っていることをいうのであり、近い将来侵害を加えられる蓋然性が高かったとしても、それだけでは侵害が間近に押し迫っているとはいえない。……」としている。表題判例はこの点について、以下のように「身体の自由に対する現在の危難は存在したが、生命に対する現在の危難は存在しなかった」と評価したのである。

> 「事実関係によると、……被告人は、Aらに不法に監禁された状態下で、Dの殺害を決意し、その殺害行為に及んだものであるから、右時点において、少なくとも、被告人の身体の自由に対する現在の危難が存在したことは明らかである。」「生命体生命という緊急避難の場合には、その成立要件について、より厳格な解釈をする必要がある……。……被告人があくまでもDの殺害を拒否し続けた場合には、被告人自身が殺害された可能性も否定できないが、被告人がD殺害を決意し、その実行に及ぶ時点では、被告人は、Aから口頭でDを殺害するように説得されていたに過ぎず、被告人の生命に対する差し迫った危険があったとは認められないし、また、この時点で、仮に被告人がD殺害を拒否しても、ただちに被告人が殺害されるという具体的な危険性も高かったとは認められないのであるから、被告人の生命に対する現在の危難は存在しなかったというべきである。」

すなわち表題判例は単純に「現在の危難」が存在したかどうかを一般的に問題にするのではなく、「何の法益」に対する「現在の危難」が存在したのかを段階づけて検討している。このような形での厳格な段階づけは、事実上、認定された「現在の危難」の内容が「何の法益」に対する危難であったのかということを問題にすることにより、その後に検討されるべき「害の均衡要件」の存否をも左右する可能性をもつことを示している。

このような考え方は、日本の緊急避難規定が「これによって生じた害が避けようとした害の程度を超えなかった場合に限り」として害の均衡を要求していることにより緊急避難を「優越的利益」に基づくものとして捉える見解とも親和的であるようにみえる。

しかしそもそも、このような形で緊急避難を「優越的利益」の考え方に基づ

くものとすることはできるのであろうか。これはよく，「同価値の法益の衝突」の場合や，とりわけ「生命対生命」の場合を念頭に検討されることが多い。すなわち，(「生命対生命」の場合を含む) 同価値の法益衝突の場合には，「優越した」利益が存在しないのであり[5]，そのような場合においても日本の刑法37条の「害の均衡要件」は形式的には満たされ得ることから，このような場合をも含めた緊急避難規定の説明が求められる，というものである。だがここでは実は，同価値の法益の衝突の場合だけが問題となるわけではない。

　事例①[6]：死刑囚Xは，今まさに死刑の執行を受けようとする際に，自分の命を守ろうとして執行官Aを突き飛ばし，全治1か月の打撲傷を負わせ，さらに，拘置所内を逃げる途中でつかまえられそうになったときに，進路に立っていた教誨師Bを突き飛ばし，全治1週間の打撲傷を負わせた。Xの罪責はどうなるか。

　この事例①において，Xにはまさに死刑の執行が差し迫っている以上，「生命に対する現在の危難」があるようにみえる。またXの行動はX自身の「生命」を守るためにAやBの「身体」を侵害したものであり，明らかに「法益均衡要件」を満たすものであるので，かりにXがAやBを突き飛ばした行動以外にXの生命への危難を回避するためのより侵害性の少ない行為が存在しないのであれば，「補充性」も認められ，緊急避難が成立してしまうことになる。しかし，このような事例①において死刑囚Xに緊急避難の成立を認めるのは，死刑制度の存在を前提とした現行法制度が崩壊することを認めることにもなりかねない[7]。

　すなわち，法によってもはや保護され得ないとされるべき利益を緊急避難行為によって保護しようとすることは認められないのであり，つまり緊急避難によって保護され得る「利益」はその意味で制限のないものではないのである。その限りで，保護された法益の「優越的利益」を根拠に緊急避難を説明しようとすることは，困難である。

　このような点からするならば，違法性阻却される緊急避難の場合とは，そのようにして保護されるべき利益が——他の個人の利益が犠牲にされることがあったとしても——保全されることが社会全体の利益に資するものであること

から，犠牲にされる利益についてその損害の受忍を——当然のことながら事後的な金銭賠償請求権を前提として——求めるような事例といえるのである（社会連帯原理）。このような違法性阻却される緊急避難については，その侵害の相手方には社会連帯原理から「受忍」が求められる以上，正当防衛による対抗も認められず，また緊急避難による対抗も認められないのである。これに対して，たとえば「同価値の法益の衝突」の事例，とりわけ「生命対生命」のような事例においては，やはりこのような損害を受忍させるわけにはいかないのであり，これは違法な侵害として正当防衛による対抗が可能であるような，可罰的違法性が阻却されるにとどまる緊急避難の場合であることになるのである。このように，現行刑法37条の規定は「違法阻却の緊急避難」と「可罰的違法阻却の緊急避難」の2つの場合を含む規定であると考えるべきなのである。

以上のような観点からは，「現在の危難」要件は，正確には「法により保護されるべき利益に対する現在の危難」であることが求められるといえる。そしてこの要件が欠けた場合には，緊急避難はおろか，過剰避難も否定されるべきことになる。

■Q2　緊急避難行為の必要性および補充性（避難行為）とはどのようなものか？

緊急避難行為は，「（上述のような）危難を避けるため，やむを得ずにした行為」であることが必要である。すなわち「危難を避けるため」のものであるという「避難行為の必要性」および「やむを得ずにした」ものであるという「避難行為の補充性」が必要なのである。

「必要性」の要件は，当該行為が「危難を避けるため」のものであることを必要とするものである。よって，初めから避難のために役立たないものであるような行為は，「避難行為の必要性」の要件を満たさず，緊急避難はそもそも認められないことになる。

さらに「やむを得ずにした」という要件は，一般的に「補充性」要件を要求するものとされている。この点，従来からの判例においても「やむを得ずにした」という要件は「当該避難行為をする以外には他に方法がなく，かかる行動に出たことが条理上肯定し得る場合を意味する」とされており，表題判例においてもほぼこの定義が踏襲されているといえるが，ここでも表題判例は「そし

て……避難行為が他人の生命を奪う行為である場合には，右の要件をより厳格に解釈すべきことも前述のとおりである。」としている。そしてこのような補充性に関連して問題となるのは，「『補充性』要件とは別に，避難行為の『相当性』要件が要求されるべきか」，および「補充性要件が欠ける場合におけるその効果はどのようになるのか（すなわち，過剰避難が成立するのか否か）」である。

■ Q3 「補充性」要件とは別に，避難行為の「相当性」要件が要求されるべきか？
　表題判例は，以下のようにして補充性を認めた。

> 「補充性の要件についていえば，被告人が避難行為に出る以前にどれだけの行為をしたかということが重要なのではなく，客観的にみて，現在の危難を避け得る現実的な可能性をもった方法が当該避難行為以外にも存在したか否かという点が重要なのであり，……このような状況からすると，被告人は，Aの意思によって身体の拘束を解かれる以外に監禁状態から脱するすべはなく，Aの意思によって身体の拘束を解かれるためには，Dを殺害しなければならないということに帰するのであって，結局，被告人が身体拘束状態から解放されるためには，Dを殺害するという方法しかとり得る方法がなかったものと認めざるを得ない。」

　またさらにその補充性とは別に避難行為の「相当性」を要求する見解を前提に，以下のようにして相当性を認めた。

> 「次に，相当性の要件について検討するに，本件では，侵害されている法益が被告人の身体の自由であり，避難行為によって侵害される法益がDの生命であることから，これを単純に比較すれば，当初より法益の均衡を著しく失しているともいえ，自己の身体の拘束状態を脱するために他人の生命を奪う行為に出るということは，条理上これを肯定することができないというべきであるから，その点からすると，避難行為の相当性を欠くとの検察官の主張もあながち理解できないわけではない。しかしながら，前述のとおり，被告人が現に直面している危難は被告人の身体の自由に対する侵害であるが，被告人に対する侵害そのものはこれにとどまるものではなく，

> 危難の現在性は認められないとはいえ、被告人があくまでもこれを拒否すれば被告人自身の生命に対しても侵害が及びかねない状況も他方では認められるのであり……，当面被告人が避けようとした危難が被告人の身体の自由に対する侵害であったとしても、その背後には、危難の現在性はないとはいえ、被告人の生命に対する侵害の可能性もなお存在したといい得るのであるから、このような状態下で、被告人の身体の自由に対する侵害を免れるためにDの殺害行為に出たとしても、このような行為に出ることが条理上肯定できないとまではいえない。したがって、被告人のD殺害行為について、避難行為の相当性も認められるというべきである。」

　これは表題判例が、前述の最大判昭和24年5月18日の「やむを得ずにした」要件の定義のうち、前半の「当該避難行為をする以外には他に方法がなく」の部分だけを「補充性」の要件とし、「かかる行動に出たことが条理上肯定し得る」の部分を独立に「相当性」の要件としたことをうかがわせるものである。

　しかし、とりわけこの「相当性」要件の検討において表題判例は、一方で「前述のとおり、被告人が現に直面している危難は被告人の身体の自由に対する侵害である」「〔被告人自身の生命に対して〕危難の現在性は認められない」として被告人の生命に対する危難の現在性を否定しつつ、他方で「被告人に対する侵害そのものはこれ〔＝被告人の身体の自由に対する侵害〕にとどまるものではなく、……被告人があくまでもこれを拒否すれば被告人自身の生命に対しても侵害が及びかねない状況も他方では認められる」「被告人の生命に対する侵害の可能性もなお存在したといい得るのである」ということから、被告人に対する生命侵害の可能性の存在を認めて、「このような状態下で、被告人の身体の自由に対する侵害を免れるためにDの殺害行為に出たとしても、このような行為に出ることが条理上肯定できないとまではいえない。」として相当性を認めた。これは、表題判例の混乱した基準定立を示しているものといえる。なぜなら「被告人に対する生命侵害の可能性の存在」は、とりもなおさず「生命に対する危難の現在」を意味するものだからである。

　また表題判例はさらに「相当性」要件の具体的内容に関して、「侵害されている法益が被告人の身体の自由であり、避難行為によって侵害される法益がDの

生命であることから，これを単純に比較すれば，当初より法益の均衡を著しく失しているともいえ，自己の身体の拘束状態を脱するために他人の生命を奪う行為に出るということは，条理上これを肯定することができないというべき」として避難行為の相当性を欠くとした検察官の主張に対して，「被告人の身体の自由に対する侵害を免れるためにDの殺害行為に出たとしても，このような行為に出ることが条理上肯定できないとまではいえない」としているが，これはまさに「生命に対する侵害」と「身体の自由に対する侵害」を対比させる法益均衡要件そのものの検討と変わらないものであって，事実上，同内容の要件を二重に立てるものとして，やはり表題判例の混乱した基準定立を示しているものといえる。

そもそもこのような避難行為の「相当性」要件は，どのような内容をもつものなのか，そしてそもそも必要とされるべき要件といえるのであろうか。学説において避難行為の「相当性」要件は，「そのような避難行為をなすことが無理もないと認められること」という形で，たとえば以下のような事例②において緊急避難の成立を否定するための要件として考えられたものであった。

　事例②：高価な着物を着て外出していたXは，急に降り出した強い雨を避けるために，ちょうど近くを傘をさして通行していた粗末な服装の通行人Aから傘を奪って，高価な着物を雨から守った。

この事例②において，高価な着物に対する財産的損害の危険は現在しており（現在の危難），またAの傘を奪う以外に雨を逃れる手段がないのであれば（補充性），高価な着物を守るために粗末な服装および傘についての損害を生ぜしめた（害の均衡）ので，Xの窃盗行為には緊急避難が認められ得るように思われる。しかしそのような結論は望ましいものとはいいがたいため，ここで「相当性」の要件を要求することで，緊急避難を否定しようとしたのである。そしてこのような「そのような避難行為をなすことが無理もないと認められる」という状況は，表題判例の「このような行為に出ることが条理上肯定でき〔る〕」という相当性要件の内容そのものと重なるものであるといえる。しかしこのような相当性要件が補充性要件とは別に独立して要求されるべきものかは，疑問である。すなわち緊急避難の暗黙の前提として，犠牲となった法益と守られた法

益が二律背反の関係（法益衝突の状態）にあることが求められているのであり，このような「法益衝突の状況」とは「他に犠牲の少ない方法が存在しない」という「補充性」の内容を指し示している以上，その中で検討されるべきものだからである[17]。そしてこのような「法益衝突の状況にあるかどうか」は，単純な法益の対抗状況から導かれるものではなく，社会通念に基づいて判断されるものであり，これが裁判例においては「条理上」という表現として現れているのである[18]。このような観点からは避難行為の「相当性」を「補充性」とは別に要求する必然性はなく，むしろかえって相当性要件の「そのような避難行為をなすことが無理もない」という「無理もない」という表現や表題判例のような「条理上」といった表現が，その内容を精査することなく緊急避難の成立を恣意的に制限する可能性をもたらす以上，とくに独立した要件と考えるべきではないと考えられる[19][20]。

■Q4　補充性要件が欠ける場合において，過剰避難は成立するか否か？

ではさらに，このような補充性要件が満たされなかった場合に，過剰避難の成立可能性はあるのだろうか。表題判例はこの点，補充性要件（ならびに相当性要件）が満たされるとした上で，以下のようにして過剰避難の成立を認めた。

> 「……被告人のD殺害行為は，被告人の身体の自由に対する現在の危難を避けるために，已むことを得ざるに出でたる行為とは認められるが，他方，被告人は，自己の身体の自由に対する危難から逃れるために，Dを殺害したのであって，法益の均衡を失していることも明らかである……」

このように表題判例は「補充性」があることを前提にしつつ，「法益均衡」が欠けることを理由に過剰避難を認めたものなのである。このような「法益均衡」の点における逸脱が過剰避難の成立を認めるものであることに関しては，学説上も争いはないが，実は明確にこの「法益均衡」が欠けることを理由として過剰避難を認めた裁判例は少ない[21]。

すなわちたとえば，旧国鉄労組の乗務員が狩勝トンネル通過の際に，トンネル内の煤煙や熱気などによる窒息や火傷など生命身体に及ぶ危難を避ける為に，争議行為として牽引列車の三割減車を行っていたところ，昭和23年政令第

67

201号により公務員の争議行為が禁止されたが，被告人らがなお依然として三割減車を続け，重ねて争議行為として職場離脱行為を行ったといういわゆる「狩勝トンネル事件」の事案について，最高裁は，生命身体への現在の危難が存在していたことを認め，三割減車行為もその危難を避けるためやむを得ない行為であったとしつつ，しかし職場離脱行為については，「……少くとも判示危難を避くる為め已むことを得ざるに出でたる行為としての程度を超えたるものであることは極めて明白である……」として，過剰避難の成立の可能性を示唆して原判決を破棄して差し戻した[22]。

下級審においても，酒乱で酩酊した弟が鎌を持って自宅に暴れこんできた際に，逃げ出すために酒気帯びで自動車を警察署まで約6キロ運転した事案について，「……自己の生命，身体に対する現在の危難を避けるためやむを得ず行つたものではあるが，その程度を超えたものと認めるのが相当である。」として過剰避難を認めたものや[23]，高熱で病気の症状を示した8歳の娘を病院に連れて行くために，自動車で制限最高速度50キロメートルの道を時速88キロメートルで走行した事案について，現在の危難を認め，また法益均衡の要件も充たされるとした上で[24]，しかしこのような危難を避けるためには許されるスピードで運転すれば足りるのであって，「緊急避難には自ら手段の面で制約があるところ，……本件行為の如きは判示危難を避くるため，やむことを得ざるに出でたる行為としての程度を超えたものであるといわねばならない。」として過剰避難を認めたもの[25]，中国のいわゆる「一人っ子政策」により，計画外出産となる妊娠をした女性が有効な旅券等を所持せずに入国した出入国管理及び難民認定法違反の事案について，現在の危難，避難意思，および法益均衡の要件を充たすものの[26]，「……本件密入国は本件危難を避けるための行為ではあるが，そのために許容される，やむを得ない行為としての程度を超えたものであるといわざるを得ない。」としてやはり過剰避難を認めたもの[27]，片側3車線の道路において，その左側車線に停車していた自動車が突然その中央車線の中央付近まで進出してきたので，その中央車線を自動車で走行していた被告人が当該車両との衝突回避のために急きょ右にハンドルを切ったところ，この衝突回避に必要な限度を超えて，その右側車線のほぼ中央を後方から進行してきた被害者運転の普通自動二輪車の進路前方を塞ぐ程度まで進出させ，被害者に被告人運転車

両との衝突を避けるために急制動の措置を余儀なくさせて転倒させ傷害を負わせた事案について，現在の危難を肯定して，しかし衝突の回避に必要な程度を超えて被害者車両の進行を妨げるところまで大きく進出しているので「やむを得ずにした行為」であったとは認められないとしたものの，「……被告人の本件行為は，現在の危難から避難するための行為が適切さを欠いたためにやむを得ない程度を超えたものであ〔る〕」として過剰避難の成立を認めたものがみられる[28]。これらの裁判例はいずれも，「これによって生じた害が避けようとした害の程度を超えなかった場合に限り」という文言である「法益均衡」要件が欠けるというよりは，むしろ「やむを得ずにした行為」という「補充性」要件の部分について，「その程度を超えている」として過剰避難を認めたものであり，すなわち「法益均衡の逸脱」ではなくて，「補充性の逸脱」を理由として過剰避難が認められているのである。

ところがこの点に関して，たとえば暴力団組事務所内で暴行を受けつつ監禁された状況の下，逃走のために組事務所に放火した事案である参考判例①は，現在の危難および避難の意思を肯定しつつ，以下のように判示した。

> 「……原判決が本件放火行為が補充性の原則を充たさず，かつ，法益の権衡を欠くとした点は，結論において是認できる。／……原判決は，本件放火について補充性の原則を充たさないとしながらも，その一方で，『補充性の原則に反する場合においても，当該行為が危難を避けるための一つの方法であるとみられる場合は，過剰避難の成立を肯定し得るものである。本件においては，……本件放火行為が危難を避けるための一つの方法であること自体は認められるから，過剰避難が成立するものと解する。』旨を判示している。しかしながら，緊急避難では，避難行為によって生じた害と避けようとした害とはいわば正対正の関係にあり，原判決のいう補充性の原則は厳格に解すべきであるところ，過剰避難の規定における『その程度を超えた行為』（刑法三七条一項ただし書）とは，『やむを得ずにした行為』としての要件を備えながらも，その行為により生じた害が避けようとした害を超えた場合をいうものと解するのが緊急避難の趣旨及び文理に照らして自然な解釈であって，当該避難行為が『やむを得ずにした行為』に該当することが

過剰避難の規定の適用の前提であると解すべきである（最高裁昭和三五年二月四日第一小法廷判決・刑集一四巻一号六一頁参照。もっとも，『やむを得ずにした行為』としての実質を有しながら，行為の際に適正さを欠いたために，害を避けるのに必要な限度を超える害を生ぜしめた場合にも過剰避難の成立を認める余地はあると考えられる。）。／そうすると，本件においては，他に害の少ない，より平穏な態様での逃走手段が存在し，かつ，本件放火行為が条理上も是認し得るものとはいえない以上，過剰避難が成立する余地はなく，これを肯定した原判決の前記法解釈は過剰避難の要件を過度に緩めるものとして採用できない。」

　すなわち過剰避難は，緊急避難の成立要件のうち「法益の権衡（均衡）」要件のみが満たされない場合に成立し得るのであって，「補充性」要件は過剰避難の成立の際にも充足されなければならないとしたのである。
　しかしこの参考判例①が最判昭和35・2・4刑集14巻1号61頁を根拠にして「避難行為が『やむを得ずにした行為』に該当することが過剰避難の規定の適用の前提であると解すべきである」とするのは，明らかに当該最高裁判例の解釈を誤ったものである。なぜならば最判昭和35・2・4は，吊橋が腐朽甚だしく，いつ落下するかもしれないような極めて危険な状態を呈していたことを理由にダイナマイトで当該吊橋を爆破した爆発物取締罰則違反行為が緊急避難または過剰避難にあたるかが問題となった事例において以下のように判示した。[29]

「……記録によれば，右吊橋は二〇〇貫ないし三〇〇貫の荷馬車が通る場合には極めて危険であつたが，人の通行には差支えなく……，しかも右の荷馬車も，村当局の重量制限を犯して時に通行する者があつた程度であつたことが窺える……のであつて，果たしてしからば，本件吊橋の動揺による危険は，少くとも本件犯行当時たる昭和二八年二月二一日頃の冬期においては原審の認定する程に切迫したものではなかったのではないかと考えられる。更に，また原審は，被告人等の本件所為は右危険を防止するためやむことを得ざるに出でた行為であつて，ただその程度を超えたものであると判断するのであるが，仮に本件吊橋が原審認定のように切迫した危

険な状態にあつたとしても，その危険を防止するためには，通行制限の強化その他適当な手段，方法を講ずる余地のないことはなく，本件におけるようにダイナマイトを使用してこれを爆破しなければ右危険を防止しえないものであつたとは到底認められない。しからば被告人等の本件所為については，緊急避難を認める余地なく，従つてまた過剰避難も成立しえないものといわなければならない。」

　注目すべきなのは，この最判昭和35・2・4は「本件吊橋の動揺による危険は……原審の認定する程に切迫したものではなかつたのではないかと考えられる」として，この箇所で既に「現在の危難」要件の成立が否定されている点である。すなわち既に「現在の危難」要件が否定されている以上，「被告人等の本件所為については，緊急避難を認める余地なく，」「また過剰避難も成立しえないものといわなければならない」のは当然なのである。他方これに対して，「更に，また原審は，被告人等の本件所為は右危険を防止するためやむことを得ざるに出でた行為であつて，ただその程度を超えたものであると判断するのであるが，仮に本件吊橋が原審認定のように切迫した危険な状態にあつたとしても，その危険を防止するためには，通行制限の強化その他適当な手段，方法を講ずる余地のないことはなく，本件におけるようにダイナマイトを使用してこれを爆破しなければ右危険を防止しえないものであつたとは到底認められない」という部分は，いうなれば「傍論」であって，判決の結論に影響を及ぼす部分ではなかったのである。よってこの傍論部分の論理構成を前提に，補充性要件の欠落が過剰避難の成立を否定するとまでした参考判例①は，最高裁判例の解釈を誤ったものなのである。

　また参考判例①のこのような解釈は，法律解釈としてもバランスを欠くものである。すなわち正当防衛規定においては，「やむを得ずにした行為」という文言が「防衛行為の相当性」という要件と解釈され，これが欠ける場合には過剰防衛の成立可能性があるものとされているのである。この一方で緊急避難規定において，同じく「やむを得ずにした行為」という文言が「避難行為の補充性」という要件と解釈されているのであって，これが欠ける場合には過剰避難の成立可能性はなくなる，とするのは，アンバランスな解釈論といえる。この

ように正当防衛規定との対比から，法益の不均衡を生じさせた場合だけでなく，他に避難の方法があるのにこれを採らなかった場合にも過剰避難の成立可能性があるとする解釈の方が，むしろ「緊急避難の趣旨及び文理に照らして自然な解釈」といえるであろうし，実際の裁判例において過剰避難が認められた事案のほとんどが「法益均衡の逸脱」ではなくて，「補充性の逸脱」であるという実際の運用の実情にも合致するものといえる[34]。

　学説ではかつては補充性逸脱の場合には過剰避難も認めないとする見解も存在したが，現在では補充性逸脱の場合には過剰避難の成立可能性を認める見解が多数である。最近では，およそ危険を転嫁することなく退避等の方法によって法益を保全できる場合には過剰避難も成立しないとする見解もあるが，「現在の危難」が客観的に存在し，「避難行為の必要性」も認められた事例において，しかも「違法性阻却」の効果も持たない過剰避難の成立を，そこまで限定する必要があるかは疑問である[35]。

■Q5　「強制による緊急避難」の事例における問題点は何か？

　表題判例はいわゆる「強制による緊急避難」に関する事例であったと評価されている。「強制による緊急避難」とは，不法な脅迫等によって犯罪にあたる行為の実行を命じられた（強要された）場合に，当該犯罪行為の実行が「緊急避難」と評価されるか否か，という問題である。具体的事例としては，以下のような事例（事例③）が挙げられることが多い。

　　事例③：Xは自分の子供KをAに誘拐され，人質に取られた上で，「Kを無事に返してほしいならば，B銀行に銀行強盗に入って1億円を強盗して来い」と脅された。Xは仕方なくAの言うままにB銀行へと強盗に入ったが，ガードマンCに取り押さえられた。Xの強盗行為に緊急避難は認められるか？

　日本ではこの論点について検討する論考が1990年代からみられるようになり，さらに表題判例が登場するに至って，広く認識されるようになった。

　従来からの学説に基づくこの論点についての見解として，現在多くみられるのは，強制による緊急避難の事例も，通常の緊急避難が認められるべき事案で

あり，すなわち違法性阻却される，とする見解である。しかしこのような見解は，ひどく不合理な結論をもたらすものである。すなわち，もしこのような事案において違法性阻却される緊急避難を認めるのであれば，たとえば上述の事例③のような事例において，Xの強盗行為は，いうなれば「適法」行為であり，それに対するCの反撃行為が「正当防衛」とは評価されず，しかも前述のように「違法性阻却される緊急避難」に対して対抗する行為に緊急避難が認められるべきでない以上，場合によってはB銀行はXの金銭強奪行為を受忍しなければならなくなる可能性が出てくるのである。すなわち，「強制による緊急避難」という論点が取り上げられるその本質的な意義は，とりわけ日本において圧倒的多数を占めている，緊急避難に関する「違法性阻却一元説」に対して，アンチテーゼを提供するところにあるのである。

　従来の裁判例においては，たとえば戦前の裁判例では，偽証罪の事案について，「証人が当事者の一方との関係に於て所論の如く同人の為有利なる証言を為すに非ざれば後難を受くる恐あるにせよ緊急避難行為と謂ひ難きを以て虚偽の陳述を為すに於ては偽証罪の成立を阻却することなし」として，後難を恐れて偽証を行った場合の緊急避難の成立を（理由を明記しなかったものの）排斥した[37]。

　さらに戦後においては，強盗および窃盗の事案について，「被告人は原審公判廷で『Aが一か八か行こうといゝ出したので，私はとめましたが，きいて呉れず行かなければ殺すぞと脅かしますので仕方なくついて行つたのである。』との供述をしたことは，その公判調書によつて明らかではあるが，前記判示事実に照し右供述を以て被告人の判示行為が所論のように自己の生命，身体に対する現在の危難を避くるため已むことを得ざるに出でた行為であるとの緊急避難行為の主張をしたものとは解し得られない。従つて原審がこれに対し判断を示さなかったからといつて違法であるということはできない。また，仮りに被告人がAから右被告人の供述するがごとき脅迫を受けたとしてもそれが被告人の生命，身体に対する現在の危難であるともいえない……」として，そもそも原審においての緊急避難の主張事実そのものがないとしたものの，傍論でこのような場合にも現在の危難はないものとされた事例[38]が存在する。また，ある宗教の教祖Aの指示によりA等から「御用」と称する暴行を10日間にわたり加えられた後，他の者に当該暴行の対象者が変更され，その者への暴行に加わる

ことになり，その後その者を死亡させるに至った事案について，既に暴行の対象から解放されて客観的に脱出可能であったし，心理的にも束縛から解放されていたことから，「……当時被告人の身辺には現在の危難が切迫していたとは到底認められず……」として，同じく現在の危難が否定された事例がみられる[39]。

この一方で，前述の東京高判昭和53・8・8の事案においては，「現在の危難」の存在を認め，そしてその危難を避けるために改造拳銃を製作したものではあるが，被告人が解放されて自宅に帰った以後の段階においては「……直ちに警察……あるいは検察庁に被害を通報して被告人両名の保護ないしAらの検挙を求める等他に適切な逃避の道をとる余裕は充分あったのであるから，被告人の本件行為をもって同条項にいう『止むことを得ざるに出でた』ものと認めることはできない。」として，補充性要件が否定され，緊急避難が否定されている[40]。

これらの否定事案に対して，覚せい剤事犯の情報収集目的で暴力団事務所に赴いた被告人が情報を聞き出したものの，怪しまれて，捜査対象者から頭部に拳銃を突き付けられて覚せい剤の摂取を強要されたので，当該覚せい剤を自己の体に注射した事案について，東京高判平成24・12・18判時2212号123頁は，「現在の危難」を認め，また「やむを得ずにした行為」を，参考判例①と同様に最大判昭和24・5・18刑集3巻6号772頁に基づいて「当該避難行為をするよりほかに方法がなく，そのような行為に出たことが条理上肯定し得る場合」と解するとしつつ，以下のように判示した。

「……本件においては，覚せい剤の影響下にあった捜査対象者が，けん銃を被告人の頭部に突き付けて，目の前で覚せい剤を使用することを要求したというのであるから，被告人の生命及び身体に対する危険の切迫度は大きく，深夜，相手の所属する暴力団事務所の室内に2人しかいないという状況にあったことも考慮すると，被告人が生命や身体に危害を加えられることなくその場を離れるためには，覚せい剤を使用する以外に他に取り得る現実的な方法はなかったと考えざるを得ない。」「また，本件において危難にさらされていた法益の重大性，危難の切迫度の大きさ，避難行為は覚せい剤を自己の身体に注射するというものであることのほか，本件において

第4章　緊急避難

> 被告人が捜査対象者に接触した経緯，動機，捜査対象者による本件強要行為が被告人に予測可能であったとはいえないこと等に照らすと，本件において被告人が覚せい剤を使用した行為が，条理上肯定できないものとはいえない。」

　このようにして，「やむを得ずにした行為」であったと評価し，また害の均衡も認められるとして緊急避難の成立を認めた[41]。しかし，本判決を根拠にして「裁判実務も『強制による緊急避難』の違法性阻却を認めるようになった」と一般化して捉えることは，早計であると思われる。とくに本事例で強要された犯罪行為（避難行為）が自傷性をもつものであることが，「条理上肯定し得る場合」であることを認める際に考慮されており，通常の「強制による緊急避難」の事例で問題とされる第三者侵害の事例——そしてその際に検討されやすい，正当防衛による対抗の可能性が問題となる事例——ではなかったことは，結論を左右する上でも，大きく考慮され得るものだからである[42]。

　前述のように，「違法阻却の緊急避難」の本質を社会連帯原理に求めるならば，避難行為の相手方に当該侵害の「受忍」を認めるべきでない以上[43]，違法性阻却の緊急避難は認められ得ない。しかしこのような受忍を前提にしない「可罰的違法阻却の緊急避難[44]」や，もしくは（法益衝突状況になかったことを理由として）補充性要件の逸脱による「過剰避難」の可能性は認められ得ると考えられる。

4　当該判例の射程

　表題判例はいわゆる「強制による緊急避難」に関して，身体の自由に対する危難の存在を前提に過剰避難を認めたものである。その要件定立に関しては，前述のとおり若干混乱が見られるものの，多くの裁判例における緊急避難の要件定立を踏襲したものである。とりわけ，「補充性要件」とは別に「相当性要件」を要求し，その「相当性要件」において「かかる行動に出たことが条理上肯定し得るかどうか」を検討する，という基準定立は，多くの裁判例にも同様の基準定立が見られるものであり，「補充性要件」も「相当性要件」も満たされた事案としての意味もある。逆にいえば，「法益均衡の要件」が満たされれば緊

急避難の成立は十分あり得たことになるのであり，その限りで，「強制による緊急避難」の事例に緊急避難が認められる可能性を示唆するものでもあったといえる。そうであるならば，違法性阻却一元説の不都合が浮き彫りになるきっかけをもたらしたともいえる。

また，(「補充性の逸脱」ではなくて)「法益均衡の逸脱」により過剰避難が認められた，数少ない事案としての意義もあるといえるだろう。

〔注〕
1) 最大判昭和24・5・18刑集3巻6号772頁。
2) 従来までの裁判例においても，相被告人が拉致され暴行され，被告人も脅迫された上で，脅迫者の監視の下，改造拳銃の不法所持（製作）をさせられた事案において，「……もしAらの要求に応じない場合には，〔被告人ら〕の生命，身体，自由等に危害を加えられる切迫した危険がある状態にあったことが窺われるのであって，刑法三七条一項にいう『現在の危難』が存し，……」として「生命，身体，自由に対する危難」を認めたもの（東京高判昭和53・8・8東高刑時報29巻8号153頁）がある。また表題判例の後の裁判例である参考判例①は，暴力団組事務所内で暴行を受けつつ監禁された状況の下，逃走のために組事務所に放火した事案について，「被告人には，行動の自由に対する『現在の危難』が存したものと認められる。また，身体の安全の点についても，連日Aが被告人に暴行を加えていたことなどからすると，原判決がこれを肯定したことが不合理とはいえない。」としている（大阪高判平成10・6・24高刑集51巻2号116頁）。
3) 他の裁判例においても，「何の法益」に対する現在の危難が存在したのか，という点については，「現在の危難」の検討の際に自然に考慮されている場合がみられる。たとえば，接触しそうになった車から降りてきた者らに車を停車させられ，ドアを蹴られるなどしたため右折発進した際に，対向してきた自動二輪者と衝突してその運転者を死亡させた事案について，「被告人及び同乗者の身体に対する危難が間近に迫っていたと認めてよい，としたもの（大阪高判平成7・12・22判夕926号256頁）や，中国のいわゆる「一人っ子政策」により，計画外出産となる妊娠をした女性が有効な旅券等を所持せずに入国した出入国管理及び難民認定法違反の事案について，「被告人は，被告人の承諾なくして行われる強制的な妊娠中絶手術により本件妊娠にかかる胎児の生命を奪われるとともに，被告人自身の身体に対する不法な侵害を受ける差し迫った危険に身を置いていたものというべきであり，したがって，本件妊娠にかかる胎児の生命及び被告人の身体の安全に対する現在の危難が存在した」とするもの（松江地判平成10・7・22判時1653号156頁，ただし控訴審の広島高松江支判平成13・10・17判時1766号152頁で破棄された）など。
4) 山口　厚『問題探究 刑法総論』（有斐閣，1998年）96頁，西田典之『刑法総論』（弘文堂，2006年）140頁。さらにこのような「法益均衡」の要件の存在，および37条が第三者のための緊急避難を認めている点などから，これらの見解は緊急避難を一元的に「違法性阻却事由」として捉える（違法性阻却一元説）。そしてその中でも，たとえば生命および生命に準じる身体の重要部分の保護が問題となる場合には法益均衡の要件が欠け，そもそも緊急避難とならないとする見解（山口　厚『刑法総論〔第2版〕』（有斐閣，2007年）138頁，山口・前掲注『問題探究 刑法総論』95頁）もあれば，そのような生命侵害の場合にも広く緊急避難による正当

化を認める見解(西田典之『刑法総論』(弘文堂, 2006年) 144頁) もある。ただし, そもそも上述の点は緊急避難を「違法性阻却事由」として一元的に捉えることの根拠にはならない。「法益均衡」の要件の存在は緊急避難が「権利行為」ではないことから, この要件で限定するために挿入されたものであり, 第三者のための緊急避難も, 立法者はこれを広く認める趣旨ではなかったからである (松宮孝明『刑法総論講義 [第4版]』(成文堂, 2009年) 154頁)。

5) このような観点から, 日本の緊急避難の規定内容を「かなり割り切った『社会的な考え方』だといえる」(平野龍一『刑法総論 II』(有斐閣, 1975年) 230頁) とするものもある。

6) 松宮孝明『プチゼミ刑法総論』(法学書院, 2006年) 70頁より。

7) 死刑制度それ自体の是非の検討は別論である。

8) この事後的な金銭賠償が, 民法709条によってなされる (すなわち「適法行為による損害賠償」) とするのか (松宮・前掲注 4) 154頁), 民法703条によってなされる (すなわち「不当利得」) とするのか (井上宜裕『緊急行為論』(成文堂, 2007年) 67頁) は, 争いがある。ちなみに大判大正3・10・2刑録20輯1764頁は, 民法709条による賠償を前提にしていることがうかがわれる。

9) ここでの「受忍」は, 「侵害結果を被る」というだけでなく, 「侵害結果 (侵害行為) を, その被侵害者のみの責任で処理する」ことも含む。よって, 「違法阻却の緊急避難」が向けられた相手方は, 当然に緊急避難者に対して正当防衛も緊急避難も行い得ないが, その一方でこの「違法阻却の緊急避難」による「侵害結果を被る」こと, もしくはその被侵害者にそれが可能であれば「(緊急避難者も第三者も侵害することなく) 侵害結果を回避する」ことは可能なのである (さらに後述のように, 第三者への転嫁も可能である (緊急避難となる))。付言すれば, 死刑囚がこのような「侵害結果の回避」行動をも許されないのは, そのような回避行動自体が司法作用を害するという独自の違法性を帯びるからである。

10) ここでの「対抗」とは, 「侵害者 (= 違法性阻却される緊急避難行為者) そのものへの抵抗行為」だけを指すものであって, 「第三者への転嫁」も (当然のことながら) 上述の「受忍 (=「侵害結果を被る場合」および「(緊急避難者も第三者も侵害することなく) 侵害結果を回避する場合」)」も含まない。よって, 「違法阻却される緊急避難」行為が向けられた場合, それに対して「対抗」することはできないが, 「受忍」は可能であるし, また「第三者への転嫁」も緊急避難として行い得る。誤解なきように重ねて付言すれば, 死刑囚がこのような「第三者への転嫁」行動を許されないのは, 本文で述べたように, 死刑囚の生命がその限りにおいて既に「法により保護されるべき利益」ではないからであり, これは急迫不正の侵害者が正当防衛行為としての侵害行為 (防衛行為) を向けられた場合に, その侵害行為 (防衛行為) の「第三者への転嫁」行動が緊急避難として評価されないことと同様である。ただし, その被防衛者が当該侵害行為を「受忍」することは——すなわちその侵害行為 (防衛行為) の「侵害結果を被る」ことだけでなく, 「(正当防衛者も第三者も侵害することなく) 侵害結果を回避する」こと (具体的には, 正当防衛されそうになったので, 一目散に逃げ出した事例など) も——死刑囚の事例と異なって, 許されることになる。

11) 「違法性阻却一元説」の主張者に時おりみられる, 「(緊急避難について違法性阻却一元説を前提としつつ) 緊急避難には緊急避難で対抗可能である」という言説は, 「適法行為に適法行為で対抗可能」という論理エラーの点だけでなく, 上述の「死刑囚による緊急避難」の事例のような実際上の奇妙な帰結をもたらしかねない事例を念頭においていないという点から, 全くの誤りであることになるのである。

12) なお, この「危難を避けるため」の文言から, いわゆる「避難の意思」が——とりわけ正当防衛において「防衛の意思」を必要とする見解から——必要であるとする見解がみられる。

裁判例においても,「避難の意思」を成立要件として要求し, この要件の充足を認めた裁判例はいくつか存在する（表題判例, 東京地判平成9・12・12判時1632号152頁, 参考判例①, 松江地判平成10・7・22判時1653号156頁）が, 逆に——正当防衛におけるのとは異なって——明文で「『避難の意思』がなかった」ことを理由として緊急避難（ないし過剰避難）の成立を否定した裁判例は, 公刊物登載裁判例においては1件も存在しない。学説においても「法文の『危難ヲ避クル為メ』とは, 客観的にみて危難を避ける効果（避難効果）があったことを意味する」（内藤謙『刑法講義総論 中』（有斐閣, 1986年）431頁）などとされているのであって,「避難行為の必要性」のような客観的な要件として解釈すれば足りるものと考えられる。

13)　広島高松江支判平成13・10・17判時1766号152頁は, 前掲の松江地判平成10・7・22判時1653号156頁（過剰避難を認めて刑罰を免除した）の事案について,「被告人が妊娠中の胎児の生命及び自分の身体の安全に対する危難を避けるため密入国したとは認めることができない」として, 緊急避難および過剰避難のいずれの成立も否定した。

14)　最大判昭和24・5・18刑集3巻6号772頁。「やむを得ずにした」要件をほぼ同様の内容で理解するものとして, 参考判例③（「……右危難を避ける為には……ほかに途はなく, ……まことにやむを得ない方法であつて, かかる行為に出たことは条理上肯定しうるところ……」), 参考判例①, 松江地判平成10・7・22判時1653号156頁（「……本件危難をさけるためには……他の方法がなく, しかも, このような行動に出たことが条理上相当であるとして肯定できる場合に該当するか否か……」), 東京高判平成24・12・18判時2212号123頁。

15)　西田典之ほか編『注釈刑法第1巻』493頁〔深町晋也執筆〕。避難行為の「相当性」に関する裁判例としては他にも, 前掲の大阪高判平成7・12・22判タ926号256頁が「……本件運転行為は, 前記危難を避けるためであっても, 他にとる方法がなかった又はやむを得ないものであったとはいえず, 緊急避難としての補充性及び相当性の要件を欠くといわなければならない。」として, 緊急避難の成立を否定した——ただし過剰避難の成否についてはなぜか検討もされていない——ものがみられる。

16)　佐伯千仭『刑法講義（総論）[四訂版]』（有斐閣, 1981年）208頁より。

17)　松宮・前掲注4）158頁, 山口・前掲注4）『刑法総論』143頁。

18)　松宮・前掲注4）158頁。

19)　内藤・前掲注12）422頁。

20)　裁判例においても, 参考判例①は, 刑法37条1項の「やむを得ずにした行為」を最大判昭和24・5・18刑集3巻6号772頁の「当該避難行為をする以外には他に方法がなく, かかる行動に出たことが条理上肯定し得る場合を意味する」と解するとした上で,「……本件において, 逃走の手段として放火する以外に他にとるべき方法がなかったとはいえない。さらに……右のような程度の害を避けるために本件のごとき灯油の火力を利用した危険な態様の放火行為により不特定多数の生命, 身体, 財産の安全, すなわち公共の安全を現実に犠牲にすることは, 法益の均衡を著しく失するものといわざるを得ず, 条理上も是認し得るものではない。したがって, 本件放火は補充性及び条理のいずれの観点からしても『やむを得ずにした行為』であったとは認められない。」とした。本参考判例①には表題判例と同様に,「補充性」の要件と「法益均衡」の要件の混同・混乱が見受けられるものの, 表題判例が避難行為の「相当性」の要件とした「かかる行動に出たことが条理上肯定し得る」の部分を, あくまでも「条理上是認し得るかどうか」の要件と表現して,「相当性」という単語を（おそらく意図的に）用いなかった点が注目される。また, 参考判例①とほぼ同様の基準定立に基づきつつ, 緊急避難の成立を認めたものとして, 後述東京高判平成24・12・18判時2212号123頁参

21) 中山研一「過剰避難における「過剰」——判例の批判的検討」判例評論438号(1995年)163頁。
22) 参考判例②。
23) 参考判例③。
24) 「……右行為によつて害される法益が，これによつて保全される〔被害者〕の身体に対する危難の程度より重いということはできない。……」
25) 堺簡判昭和61・8・27判タ618号181頁。
26) 「……本件密入国によって侵害された我が国の出入国管理に関する法秩序を内容とする法益は軽々にこれを軽視することはできないが，被告人が本件密入国によって避けようとした本件危難にかかわる法益は，本件妊娠にかかる胎児の生命及び被告人の身体に対する安全であるから，本件密入国によって生じた法益侵害が避けようとした法益侵害の程度を超える場合には当たらない。」
27) 松江地判平成10・7・22判時1653号156頁。ただし本判決は控訴審の広島高松江支判平成13・10・17判時1766号152頁で破棄され，緊急避難も過剰避難もいずれの成立も否定された。
28) 東京地判平成21・1・13判タ1307号309頁。
29) 最判昭和35・2・4刑集14巻1号61頁。
30) 学説においても，「現在の危難」要件が欠ける場合には緊急避難も過剰避難も成立しないことは広く認められているといえる（中山・前掲注21) 438号162頁）。なお，本判決が「……緊急避難を認める余地なく，従つてまた過剰避難も成立しえないもの」(傍点部筆者)とした点については，誤解を招く表現であったと考える（中山・前掲注21) 438号162頁以下）。
31) この点は，この傍論部分に「仮に本件吊橋が原審認定のように切迫した危険な状態にあつたとしても」という仮定的内容を示す表現が含まれていることからも明らかである。
32) 同様に補充性要件の不存在の事例について緊急避難だけでなく過剰避難も否定した事例として，東京高判昭和46・5・24東高時報22巻5号182頁(病人のため無免許運転した事案について，「……本件の場合，本件運転のみがAの危難を避ける唯一の手段，方法であつたとはいいがたいので，緊急避難を認める余地はなく，従つて過剰避難も成立しえない……」とした。とくに「緊急避難を認める余地はなく，従つて過剰避難も成立しえない」という論理構成は，参考判例①と同様の，最判昭和35・2・4の判例についての解釈の誤りをうかがわせるものである）。
33) 中山・前掲注21) 438号163頁。
34) もちろん，ここでは「『補充性の逸脱』がある場合には，(緊急避難の成立も)過剰避難の成立も必ず否定される」という命題を否定したいのであって，「『補充性の逸脱』がある場合には，過剰避難の成立は必ず肯定される」という命題を肯定したいわけではないことに注意を要する。過剰避難それ自体の積極的成立要件については，さらなる検討が必要なものと考える。中山・前掲注21) 438号162頁以下，橋田久「避難行為の補充性の不存在と過剰避難」産大法学34巻3号(2000年)197頁以下(とくに206頁注10)を参照。場合によっては前述の「法により保護されるべき利益」要件の不存在，または同じく前述の「避難行為の必要性」の要件の不存在の場合をどのように考えるべきか，検討の余地があると考える。
35) ただし，このような事例においてはそもそもこの「避難行為の必要性」が否定されることも考えられなくはない。その場合には，過剰避難の成立もないことになる。
36) 松宮・前掲注4) 158頁以下。
37) 大判昭和9・9・14刑集13巻1257頁。
38) 最判昭和24・10・13刑集3巻10号1655頁。

39) 仙台高判平成9・3・13高刑速（平9）年143頁。
40) 東京高判昭和53・8・8東高時報29巻8号153頁。その一方で本判決においては「過剰避難」の成立は全く検討されていない。同様に、「現在の危難」があることを前提にしている（と思われる）が、「やむを得ずにした」ものではない（補充性がない）ことを理由にして緊急避難が否定されているにもかかわらず、何ら過剰避難の成否について検討していないものとして、福岡高判昭和26・11・28判特19号43頁（病人のため無免許運転をした事例）がある。
41) 東京高判平成24・12・18判時2212号123頁。
42) 橋田久「判批」刑事法ジャーナル38号（2013年）79頁。
43) このような「受忍」を認めるということは、事例③のXの強盗行為に対してCは抵抗することもできず（抵抗すれば誤想防衛の可能性はあり得る）、B銀行はXのために金銭を提供してやらなければならないことになる。また同様に、人質を取ったテロ組織からの金銭要求・仲間の釈放要求に対して、国家は「この（不法な）要求に応じる」という適法行為（緊急避難）の可能性があったことになり、もしこの要求を拒否して人質が死亡したときには、場合によっては政府責任者はその死亡結果について殺人罪の罪責を問われ得ることになる（中山研一ほか『レヴィジオン刑法3』（2009年）196頁）。
44) 上述東京高判平成24・12・18も、結論として「……被告人の本件覚せい剤使用行為は、結局、刑法37条1項本文の緊急避難に該当し、罪とならない場合に当たる。」（傍点筆者）としているのであって、すなわち「罪とならない場合」であることを認めてはいるものの、「違法性が阻却される場合」だとは一言も述べていないのである。よって、「違法性が阻却されるわけではないが、可罰的違法性が阻却されるにとどまる場合」と解する余地は十分にあることになる。

◆復習問題

　甲は、自分に向けてけん銃を構えた乙から、「そこで腕を縛られて座っている丙の右腕をバットで殴って骨折させろ。そうでないとお前を射殺する。」と告げられたので、やむを得ず乙の指示に従って丙の右腕を目掛けてバットを振り下ろしたところ、丙は、殴打されるのを避けるためにやむを得ず、バットを持った甲の右腕を蹴り上げた。甲は、丙に蹴られたため右腕を骨折し、丙は、甲が振り下ろしたバットが軽く接触したにとどまったため、右腕に軽い打撲傷を負ったものの、骨折は免れた。乙の命令を果たすことができなかった甲は、乙から拳銃で撃たれて重傷を負ったが、救急車で運ばれた病院での治療が成功し、一命をとりとめた。
　甲、乙及び丙の罪責を論ぜよ（ただし、特別法違反の点は除く）。

（参考：平成19年度現行司法試験短答式刑法第2問）

〔野澤　充〕

第5章

事実の錯誤
―― 「窃盗と遺失物等横領の間の錯誤」事件 ――

表題判例：東京高判昭和35・7・15下刑集2巻7・8号989頁
　　参考判例①：最決昭和44・7・25刑集23巻8号1068頁
　　参考判例②：最決昭和61・6・9刑集40巻4号269頁
　　参考判例③：最決平成2・2・9判時1341号157頁
　　参考判例④：最判昭和53・7・28刑集32巻5号1068頁

1 事実関係

　被害者は昭和34年5月4日午前8時ごろ，渋谷駅出札口で切符を買う際，手に持っていたハンドバックとカメラとを台の上に置き，切符を受け取ってすぐハンドバックだけをもつとそこを離れた。10メートルくらいのところまで友人と話しながら歩いていると，カメラを台の上に置いて来たことを思い出して，すぐに引き返したが，すでに被告人がカメラを持ち去った後で，その間，5分を超えていなかった。なお，被告人は，当該カメラを持ち出す際，周囲に持ち主がいないか確認するため付近の人に問い合わせたが心当たりがないと言われたので，落し物であると認識して持ち出した上，本件カメラを，翌日，入質してしまった。

■主な争点■
　(i) 被害者はいまだカメラの占有を有しているといえるか？
　(ii) 被告人には窃盗の犯意があったといえるか？

81

2 裁判所の判断

(i) 占有の有無に関して
「……被害者が駅の出札口の台の上にカメラを置き、切符を買った後、カメラを置いたままそこを離れ、五分を超えない短時間内に、十米位行ったところで気がつき、すぐに引き返したという場合には、社会通念上、右カメラの占有は、なお、被害者にあって、右カメラは占有離脱物であると解することはできない。」

(ii) 窃盗の故意について
「本件に顕われた証拠関係を検討すると、被告人は、本件カメラ一台を遺失物横領の犯意でこれを持ち去ったものと認めるのが相当であり、これを被告人が窃盗の犯意で持ち去ったものと認定した原判決には事実の誤認があり、この誤認は判決に影響を及ぼすことが明らかであると認められる」として、本件を原審に差し戻した。

3 当該判例について検討すべき論点

まず、争点(i)の占有の有無について検討しよう。占有とは、一般に「財物に対する事実上の支配」をいう[1]。もっとも、ここでいう「事実上の支配」とは、財物が実際に自分の手元にあることを必要とするとまでは解されていない[2]。それゆえ、その限界が問題となるのだが、このことはとりわけ、誰もが自由に行き来できる公共の場所において問題となる。

この点につき判断を示した判例として、表題判例においても引用されている最判昭和32・11・8（刑集11巻12号3061頁）がある[3]。事案は次の通りであった。被害者はバスに乗るため行列していたが、改札口の手前約2間（3.66メートル）の所に来たとき、写真機を置き忘れたことに気がつき直ちに引き返したが、すでにその場から持ち去られていた。行列が動き始めてからその場所に引き返すまでの時間は約5分をすぎないもので、かつ写真機を置いた場所と被害者が引

き返した地点との距離は約19.58メートルにすぎないものであった。このような事実関係の下で，最高裁は以下のような判断を示した。

「刑法上の占有は人が物を実力的に支配する関係であつて，その支配の態様は物の形状その他の具体的事情によつて一様ではないが，必ずしも物の現実の所持又は監視を必要とするものではなく，物が占有者の支配力の及ぶ場所に存在するを以て足りると解すべきである。しかして，その物がなお占有者の支配内にあるというを得るか否かは通常人ならば何人も首肯するであろうところの社会通念によつて決するの外はない。」

表題判例もまた，この最高裁昭和32年判決に基づいて，社会通念上，本件カメラに未だ所有者の支配力は及んでいたと判断したのである。このように，判例は財物が所有者の手元を離れた場合であっても，一定の場合に占有を認めるのであり，その限界は，社会通念上，当該財物に対する支配力がいまだ及んでいるといえるかどうかによって決せられている。[4]

他方，学説もまた，占有において「物に対する個別的な支配意思は必ずしも要求され」ず，「重要なのは社会的観点から見た物の支配の帰属」とするもの[5]や，公共の場所などでは「他人の事実的支配を推認させる状況」にある場合に[6]占有が認められるとするものなど，基本的に判例と同様の立場に立っているものと解される。

以上のことからすれば，財物が社会通念上，未だ所有者の支配下にあるとみなせる場合に占有が認められると解され，表題判例において，被害者にカメラの占有が認められたのは，限界事例とはいえるものの，以上の立場に沿うものといえる。それゆえ，表題判例において被告人は，被害者の占有を害して当該カメラを自己のものとしたのであり，客観的には窃盗罪が行われたことになる。

もっとも，表題判例は，争点(ⅱ)に関して被告人は遺失物等横領の故意しか有していなかったと認定した。それゆえ，被告人は，客観的には窃盗罪を行ったが，しかし主観的には遺失物等横領の故意しか有していなかったことになる。このように被告人の客観面と主観面が食い違う場合にいかに処理すべきかが，次に問題となる。

■Q1　故意とは何か？　「構成要件の故意規制機能」とは何か？
　このことを検討するに際して，まず故意とは何かについて確認しておこう。というのも，故意とは何かを明らかにすることによって問題の所在が明確になるからである。故意とは，構成要件に該当する事実の認識とする点で学説は基本的に一致している。7)この定義から明らかになるのは，故意の内容は構成要件によって規定されるということである。このような機能のことを構成要件の故意規制機能という。

■Q2　錯誤とは何か？　刑法38条2項を参照して答えよ
　もっとも，問題は，上述のように，表題判例において，行為者が認識していた構成要件該当事実（遺失物等横領罪）と，現に発生した構成要件該当事実（窃盗罪）が食い違っているという点である。このように行為者の想定していた事実と現に発生した事実との食い違いを錯誤といい，問題は，このような錯誤があっても，故意犯が認められるかどうかである。
　錯誤に関しては，刑法典第38条2項において「重い罪に当たるべき行為をしたのに，行為の時にその重い罪に当たることとなる事実を知らなかった者は，その重い罪によって処断することはできない」とする。つまり，本規定は，客観的に実現された犯罪が主観的に想定されていた犯罪よりも重い場合には重い犯罪では処罰できないとしているのである。ここで注意すべきことは，この規定は軽い罪の故意犯で処罰できるのかどうかについては何も述べていないということである。それゆえ，これらの場合をいかに処理すべきかが学説，判例上問題となるのである。

■Q3　錯誤が異なる構成要件にまたがる場合でも故意に応じた犯罪が成立する場合があるのは，どのような場合か？　その理由は何か？
　表題判例は，上述の通り，客観的には窃盗罪の構成要件を実現したが，しかし主観的には遺失物等横領の故意しか有していなかったという抽象的事実の錯誤に関する場合である。
　抽象的事実の錯誤においては，実現された構成要件に対する故意は原則として否定される。8)というのも，現に発生した構成要件に対して故意が認められる

ためには，実現された構成要件に対応する故意を行為者が有していることが必要となるが，現に発生した構成要件該当事実と，行為者が想定していた（つまり故意のある）構成要件該当事実とが異なる場合には，現に発生した構成要件該当事実に対応する故意が認められないからである。このことは，構成要件の故意規制機能からの帰結である。

　もっとも，抽象的事実の錯誤の場合であっても，場合によっては故意犯が認められる場合がある。すなわち，現に発生した構成要件該当事実と故意のある構成要件とが異なるようにみえる場合であっても，両者の構成要件を比較すると，一方が他方を含んでいる，つまり重なり合っているといえる関係にある場合には，重なり合っている限度で（軽い罪の）故意に対応する構成要件該当事実または（軽い罪の）構成要件該当事実に対応する故意が認められるのである。[9] というのも，客観的に実現された構成要件該当事実の中には，行為者が主観的に想定していた構成要件該当事実もまた重なり合っている限度で含まれていることから，重なり合う限度で故意のある構成要件該当事実が客観的にも実現されているといえるからである。

　以上のことから明らかになるのは，抽象的事実の錯誤において故意犯が認められるのかどうかは，客観的に実現された構成要件該当事実の中に，行為者の想定していた構成要件該当事実が見出されるのかどうかにかかっているということである。そして，このことから明らかになる，さらなる問題は，一見して客観的に実現された構成要件該当事実の中に故意のある構成要件該当事実が認められないような場合において，解釈論上，いかにして客観的に実現された構成要件該当事実の中に，故意のある構成要件に対応する事実を見出すことができるのか，である。[10]

■Q4　判例において重なり合いが認められた場合とはどのような場合か？

　この点を検討するにあたってまず，判例がどのような類型において重なり合いを認めているのかを確認しよう。判例は，殺人罪の故意で尊属殺人を実現した場合（大阪高判昭和30・12・1裁特2巻22号1196頁），公文書無形偽造の故意で，公文書有形偽造を実現した場合（最判昭和23・10・23刑集2巻11号1386頁），覚せい剤輸入罪の故意で，麻薬輸入罪（ヘロイン）を実現した場合などで重なり合い

を認め，故意犯を肯定している。

■Q5 13歳未満の者に対して「13歳未満」という認識なく，暴行・脅迫を用いてわいせつ行為を行った場合に関する参考判例①の背後にある考え方は何か？

たとえば，尊属殺人と通常殺人のように，一方が他方を含む関係が見出される場合は問題ないが，問題となるのは，上述の通り，一見すると，2つの構成要件のうち一方を満たせば，他方は排除されるという択一的な関係にある解される場合にも，果たして重なり合いが認められるのかどうかである。このことを参考判例①を素材に考えてみよう。

参考判例①は，13歳未満の者に対して「13歳未満」という認識なく，暴行・脅迫を用いてわいせつ行為を行ったという事案で，これに対して，最高裁は，次のような判断を示した。

> 「13才未満の者に対し，その反抗を著しく困難にさせる程度の脅迫を用いてわいせつの行為をした場合には，刑法176条の前段と後段との区別なく右法条に該当する一罪が成立するものと解すべきであるとした原判断は相当である。」

参考判例①の検討にあたって，176条の条文構造を確認しておくと，176条はまず前段と後段を13歳以上かどうかで区別し，前段では13歳以上の者に暴行・脅迫という手段を限定したわいせつ行為のみを処罰するのに対して，後段では13歳未満の者に手段の限定なくわいせつ行為を行った場合を処罰している。この条文を文字通り受け取るならば，前段と後段は，13歳以上か未満かで択一的関係にあり，それゆえ暴行・脅迫を用いて，13歳未満の者にわいせつ行為をした者について176条はなにも規定しておらず，176条の射程外にあるということになりそうである。参考判例①は，錯誤という形態においてではあるが，まさにこの点が問われたのである。

この点，参考判例①は，上記のとおり，176条の前段と後段を区別することなく176条一罪が該当するとの判断を示し，学説においてもまたこの結論は基本的に支持されている。この結論自体は妥当であるとしても，問題はその結論

をいかに理論的に説明するのかである。というのも，参考判例①においては，客観的には，13歳未満の者に対して暴行・脅迫を用いてわいせつ行為を行っているが，しかし主観的には，13歳以上の者に対して暴行・脅迫を用いたわいせつ行為を行っているつもりであるため，形式的にみれば，客観的に実現された構成要件該当事実の中に（13歳未満），主観的に想定されていた構成要件該当事実（13歳以上）は含まれていないからである。

この点につき，近時，有力な解決提案がなされている。いわゆる「みせかけの構成要件要素」論である。これによれば，2つの構成要件間の関係が択一的あるいは排他的関係にみえる場合であっても，両者の関係を規定している要素が単に両者の限界を設定するにすぎないとみなされる場合，それは犯罪を構成する真の要素（それがなければ犯罪を構成しない要素）ではないため，そのような要素は「みせかけの構成要件要素」（それがなくても犯罪それ自体は成立する）と理解し，それゆえこの点に関する認識の有無は重要ではなく，この点について錯誤があっても故意を阻却しないとするのである。[11]

ところで，176条に関する立法者の真意は，そもそも年齢を問わず，暴行・脅迫を用いたあらゆるわいせつ行為を処罰しようとし，さらに13歳未満の者に対しては，手段を限定することのないわいせつ行為をも処罰しようとしたもの，つまり前段部分が基本類型で，後段部分は基本類型を補充・拡張し，暴行・脅迫のない場合をも処罰するものと解せられる。というのも，さもなければ，暴行・脅迫を用いて，13歳未満の者にわいせつ行為をした場合は不処罰ということになるが，それは結論としてあまりに不合理であろうし，立法者がこのような不合理な結論を容認していたとは思えないからである。立法者の意思をこのように理解する場合，後段部分の「13歳未満」という文言はまさに処罰範囲を拡張するための要素であり，犯罪を構成する不可欠の要素といえるが，前段は年齢に関係なく暴行・脅迫を用いたわいせつ行為を処罰するものと解されるので，「13歳以上」という文言は単に後段との限界を設定する文言に過ぎないと解される。この理解が正しければ，「13歳以上」という文言はそれがなければ犯罪を構成しないという意味における不可欠の犯罪構成要素ではないので，この点に関する錯誤は故意を妨げないと解することができるのである。

このように「みせかけの構成要件要素」論の考え方を用いた条文操作によっ

て，一見して択一的・排他的関係にみえる抽象的事実の錯誤の場合にまで故意を肯定することに対しては罪刑法定主義上の疑念もまた生じよう。しかし，この考え方によれば，「罪刑法定の原則は解釈者が立法者の意思を無視して恣意的な解釈を禁止するものであり，その反対に，解釈者が制定法の罰条の相互関係ないしその総体から読み取れる立法者の意思を生かす解釈をする場合には，この原則の要請には反しない」とするのである。このように解することによって参考判例①のいう「刑法176条の前段と後段との区別なく右法条に該当する一罪が成立するもの」ということを罪刑法定主義に反することなく理解でき，したがって参考判例①はこの意味において理解されるべきなのである。

　このような「みせかけの構成要件要素」論による解決は，もちろん強制わいせつ罪におけるような2つの構成要件の法定刑が同一の場合のみならず，法定刑に軽重の差がある場合にも妥当する。この点を放火罪の規定を用いて確認しておこう。たとえば，非現住建造物放火の故意で，客観的には現住建造物放火罪を実現したという場合を考えてみよう。両規定に目をやると，108条の対象は，「現住建造物」であるのに対して，109条1項は，「非現住建造物」で，両者は一方に当てはまれば，他方を排除するという択一的関係にあるようにみえる。しかし，ここでも立法者の真意を忖度すると，立法者は現住・非現住の区別なく建造物に対する放火を処罰することを意図し，そのうえで，さらに現住建造物の場合には，通常の建造物放火よりもより重く処罰する意図だったと解される。このように理解する場合，「現住性」は加重処罰を基礎づける要素なので，その錯誤は108条の故意を阻却するが，しかし109条1項にいう「非現住性」は108条との区別を示すに過ぎないみせかけの構成要件要素であるので，その錯誤は故意を妨げないと解されるのである。それゆえ，非現住建造物の故意で，客観的には現住建造物を放火したという場合，「建造物を放火」したという点で，主観と客観は一致しており，109条1項の限度で故意犯が成立することになるのである。

　以上のように，立法者の意思を介して，「みせかけの構成要件要素」を特定することで，問題となる規定間において，基本類型―補充・拡張類型の関係や基本類型―加重類型の関係と解されうる場合，基本類型において主観と客観が一致する限り故意犯が認められるのであり，「みせかけの構成要件要素」の錯誤

は故意を阻却しないのである。[14]

■Q6 「覚せい剤」と「麻薬」に関する錯誤は,どのように処理されるべきか？

では,覚せい剤と麻薬における錯誤の場合であっても故意犯を認めることができるのだろうか。この点を参考判例②を素材に考えてみよう。参考判例②は,主観的には麻薬を所持していると思っていたが,実際には覚せい剤を所持していたという事案であった。この点につき,参考判例②は次のような判断を示した。

> 「被告人は,……麻薬取締法66条1項,28条1項の麻薬所持罪を犯す意思で,覚せい剤取締法41条の2第1項1号,14条1項の覚せい剤所持罪に当たる事実を実現したことになるが,両罪は,その目的物が麻薬か覚せい剤かの差異があり,後者につき前者に比し重い刑が定められているだけで,その余の犯罪構成要件要素は同一であるところ,麻薬と覚せい剤との類似性にかんがみると,この場合,両罪の構成要件は,軽い前者の罪の限度において,実質的に重なり合つているものと解するのが相当である。」

このように参考判例②は,対象の異なる麻薬所持罪と覚せい剤所持罪との間の錯誤において軽い麻薬所持罪の成立を認めている。上述の通り,抽象的事実の錯誤においては,客観的に実現された構成要件該当事実（ここでは「覚せい剤」所持）の中に,故意のある構成要件該当事実（ここでは「麻薬」所持）が見出せるのかが問われる。この点,「麻薬」と「覚せい剤」は異なる薬物である以上,両者は一方が他方を含むという関係になく,覚せい剤の中に麻薬も含まれているとは解せない。それゆえ,一定の解釈を施したうえで,客観的に実現された「覚せい剤」所持罪の中には「麻薬」所持罪も含まれていると解せなければ,故意のある麻薬所持罪に対応する客観的な構成要件該当事実は実現されておらず,それゆえ麻薬所持罪での処罰は罪刑法定主義違反となる。

この点,参考判例②は,両者においてその対象と法定刑の軽重において差があるのみで,その他は同一のものであるから,構成要件間の重なり合いを実質的に肯定できるとする。学説においても2つの構成要件間に「保護法益の共通性及び客体の類似性及び行為態様の共通性など」を基礎として社会通念上,構

成要件の実質的重なり合いを考慮すべきとする[15]。

　しかし，なぜそのような共通性があれば，一見すると排他的関係にある構成要件間において重なり合いが認められるのか，つまり「覚せい剤」の中に「麻薬」も含まれているといえるのかその根拠は不明である。単にいくつかの点で共通性があるからといって，「覚せい剤」と「麻薬」は重なり合っているとするのは，論理の飛躍である。にもかかわらず，「覚せい剤」と「麻薬」が「実質的重なり合っている」とするのは，実際には重なり合っていないものを，「実質的」という曖昧な文言によって，「重なり合っている」とみなそうというものに過ぎない。それゆえ，客観的には実現されていないにもかかわらず，故意のある麻薬所持罪で処罰するのは，その故意があることのみをもって処罰するものであり，罪刑法定主義に反する。

　では，「みせかけの構成要件要素」論のアプローチを用いた場合に，両者の重なり合いは説明できるだろうか。つまり「麻薬」と「覚せい剤」とが重なり合っているとするのではなく，「覚せい剤」あるいは「麻薬」のいずれかは「みせかけの構成要件要素」なので，その錯誤は重要ではないとしうるのか，である。

　このことを判断するためには，軽いほうの麻薬所持罪において，「麻薬」という文言を取り除いたときに，未だ立法者の意思にそった意味のある構成要件を構成しているかどうかを検討すればよいとされる[16]。たとえば，「現住」建造物と「非現住」建造物との関係を例にとれば，「非現住」がみせかけの構成要件要素だったがこれを取り除くと，「建造物……を焼損した者」という基本となる構成要件が見出される。このことが麻薬所持罪においても見出されるかである。軽いほうの麻薬所持罪について，「麻薬」を取り除くと，「……を所持した者」というように無意味な構成要件になる[17]。このことからすれば，「麻薬」は「みせかけの構成要件要素」とはいえず，不可欠の犯罪構成要素であるので，その点に錯誤のある場合，実現された構成要件該当事実に対する故意は認められないことになる。

　もっとも，学説には「麻薬」と「覚せい剤」の錯誤において「実質的重なり合い」の内実を明確にしたうえで，軽い「麻薬」所持罪の限度で故意を認めることができるとする見解も存在する。この見解によれば，主観的に想定された構成要件と実際に実現された構成要件の法文解釈により導出・想定される「共通

構成要件」を設定し、それが主観的にも客観的にも満たされる場合に、その満たされた限度で軽い罪の故意犯が認められるとするのである。[18]

では、いかなる場合に「共通構成要件」が導き出されるかであるが、構成要件とは違法行為類型であることから、最低限、保護法益の共通性ないし重なり合いが認められなければならないとし、そのうえで、侵害態様が異なる構成要件間は、同一の法益侵害を異なる惹起態様に書き分けていると解される場合に、重なり合いは肯定できるとする。[19] 以上の考えに基づき、「覚せい剤」と「麻薬」の錯誤もまた両者の保護法益の共通性・侵害態様の共通性が認められるので、両者の重なり合いが認められるとするのである。しかしこのような見解は、個々の構成要件を超えた超法規的構成要件を認めるもので罪刑法定主義上の問題があり、もはや「解釈の限界を超えている」[20]といえよう。

さらに、学説においては、「麻薬」と「覚せい剤」とは構成要件間の重なり合いが認められないことを認めたうえで、にもかかわらず「麻薬」と「覚せい剤」との錯誤に関しても故意犯を肯定しようとする見解もまた存在する。いわゆる不法・責任符合説である。

この見解によれば、故意とは、構成要件該当事実の認識ではなく、その事実の意味の認識であり、したがって故意にとって必要な認識は、構成要件該当事実そのものではなく、その犯罪的な意味、つまり不法・責任の内容にあるとする。このような観点から、「麻薬」と「覚せい剤」においても両者は不法・責任の内容において一致するため、「麻薬」を「覚せい剤」だと思ったという錯誤は考慮されないとするのである。[21] もっとも、軽い犯罪のつもりで重い犯罪を実現した場合、構成要件の重なり合いを否定する以上、軽い犯罪の構成要件は実現していない。それゆえ不法・責任符合説によれば、刑法38条2項は、主観面と客観面で不法・責任が符合する場合、実現された構成要件から主観的に想定された構成要件の形成を認めるもの、つまり38条2項は構成要件の修正を認めるものと理解するのである。[22]

しかし、この見解に対しては故意の構成要件関連性を否定する点で問題がある。つまり、構成要件が故意の対象ないし内容ではないとすると故意の認識内容の手がかりを失い、故意の内容は任意に設定可能なものになってしまう。[23] また、38条2項を何の根拠もなく不法・責任符合説がいうように解するのは困難

であろう(24)。

　以上の検討から,「麻薬」と「覚せい剤」における錯誤において構成要件間の重なり合いを認めることには無理があること,それゆえ覚せい剤所持罪の実現が同時に軽い麻薬所持罪の実現も含んでいるとはいえないので,麻薬所持罪に対する故意犯は認められないということが明らかになった。にもかかわらず,上述の学説,さらには参考判例②が「麻薬」と「覚せい剤」との間に重なり合いを認め,軽い犯罪の限度で故意犯を認めるのは,仮にこのような場合に故意の阻却を認め不可罰とするのでは結論の妥当性を欠くという実際上の不都合性にその理由があるものと思われる(25)。このような理解が正しければ,これは結論の先取り以外の何物でもなく,理論的に支持できるものではない。しかも,その後の法改正において,覚せい剤所持罪にも未遂規定が導入され,現在では,両所持罪とも未遂処罰規定を有しているので,覚せい剤を麻薬と誤信して所持した場合にも,未遂論の如何では未遂犯処罰が可能となっており,結論の妥当性の観点もまたその説得性の一部はすでに失われているといえよう(26)。

　以上のように,「麻薬」と「覚せい剤」の錯誤において,両者に重なり合いを肯定するのは,理論的に困難なのである。それゆえか,その後の類似の判例においては,原則に立ち返って,客観的に実現された構成要件該当事実に対応する故意を行為者が有していたことを認定することで,故意犯を肯定しているのである。たとえば,参考判例③では次のような判断が示されている。

「被告人は,本件物件を密輸入して所持した際,覚せい剤を含む身体に有害で違法な薬物類であるとの認識があったというのであるから,覚せい剤かもしれないし,その他の身体に有害で違法な薬物かもしれないとの認識はあったことに帰することになる」

　このように参考判例③は,行為者の認識内容の中に対象たる覚せい剤の現実の(未必的)認識が含まれていることをもって実現された構成要件該当事実に対する故意を肯定しているのであり,ここまでの検討を踏まえるならば妥当な姿勢と思われる。

4 当該判例の射程

　以上，ここまでの検討に基づいて，表題判例を検討しよう。表題判例においては，主観的には遺失物等横領の故意で実際に実現されたのは窃盗罪であった。両犯罪の対象は，一方が「占有を離れた他人の物」であり，他方が「占有下にある他人の物」であるため，主観的に想定された遺失物横領の事実を，客観的に実現された窃盗罪の構成要件該当事実の中に見出すことはできない。それゆえ問題は，このような場合であっても，「みせかけの構成要件要素」論を用いて，両者の重なり合いを肯定し，客観的に実現された事実の中に，故意のある遺失物等横領罪に該当する事実を見出すことができるのか，である。

　「みせかけの構成要件要素」論によれば，軽い遺失物等横領における限界設定要素である「占有を離れた」という文言を取り除いても，意味のある条文を構成するかどうかが問われることになる。そして，実際に「占有を離れた」を取り除くと，「他人の物を横領した者」という基本となる構成要件が現れてくる。このことから「占有を離れた」という文言は「みせかけの構成要件要素」と解することができる。このように理解する場合，表題判例において「他人の財物を横領する」という点では，行為者の主観面と客観面は一致しており，それゆえ軽い罪の限度で遺失物等横領罪の成立を肯定することができる。[27]

　それゆえ，表題判例が本件は「刑法第235条，第38条2項，第254条を適用すべき場合」であったとするとき，そのことの意味は，235条が38条2項による修正を受けて導出された254条によって処断されるべきとしたと解すべきでない。そうではなく，理論的には，235条と254条がみせかけの構成要件要素論の考え方を用いて重なり合う限り，235条は254条をもまた含んでいるのであり，それゆえ254条の限度で主観と客観が一致し，遺失物等横領罪の成立が肯定されると解すべきなのである。このように解する場合，表題判例は参考判例②のように構成要件間の重なり合いを超えた場合にまで故意を認めるものではなく，それゆえ表題判例の射程は参考判例②に及ぶものではない。

5 補論：方法の錯誤について

■「方法の錯誤」に関する「改造びょう打ち銃」事件（参考判例④）において，最高裁は故意の符合を認めるためにどのような条件を課しているか？

　参考判例④の事案は，次のようなものであった。被告人は警ら中の巡査から拳銃を強取しようと企て，周囲に人影がいなくなったとみて，建設用びょう打銃を改造した手製装薬銃で同人の背後約１メートルから右肩部付近を狙い，びょうを発射したところ，巡査の側胸部を貫通し，さらにたまたま道路反対側を通行していた者の背部に命中させて，両者に傷害を負わせた。

　この事実関係の下で，第１審は，被告人の殺意を否定し，巡査と通行者の両名に対して刑法240条の強盗傷人罪の成立を認めた。それに対して，控訴審では被告人の殺意を肯定したうえで，両者に対して強盗殺人未遂が成立し，両者は観念的競合とした。このような控訴審の判断を被告人側が不服として最高裁に上告し，最高裁は次のような判断を示した。

「……犯罪の故意があるとするには，罪となるべき事実の認識を必要とするものであるが，犯人が認識した罪となるべき事実と現実に発生した事実とが必ずしも具体的に一致することを要するものではなく，両者が法定の範囲内において一致することをもつて足りるものと解すべきである（大審院昭和六年（れ）第六〇七号同年七月八日判決・刑集一〇巻七号三一二頁，最高裁昭和二四年（れ）第三〇三〇号同二五年七月一一日第三小法廷判決・刑集四巻七号一二六一頁参照）から，人を殺す意思のもとに殺害行為に出た以上，犯人の認識しなかつた人に対してその結果が発生した場合にも，右の結果について殺人の故意があるものというべきである。」

　本件の認定事実によると「被告人が人を殺害する意思のもとに手製装薬銃を発射して殺害行為に出た結果，被告人の意図した巡査Aに右側胸部貫通銃創を負わせたが殺害するに至らなかつたのであるから，同巡査に対する殺人未遂罪が成立し，同時に，被告人の予期しなかつた通行人Bに対し腹部貫通銃創の結果が発生し，かつ，右殺害行為とBの傷害の結果との間に

因果関係が認められるから，同人に対する殺人未遂罪もまた成立し（大審院昭和八年（れ）第八三一号同年八月三〇日判決・刑集一二巻一六号一四四五頁参照），しかも，被告人の右殺人未遂の所為は同巡査に対する強盗の手段として行われたものであるから，強盗との結合犯として，被告人のＡに対する所為についてはもちろんのこと，Ｂに対する所為についても強盗殺人未遂罪が成立するというべきである。」

　このような参考判例④に対して，学説は一般に，いわゆる（抽象的）法定的符合説を採用したものと理解している[28]。たしかに，参考判例④の通行人に対して故意を認める，「人を殺す意思のもとに殺害行為に出た以上，犯人の認識しなかった人に対してその結果が発生した場合にも，右の結果について殺人の故意があるものというべき」とする論理は，（抽象的）法定的符合説の論理そのものである。しかし，他方で参考判例④は，強盗殺人未遂の問題であるにもかかわらず，意外の傷害結果との間に因果関係があることをも根拠として殺人の故意を肯定していることに注意を要する。つまり，そもそも未遂が問題なのであれば傷害結果との間に因果関係を問題とする必要はないはずであり，法定的符合説の論拠を純粋に貫けば，因果関係がなくとも意外の結果に対して殺人故意は肯定されるはずである[29]。にもかかわらず，参考判例④が因果関係をも根拠に故意を肯定していることからすれば，参考判例④は純粋に（抽象的）法定的符合説に立つものではなく，意外の結果に対する故意を，少なくとも意外の結果との間に因果関係が認められる限りでのみ認めたのであり，その必要があると考えているものと思われる[30]（このことは参考判例④の原判決で傷害結果に対して過失を認定していることからも伺われる）。それゆえ，参考判例④は因果関係の認められない場合にまでその射程が及ぶものではない。このことが示唆するのは，（抽象的）法定的符合説の論理と結論は純粋に貫徹できるものではないということである。

〔注〕
1）　山口厚『刑法各論［第2版］』（有斐閣，2010年）177頁。
2）　山口・前掲注1）177頁など。
3）　その他の占有の有無に関する最高裁判例としては，海中に落とした物について占有を肯定した最決昭和32・1・24刑集11巻1号270頁や，最近では置き忘れたポシェットの占有の有無

が問題となった最決平成16・8・25刑集58巻6号515頁などがある。
4) このような判例に対して学説からは,「『客観化された占有意思』,つまり,この社会の第三者から見て,「その物が『意識しておいてあるように見えること』」」を重視しているような傾向にある」との理解が示されている。松宮孝明『刑法各論講義［第3版］』(成文堂,2012年)199頁。
5) 中森喜彦『刑法各論［第2版］』(有斐閣,2011年)97頁。
6) 西田典之『刑法各論［第5版］』(弘文堂,2011年)141頁以下,同趣旨と思われるものとして,山中敬一『刑法各論［第2版］』(成文堂,2009年)242頁以下など。
7) これに対して,町野は,38条2項の趣旨は,「行為者が認識した不法・責任内容が客観的に実現したそれより量において小さいときには,その範囲で故意犯」を成立させるものとする。町野朔「法定的符合について（下）」警察研究54巻5号(1983年)12頁。
8) 団藤重光『刑法綱要総論［改訂版］』(創文社,1979年)277頁。もっとも,いわゆる抽象的符合説をとる場合,結論は異なるが,現在その支持者はほとんどいない。
9) 井田良「構成要件該当事実の錯誤」阿部純二ほか編『刑法基本講座 第2巻 構成要件論（錯誤,過失を含む）』(法学書院,1994年)242頁,町野朔「法定的符合について（上）」警察研究54巻4号(1983年)6頁以下,松宮孝明「みせかけの構成要件要素と刑法38条2項」立命館法学327＝328号(2009年)860頁など参照。
10) 高山は,抽象的事実の錯誤の問題を「構成要件の解釈によって決まるもの」とする。高山佳奈子『故意と違法性の意識』(有斐閣,2010年)217頁。
11) 松宮・前掲注9）868頁。
12) 松宮・前掲注9）868頁。
13) 松宮・前掲注9）866頁,868頁。
14) さらには,基本類型―減軽類型の関係の場合,たとえば通常殺人と同意殺人の場合にもみせかけの構成要素論は妥当する。もっとも通常殺人と同意殺人のような基本類型―減軽類型の関係の場合,「みせかけの構成要件要素」の特定のほかに,「書かれざる構成要件要素」をも付加し,基本類型―加重類型の関係に再構成しなければならない。松宮・前掲注9）866頁以下参照。さらに,高山・前掲注10）219頁以下参照。
15) 大谷実『刑法講義総論［新版第2版］』(成文堂,2007年)191頁,高橋則夫『刑法総論』(成文堂,2010年)192頁以下など。
16) 松宮・前掲注9）878頁。
17) 松宮・前掲注9）878頁。
18) 山口厚『刑法総論［第2版］』(有斐閣,2007年)221頁以下。
19) 山口・前掲注18）223頁以下。
20) 松宮・前掲注9）877頁。
21) 町野・前掲注7）8頁以下。
22) 町野・前掲注7）16頁以下。
23) 川端博「抽象的事実の錯誤」西田典之ほか編『刑法の争点』(有斐閣,2007年)69頁参照。
24) 松宮・前掲注9）877頁,葛原力三「法定的符合説(2)――符合の限界」芝原邦爾ほか編『刑法判例百選I総論［第5版］』(有斐閣,2003年)83頁など参照。
25) たとえば,亀山継夫「事実の錯誤と適条」研修371号61頁(1979年)以下参照。
26) 松宮によれば,1986年当時,覚せい剤取締法に未だなかった未遂処罰規定がその後に導入されたことによって法状態の変更があったのであるから,参考判例②の先例的価値は失われたとする。松宮・前掲注9）878頁。
27) 窃盗罪と占有離脱物横領にまたがる錯誤において,錯誤論の問題とせず,占有離脱物横領

第5章　事実の錯誤

　　　罪を認める見解もある。松宮・前掲注9）864頁以下。
28）　団藤・前掲注8）282頁の注36，山口・前掲注18）206頁以下，大谷・前掲注15）185頁など。
29）　もっとも，本件の調査官であった新矢によれば，「法定的符合説は，行為と発生結果との間に因果関係が認められる範囲内で故意既遂犯の成立を認める」ものとの理解が示されている。新矢悦二「判解」最高裁判所判例解説刑事編昭和53年度330頁。
30）　中森喜彦「法定的符合説(1)——故意の個数」松尾浩也ほか編『刑法判例百選Ⅰ〔第4版〕』（有斐閣，1997年）89頁参照。

◆復習問題

　　ある日の夜，甲とその3歳になる長女丙が就寝した後，甲の妻であり丙の母である乙は，「丙を道連れに先に死のう。」と思い，衣装ダンスの中から甲のネクタイを取り出し，眠っている丙の首に巻き付けた上，絞め付けた。乙は，丙が身動きをしなくなったことから，丙の首を絞め付けるのをやめ，台所に行って果物ナイフを持ち出し，布団の上で自己の腹部に果物ナイフを突き刺し，そのまま横たわった。
　　甲は，乙のうめき声で目を覚ましたところ，丙の首にネクタイが巻き付けられていて，乙の腹部に果物ナイフが突き刺さっていることに気が付いた。甲が乙に「どうしたんだ。」と声を掛けると，乙は，甲に対し，「ごめんなさい。私にはもうこれ以上頑張ることはできなかった。早く楽にして。」と言った。甲は，「助けを呼べば，乙が丙を殺害したことが発覚してしまう。しかし，このままだと乙が苦しむだけだ。」と考え，乙殺害を決意し，乙の首を両手で絞め付けたところ，乙が動かなくなり，うめき声も出さなくなったことから，乙が死亡したと思い，両手の力を抜いた。
　　その後，甲は，「乙が丙を殺した痕跡や，自分が乙を殺した痕跡を消してしまいたい。家を燃やせば乙や丙の遺体も燃えるので焼死したように装うことができる。」と考え，乙と丙の周囲に灯油をまき，ライターで点火した上，甲宅を離れた。その結果，甲宅は全焼し，焼け跡から乙と丙の遺体が発見された。なお，甲宅は甲の所有であるが，住宅ローンの担保として抵当権が設定されている。
　　乙と丙の遺体を司法解剖した結果，両名の遺体の表皮は，熱により損傷を受けていること，乙の腹部の刺創は，主要な臓器や大血管を損傷しておらず，致命傷とはなり得ないこと，乙の死因は，頸部圧迫による窒息死ではなく，頸部圧迫による意識消失状態で多量の一酸化炭素を吸引したことによる一酸化炭素中毒死であること，丙の死因は，頸部圧迫による窒息死であることが判明した。
　　甲の罪責について論ぜよ（ただし，特別法違反の点は除く）。

（参考：平成23年度予備試験論文式刑法）

〔玄　守道〕

第6章

過失致死傷罪と「信頼の原則」
——「黄色点滅信号機」事件——

表題判例：最決平成15・1・24判時1806号157頁
参考判例①：最判昭和48・5・22刑集27巻5号1077頁
参考判例②：最判昭和41・12・20刑集20巻10号1212頁
参考判例③：最決平成16・7・13刑集58巻5号360頁

1 事実関係

　被告人甲は，平成11年8月28日午前零時30分ころ，業務としてタクシーである普通乗用自動車を運転し，交通整理の行われていない交差点を直進するに当たり，時速約30ないし40キロメートルの速度で同交差点に進入したところ，折から，左方道路より酒気を帯び，指定最高速度である時速30キロメートルを大幅に超える時速約70キロメートルで，足元に落とした携帯電話を拾うため前方を注視せずに走行し，対面信号機が赤色灯火の点滅を表示しているにもかかわらず，そのまま交差点に進入してきたA運転の普通乗用自動車の前部に，自車左後側部を衝突させて自車を同交差点前方右角にあるブロック塀に衝突させた上，自車後部座席に同乗のBを車外に放出させ，さらに自車助手席に同乗のCに対し，加療約60日間を要する頭蓋骨骨折，脳挫傷等の傷害を負わせ，Bをして，同日午前1時24分ころ，搬送先の病院において，前記放出に基づく両側血気胸，脳挫傷により死亡するに至らせた。

　本件事故現場は，甲運転の車両（以下「甲車」という。）が進行する幅員約8.7メートルの車道とA運転の車両（以下「A車」という。）が進行する幅員約7.3

第6章 過失致死傷罪と「信頼の原則」

メートルの車道が交差する交差点であり，各進路には，それぞれ対面信号機が設置されているものの，本件事故当時は，被告人車の対面信号機は，他の交通に注意して進行することができることを意味する黄色灯火の点滅を表示し，A車の対面信号機は，一時停止しなければならないことを意味する赤色灯火の点滅を表示していた。そして，いずれの道路にも，道路標識等による優先道路の指定はなく，それぞれの道路の指定最高速度は時速30キロメートルであり，被告人車の進行方向から見て，左右の交差道路の見通しは困難であった。

本件の1, 2審判決は，本件交差点は交通整理の行われていない見通しの悪い交差点であることから甲には徐行して進入する義務があることを前提に，仮に甲車が本件交差点手前で時速10ないし15キロメートルに減速徐行して交差道路の安全を確認していれば，A車を直接確認することができ，A車を発見してすぐさま急制動の措置を講じてA車との衝突を回避することが可能であったと認定して，被告人に刑法211条の業務上過失致死傷罪——今日では，自動車運転死傷行為処罰法5条の過失運転致死傷罪——の成立を認め，甲に罰金40万円を言い渡した。

■主な争点■

甲は，A車との衝突が回避可能な時点において，本件衝突を事前に予見（して回避）することができたか？

2 裁判所の判断

表題判例は，以下のように述べて，裁判官全員一致で，甲の過失を否定し，原判決を破棄して無罪の自判をした（以下，傍点筆者）。

「このような状況の下で，左右の見通しが利かない交差点に進入するに当たり，何ら徐行することなく，時速約30ないし40キロメートルの速度で進行を続けた被告人の行為は，道路交通法42条1号所定の徐行義務を怠ったものといわざるを得ず，また，業務上過失致死傷罪の観点からも危険な走行で

99

あったとみられるのであって、取り分けタクシーの運転手として乗客の安全を確保すべき立場にある被告人が、上記のような態様で走行した点は、それ自体、非難に値するといわなければならない。

しかしながら、他方、本件は、被告人車の左後側部にＡ車の前部が突っ込む形で衝突した事故であり、本件事故の発生については、Ａ車の特異な走行状況に留意する必要がある。すなわち、1，2審判決の認定及び記録によると、Ａは、酒気を帯び、指定最高速度である時速30キロメートルを大幅に超える時速約70キロメートルで、足元に落とした携帯電話を拾うため前方を注視せずに走行し、対面信号機が赤色灯火の点滅を表示しているにもかかわらず、そのまま交差点に進入してきたことが認められるのである。」

「この点につき、1，2審判決は、仮に被告人車が本件交差点手前で時速10ないし15キロメートルに減速徐行して交差道路の安全を確認していれば、Ａ車を直接確認することができ、制動の措置を講じてＡ車との衝突を回避することが可能であったと認定している。……しかし、対面信号機が黄色灯火の点滅を表示している際、交差道路から、一時停止も徐行もせず、時速約70キロメートルという高速で進入してくる車両があり得るとは、通常想定し難いものというべきである。しかも、当時は夜間であったから、たとえ相手方車両を視認したとしても、その速度を一瞬のうちに把握するのは困難であったと考えられる。こうした諸点にかんがみると、被告人車がＡ車を視認可能な地点に達したとしても、被告人において、現実にＡ車の存在を確認した上、衝突の危険を察知するまでには、若干の時間を要すると考えられるのであって、急制動の措置を講ずるのが遅れる可能性があることは、否定し難い。そうすると、……被告人が時速10ないし15キロメートルに減速して交差点内に進入していたとしても、上記の急制動の措置を講ずるまでの時間を考えると、被告人車が衝突地点の手前で停止することができ、衝突を回避することができたものと断定することは、困難であるといわざるを得ない。そして、他に特段の証拠がない本件においては、被告人車が本件交差点手前で時速10ないし15キロメートルに減速して交差道路の安全を確認していれば、Ａ車との衝突を回避することが可能であったという事実については、合理的な疑いを容れる余地があるというべきである。」

第6章　過失致死傷罪と「信頼の原則」

3 当該判例について検討すべき論点

■Q1 「予見可能性」と「回避可能性」の関係について述べよ

　刑法38条1項は，「罪を犯す意思がない行為は，罰しない。ただし，法律に特別の規定がある場合は，この限りでない。」と定めている。ここでは，刑罰の対象となる行為すなわち「犯罪」は，通常，その「罪を犯す意思」つまり「故意」を必要とすることと，例外的に，「法律に特別の規定がある場合」には，「故意」のない場合でも「犯罪」となり処罰されることが予定されている。この例外的な場合の典型が「過失」である。

　そのうえで，自動車運転死傷行為処罰法5条本文は，「自動車の運転上必要な注意を怠り，よって人を死傷させた者は，7年以下の懲役若しくは禁錮又は百万円以下の罰金に処する。」と定める。ゆえに，本件のように自動車の運転によって人を死傷させた場合，それが「自動車の運転上必要な注意を怠り」といえるなら，つまり自動車運転上の「過失」に基づくなら，7年以下の懲役または百万円以下の罰金が待っていることになる。「過失」という点では，本件の事故当時に交通事故に適用されていた「業務上過失」も同じであるから，以下では，「過失」を両者に共通のものとして扱う。

　さて，その「過失」とは，一般に「注意義務の違反」と定義されている。刑法211条などにある「必要な注意」というのが「注意義務」のことである。その注意義務は，さらに，注意して，このまま行為をすれば人の死傷という犯罪結果が発生することを予見する義務と，予見された結果を適切な方法で回避する義務とに分かれる。前者を「（結果）予見義務」と呼び，後者を「（結果）回避義務」と呼ぶ。

　これらの義務は，その当然の前提として，注意をすれば結果が予見できたこと（「（結果）予見可能性」）と，その予見に従って結果を回避することができたこと（「（結果）回避可能性」）を前提とする。もちろん，両者は，同時に存在しなければならない。結果が予見可能な時点ではもはや結果を回避できず，あるいは，結果が回避可能な時点ではまだ結果が予見できないというのであれば，「過失」は認められない。つまり，「予見可能性」と「回避可能性」は同時に存

101

しなければならないのである。

■Q2　「信頼の原則」を定義せよ

　本件では，第1，2審判決の認定によれば，甲がA車を発見してすぐさま急制動をかければ，衝突事故は回避されていたと認定されている。そして，表題判例も，この事実認定自体を変更するものではない。

　しかし，問題は，本件のような事情の下で，甲がA車を発見してすぐさま衝突すると判断し，それゆえにすぐさま急制動の措置を取ることができたか，ということにある。なぜなら，衝突するという判断に至らないのであれば，道路上でむやみやたらと急制動をかけるべきではないからである。急制動は，あるかもしれない後続車の追突事故を誘発する危険があり，また，そうでなくても，同乗者の負傷を招く恐れがあることを考えれば，これは当然である。

　この点に関しては，表題判例は，本件の第1，2審判決と異なる判断を示す。そこでは，まず，「本件事故の発生については，A車の特異な走行状況に留意する必要がある」とされたうえで，以下のように述べられている。

「対面信号機が黄色灯火の点滅を表示している際，交差道路から，一時停止も徐行もせず，時速約70キロメートルという高速で進入してくる車両があり得るとは，通常想定し難いものというべきである。しかも，当時は夜間であったから，たとえ相手方車両を視認したとしても，その速度を一瞬のうちに把握するのは困難であったと考えられる。こうした諸点にかんがみると，被告人車がA車を視認可能な地点に達したとしても，被告人において，現実にA車の存在を確認した上，衝突の危険を察知するまでには，若干の時間を要すると考えられるのであって，急制動の措置を講ずるのが遅れる可能性があることは，否定し難い。そうすると，……被告人が時速10ないし15キロメートルに減速して交差点内に進入していたとしても，上記の急制動の措置を講ずるまでの時間を考えると，被告人車が衝突地点の手前で停止することができ，衝突を回避することができたものと断定することは，困難であるといわざるを得ない。」（傍点筆者）

　つまり，たとえ甲が本件交差点に徐行して進入していても，「対面信号機が

第6章　過失致死傷罪と「信頼の原則」

黄色灯火の点滅を表示している際，交差道路から，一時停止も徐行もせず，時速約70キロメートルという高速で進入してくる車両があり得るとは，通常想定し難」く，かつ，事故当時は夜間であったので，「たとえ相手方車両を視認したとしても，その速度を一瞬のうちに把握するのは困難であった」がゆえに，「衝突の危険を察知するまでには，若干の時間を要する」ので，急制動の措置が取れた時点では，もはや，結果の回避は不可能であった合理的疑いがあるということである。ここにいう「衝突の危険を察知するまでの時間」を仮に「判断時間」ないし「余裕時間」と名づけるなら，表題判例と第1,2審判決とで結論を分けたのは，この「判断時間」を考慮したかしなかったかである。

　なお，本件に類似した点滅信号機のある交差点での衝突事故に関する先例として，参考判例①がある。これもまた，被告人が夜間に黄色点滅信号の状態で徐行せずに交差点に進入したところ，Y運転の車両が，一時停止も徐行もせず，時速約60キロメートルで侵入してきて衝突し，死傷事故に至ったというもので，同じく，第1,2審の有罪判決を破棄して無罪の自判をしたものである。そこでは，次のように判示されている。

>「本件被告人のように，自車と対面する信号機が黄色の燈火の点滅を表示しており，交差道路上の交通に対面する信号機が赤色の灯火の点滅を表示している交差点に進入しようとする自動車運転者としては，特段の事情がない本件では，交差道路から交差点に接近してくる車両があっても，その運転者において右信号に従い一時停止およびこれに伴なう事故回避のための適切な行動をするものとして信頼して運転すれば足り，それ以上に，本件Yのように，あえて法規に違反して一時停止をすることなく高速度で交差点を突破しようとする車両のありうることまで予想した周到な安全確認をすべき業務上の注意義務を負うものでなく，当時被告人が道路交通法42条所定の徐行義務を懈怠していたとしても，それはこのことに影響を及ぼさない。」(傍点筆者)

　ここで，特段の事情がない限り，「その運転者において右信号に従い一時停止およびこれに伴なう事故回避のための適切な行動をするものとして信頼して運転すれば足り」と判示した部分は，一般に，「信頼の原則」と呼ばれている

103

ものである。それを一般公式で示すなら、「行為者がある行為をなすにあたって、被害者あるいは第三者が適切な行動をすることを信頼するのが相当な場合には、たといその被害者あるいは第三者の不適切な行動によって結果が発生したとしても、それに対しては責任を負わない」という考え方である。[4)]

これによれば、たとえば、Xが、自動車を運転して街中の左右の見通しの悪い交差点に接近し、対面信号が青だったので、制限速度の時速50キロメートルのままその交差点に進入したところ、思いがけず交差道路からAの運転する自動車が入ってきたので、これを避けきれず、自車をAの車に衝突させ、Aの車に同乗していた幼児のBを死亡させたという場合、特段の事情がない限り、自動車や自転車、歩行者などの交通関係者は信号を守って行動するものと信頼してよく、したがって、赤信号無視のAの車との衝突によって生じたBの死亡ついて、信号を守っていたXは、——たとえ、経験的には、赤信号無視が稀にはありうるし、また、そのことを知っていたとしても——責任を負わないことになる。[5)]

道路交通事故においてこの「信頼の原則」を採用した日本のリーディングケースは、参考判例②である。これは、交差点右折の際にエンストを起こし、エンジンを再始動させて右折を続けようとしていた被告人の小型貨物自動車の右側方から被害者Yが第二種原動機付自転車で通過しようとして衝突し死亡事故に至った事案に関して、第1、2審の有罪判決を破棄し差し戻したものである。その判決では、次のように判示されている。

「本件のように、交通整理の行なわれていない交差点において、右折途中車道中央付近で一時エンジンの停止を起こした自動車が、再び始動して時速約5粁の低速（歩行者の速度）で発車進行しようとする際には、自動車運転者としては、特別な事情のないかぎり、右側方からくる他の車両が交通法規を守り自車との衝突を回避するため適切な行動に出ることを信頼して運転すれば足りるのであって、本件Yの車両のように、あえて交通法規に違反し、自車の前面を突破しようとする車両のありうることまでも予想して右側方に対する安全を確認し、もって事故の発生を未然に防止すべき業務上の注意義務はないものと解するのが相当であり、原判決が強調する、被告

第6章　過失致死傷罪と「信頼の原則」

> 人の車の一時停止のため，右側方からくる車両が道路の左側部分を通行することは困難な状況にあったとか，本件現場が交通頻繁な場所であることなどの事情は，かりにそれが認められるとしても，それだけでは，まだ前記の特別な事情にあたるものとは解されない。」(傍点筆者)

　これらの裁判例では「信頼して運転すれば足り」という言葉が使われている。これに対して，表題判例では，そのような言葉は使われておらず，「通常想定し難い」という言葉に代えられている。そのため，学説の一部には，表題判例は参考判例①などと異なり，「信頼の原則」を用いなかったと評価するものもある。
　しかし，これは早計である。なぜなら，「信頼して運転すれば足り」という言葉が意味するものを考えるなら，それは，参考判例の①②のいずれでも，そのような異常行動を予想した措置を取る必要はないという意味で用いられているからである。そして，点滅信号交差点事故におけるそのような異常行動を予想した措置，すなわち「あえて法規に違反して一時停止をすることなく高速度で交差点を突破しようとする車両のありうることまで予想した周到な安全確認をすべき業務上の注意義務」とは，結局のところ，徐行して交差点に進入するだけでなく，交差道路上において接近する車両を認めた場合には，衝突がありうるものと予想してすぐさま急制動の措置を取る注意義務にほかならない。そして，表題判例は，「対面信号機が黄色灯火の点滅を表示している際，交差道路から，一時停止も徐行もせず，時速約70キロメートルという高速で進入してくる車両があり得るとは，通常想定し難い」と判示することで，特段の事情がない限りそのような車両はないものと信頼してよいから，車両発見後すぐさま急制動の措置を取る注意義務はないと判断したのである。

■Q3　「不信頼の原則」とは？

　なお，この点で，参考判例③は，ひょっとすると「不信頼の原則」というとんでもない判示をしたのではないかと思われる裁判例である。その事案は，「時差式信号機」が設置されていながら「時差式」の表示のない交差点で，対面信号が黄色から赤に変わる時点で右折をした被告人車に，対向して直進してきた被害者運転の自動二輪車が衝突し，被害者が死亡したというものである。こ

の交差点には「時差式信号機」が設置されており，被告人の対面信号が黄色から赤に変わる時点でも，被害車両の対面信号はまだ青のままであった。しかるに，この交差点では，「時差式」という表示がなく，それゆえ，被告人は，通常の信号機と同じく，自己の対面信号が黄色から赤に変わったときには，対向車両用の信号も同時に黄色から赤に変わったと信じていた。[6]

　第1審判決は，これにつき被告人の「過失」を否定して無罪としたが，控訴審はこれを破棄して有罪とした。これに対する上告を棄却して有罪を確定させたのが，参考判例③である。そこでは，次のように述べられている。

>「自動車運転者が，本件のような交差点を右折進行するに当たり，自己の対面する信号機の表示を根拠として，対向車両の対面信号の表示を判断し，それに基づき対向車両の運転者がこれに従って運転すると信頼することは許されないものというべきである。」（傍点筆者）

　しかし，本件は，「見切り発車」の事例ではない。信号の代わり時を狙っての右折の事例なのである。それにもかかわらず，「時差式」の表示がなくても「対向車両の運転者がこれに従って運転すると信頼することは許されない」（再度傍点筆者）というのであるから，これは通常の信号機のある交差点一般に妥当する判示と読み取られかねない。これでは，現在一般に行われている通常の信号機のある交差点での右折でも，対向車両の運転者がその対面信号に従って運転すると信頼してはならないことになり，交通の頻繁な交差点での右折はほとんど不可能になってしまうであろう。これでは，「不信頼の原則」を採用したに等しい。

　もちろん，事案としては，客観的には時差式信号機のある交差点での事故に関する判示であるから，時差式でない信号機のある交差点に一般化することは，「判例」の射程を見誤るものである。しかし，「時差式」であることに気付かなかったことを被告人の落ち度とできない以上，その判断は，「時差式」でない信号機のある交差点での事故と同じものでなければならないはずである。

　本件事故後，神奈川県警を含む全国の時差式信号機には「時差式」の表示が付けられ，さらに，かつて「時差式信号機」が設置されていた交差点の信号機はほとんど矢印式に切り替えられたため，この事件のような事故が起こること

第6章　過失致死傷罪と「信頼の原則」

はなくなった。ゆえに，参考判例③は，類似事故が起きなくなったがゆえに，その先例的価値を失ったものと解してよいであろう。また，そうであるべきである。

■Q4　「判断時間」ないし「余裕時間」と「信頼の原則」との関係について述べよ

さて，先の「判断時間」ないし判断のための「余裕時間」と「信頼の原則」の関係を，再度，明らかにしよう。表題判例の意味するところは，甲が接近するA車を時間をかけて観察すれば，それが一時停止も徐行もせずに交差点に突入してくることはわかったであろうが，そのためには，少々の観察と判断の時間が必要だいうことである。このような時間が必要だという判断それ自体が，「車を見たら突入してくると思え」という「不信頼の原則」を採用しないことの表明である。ゆえに，「信頼の原則」とは，もともと，そのような特別な情報が入ってこないうちは，人は通常想定し難い異常行動は取らないものという信頼を前提にした措置を取れば過失はない，それも結果の「予見可能性」がないということを述べているにすぎないのである。表題判例もまた，そのような考え方に立って結論に至ったものと考えてよい。もちろん，その判断は，市民の常識にかなう妥当なものである。

つまり，「信頼の原則」が妥当するということは，とりもなおさず，それと異なる判断に至るためには「判断時間」ないし判断のための「余裕時間」が必要だということなのである。

■Q5　本判決では何が否定されたのか？

そこで，表題判例は，「予見可能性」や「回避可能性」などといった「過失」の要件のうち，どれを否定したのか，ということが問題となる。「被告人車が本件交差点手前で時速10ないし15キロメートルに減速して交差道路の安全を確認していれば，A車との衝突を回避することが可能であったという事実については，合理的な疑いを容れる余地がある」という結論部分からみれば，否定されたのは「回避可能性」（の合理的な疑いを超える程度の証明）であるということになろう。しかし，それは，「予見可能性」と切り離しての判断ではない。「予見

107

可能性」を無視するなら，第1,2審判決と同じく，A車を見てすぐに急制動をかけることで，結果の「回避可能性」はあったのである。ゆえに，否定されたのは，「過失」に必要な「予見可能性」と「回避可能性」の同時存在というべきであろう。言い換えれば，本件では，「予見可能」な時点では「回避可能性」がなく，また，「回避可能」な時点では「予見可能性」がなかったのである。

　なお，表題判例をみればわかるように，「予見可能性」の判断は，「交通整理の行われていない見通しの悪い交差点では，その一般的危険性のゆえに，徐行して進入する義務がある」[7]ことを前提に，いわば一般的危険性に対処する「徐行」という措置を仮定して行われていることに注意が必要である。この「一般的危険性」に基づく「徐行」などの措置は，単なる結果回避措置ではなく，むしろ，用心深く情報を集めるための「情報収集義務」のための措置であると考えるべきであろう。この「情報収集義務」は，ドイツのカール・エンギッシュが，1930年の著作において提唱した「客観的注意義務」のひとつであり，予見可能性の内容を構成するものである。

4　当該判例の射程

■参考判例と比較しつつ本判決の先例的意義を考察せよ

　表題判例は，参考判例①と類似した点滅信号機のある見通しの悪い交差点に黄色点滅信号で進入した被告人車両が，その交差道路から一時的停止も徐行もせずに制限速度を大幅に超過して交差点に突入してきた車と衝突事故を起こし人が死傷するに至った事故に関して，そのような異常な突入のありうることを事前に想定し，相手車両を発見して直ちに急制動の措置を取らなかったとしても，「判断時間」ないし判断のための「余裕時間」を考慮して「過失」を否定した点で，参考判例①を維持するという先例的価値を有する。もちろん，その背後には，「信頼の原則」の考え方がある。

〔注〕

1）　もっとも，その但書では，「その傷害が軽いときは，情状により，その刑を免除することができる。」と定められている。なお，2013年の改正前は，この規定は，本文とともに，

第 6 章　過失致死傷罪と「信頼の原則」

刑法211条2項に置かれていた。
2）　もっとも、これらのうち、「結果回避義務」と「結果回避可能性」は、過失犯に固有の要件ではなく、故意結果犯（既遂）にも必要な要件である。これは、故意の不作為犯を考えれば、明らかであろう。しかし、自動車で人を轢き殺す未必の故意があるような場合を考えればわかるように、両者は、故意の作為犯にも必要な要件なのである。したがって、「過失」に固有の要件は、「予見可能性」と「予見義務」である。さらに付言すれば、「予見義務」は、それを履行すれば刑事責任を免れるという意味での「本来の義務」ではない。「予見義務」を履行して結果を現実に予見しながら、これを回避しなかった場合には、故意犯が成立する。つまり、「予見義務」の履行による現実の予見だけでは、過失犯が故意犯になるだけなのである。
3）　その対面信号は、もちろん、赤色点滅である。
4）　ドイツ生まれのこの原則を日本において普及させた西原春夫の定義による。西原春夫『交通事故と信頼の原則』（成文堂、1969年）14頁。なお、ここにいう「適切な行動」とは「通常想定される行動」という意味であって、必ずしも文字通りに規則を守った行動を意味しない。たとえば、指定制限速度が時速50キロメートルの見通しのよい道路では、自動車は通常、時速60～70キロメートル程度で走行しており、それが「通常想定される行動」である。なお、追突事故の予防のために、先行車には不必要な急制動をかけない義務が、後行車には適切な車間を取って運転する義務があるように、事故防止のために二重の安全措置が必要とされているところでは、相手が適切な行動をすると信頼してこちらが適切な行動を怠った場合、原則として「信頼の原則」は適用されない。
5）　被害者が被告人の運転する右折車の前面を背後から無理に追い越そうとして死亡事故になった事案につき、「信頼の原則」を適用して過失を否定した裁判例に、最判昭和42・10・13刑集21巻8号1097頁がある。さらに、信頼の原則は、いわゆる管理・監督過失の場合にも適用されることがある。札幌高判昭和56・1・22刑月13巻1＝2号12頁等。
6）　この事件は神奈川県で起きたものであるが、事故当時、「時差式」の表示をしていなかったのは、全国で神奈川県警だけであった。そのため、本件交差点では、類似の右直事故が何度か発生していたが、被告人はそのような事情を知らず、かつ、知らなかったこと自体は「過失」とされていなかった。
7）　優先道路である場合には、徐行義務はない。

◆復習問題 1

甲は、信号機で交通整理のされている交差点の対面信号が黄色に変わったのを交差点手前50メートルの距離で視認したが、交差道路から侵入してくる車はまだないであろうと考えて、時速約60キロメートルの速度を保ったまま交差点に進入した。ところが、交差道路から接近してきた乙は、左右の信号が黄色に変わるのを見て、間もなくこれが赤に変わると見越して、時車を時速約40キロメートルで交差点に進入させた。そのため、甲の対面信号と乙の対面信号が双方とも赤であったときに両車は交差点中央で衝突し、甲も乙も負傷した。
　甲と乙の罪責について論ぜよ（ただし、自動車運転死傷行為処罰法以外の特別法違反の点は除く）。

◆復習問題 2

　病院長甲は，自己の経営する病院について，年に1回程度，火災を想定した避難誘導訓練を行っていた。ある日，ボイラーマンの過失により火災が発生した。その際，新任の看護師Aは，火災の発生に驚いて自己が管轄する新生児室にいた新生児3名を病院外に搬送することに思いが及ばず，一人で一目散に避難してしまった。そのため，上記の新生児3名が火災で死亡した。なお，Aは，年1回程度の避難誘導訓練には，まだ参加した経験がなかった。
　甲の罪責について論ぜよ（ただし，特別法違反の点は除く）。

（参考：札幌高判昭和56・1・22刑月13巻1＝2号12頁）

〔松宮　孝明〕

第7章

早すぎた構成要件実現と実行の着手
―「クロロホルム殺人」事件―

表題判例：最決平成16・3・22刑集58巻3号187頁
　参考判例①：横浜地判昭和58・7・20判時1108号138頁
　参考判例②：最決昭和40・3・9刑集19巻2号69頁
　参考判例③：最決昭和45・7・28刑集24巻7号585頁
　参考判例④：大判大正12・4・30刑集2巻378頁
　参考判例⑤：東京高判平成13・2・20判時1756号162頁

1 事実関係

(1)被告人Aは，夫のVを事故死に見せ掛けて殺害し生命保険金を詐取しようと考え，被告人Bに殺害の実行を依頼し，被告人Bは，報酬欲しさからこれを引受けた。そして，被告人Bは，他の者に殺害を実行させようと考え，C，D及びE(以下「実行犯3名」という。)を仲間に加えた。被告人Aは，殺人の実行の方法については被告人Bらにゆだねていた。

(2)被告人Bは，実行犯3名の乗った自動車(以下「犯人使用車」という。)をVの運転する自動車(以下「V使用車」という。)に衝突させ，示談交渉を装ってVを犯人使用車に誘い込み，クロロホルムを使ってVを失神させた上，最上川付近まで運びV使用車ごと崖から川に転落させてでき死させるという計画を立て，平成7年8月18日，実行犯3名にこれを実行するよう指示した。実行犯3名は，助手席側ドアを内側から開けることのできないように改造した犯人使用車にクロロホルム等を積んで出発したが，Vをでき死させる場所を自動車で1時間以上かかる当初の予定地から近くの石巻工業港に変更した。

(3)同日夜，被告人Bは，被告人Aから，Vが自宅を出たとの連絡を受け，これを実行犯3名に電話で伝えた。実行犯3名は，宮城県石巻市内の路上において，計画どおり，犯人使用車をV使用車に追突させた上，示談交渉を装ってVを犯人使用車の助手席に誘い入れた。同日午後9時30分ころ，Dが，多量のクロロホルムを染み込ませてあるタオルをVの背後からその鼻口部に押し当て，Cもその腕を押さえるなどして，クロロホルムの吸引を続けさせてVを昏倒させた（以下，この行為を「第1行為」という。）。その後，実行犯3名は，Vを約2Km離れた石巻工業港まで運んだが，被告人Bを呼び寄せた上でVを海中に転落させることとし，被告人Bに電話をかけてその旨伝えた。同日午後11時30分ころ，被告人Bが到着したので，被告人B及び実行犯3名は，ぐったりとして動かないVをV使用車の運転席に運び入れた上，同車を岸壁から海中に転落させて沈めた（以下，この行為を「第2行為」という。）。

(4)Vの死因は，でき水に基づく窒息であるか，そうでなければ，クロロホルム摂取に基づく呼吸停止，心停止，窒息，ショック又は肺機能不全であるが，いずれであるかは特定できない。Vは，第2行為の前の時点で，第1行為により死亡していた可能性がある。

(5)被告人B及び実行犯3名は，第1行為自体によってVが死亡する可能性があるとの認識を有していなかった。しかし，客観的にみれば，第1行為は，人を死に至らしめる危険性の相当高い行為であった。

■**主な争点**■

被告人らは，当初の殺害計画をもとに計画を実行したが，被害者が計画よりも早い段階で死んでいた（可能性がある）場合であっても，故意の殺人既遂罪を肯定することができるか？

2 裁判所の判断

「実行犯3名の殺害計画は，クロロホルムを吸引させてVを失神させた上，その失神状態を利用して，Vを港まで運び自動車ごと海中に転落させてで

き死させるというものであって，第1行為は第2行為を確実かつ容易に行うために必要不可欠なものであったといえること，第1行為に成功した場合，それ以降の殺害計画を遂行する上で障害となるような特段の事情が存しなかったと認められることや，第1行為と第2行為との間の時間的場所的近接性などに照らすと，第1行為は第2行為に密接な行為であり，実行犯3名が第1行為を開始した時点で既に殺人に至る客観的な危険性が明らかに認められるから，その時点において殺人罪の実行の着手があったものと解するのが相当である。また，実行犯3名は，クロロホルムを吸引させてVを失神させた上自動車ごと海中に転落させるという一連の殺人行為に着手して，その目的を遂げたのであるから，たとえ，実行犯3名の認識と異なり，第2行為の前の時点でVが第1行為により死亡していたとしても，殺人の故意に欠けるところはなく，実行犯3名については殺人既遂の共同正犯が成立するものと認められる。そして，実行犯3名は被告人両名との共謀に基づいて上記殺人行為に及んだものであるから，被告人両名もまた殺人既遂の共同正犯の罪責を負うものといわねばならない。したがって，被告人両名について殺人罪の成立を認めた原判断は，正当である。」

3 当該判例について検討すべき論点

■Q1 本件は殺人「既遂」の事案なのに「実行の着手」が論点となる理由は何か？

　表題判例の事案は，行為者らが，クロロホルムを被害者に吸引させ意識を失わせたうえで（以下，「第1行為」という），自動車ごと海中へ転落させることで（以下，「第2行為」という）死亡させようという計画に基づき犯罪を遂行し，被害者を死亡させたのであるが，その際，実際には第1行為によって死亡していた可能性があったというものである。第2行為で死亡していれば本件は問題なく故意の殺人既遂罪を肯定できるが，しかし第1行為の時点で被害者が死亡していたとすると，行為者らは第1行為によって殺すつもりはなかったのであるから，故意の殺人既遂罪の成立は自明のものではなくなる。そこで，「疑わしきは被告人の利益に」原則に基づき，第1行為において被害者が死亡したと解

したとしても本件において故意の殺人既遂罪を肯定することができるのかが問題となるのである[1]。このように理解する場合，この事案はまさしくいわゆる早すぎた結果実現の事例として理解することができる。

通常，故意の殺人既遂罪が成立するには，実行の着手と結果が存在し，両者の間に因果関係が存在すること，そしてこれらの認識があることが必要となる。それゆえ，行為が未だ実行の着手に至っていない予備段階で結果が発生した場合には，既遂犯は成立せず，それゆえ予備行為と結果との間で因果関係は問題とならないのである[2]。以上のことから，表題判例の被告人らに既遂犯を認めるためには，まず第1行為が実行の着手に達していることが必要となるのである。

■Q2　判例は「早すぎた構成要件実現」が既遂となるために何が必要だと考えているか？　参考判例①も考慮して答えよ

これまでの判例において早すぎた結果実現が問題となった事案はあまりないが，参考判例①はまさに早すぎた結果実現が問題となり，既遂犯が認められたものなので，まずはこれを素材に判例が既遂犯を認めるために何を必要としているのかを検討してみよう。

参考判例①は次のような事案であった。被告人が，家屋を燃やすとともに焼身自殺しようと決意し，本件家屋内にガソリンを撒布してガソリンの蒸気を発生せしめた。その後，廊下でタバコを吸おうとしてライターに火をつけた際に，その火が蒸気に引火・爆発し，本件家屋を全焼させたというものであった。この事案において横浜地裁は次のような判断を示した。

「被告人はガソリンを撒布することによって放火について企図したところの大半を終えたものといってよく，この段階において法益の侵害即ち本件家屋の焼燬を惹起する切迫した危険が生じるに至ったものと認められるから，右行為により放火罪の実行の着手があったものと解するのが相当である。」「なお，……前記の状況の下でライターを点火すれば引火するであろうことは一般人に容易に理解されるところであって予想し得ないような事柄ではなく，……右のような経緯で引火したことにより本件の結果が生じたから

> といって因果関係が否定されるものではなく，被告人は放火既遂罪の刑責を免れない。」

　このように参考判例①は，行為者の行為が実行の着手段階に至り，行為計画の大半をやり終えたこと，そして当該行為から結果発生が一般人ならば容易に理解できるため，引火行為と結果との間に因果関係が認められことから，放火既遂罪を認めている。このことからすれば，参考判例①は，早すぎた結果実現事例において故意既遂犯を，計画通りに実行の着手段階にまで至っていることと，行為から結果の発生することが一般人の予想の範囲内にあること，つまり「計画通りの実行の着手＋相当因果関係」によって判断していると解される。

　従来の通説ないし多数説もまた，早すぎた結果実現の事例において，行為者らの計画によれば未だ予備段階にある時点で結果が生じた場合は，予備罪と過失致死罪を成立させ[3]，計画が実行の着手段階にまで至っていれば，その後の計画と実際の因果経過との間にずれがあってもそれが相当因果関係の範囲内にある限り，その錯誤は重要ではなく故意は阻却しないとして，故意の殺人既遂罪を肯定してきた[4]。

　したがって参考判例①もまた通説あるいは多数説と同様の基準によってこの問題を解決していると解される。そこで検討すべきなのはこの解決基準の当否である。

■Q3　本決定の「実行の着手」の判断方法を説明できる学説は何か？　参考判例②③を考慮して答えよ

　まず実行の着手の点から検討しよう。実行の着手の有無の判断については，未遂の処罰根拠から判断基準を導き出すのが一般的である。未遂の処罰根拠に関して，かつて学説は，行為者の意思ないし性格の危険に見出す主観的未遂論と，法益の客観的危殆化に見出す客観的未遂論とが対立していたが，現在では客観的未遂論が圧倒的通説である。もっとも，問題は，客観的未遂論にいう「客観的危険」をいかに判断するのか，である。この点につき，近時の有力な見解[5]に従って，判断資料の問題と判断基準の問題に分けて学説状況を概観しよう。

　判断資料において問題となるのは，行為者の主観面を考慮するのかどうか，

考慮するにしても，行為者の故意のみを考慮するのか，あるいは行為計画のみを考慮するのか，それとも両方考慮するのか，である。

まず，故意を考慮するかどうかについては，故意等の行為者の主観面を一切考慮せず，「客観的危険」は純客観的に判断すべきとする立場[6]と，行為者の故意を判断資料として考慮すべきとする立場[7]が対立している。

この対立は，故意を考慮しなくとも客観的に罪名を確定できるかどうかという問題に関わる。たとえば，甲が拳銃を発射し，弾丸が乙から30cm離れたところに通過した事例において，故意の考慮を肯定する見解によれば，甲に成立するのが殺人未遂なのか加重傷害未遂（暴力行為等処罰に関する法律1条ノ2第2項）なのかは行為者がどのような故意を有していたのかがわからなければ判断できないとする[8]。それに対して，否定する見解によれば，主観もまた客観的状況からしか判断できないのであるから，結局のところ危険は客観面によって判断せざるを得ないとする[9]。

さらに，行為計画についても，上述のように，これを考慮すべきでないとする立場と考慮すべきとする立場が存在する[10]。両者の対立点は，「客観的危険」の判断において，行為者の行為計画が意味をもつことを認めるのかどうかという点にある。たとえば，行為者が殺害を企図した相手方に拳銃を向ける際，その場で射殺する計画である場合と，その場ではただ脅すつもりで，別の遠く離れた場所で殺害する計画であったという場合に，同じ外形的行為であっても，行為計画によって結果発生の危険性の程度は異なるとするのかどうかである。もっとも，近時，判断基準に関する形式的客観説，実質的客観説のいずれの立場に立とうとも，行為計画（学説によっては「行為意思」ともいう）[11]を判断資料に含むとする見解が，有力化しており，多数説となっているといえよう。

次に判断基準についてであるが，この点については，行為基準と危殆化基準に区別して，議論されている[12]。

まず，行為基準の典型はいわゆる形式的客観説であるが，この立場によれば，まず「条文において動詞として規定される行為が出発点」となる。形式的客観説の代表的論者によれば，「『実行』とは，まさに，基本的構成要件に該当する行為」であり，このような実行行為の開始があったというためには，当該基本的構成要件の故意のほかに，「基本的構成要件に該当する行為の少なくと

も一部分が行われたことが必要であり、且つ、それで十分」とする[13]。このような見解に対しては、場合によっては未遂犯の成立が遅きに失するとの批判がなされ、現在ではほとんど支持されていない[14]。そこで、この立場から出発しつつ、未遂犯の成立時期を一定早期化する見解が登場することになる。いわゆる直前行為基準説である。この見解によれば、「構成要件行為の直前に位置する行為、具体的には機能的に見て構成要件行為に至る経過が自動的である行為、または構成要件行為に時間的に近接する行為の開始に原則として着手を肯定しながら被害者領域——事実的かつ相当強固に被害者が排他的に支配する、保護される客体を囲む領域——が存在する場合には直前に位置する行為はその領域への介入を伴うことが必要」とするのである。直前行為基準説は、このことを、43条にいう「犯罪の実行」が構成要件該当行為であり、「着手」がその直前行為の開始を意味すると解することで、刑法43条の文言の枠内で基礎づけつつ、結論の妥当性を確保しようとするのである[15]。

この見解に対しては、43条にいう「着手」が「構成要件該当行為の直前行為の開始」を意味すると解するのは、解釈上無理があるとの批判がなされている[16]。

それに対して、危殆化基準（いわゆる実質的客観説）によれば、実行の着手の判断基準は、「結果発生の具体的危険」に求められる[17]。この見解は、未遂の処罰根拠論から直に実行の着手に関する基準を導き出す点で一貫したものである。しかし、この見解に対しては、危険という概念自体が程度を付しうる概念であり、かつ抽象的危険犯においても未遂が認められることから危険の程度はかなり低く設定されざるをえず、危険の判断が不安定なものになると批判されている[18]。

以上の学説状況を前提に、では判例はいかなる立場であると解されるのかを参考判例②、③を素材に考えてみよう。

参考判例②は次のような事案であった。被告人が、本件被害者方店舗内に侵入し、なるべく金を盗りたいので煙草売場の方に行きかけた際、被害者らが帰宅し、被告人を発見した。その際、被害者が、被告人を取り押さえようとしたため、被告人は当該被害者の胸部を所携の果物ナイフで突き刺して同人を死亡させ、さらに別の被害者に傷害を負わせた。このような事実関係の下で、参考

判例②は，実行の着手につき，次のような判断を示した。

> 「本件被害者方店舗内において，所携の懐中電燈により真暗な店内を照らしたところ，電気器具類が積んであることが判つたが，なるべく金を盗りたいので自己の左側に認めた煙草売場の方に行きかけた際，本件被害者らが帰宅した事実が認められるというのであるから，原判決が被告人に窃盗の着手行為があつたものと認め」られる。

このように参考判例②においては，「なるべく金を盗りたいので……煙草売場の方に行きかけた際」に実行の着手を認めていることから，単に外形的に「煙草売場に行きかけた」点に実行の着手を認めているのではなく，行為者の「なるべく金を盗る」という計画の下，対象物へと向かう時点で実行の着手を認めているといえる。

では参考判例②は行為者の計画を判断資料としつつ，どのような基準で，実行の着手を判断したといえるのだろうか。この点，参考判例②は明確には述べていないので知る手掛かりがなく，学説においても，参考判例②について行為基準の観点からの理解[19]（なお，参考判例②の原審は，「窃盗の目的で……現金のおいてあると思われる場所を確めてその方へ近付く行為は，窃盗行為に密接な行為であ」るとして，犯罪の実行の着手を認めている）と危殆化基準からの理解[20]の双方が示されている。ここでは，最高裁もまた判断資料として，行為者の行為計画を考慮していることを確認するにとどめ，さらに，判例がどのような基準で判断しているのかを参考判例③を手掛かりに検討してみよう。

参考判例③の事案は次のようなものであった。被告人が，ほか1名と共謀のうえ，夜間1人で道路を通行中の婦女を強姦しようと企て，共犯者とともに，必死に抵抗する同女を被告人運転のダンプカーの運転席に引きずり込み，発進して同所から約5800メートル離れた場所に至り，運転席内でこもごも同女を強姦したというもので，最高裁は実行の着手につき，次のような判断を示した。

> 「被告人が同女をダンプカーの運転席に引きずり込もうとした段階においてすでに強姦に至る客観的な危険性が明らかに認められるから，その時点において強姦行為の着手があったと解するのが相当」である。

このように参考判例③では，引きずり込みの時点で「強姦に至る客観な危険性」が認められるとして，実行の着手を認めている。参考判例③のいうところを文字通りに理解すれば，参考判例③は危殆化基準を採用したものと解される。もっとも，危殆化基準の立場にあっても，行為者の行為計画を考慮するかしないかの対立がある。参考判例③の判示からすれば，引きずり込みの時点での客観的危険性を，行為計画を考慮せずに肯定しているようにもみえるが，しかし，行為者らの計画抜きには引きずり込み時点で強姦に至る客観的危険性を認めることができないように思われる。というのも，引きずり込みの時点では，外形的には，行為者らが被害者を一定の距離のある別のホテルや自宅などへ連れ込みそこで強姦するつもりであったのか，ともかく近くの人気のないところまでいって車内で強姦するつもりであったのかで，強姦に至る客観的危険性の有無と程度は異なり，このことは行為者らの計画を考慮して初めて明らかになるからである。それゆえ，引きずり込み時点で「強姦に至る客観的な危険性」を肯定するためには，行為者らの計画を考慮せざるを得ず，参考判例③においても行為者の計画が考慮されていると解されるのである。[21]

　以上の検討から，判例は，判断資料として行為計画を考慮しつつ，判断基準に関して（参考判例①が「切迫した危険」といい，参考判例③が客観的危険性というように）危殆化基準によって着手時期を判断していると解されうるのである。[22]

　以上のことを踏まえて，表題判例を検討しよう。表題判例は，①第1行為は計画上，最終的な結果惹起行為である第2行為にとって必要不可欠であること，②第1行為が成功すれば，その後は結果発生に対する特段の障害を見出せないこと，③両行為の時間的場所的近接から，第1行為と第2行為は密接な関係にあり，第1行為の開始時点ですでに殺人に至る客観的な危険性が明らかに認められることから実行の着手は認められるとした。このように表題判例は，第1行為に実行の着手を認めるうえで，第2行為との密接関連性という行為基準と客観的危険性という危殆化基準の双方を用いていることから，両者の関係をいかに理解すべきかが問題となる。この点，表題判例は第1行為が第2行為と密接な関連を有するゆえに，第1行為時点に殺人に至る客観的危険性を認めていることからすれば，密接関連性もまた，殺人の客観的危険性を判断するためのひとつの下位基準として位置付けられるように思われる。このような理解

119

が正しければ，判例は，基本的には行為計画を考慮して結果発生の危険性を判断する危殆化基準に立ちつつ，その具体的な判断基準のひとつとして最終的な結果惹起行為との密接関連性を考慮していると解されうるのである。

■ **Q4** 結果の発生が計画よりも遅かった場合（「遅すぎた構成要件実現」）には，どのように考えるべきか？　参考判例④を素材にして考えよ

　表題判例は，上述のように，計画が実行の着手段階まで進み，計画通りの結果が生じていれば，その間の計画と現実の因果経過とにずれがあっても，故意の殺人既遂犯を肯定している。このことの妥当性を考えるために，逆の場合，すなわち結果の発生が計画よりも遅かった場合，いわゆるヴェーバーの概括的故意，あるいは遅すぎた結果実現の事例について，参考判例④を素材に検討してみよう。

　参考判例④の事案は次のようなものであった。被告人が夫の先妻の子を殺害しようとして，細い麻縄で首を絞めたところ，動かなくなったので死亡したと思い，犯行の発覚を防ぐ目的で，海岸の砂地に運んで放置したところ，被害者は砂末を吸引して死亡したというもので，大審院は次のような判断を示した。

> 「被告の殺害の目的を以て爲したる行爲の後被告がAを既に死せるものと思惟して犯行發覺を防ぐ目的を以て海岸に運び去り砂上に放置したる行爲ありたるものにして此の行爲なきに於ては砂末吸引を惹起すことなきは勿論なれども本來前示の如き殺人の目的を以て爲したる行爲なきに於ては犯行發覺を防ぐ目的を以てする砂上の放置行爲も亦發生せざりしことは勿論にして之を社會生活上の普通觀念に照し被告の殺害の目的を以て爲したる行爲とAの死との間に原因結果の關係あることを認むるを正當とすべく被告の誤認に因り死體遺棄の目的に出でたる行爲は毫も前記の因果關係を遮斷するものに非ざるを以て被告の行爲は刑法第百九十九條の殺人罪を構成するもの」とした。

　以上の判示から明らかなように，参考判例④は結果発生と第2行為，さらに第2行為と第1行為の間に条件関係があり，かつ行為者の行為計画を判断資料とし，社会生活上の普通観念からすれば第1行為と結果発生との間には因果関

係があることから，故意の殺人既遂罪が認められるとするのである。つまり，参考判例④もまた，行為者の計画のずれが相当因果関係の範囲内であればその錯誤は故意を阻却しないとしているのである。

　しかし，なぜ，第1行為と結果との間に相当因果関係が認められれば，行為者の行為計画と実際の因果経過との間のずれは問題とならず，故意の既遂犯が認められるのであろうか。というのも，相当因果関係は故意犯・過失犯に共通の犯罪成立要件であるので，相当因果関係が認められたからといって，そのことで現に発生した結果について故意が認められるのかどうかまで決まるわけではないからである。参考判例④の事例においては，死体遺棄行為は当初の計画にはなかったのであるから，砂末吸引による死の結果と相当因果関係が認められるにしても，第1行為の時点で有していた故意を，当初の予定にない行為者にとって全くの予想外の砂末吸引による死の結果に対してまでも認めるのは困難であるように思われるのである。それゆえ，因果関係の錯誤について独自の意義を認め，現に生じた結果に対して相当因果関係が認められるにしてもさらに故意が当該結果に対して認められるのかどうかを故意に固有の基準で判断しなければならない。

■Q5　行為計画が途中で変更され，変更後の計画では結果の発生が「早すぎた」場合にはどのように考えるべきか？　参考判例⑤を素材にして考えよ

　さらに，「計画通りの実行の着手＋相当因果関係」の解決基準の不十分性を，当初の計画より大幅な変更のあった参考判例⑤の事案をもとにさらに検討しよう。

　参考判例⑤の事案は次のようなものであった。被告人は，殺害目的で，妻を包丁で数回突き刺したが，その後に同女がベランダから逃げようとしたために，被告人は同女を掴まえようとして転落させて死亡させたというものであった。この点，東京高裁は，次のような判断を示した。

「被告人の犯意の内容は，刺突行為時には刺し殺そうというものであり，刺突行為後においては，自己の支配下に置いて出血死を待つ，更にはガス中

> 毒死させるというものであり，その殺害方法は事態の進展に伴い変容しているものの，殺意としては同一といえ，刺突行為時から被害者を掴まえようとする行為の時まで殺意は継続していたものと解するのが相当である。次に，ベランダの手すり上にいる被害者を掴まえようとする行為は，一般に暴行にとどまり，殺害行為とはいい難いが，本件においては，被告人としては，被害者を掴まえ，被告人方に連れ戻しガス中毒死させる意図であり，被害者としても被告人に掴まえられれば死に至るのは必至と考え，転落の危険も顧みず，手で振り払うなどして被告人から逃れようとしたものである。刺突行為から被害者を掴まえようとする行為は，一連の行為であり，被告人には具体的内容は異なるものの殺意が継続していたのである上，被害者を掴まえる行為は，ガス中毒死させるためには必要不可欠な行為であり，殺害行為の一部と解するのが相当であり，本件包丁を戻した時点で殺害行為が終了したものと解するのは相当でない。更に，被告人の被害者を掴まえようとする行為と被害者の転落行為との間に因果関係が存することは原判決が判示するとおりである」

　このように参考判例⑤は，第1の刺突行為と第2の掴みかかる行為を一体のものとして，第1行為から殺害結果までの間に因果関係が認められ，殺意が一貫して継続している以上，故意の殺人既遂が認められるとした。しかし，自然的・社会的にみれば，明らかに第1の刺突行為と第2の掴みかかる行為は異なる2つの行為と考えられ，両者の間には当初の計画からの大幅な変更があるにもかかわらず，これらを殺意の継続性などから一体のものとして把握するのは無理があるように思われる[25]。

　この理解が正しければ，問題は，第2行為において故意の殺人既遂罪を認めることができるかどうかである。第2行為は行為者が当初の計画を変更し，被害者を出血死または中毒死させるため，ベランダから逃げようとする被害者に掴みかかったというもので，その際，意外にも被害者が転落死してしまったのであるから，まさしく早すぎた結果実現の類型となっている。

　このように理解する場合，以上で検討した「計画通りの実行の着手＋相当因果関係」を参考判例⑤に当てはめると，掴みかかる行為に実行の着手が認めら

れなければならないが、この点、参考判例⑤は、掴みかかる行為を出血死、あるいは中毒死させるために必要な不可欠な前段階行為として捉えていることなどから、表題判例の基準を前提にしても、実行の着手が認められると解される[26]。そして、掴みかかる行為から転落死という結果もまた予想されうるところであるから、相当因果関係も認められよう。そうすると、参考判例⑤において、故意の殺人既遂犯が認められることになる。

　学説においても、早すぎた結果実現事例について、「実行の着手により行為者は犯行を既遂に至らせるに十分な危険を創出していると考える以上、結果にその危険が帰属可能に実現し、全体に故意が及んでいると言えるのであれば、故意既遂犯としての処罰に十分」との見解が有力に主張されている[27]。

　たしかに、認定事実によれば、被告人は実行の着手段階に至っており、一連の流れの中で一貫して殺人故意を有していた。しかしこのことを指摘するだけでは、参考判例④の場合と同様に、現に生じた死の結果に対して故意があったということまでを論証したことにならない。つまり、被告人が、被害者の転落による死の結果それ自体について故意が認められるということを論証しえていないのである。

　さらに、結論の妥当性の観点からも疑問がある。たとえば、第2行為で殺害する計画の下、第1行為を行ったところ、第1行為ですでに死んでしまい、そのことに行為者は気づかず、第2行為の直前で後悔から第2行為を取りやめ、殺害計画を中止したという場合、被害者は死んでしまっている以上、中止犯は認められず、さらに「計画通りの実行の着手＋相当因果関係」という解決基準からすれば、故意の殺人既遂犯が認められることになるが、しかしこのように行為者自身が計画を放棄したいかなる場合にも、故意既遂犯を認めるのは酷であるように思われる[28]。

　以上のことから、早すぎた結果実現の場合において、「計画通りの実行の着手＋相当因果関係」という基準だけでは現に生じた結果それ自体に対する故意を判断するには十分ではないのである[29]。それゆえ、問題の本質は、実行の着手と結果との間に因果関係が認められたうえで、さらに当該結果に対して故意が認められるのかどうかという点にこそあるのである。

　この点につき、学説においては、大きくは2つの考え方が主張されている。

1つは、早すぎた結果実現の事例を故意の有無の問題と捉え、未遂罪を肯定するいわゆる未遂故意説と、もう1つは、故意の有無の問題ではなく、実現した結果をすでに有する行為者の故意へと帰属できるかという、故意への帰属の問題として捉える故意への帰属論である。

　未遂故意説の代表的論者である山口厚によれば、まず、早すぎた結果実現事例において、既遂犯を否定する根拠について次のように述べる。すなわち「構成要件的結果を惹起しようとする計画・意図は行為者にあるが、構成要件的結果を惹起した第1行為の時点においては、その行為によって結果を惹起する意思がないのであるから生じた結果について故意を肯定することができない」[30]、と。もっとも、このように理解する場合、通常であれば、第1行為の時点で殺害結果に対する故意が否定される以上、殺人既遂のみならず、殺人未遂もまた否定されるはずである。

　しかし、山口によれば、未遂犯とは、「法益保護の見地から、処罰時期の早期化が図られ、既遂犯の構成要件的結果惹起行為以前の行為にまで実行の着手が繰り上げられている」ものと理解し、それゆえ未遂犯と既遂犯とでは成立要件が異なるとするのである。このような理解から、早すぎた結果実現事例においては、直接的な結果惹起行為が既遂犯の構成要件該当行為であり、それゆえ第2行為が既遂犯の構成要件該当行為に当たり、第1行為の時点では、未だ第2行為を留保している以上、第1行為の時点では既遂犯の構成要件該当行為は認められないことになる。したがって、第1行為の時点では、既遂犯の構成要件該当行為を留保している以上、既遂故意は認められないが、未遂犯の成立要件である実行の着手とその認識は認められるため、未遂故意は認められ、それゆえ未遂犯は成立しうるとするのである[31]。

　しかし、このような見解にはいくつもの問題点が指摘されている。1つは、実行の着手を既遂犯と未遂犯で区別する点である。すなわち、「未遂の成立には『犯罪』の実行に着手したことを要し、ここにいう犯罪は既遂犯のみをさす」ものである以上[32]、構成要件該当行為を既遂犯と未遂犯とで区別することはできない。このことと関連して、既遂故意と未遂故意の区別もなしえない。というのも、故意とは38条1項にいう「罪を犯す意思」であるが、ここにいう「罪」とは、上述の通り、既遂犯を意味するのであるから、それゆえ、38条1項の「罪

を犯す意思」から未遂故意を導き出すことはできないのである。

さらに実際的にも不当な結論に至る。すなわち，たとえば，被害者を6連式の拳銃を用いて最後の6発目で射殺しようとする行為者が，3発目で被害者を殺害してしまった場合，最終的な結果惹起行為は3発目の発射の時点では留保していために，殺人既遂の構成要件該当行為も既遂故意も認められず，殺人未遂罪が成立するに過ぎないとなるが，この結論はやはり不当であろう。

以上のことから，未遂故意説は採り得ないのである。次にいわゆる故意への帰属論について検討しよう。

故意への帰属論によれば，「行為者に認識された危険が結果に実現したと言えるのか，言い換えると，行為者の計画は結果に実現したと言えるかどうかを基礎にする」とする。たとえば，AがBを溺死させるつもりで橋から突き落としたが，しかしBは溺死ではなく，橋脚に激突し死んでしまったという場合，橋脚への激突による死はAの認識していた危険，つまり橋から突き落とすことから生じるありうる結果の内のひとつといえる場合には行為者の認識していた危険が結果に実現したといえ，故意が認められることになるのである。このように故意帰属論は，行為者の認識していた危険を基準にし，そこから発生した結果が，認識された危険から生じるありうる結果のひとつといるかどうかによって，故意の成否を判断するのである。[33] この見解によれば，早すぎた結果実現事例においても，故意者の認識していた危険が結果に実現したといえる場合には，故意の既遂罪が肯定されることになる。

早すぎた結果実現事例において，行為者は故意をすでに有しているので，問題はそれが実際に生じた結果に対しても認められるのかどうかであることからすれば，この問題を故意への帰属として捉え，問題解決を図ることが実体に即し，妥当と思われる。

4 当該判例の射程

ここまでの検討を踏まえて，表題判例の射程について検討しよう。表題判例は，上述の通り，早すぎた結果実現の場合として理解できる。早すぎた結果実現の事例は，表題判例のように計画上の結果惹起行為が実際になされた場合も

あるが，実際にはなされなかった場合も考えられるところ，早すぎた結果実現事例において既遂犯を認めるために計画上の結果惹起行為が実際になされたのかどうかは重要ではないため，表題判例の射程は，実際に第2行為がなされなかった場合にも及ぶであろう。そのうえで，表題判例が被告人らの行為計画を基礎として第1行為と第2行為とを関連付けることで第1行為の段階で実行の着手を肯定したことからすれば，表題判例の射程は，第1行為それ単独では高度の結果発生の危険性が存在しないが，第2行為との密接性ゆえ実行の着手が認められるという事案にまで及ぶものと解される[34]。

次いで，表題判例の解決をいかに理解すればよいのかを，参考判例①との比較から検討しよう。つまり，表題判例は，参考判例①が認めた「計画通りの実行の着手＋相当因果関係」という解決を採用しているのかどうか，である。この点，表題判例は，既遂を認めるうえで，まず実行の着手の有無を検討しこれを認める。ここまでは，参考判例①と同様である。そのうえで，表題判例は「一連の殺人行為に着手して，その目的を遂げたのであるからたとえ，実行犯3名の認識と異なり，第2行為の前の時点でVが第1行為により死亡していたとしても，殺人の故意に欠けるところはない」と，とくに理由を明らかにすることなく，故意を肯定した。この判示に文字通り従うならば，表題判例の枠組みは「計画通りの実行の着手＋条件関係」といえる。もっとも，さらに相当因果関係までを要求するものかは明らかではないが，しかし，第1行為と結果の発生との間に相当因果関係を肯定する余地はあり[35]，このような理解が正しければ，表題判例は，下級審レベルで認められていた解決基準を最高裁としても認めたものと評価することができよう。

それに対して，表題判例を故意の帰属論として理解する学説もある。この見解によれば，表題判例の事案においては，多量のクロロホルムによる呼吸不全ゆえの死の結果発生が，第1行為時点での行為者らの認識していた事情から客観的に判断してありうるひとつの結果といえるのかどうかが問題となる。この点，表題判例が，被害者に多量のクロロホルムを吸引させた行為者らにつき，第1行為時点で被害者の死の可能性は認識していなかったが，しかし「客観的にみれば，第1行為は，人を死に至らしめる危険性の相当高い行為であった」と認定していることから，行為者らの認識していた事情・計画からしても，第

1行為それ自体は死の結果発生にとって相当高度に危険な行為であったといえ，それゆえ，表題判例は，行為者らに認識されていた多量のクロロホルム吸引という危険から結果が発生することはあり得たのだと評価していると解することができる。このように理解する場合，表題判例は，故意への帰属を問題とし，これを肯定したものと理解できる。このような理解からは，表題判例は早すぎた結果実現事例において，行為者らの計画が実行段階に至っていること，生じた結果との（相当）因果関係が認められることのみで既遂犯を肯定するものではなく，さらに当該結果が行為者の故意に帰属できるかどうかを問い，これを肯定することで既遂犯を認めたのであり，それゆえ表題判例は因果関係の錯誤に独自の意義を見出すものと理解することも可能となるのである。そして，このように理解する場合，「客観的にみれば，第1行為は，人を死に至らしめる危険性の相当高い行為」でなければ，第1行為と結果との間に因果関係が認められたとしても，殺人罪の故意既遂犯は否定されることになる。

〔注〕
1) 松原芳博「実行の着手と早すぎた構成要件の実現」松原芳博編『刑法の判例［総論］』（成文堂，2011年）175頁参照。
2) 平野龍一『刑法総論Ⅰ』（有斐閣，1996年）134頁。
3) 平野・前掲注2）134頁以下，浅田和茂『刑法総論［補正版］』（成文堂，2007年）376頁以下など。
4) 団藤重光『刑法綱要総論［改訂版］』（創文社，1979年）276頁，西田典之『刑法総論［第2版］』（弘文堂，2011年）228頁など。
5) 葛原力三・塩見淳・橋田久・安田拓人『テキストブック刑法総論』（有斐閣，2009年）225頁［塩見執筆部分］参照。
6) 中山研一『口述刑法総論』（成文堂，1978年）379頁以下。
7) 平野龍一『刑法総論Ⅱ』（有斐閣，1975年）314頁など。
8) 葛原ほか・前掲注5）229頁［塩見執筆部分］。
9) 中山・前掲注6）371頁。
10) 西原春夫『刑法総論』（成文堂，1990年）281頁以下など。
11) 山口厚『刑法総論［第2版］』（有斐閣，2007年）271頁以下。
12) 葛原ほか・前掲注5）231頁以下［塩見執筆部分］。
13) 団藤・前掲注4）329頁。
14) 山口・前掲注11）267頁以下。
15) 塩見淳「実行の着手について（三）・完」法学論叢121巻6号（1987年）16頁，18頁，さらに葛原ほか・前掲注5）231頁［塩見執筆部分］参照。
16) 浅田・前掲注3）369頁以下。

17) たとえば，平野・前掲注7) 313頁以下，西田典之『刑法総論 [第2版]』(弘文堂，2011年) 300頁など。
18) 葛原ほか・前掲注5) 231頁以下 [塩見執筆部分]。
19) たとえば，大沼邦弘「実行の着手」西原春夫ほか編『判例刑法研究4 未遂・共犯・罪数』(有斐閣，1981年) 43頁など参照。
20) たとえば，松村格「窃盗罪における実行の着手」西田典之ほか編『刑法判例百選I 総論 [第5版]』(有斐閣，2003年) 127頁など。
21) 橋爪隆「判批」ジュリスト1321号 (2006年) 236頁以下参照。
22) 山口・前掲注11) 268頁。
23) 中山研一・浅田和茂・松宮孝明『レヴィジオン刑法3 構成要件・違法性・責任』(成文堂，2009年) 376頁，井田良「因果関係の錯誤」松尾浩也ほか編『刑法判例百選I 総論 [第4版]』(有斐閣，1997年) 33頁参照。
24) 井田によれば，「因果関係の錯誤の重要性の判断基準とは，結果がまさしく故意によって実現されたといえる場合と，故意犯の実行にともなって偶発的に過失的結果が生じた場合とを区別するための基準である」とする。井田・前掲注23) 33頁。
25) 塩谷毅「判批」判例セレクト2001 (2002年) 26頁。
26) 島田聡一郎「実行行為という概念について」刑法雑誌45巻2号 (2006年) 64頁参照。
27) 葛原ほか・前掲注5) 230頁 [塩見執筆部分]。また安田拓人「判解」平成16年度重要判例解説 (有斐閣，2005年) 158頁，佐藤拓磨「早すぎた構成要件実現について」法学政治学論究63巻 (2004年) 246頁以下をも参照。さらに島田は，「既遂結果惹起意思を持って，自己がなそうとする最終的行為と密接に関連し，それに接着した行為にとりかかった認識がある場合には，そこから結果が生じれば，故意既遂犯を認めてよい」とする。島田・前掲注26) 68頁。
28) 中山ほか・前掲注23) 377頁参照。
29) ここでいう相当因果関係基準の問題点は，相当因果関係の中身を客観説で捉えようと，折衷説で捉えようと同様である。この点を指摘するものとして，松宮孝明『刑法総論講義 [第4版]』(成文堂，2013年) 198頁以下。
30) 山口厚『新判例から見た刑法 [第2版]』(2008年，有斐閣) 86頁以下。もっとも，山口は教科書において，いわゆる一連の行為論から早すぎた結果実現事例についても故意既遂犯の可能性を肯定している。山口・前掲注11) 216頁以下。
31) 山口・前掲注30) 89頁。その他の理論的根拠で，未遂故意を基礎づけるものとして，石井徹哉「いわゆる早すぎた構成要件の実現について」奈良法学会雑誌15巻1＝2号 (2002年) 35頁，林幹人『判例刑法』(東京大学出版会，2011年) 96頁以下も参照。
32) 高山佳奈子「故意の認識対象としての犯罪事実」浅田和茂ほか編『刑事法理論の探求と発見──斉藤豊治先生古稀祝賀論文集』(成文堂，2013年) 94頁。
33) 中山ほか・前掲注23) 379頁以下，井田・前掲注23) 33頁など。
34) 橋爪・前掲注21) 235頁。
35) 平木正洋「判解」ジュリスト1284号 (2005年) 135頁，橋爪・前掲注21) 238頁参照。
36) 松宮孝明『プチゼミ刑法総論』(法学書院，2006年) 45頁。

第7章　早すぎた構成要件実現と実行の着手

◆**復習問題1**

　甲，乙及び丙は，事故死を装ってXを殺害しようと考え，丙がXを人けのない港に呼び出し，3名でXに薬剤をかがせて昏睡させ，昏睡したXを海中に投棄して殺害することを話し合って決めた。そこで，丙は，Xに電話をかけ，港に来るよう告げたところ，Xはこれを了承した。その後，丙は，このまま計画に関与し続けることが怖くなったので，甲に対し，電話で「待ち合わせ場所には行きません。」と言ったところ，甲は，「何を言っているんだ。すぐこい。」と答えた。しかし，丙が待ち合わせ場所である港に現れなかったので，甲及び乙は，もう丙はこないものと思い，待ち合わせ場所に現れたXに薬剤をかがせ昏睡させた。乙は，動かなくなったXを見て，かわいそうになり，甲にX殺害を思いとどまるよう懇請した。これを聞いて激怒した甲は，乙を殴ったところ，乙は転倒し，頭を打って気絶した。その後，甲は，Xをでき死させようと岸壁から海中に投棄した。なお，後日判明したところによれば，Xは，乙が懇請した時には，薬剤の作用により既に死亡していた。
　甲，乙及び丙の罪責を論ぜよ（ただし，特別法違反の点は除く）。

（参考：平成19年度旧司法試験論文式刑法第1問）

◆**復習問題2**

　甲は，自宅で，知人Aと口論になり，激高してとっさに殺害することを決意し，部屋にあったクリスタルガラスの花瓶でAの後頭部を力任せに殴打した。Aは，頭蓋骨を骨折する重傷を負い，その場にこん倒した。甲は，ぐったりとして動かなくなったAの様子を見て，Aが死亡したものと考えた。その直後，友人乙が甲方を訪ねてきたので，甲は，事情を説明し，Aの死体を山中に埋めることに力を貸してもらいたいと頼み，乙もこれを承諾した。そこで，甲及び乙は，甲の自動車の後部座席にAを運び入れ，甲が運転し，乙がAの横に座り，山中に向かった。その途中，Aが一度身動きをしたことから，乙は，Aが生きていることに気付いたものの，日ごろからAを快く思っていなかったので，このまま生き埋めにして殺してやろうと考え，甲にはAが生きていることを伝えなかった。そして，山中で，甲及び乙は，一緒に穴を掘り，その中にAを投げ込み，土を掛けて埋めたため，Aは，窒息して死亡した。
　甲及び乙の罪責を論ぜよ（ただし，特別法違反の点は除く）。

（参考：平成15年度旧司法試験論文式刑法第1問）

〔玄　守道〕

第8章

共同正犯と正当防衛
――「仲間の過剰防衛」事件――

表題判例：最判平成6・12・6刑集48巻8号509頁
参考判例①：最決平成1・6・26刑集43巻6号567頁
参考判例②：最決平成4・6・5刑集46巻4号245頁
参考判例③：最決平成13・10・25刑集55巻6号519頁
参考判例④：最判昭和34・2・5刑集13巻1号1頁
参考判例⑤：最決平成20・6・25刑集62巻6号1859頁
参考判例⑥：最決平成21・2・24刑集63巻2号1頁

1 事実関係

(1)被告人Xが友人A, B, C, D, Eと路上で談笑していたところ，酩酊状態にて通りかかった被害者FとAとの間で口論となり，FがB（女性）の髪を掴んで引き回す等の暴行を始めたため，A, C, D, Xはそれを止めさせるべく，Fの手などを掴み，また，顔面や身体を殴る蹴るなどした（第1行為）。

Fは暫く応戦しつつ，なおもBの髪を掴んだまま20mほど引っ張り続け，駐車場入口付近に来てようやくBの髪から手を放した。

Fは尚も応戦する気勢を示してはいたが，後ずさりしつつ，駐車場奥に移動したところ，Xら4人は一団となって，Fを駐車場奥へと追いかけた。

駐車場奥にてAがFを手拳で殴打し，そのためFは転倒してコンクリートに頭部をぶつけ重症を負った（第2行為）。Xは，第2行為の時，暴行に加わることはなかったが，暴行を制止することもなかった。

以上の行為につきXは，傷害罪（刑法204条）の共同正犯（刑法60条）で起訴された。

(2) Xは正当防衛を主張するも，第1審は，傷害罪の過剰防衛として有罪判決を言い渡した（懲役10月猶予2年）。その理由は，以下のとおりである。
・「第1行為」と「第2行為」は構成要件上1個の行為なので，共犯からの離脱は認められないこと

「被告人らの本件行為は，FがBの頭髪を掴んで引き回したことが発端ではあるが，Fへの制止行為から発展して被告人AのFに対する最終殴打行為に至るまで一連の行為として把握するのが相当であって，被告人三名は，FのBに対する加害行為に対応してそれぞれFに対し共同して立ち向っていたものであり，この間，FがBの頭髪を離したことを契機として，被告人C及び同XがFに対する攻撃の意図を放棄し，その攻撃から離脱したものとは認められない。」

・構成要件上1個の行為としてみた場合，全体として防衛の程度を超えた過剰防衛であること

「被告人Aが駐車場内でFを殴打して転倒させた暴行は，FがBの頭髪から手を離した直後になされているが，両者は時間的，場所的に接着していることは前述のとおりであり，本件被告人らの暴行の推移を全体的に見れば，被告人Aの最終殴打行為についても被告人らの各暴行の一連の行為の一つとして，結局，FのBに対する侵害行為に対応する暴行と評価するのが相当である。そこで，被告人らの各暴行を一連のものとして考えた場合，防衛のための行為としては必要な程度を逸脱しているものと言わざるを得ない。したがって，被告人らの本件犯行は正当防衛行為とは認め難く，過剰防衛にとどまるものと認められる」

(3) XはAらの第2行為について共謀がないことと正当防衛を主張して控訴したが，控訴審も，これを斥けた。
・「第2行為」に関する共謀について

「Fが……Bの髪を掴んだ時点から，Aが駐車場奥でFを最終的に殴打するまでの間における被告人ら四名の行為は，駐車場中央付近でCを制止し

た後のDの関係を除き，相互の意思連絡のもとに行われた一体的なものとして評価でき，被告人ら四名がFに対して加えた一連の暴行は，右のDの関係を除き，その全体について共同正犯の成立を認めるのが相当である。」

・過剰防衛であること

「被告人らの本件行為に対し，過剰防衛の限度で有罪を認めた原判断は相当と認められる。」

■主な争点■
(ⅰ)本件において，「第1行為」の暴行と「第2行為」の暴行につき，共謀の有無を一体として考えてよいか，分けて考えるべきか？
(ⅱ)Xに，「第2行為」の共謀はあるか？
(ⅲ)Xら複数人が共同して防衛行為をしたが，そのうちの一部の者が量的過剰となる「第2行為」に及んだ場合に，「第2行為」に関わらなかったXに正当防衛が成立するか。

2 裁判所の判断

最高裁は，表題判例において，以下のような一般論を述べたうえで職権調査を行い，駐車場奥が行き詰まりになっているわけではないことなどからXら4名がFを駐車場奥に追い詰めたという原判決の事実認定を是認できないものとし，第2行為に至る際に暴行を加える意思があったとするXの供述の信用性を否定したうえで，Xの控訴を棄却した原判決を破棄し，かつ，Xについて有罪とした第1審判決の部分も破棄して，Xを無罪とする自判をした。

・一般論

「本件のように，相手方の侵害に対し，複数人が共同して防衛行為としての暴行に及び，相手方からの侵害が終了した後に，なおも一部の者が暴行を続けた場合において，後の暴行を加えていない者について正当防衛の成否を検討するに当たっては，侵害現在時と侵害終了後に分けて考察するのが相当であり，侵害現在時における暴行が正当防衛と認められる場合には，

第 8 章　共同正犯と正当防衛

> 侵害終了後の防衛については，侵害現在時における防衛行為としての暴行の共同意思から離脱したかどうかではなく，新たに共謀が成立したかどうかを検討すべきであって，共謀の成立が認められるときに初めて，侵害現在時及び侵害終了後の一連の行為を全体として考察し，防衛行為としての相当性を検討すべきである。」

・「第1行為」について

> 「右反撃行為は，いまだ防衛手段としての相当性の範囲を超えたものということはできない。」

・「第2行為」の共謀の有無について

> 「被告人については，追撃行為に関し，Fに暴行を加える意思を有し，A及びCとの共謀があったものと認定することはできないものというべきである。」

3　当該判例について検討すべき論点

■Q1　本判決は「共犯からの離脱」を論じたものか？　それとも，共同正犯の成立条件を述べたものか？

　本件は，表題判例に「侵害現在時における防衛行為としての暴行の共同意思から離脱したかどうかではなく」とある通り，「共犯からの離脱」を論じたものではなく，共同正犯の成立条件を述べたものである。ゆえに，「共犯からの離脱」に関する参考判例①の厳しい基準を知りながら，本判決をして「共犯からの離脱」を認めたものだと読むのは間違いである。

■Q2　侵害終了後の――違法な――暴行について共謀が必要とされた理由は何か？

　本件を「共犯からの離脱」として考えない以上，参考判例①と表題判例とは，「事案を異にする」ものと考えざるを得ない。そうして，両判例の間の事案の

133

相違として最も目につくものは，本件では，「第1暴行」が適法な正当防衛行為だということである（表題判例の調査官解説も，正当防衛行為と非正当防衛行為とで法的性質が異なることを指摘している）。

ゆえに，表題判例は，「共同正犯」の共謀の対象となる行為を，単なる構成要件該当行為ではなく，「違法な」構成要件該当行為と考えているものと思われる。そのため，表題判例では，「第2行為」という違法な暴行についての共謀がなければ，Xにはそもそも犯罪の「共同正犯」が成立しないと考えられたのである。

これにつき，「第1行為」と「第2行為」の相違を，前者が防衛行為，後者が追撃行為という点に求める見解もある。しかし，もしそうなら，表題判例が「侵害現在時における暴行が正当防衛と認められる場合には」という留保を付けていたことを説明できない。なぜなら，そう読んでしまうと，「第1行為」がすでに（質的に）過剰な防衛であった場合でもそれは「防衛行為」であるから，この場合にも第1暴行と最2暴行を分けて考察すべきことになるが，表題判例は，そのような場合には，「侵害終了後の防衛については，侵害現在時における防衛行為としての暴行の共同意思から離脱したかどうかではなく，新たに共謀が成立したかどうかを検討すべき」だとは書いていないからである。したがって，表題判例を，「防衛行為」の共謀だけでは「追撃行為」の共謀は認められないという趣旨に読むことは間違いである。

■Q3　それを適切に説明できるためには，刑法60条の「共同して犯罪を実行した者」にいう「犯罪」をどのように定義すべきか？

刑法60条は，（共同正犯）というタイトルで，「二人以上共同して犯罪を実行した者は，すべて正犯とする。」と規定する。ここにいう「犯罪」を，単に刑罰法規の構成要件に該当する行為だと解すると，正当防衛としての——つまり，適法な——暴行でも，それを共同して行えば，「共同正犯」になりうることになる。その場合，本件のような「一連の暴行」であれば，急迫不正の侵害の有無・前後を問わず，「暴行」自体について意思を通じて行えば，全体が暴行罪の「共同正犯」に該当する行為ということになる（罪数処理を考えてみればよい。本件のような暴行が正当防衛でない場合には，第2暴行と併せて傷害一罪になるのであ

り，かつ，一罪ということは，通説である構成要件基準説によれば，構成要件としては１個の行為だということである）。

そのため，「第２行為」について，参考判例①と同様に，「共犯者による暴行の恐れがあったのに，これを防止する措置を講ずることなく，成り行きに任せた」として，Xに「共犯からの離脱」が認められないことになる。その結果，Xは，「第２行為」を含めて暴行・傷害の「構成要件」に該当する「共同正犯」となるのであり，無罪とはならないのである。

ゆえに，表題判例がXに，「第２行為」について新たな共謀が認められない以上，正当防衛として無罪だとしたのは，刑法60条にいう「犯罪」を，単なる「構成要件該当行為」と解したのではなく，「違法な構成要件該当行為」と解したからだと考えることになる。ゆえに，判例上，刑法60条の「犯罪」は，少なくとも，「違法な構成要件該当行為」と解されていることになる。

これに，12歳の少年との間の，強盗罪についての（共謀）共同正犯を認めた参考判例③を考え合わせるなら，判例は，刑法60条の「犯罪」について，責任（＝有責性）は要求しない立場，少なくとも12歳の刑事未成年者の強盗行為も「犯罪」と解してよいという立場だと考えられる。これは，「要素従属性」という問題では，「制限従属形式」という考え方と一致する[1]。もっとも，本件のような実行共同正犯の場合には，他の者の行為が正当防衛によって違法性を阻却されるとしても，当該行為者の行為が単独で犯罪成立要件を充たすときには，その者に単独犯が成立するのであって，教唆や幇助の場合のように，正犯が違法性を阻却されれば当該行為者の行為も不可罰となるというわけではない。

なお，殺人の過剰防衛行為について，背後の共犯者には過剰防衛による刑の減免を認めなかった参考判例②を根拠に，判例は刑法60条にいう「犯罪」を「構成要件に該当する行為」で足りると考えているのだという見解がある。しかし，過剰防衛はまぎれもなく違法行為であるし，過剰防衛に関する刑法36条2項が「情状により」刑を減免できるとしている以上，過剰防衛が単なる「違法性減少事由」だと解することはできないであろう。なぜなら，「情状」は，明らかに，違法を超えた責任の問題を含むからである（つまり，「責任減少説」ないし「違法責任減少説」が正しい[2]）。

また，刑法60条は「修正された構成要件」だから，その要件も，違法性や責

任の評価を交えずに，構成要件該当性のレベルだけで判断すべきだという見解も間違いである。なぜなら，刑法103条にいう「罰金以上の罪を犯した者」にいう「罪」は，たとえば適法な令状逮捕をした警察官を含まないことを考えればわかるように，構成要件要素の解釈の際に，他人の行為についてその違法性（場合によっては，その責任）まで考慮しなければならないことはありうるからである（なお，罪数評価の基準となる「構成要件」もまた，違法性や責任の評価を含んだ「保障構成要件」＝「一般構成要件」であって，通常の「構成要件」＝「特別構成要件」とは異なる）。

■Q4　侵害終了後の──時間的に過剰な──暴行が全体として過剰防衛となるか別個の犯罪となるかを区別する基準は何か？　参考判例④⑤と比較して検討せよ

　参考判例④は，被害者からの攻撃に恐怖・驚愕・興奮・狼狽した被告人が鉈(なた)で殴打して反撃する際，第一撃ですでに攻撃意欲を失った被害者に対して，すでに危険が去ったことを認識せずにさらなる殴打を繰り返して被害者を死亡させたという殺人事件につき，全体を過剰防衛としたものである。これに対して，参考判例⑤は，被告人の防衛行為としての殴打によって気を失った被害者に対し，それに気づきながら，憤激のあまりさらに暴行を加えて傷害を負わせた（被害者は，防衛行為によって倒れた際に負った致命傷で死亡）事案につき，傷害罪としたが，過剰防衛としての刑の減免を認めなかったというものである。

　両者の事案の本質的な相違は，被害者がさらに攻撃をしてくる可能性がないことを，被告人が認識していたか否かである。前者ではそれはなく，後者ではそれがあった。ゆえに，前者では，全体を（過剰）防衛行為としたのに対し，後者では，「防衛の意思」のない加害行為としたのである。なお，ここにいう「防衛の意思」は，被害者の攻撃を想定して，これに対応するという程度の意思である。

■Q5　侵害現在時の過剰な暴行より前の暴行で傷害結果が生じた場合は，どのように考えるべきか？

　参考判例⑥は，単独犯の質的過剰防衛（侵害現在時の防衛行為が，すでに過剰な場合）に関するもので，それのみだと正当防衛に当たる第1暴行によって負傷し

た被害者に対し，被告人がさらに過剰な暴行を加えたという事例に関するものである。これにつき，弁護人は，本件傷害は，違法性のない第1暴行によって生じたものであるから，第2暴行が防衛手段としての相当性の範囲を逸脱していたとしても，過剰防衛による傷害罪が成立する余地はなく，暴行罪が成立するにすぎないと主張した。しかし，参考判例⑥は，「被告人が被害者に対して加えた暴行は，急迫不正の侵害に対する一連一体のものであり，同一の防衛の意思に基づく1個の行為と認めることができるから，全体的に考察して1個の過剰防衛としての傷害罪の成立を認めるのが相当であり，所論指摘の点は，有利な情状として考慮すれば足りる」として，傷害罪の過剰防衛としたのである。

しかし，この事件は，法定刑の比較的低い傷害罪についてのものであるから有利な情状として量刑で調整できたのであり（宣告刑は懲役4月），仮に——参考判例⑤のように——正当防衛に当たる第1暴行から死亡結果を生じた場合には，3年以上の有期懲役を規定する傷害致死罪を認めて過剰防衛とするのは，行き過ぎであるように思われる（もちろん，参考判例⑥の射程は，これには及ばない）。量的過剰防衛と質的過剰防衛とで扱いを異にする理由はないというべきであろう。

4 当該判例の射程

■参考判例と比較しつつ本判決の先例的価値を検討せよ

本判例はまず，共同行為が正当防衛にあたる場合に，その行為につき共同正犯は成立しないとして，共同正犯成立に違法性を要求している。それと関連して，相手方の侵害に対し，複数の者が共同して防衛行為に及び，侵害終了後も一部の者が暴行を継続した場合，侵害終了後に暴行を加えていない者について正当防衛の成否を検討するにあたっては，侵害現在時と侵害終了後に分けて検討し，侵害現在時の暴行が正当防衛であったとするならば，その時点では違法性がなく共同正犯は成立しないので，侵害終了後に他の者によって追撃行為があったとしても，共犯からの離脱を論じる余地はないとする点に先例的価値がある。

そのほか，正当防衛の「相当性」の判断方法や，「第2暴行」についての共謀

の認定方法についても，参考となる点が多いであろう。

　他方，いわゆる「質的過剰」，すなわち，急迫不正の侵害があるときに，共同で防衛行為をする一部の者が，他の者の知らないうちに過剰な防衛行為をした場合については，表題判例の射程は，直ちには及ばない。しかし，その場合でも，少なくとも「故意」（＝刑法38条1項の「罪を犯す意思」）につき，誤想防衛のような違法性阻却事由の誤想の場合には故意がないとする通説によるなら，他者が過剰な防衛行為をしていると知らないで相当な防衛行為をしているつもりの者には「罪を犯す意思」はなく，ゆえに，ましてや「犯罪の共謀」はないものと考えるべきであろう。

〔注〕
1）　また，仮に構成要件該当行為を共同にしようという意思連絡だけで，刑法60条が予定する犯罪の共謀が認められるとしても，誤想防衛の場合に犯罪の故意（刑法38条1項にいう「罪を犯す意思」）を認めない通説・判例からすれば，正当防衛に当たる限度でしか暴行をする意思がない者については，故意が認められない。その結果，少なくとも故意犯の共同正犯は否定されることになる。しかし，「犯罪の共謀はあるが犯罪の故意はない」という説明は迂遠である。
2）　他人の正当防衛のような適法行為を利用して第三者に害を加えようとする背後者には，適法行為を利用する間接正犯が成立することがある。

◆復習問題1

　甲は，Aに電話で罵倒されたため憤激し，A方に赴けば必ずけんかになるだろうと思いながら，この機会にAを痛めつけようと考え，こん棒を用意するとともに，友人の乙に，こん棒を持っていることは隠し，これからA方に話合いに行くが，けんかになったら加勢してほしいと依頼した。乙は，気が進まなかったが，けんかの加勢くらいはしてやろうと考えてこれを承諾し，一緒にA方に行った。甲は，Aを呼んでも出てこないので裏口に回り，乙は，玄関先で待っていたところ，出てきたAが乙を甲と取り違え，いきなり乙に鉄棒で殴り掛かってきた。そこで，乙は，Aの攻撃を防ぐため，玄関先にあったコンクリート片をAに向かって投げたところ，コンクリート片はAの顔に当たり，顔面擦過傷を負わせ，さらに，Aの背後にいたBの頭にも当たり，頭部打撲傷を負わせた。なお，コンクリート片を投げたとき，乙はBがいることを認識していなかった。

　甲及び乙の罪責を論ぜよ（ただし，特別法違反の点は除く）。

（参考：平成14年度旧司法試験論文式刑法第1問）

◆復習問題2

　甲は，ある夏の日の夜，繁華街を歩行中に，同繁華街で居酒屋を探しながら歩いていた乙と丙のうち，乙と肩が接触した。その際，謝りもしないで過ぎ去ろうとする乙に甲は腹を立て，乙の腹部を右手の拳で1回殴打し，さらに，腹部の痛みでしゃがみ込んだ乙の髪の毛をつかんだ上，その顔面を右膝で3回，立て続けに蹴った。これを見た丙は，友人の乙が一方的にやられており，更に乙への攻撃が続けられる様子だったので，乙を助けてやろうと思い，甲に駆け寄り，両手で甲の胸付近を強く押した。しかし，体格で勝る甲は，丙が着ていたシャツの胸倉を両手でつかんで引き寄せた上，丙の頭部を右脇に抱え込み，両手を組んで丙の頭部を締め上げた。

　丙は，たまらず，乙に助けを求めた。乙は，これを聞いて立ち上がり，丙を助けるとともに甲にやられた仕返しをしてやろうと思い，丙の頭部を締め上げていた甲に背後から近寄り，甲の後ろからその腰背部付近を右足で2回蹴り，さらに，甲の腰背部付近を数回右足で強く蹴った。そのため，甲は，丙の頭部を締め上げていた手を離した。この間，甲は，乙及び丙による上記一連の暴行により，加療約2週間を要する頭部打撲及び腰背部打撲等の怪我をした。

　甲は，二人組の相手に前後から挟まれ，形勢が不利になったので，この場から逃れようと思い，全速力で走って逃げ出した。乙は，「待て。逃げんのか。」などと怒鳴りながら，甲の5,6メートル後ろを走って追い掛け，走りながらズボンの後ろポケットに入れていた折り畳み式ナイフ（刃体の長さ約10センチメートル）を取り出し，甲に追い付くや，その左手付近を目掛けてナイフで切りかかった。甲は左前腕部を切り付けられて左前腕部に加療約3週間を要する切創を負った。

　乙が甲を追いかけている間，乙の後方を走っていた丙は，乙がナイフを右手に持っているのを見て，乙が甲に対して大怪我をさせるのではないかなどと不安になり，走りながら，「やめとけ。ナイフなんかしまえ。」と何度か叫んだ。

　丙の罪責について論ぜよ（ただし，特別法違反の点を除く）。

（参考：平成23年度現行司法試験論文式刑事法第1問）

〔松宮　孝明〕

第9章

共犯からの離脱または共謀関係の解消
――強盗着手前離脱事件――

表題判例：最決平成21・6・30刑集63巻5号475頁
参考判例①：最大判昭和33・5・28刑集12巻8号1718頁
参考判例②：福岡高判昭和28・1・12高刑集6巻1号1頁
参考判例③：松江地判昭和51・11・2刑月8巻11＝12号495頁
参考判例④：最決平成1・6・26刑集43巻6号567頁
参考判例⑤：名古屋高判平成14・8・29判時1831号158頁

1 事実関係

(1)被告人は，本件犯行以前にも，第1審判示第1および第2の事実を含め数回にわたり，共犯者らと共に，民家に侵入して家人に暴行を加え，金品を強奪することを実行したことがあった。
(2)本件犯行に誘われた被告人は，本件犯行の前夜遅く，自動車を運転して行って共犯者らと合流し，同人らと共に，被害者方およびその付近の下見をするなどした後，共犯者7名との間で，被害者方の明かりが消えたら，共犯者2名が屋内に侵入し，内部から入口のかぎを開けて侵入口を確保した上で，被告人を含む他の共犯者らも屋内に侵入して強盗に及ぶという住居侵入・強盗の共謀を遂げた。
(3)本件当日午前2時ころ，共犯者2名は，被害者方の窓から地下1階資材置場に侵入したが，住居等につながるドアが施錠されていたため，いったん戸外に出て，別の共犯者に住居等に通じた窓の施錠を外させ，その窓から侵入し，内側から上記ドアの施錠を外して他の共犯者らのための侵入口を確保した。

(4)見張り役の共犯者は，屋内にいる共犯者2名が強盗に着手する前の段階において，現場付近に人が集まってきたのを見て犯行の発覚をおそれ，屋内にいる共犯者らに電話をかけ，「人が集まっている。早くやめて出てきた方がいい。」と言ったところ，「もう少し待って。」などと言われたので，「危ないから待てない。先に帰る。」と一方的に伝えただけで電話を切り，付近に止めてあった自動車に乗り込んだ。その車内では，被告人と他の共犯者1名が強盗の実行行為に及ぶべく待機していたが，被告人ら3名は話し合って一緒に逃げることとし，被告人が運転する自動車で現場付近から立ち去った。

(5)屋内にいた共犯者2名は，いったん被害者方を出て，被告人ら3名が立ち去ったことを知ったが，本件当日午前2時55分ころ，現場付近に残っていた共犯者3名とともにそのまま強盗を実行し，その際に加えた暴行によって被害者2名を負傷させた。

■主な争点■
(i)「共犯関係からの離脱」(または共謀関係の解消)とはどのような場合か？その法律効果は？
(ii)「共犯における中止犯」の論点との同視？
(iii)学説上，「共犯関係からの離脱」の法律要件および法律効果はどのように考えられてきたか？
(iv)「共犯関係からの離脱」が認められるためにはどのような内容が必要か？
(v)裁判例において「共犯関係の離脱」が認められるための要件はどのように考えられているのか？

2 裁判所の判断

「上記事実関係によれば，被告人は，共犯者数名と住居に侵入して強盗に及ぶことを共謀したところ，共犯者の一部が家人の在宅する住居に侵入した後，見張り役の共犯者が既に住居内に侵入していた共犯者に電話で『犯行を

やめた方がよい，先に帰る』などと一方的に伝えただけで，被告人において格別それ以後の犯行を防止する措置を講ずることなく待機していた場所から見張り役と共に離脱したにすぎず，残された共犯者らがそのまま強盗に及んだものと認められる。そうすると，被告人が離脱したのは強盗行為に着手する前であり，たとえ被告人も見張り役の上記電話内容を認識した上で離脱し，残された共犯者らが被告人の離脱をその後知るに至ったという事情があったとしても，当初の共謀関係が解消したということはできず，その後の共犯者らの強盗も当初の共謀に基づいて行われたものと認めるのが相当である。これと同旨の判断に立ち，被告人が住居侵入のみならず強盗致傷についても共同正犯の責任を負うとした原判断は正当である。」

3 当該判例について検討すべき論点

■Q1 「共犯関係からの離脱」とはどのような場合か？　その法律効果は？

　「共犯関係からの離脱」[1]とは，（共同正犯の場合を含む）共犯関係にある複数人による犯罪行為への関与に際して，一部の関与者が犯行途中のある時点から当該犯罪行為への関与が認められなくなり，事後の犯罪結果等について罪責を問われなくなる場合のことを指す。このような現象は共犯形態として，共同正犯だけではなく，教唆犯や幇助犯についても同様の状況が発生し得る。また，当該関与行為が既に実行の着手後である（未遂段階に至った）場合だけでなく，実行の着手前であり，共謀段階ないしは予備段階である場合においても，（事後の犯罪行為に関して帰責され得るのかという点で）やはり同様の状況は発生し得るものといえる。

　表題判例は，上記のような事実関係の下で以下のように判示した。

Ⓐ「……被告人は，共犯者数名と住居に侵入して強盗に及ぶことを共謀したところ，共犯者の一部が家人の在宅する住居に侵入した後，見張り役の共犯者が既に住居内に侵入していた共犯者に電話で『犯行をやめた方がよい，先に帰る』などと一方的に伝えただけで，被告人において格別それ以

第9章　共犯からの離脱または共謀関係の解消

> 後の犯行を防止する措置を講ずることなく待機していた場所から見張り役と共に離脱したにすぎず、残された共犯者らがそのまま強盗に及んだものと認められる。」

そしてさらに続けて、以下のように判示している。

> Ⓑ「……被告人が離脱したのは強盗行為に着手する前であり、たとえ被告人も見張り役の上記電話内容を認識した上で離脱し、残された共犯者らが被告人の離脱をその後知るに至ったという事情があった……」

以上を踏まえて、Ⓐのような状況を前提にすれば、Ⓑのような事情を前提にしたとしても、「当初の共謀関係が解消したということはでき」ないとして、「その後の共犯者らの強盗も当初の共謀に基づいて行われたものと認めるのが相当」とし、強盗致傷についても共同正犯の責任を負うとした原判決の判断を是認したのである。Ⓑのような「共犯関係からの離脱」を肯定する方向に働きやすい要因があったとしても、Ⓐのような状況の下ではこれが否定される、としたという点から、具体的に「共犯関係からの離脱」についてどのように考えるべきことがうかがわれるのか、そしてどのような要件を必要と考えるべきなのか。

まず前提として、そもそも「共犯関係からの離脱」に関してどのような理論構成が行われてきたのかを概観することにしたい。

■Q2　「共犯における中止犯」の論点との同視？

かつての学説において、「共犯関係からの離脱」という論点は、「共犯における中止犯」の論点そのものとされ、独自の論点と考えてこられなかった。教科書等においても「共犯関係からの離脱」について触れるものはなく、それはまさに「共犯の中止犯（共犯における中止犯）」の論点そのものと考えられていた。

裁判例においても、恐喝の共同正犯者の一人が恐怖の念に駆られてそのまま自宅に帰った事例について、「本件は〔もう一人の共同正犯者〕との共謀に係る犯罪に外ならざるを以て共謀者の実行を防止すべき手段を講じたる事跡〔さえ〕も認むべきものなき場合に於ては其の為したる行為の結果に付責を免るるを得

ざる」として，共同正犯者の中の一人が犯行途中から事後の犯罪行為に全く関与しなくなったとしても，全体としての犯罪結果について罪責を問われるものとされていた。これは「共謀者の実行を防止すべき手段を講じ」ない，すなわち共犯者の事後の行為をも中止行動によって防止しない限りは，既遂結果についても当然に罪責が問われ得るものとされたのであり，まさに中止犯の論点そのものとして扱われたことを示すものである。戦後の裁判例においても，強姦致傷の共同正犯の事例において，共同正犯者中の一人が被害者からの哀願により姦淫を中止した事例について，「……他の共犯者と〔被害者〕を姦淫することを共謀し，他の共犯者が強姦をなし且つ強姦に際して〔被害者〕に傷害の結果を与えた以上，他の共犯者と同様共同正犯の責をまぬかれることはできないから中止未遂の問題のおきるわけはない。……」として強姦致傷の共同正犯を認めたものがあり，また強盗の共同正犯の事例で被害者が差し出してきた金銭を共同正犯者のうちの一人が「自分はそんな金はいらん」等と被害者に言い，もう一人の共同正犯者に「帰ろう」と言って外に出たが，もう一人の共同正犯者がその金銭を強取した事案においても，「……右金員を強取することを阻止せず放任した以上，所論のように，被告人のみを中止犯として論ずることはできない」として強盗既遂罪の成立を認めたものがある。これらはそのような「共犯関係からの離脱」の状況が，まさに「中止犯の成否そのもの」が問題となるだけの論点であるとされていたことをうかがわせるものである。

　しかしそのような中で，「中止未遂の成否そのもの」とはかかわりのない形で，「他の共犯者との共謀関係の解消（もしくは犯行からの離脱）」が認められる裁判例が現れることになる。すなわち，窃盗の着手前に共同正犯者に窃盗の意思を放棄したことを他の共謀者にも伝え，他の共謀者もこの脱退を諒承し自分達だけで意思連絡の上窃盗を行ったという事案について，以下のように判示した。

「……一旦他の者と犯罪の遂行を共謀した者でもその着手前他の共謀者にもこれが実行を中止する旨を明示して他の共謀者がこれを諒承し，同人等だけの共謀に基き犯罪を実行した場合には前の共謀は全くこれなかりしと同一に評価すべきものであつて，他の共犯者の実行した犯罪の責を分担すべ

きものでない。」

　このように窃盗罪の共同正犯について着手前に脱退した場合にはその後の他の共犯者による窃盗罪について罪責を負わないものとした。この裁判例は「着手前」に関する事案であり、未遂犯ではない以上、中止犯の成否自体が問題とならないものであったが、しかし脱退のためには「他の共謀者に実行を中止する旨を明示して他の共謀者が諒承する」ことを要件としており、その限りで中止犯としての内容を要求しているようにも見えるため、やはり「中止犯」の論点との混同がまだ見受けられるといえる。しかしその後、このような「中止」といった表現を用いることなく「共犯関係からの離脱」を認める裁判例が現れる。すなわち、数人で強盗を共謀してその予備をした後、強盗罪の着手前に、他の共犯者らに対して何ら明示的に離脱について表意もせずに立ち去った事案について、以下のように判示した。

「……たとい、その者が他の共謀者に対し、犯行を阻止せず、又該犯行から離脱すべき旨明示的に表意しなくても、他の共謀者において、右離脱者の離脱の事実を意識して残余の共謀者のみで犯行を遂行せんことを謀つた上該犯行に出でたときは、残余の共謀者は離脱者の離脱すべき黙示の表意を受領したものと認めるのが相当であるから、かかる場合、右離脱者は当初の共謀による強盗の予備の責任を負うに止まり、その後の強盗につき共同正犯の責任を負うべきものではない。」

　このように、「中止する」ことを内容として要求することなく、「共犯関係からの離脱」というものがあり得ることを認めたのである。しかしその際に問題となったのは、このような「共犯関係からの離脱」をどのような要件のもとで認めるべきか、であった。「共犯における中止犯」の要件とは異なる、「共犯関係からの離脱」独自の要件、およびその法律効果も含めて、議論されるようになっていったのである。

■Q3 学説上,「共犯関係からの離脱」の法律要件および法律効果はどのように考えられてきたか？

　学説においても前述のとおり，当初は「共犯における中止犯」との論点の混同が見られたが[8]，やがてそれとは別の独立した論点として「共犯関係からの離脱」について考察する見解が現れるようになる。

　たとえば井上正治は共同正犯においては「共同加功の意思」が大きな役割を果たすものであり，共同正犯者中の1人が犯罪の途中で翻意した場合には，それ以降は共同加功の意思すなわち「意思の連絡」が存しないのであるから，その場合には他の共犯者の行為につき責任を問われることなく，その共犯者の単独行為に過ぎなくなると主張した[9]。さらに大塚仁は,「共同正犯関係からの離脱」の場合として，「共同正犯者中の一部の者が，共同実行の途中で，共同実行の意思を放棄し，自己の実行行為を中止するとともに，他の共同者の実行行為をも中止させようと真剣な，すなわち精一杯の努力を払ったのに，他の共同者によってその共同正犯が既遂に導かれた場合」や「共同実行の終了後，なお，共同正犯が既遂に至らず，かつ，既遂にいたることを阻止しうる状況のもとで，共同者の一部の者が既遂にいたるのを阻止するために真剣な努力を払ったのに，既遂となってしまった場合」に，「中止のための真剣な努力を評価して」離脱を認める，とし，さらに「共同正犯者中の一部の者が，共同実行の途中で自己の犯罪行為を放棄するとともに，他の共同者から離脱についての了承を得，それによって，その者の他の共同者の犯行への影響が消失したとみられる場合」にも，同様に共同正犯関係からの離脱を認めることができる，とした[10]。このように捉えることによって，中止行為を行って成功した場合（中止犯が成立する場合）と，何ら中止行為を行わなかった場合（結果が発生していれば既遂が成立する場合）との間の中間的な解決として「共同正犯の障害未遂に準ずる責任」を問うことができるものとするのである。

　しかし井上正治の見解に対しては，共同正犯の成立要件における「共同実行の意思（意思の連絡）」を過度に強調するものであり，単純な意思連絡の欠如に中止犯の効果を認めるべきでない，といった批判が向けられ[11]，また大塚仁の見解に対しては，共同正犯者の一部の者による真摯な中止の努力にもかかわらず共同正犯が既遂に達したとしても障害未遂とするのであれば，なぜそれが中止

犯たりえないのか[12]、とか、当初の離脱前の犯行行為と結果発生との間に因果性があるにもかかわらず、障害未遂の成立を認めることは説得力をもたない[13]、といった批判が向けられた。何よりこの両者に共通しては、「共犯関係からの離脱の成否」という論点と、「中止犯の成否」の論点との混同が見られるといえる。井上正治の見解においては「共同実行の意思」という共同正犯性の要件の欠落が何故に「中止犯であること」(中止犯性)の成立を根拠づけることになるのか不明確であり、また大塚仁の見解においては「中止のための真剣な努力」行為という、まさに中止犯における「中止行為」そのものと考えられているような行為をもって評価の対象とするのであれば、それはまさしく「中止犯」の検討そのものであって、なぜこれが「障害未遂」の成否にかかわる要件とされるのか、つじつまが合わないものと考えられるのである。

このような観点から「共犯関係からの離脱」の論点に関して新たな考察を加えたのが平野龍一であった。平野龍一は、「共犯も自己の行為による結果の発生について責を負うのであるから、その行為と結果との間に因果関係が必要である」ことを前提にしつつ、共犯関係からの離脱に関して、「共犯者が途中で離脱した場合は中止と区別しなければならない」として、教唆者が正犯の実行着手前にその犯罪をやめるよう説得したが、正犯者が承知せず実行した場合、教唆者はその教唆から生じる結果を防止できなかったので中止犯の適用はないが、教唆の効果が消滅したにもかかわらず正犯者があらためて自己の意思でその犯罪を行うことを決意したという場合が考えられるとする。この場合に教唆者の教唆行為と正犯者の実行行為との間に因果関係はなく、教唆者が教唆犯として罪責を問われることはないとする。さらに正犯の実行の着手後に教唆者が離脱した、または共同正犯者中の一部が離脱した場合も同様であり、単なる離脱であれば犯行を続けた者のその後の行為について離脱者も責任を負うが、離脱者によって正犯者または他の共同正犯者が一度中止した後、あらためてその離脱しなかった正犯者または他の共同正犯者によって行為が続けられたときには、離脱者は「すでに行なった行為については中止犯であり、後に行なわれた行為については責任を負わない。」これらの場合に離脱者の行為は、離脱しなかった者の実行行為に対して「因果関係がないから責任を負わないのである[14]」、として、「因果関係の遮断」が共犯関係そのものを失わせるのであり、「共犯関

係からの離脱」とはこのような「共犯の因果性」の遮断の事例であることを明確に示したのである。

　このような考えに基づくのであれば,「共犯関係からの離脱」の論点とは, ある犯罪行為に関与した者の関与行為と, その共犯関係による犯罪結果との間の因果関係 (共犯の因果性) の有無が問題となる論点であり, それに対して「共犯における中止」の論点とは, そのような「共犯関係からの離脱」をも含めた「共犯の因果性」検討の結果として, 共犯者の一部に「未遂犯」が成立することを前提にして, さらにその者の結果発生阻止に向けられた行動が任意性や中止行為などの要件を満たすことにより「中止犯」として評価できるかどうか, という点が問題となる論点であることが明らかになる。その意味では, このような因果性の遮断があることを直接の理由にして中止犯の成立を認めるべきではないことになる。「共犯関係からの離脱」は「共犯における中止犯」とは別次元の論点なのであって,「共犯関係からの離脱が認められた」ことが, その法的効果として「中止犯が認められる」ということを直接に導くものではないのである。「共犯関係からの離脱」に関する現在の一般的な見解はこのような「因果性遮断説」の考え方を前提にしているといえる。

■Q4　「共犯関係からの離脱」が認められるためにはどのような内容が必要か？

　「共犯関係からの離脱」に関して, 上記のような「因果性遮断説」を前提にして検討する見解が, 現在では主流であるといえる。これは逆にいえば,「共犯関係からの離脱」が「各関与者の関与行為と, その共犯関係に基づく犯罪結果との間の因果関係」の問題点であると捉えられたことに基づくものである。現在の一般的な考え方として,（狭義の共犯を含む）共犯者が「共犯」として処罰されるためには, その共犯者の共犯行為（関与行為）が犯罪結果と因果的に結びついていなければならないと考えられており（「因果的共犯論（因果主義）」), このような「共犯の因果性」が何らかの事情で断絶された状況がまさにこの「共犯関係からの離脱」の事例と捉えられているからである。この意味で, 共犯関係からの離脱の論点は,「共犯の成否それ自体」に関わるものであり, すなわち「共犯が共犯として犯罪成立するための客観的な帰属が欠ける事例そのもの」

を指し示すものともいえるのである。

　しかしこのように「共犯の成否」そのものに関する問題が「共犯関係からの離脱」の問題点に直結して関わるものであるならば，実は上記のような「因果性」だけを強調する形で「共犯関係からの離脱」の論点を考察するのは適切ではない。なぜならば，近時，共犯理論の考え方として，因果主義（因果性）だけでは共犯の成立を説明することができない点が指摘されつつあるからである。[17]この点は身分犯における共犯や不作為犯における共犯を想定すれば理解できる。

　事例①[18]：Ｂは，自分の妻Ａの連れ子であったＫを疎ましく思い，Ｋに対して暴行を加えた。Ａはその様子を見ていながら，やはりＡと同様にＫを疎ましく思っていたため，ＢがＫに対して暴行を加えることを止めもしなかった。結果的にＫは死亡した。

　このような事例において，Ａの不作為は——不作為である以上は——何らＫの死亡結果と「因果的に」結び付き得るものではない。「不作為」が「無」である以上は，それ自体に何らかの結果をもたらすだけの「因果力」をもたないことは当然の前提であり，[19]それでもＫの死亡結果についてＢとの共犯としてＡもまた罪責を負うことになるのは，ＡがＫの母親であることに基づく特別な作為義務がＡにはあるからである。これは因果的な観点から共犯が根拠づけられているのではなく，まさに規範的な観点から共犯が根拠づけられているのである。

　そうであるならば，すなわち規範的な観点から共犯が根拠づけられているのであるならば，同様に規範的な観点から共犯が否定され得ることが導かれることになる。[20]「因果的な観点」からのみ共犯の解消があり得るものとするのであれば，下手をすると，全ての共犯事例において，「共犯関係からの離脱」のためには「因果的に」犯罪結果を止めること，すなわち積極的な犯罪結果阻止行為が求められることにもなりかねない。これは「共犯関係からの離脱」が本来予定する内容としては負担の大きいものにならざるを得ない。また，[21]たとえば犯行現場の知識を他の共犯者に与えた者が，その後にその犯行から離脱しようとした場合には，既に他の共犯者に与えた犯行現場の知識を打ち消すことはできないのであるから，厳密にはその限りにおいて「因果性の遮断」は犯行阻止

以外に手立てが無いことになる[22]。よって，このような「因果性の遮断」だけを強調した形で「共犯関係からの離脱」を理解するべきではなく，「因果性ないしは規範性」に基づく「共同性」を前提とした「共犯の成立」に対応する形で「共犯関係からの離脱」が理解されるべきことになるのである[23]。

以上の点から，共犯の成否は「因果性ないし規範性」に基づく「共同性」に根拠づけられることになり，このような「共同性」が一旦は認められたものの，後に何らかの事情により解消されたと評価できる場合が，「共犯関係からの離脱」が認められる場合だということになる。これは「共同性」が共同正犯，教唆犯および幇助犯に共通する要素として想定される以上[24]，それと同様に，前提となった関与形態が共同正犯であったか教唆犯であったか，もしくは幇助犯であったかにかかわりなく，「共同性」の解消が「共犯関係からの離脱」を意味することは共通しているものと考えられる[25]。さらに離脱行為が行われた時点で，当該犯罪行為が実行の着手前の段階にあったのか，実行の着手後の段階にあったのかについても，大きな違いをもたらすものではない。もちろん犯行状況が進行すればするほど，「共同性」の解消のために必要とされる行動内容はより具体的かつ大きなものが求められることにはなり得る。それはこの「共同性」要件が「因果性ないし規範性」に基づく評価的な内容を備えていることによるものであるが，ただその「共同性」要件の解消という点ではやはり共通しているのであって，具体的に実行の着手前か着手後かでその点に大きな違いは無いといってよいのである[26]。

そして，このような「共犯関係からの離脱」が認められることで，離脱行為者に結果が帰属されず，「未遂犯」にとどまることが明らかになった場合に，そこで初めてその「未遂犯」としての評価が与えられた者について，「中止犯（中止未遂）」の成否が問題となるのである[27]。この場合，他の共犯者によって結果が発生させられ，その共犯者については既遂犯の成立が認められていたとしても，関係はない。「共犯関係からの離脱」が認められ，既遂結果がその離脱行為者には帰属されず，その離脱行為者に対する評価が未遂犯にとどまっている以上，中止犯の検討はまた別にあり得るものなのである。またこのような観点からすれば，必ずしも「共犯関係からの離脱」が認められなければ，その者に「共犯における中止犯」の検討可能性がなくなるわけではない。

150

事例②：AとBは窃盗を共謀し実行に着手したが，既遂となる前に途中でAが翻意してその旨をBに伝え，BもこれをÃ承し，Aは帰宅した。Bはそのまま犯行を継続したが，結局物を窃取する前に捕まった。

このような事例においてAおよびBによる当初の共謀による窃盗は最終的に未遂に終わっており，その限りでAの行動について「共犯関係からの離脱」は問題になり得ない[28]。しかしAについて結局として窃盗未遂という「未遂犯」が成立し得るものとなっている以上，そのAの行動について「共犯における中止犯」の成否は，なお問題になり得るのである[29]。

■Q5 裁判例において「共犯関係の離脱」が認められるための要件はどのように考えられているのか？

前掲の東京高判昭和25・9・14高刑集3巻3号407頁や，とりわけ参考判例②をきっかけとして，「共犯における中止」とは別の論点としての「共犯関係からの離脱」という論点が裁判例においても自覚されるようになっていった。しかし実際に共犯関係からの離脱を認めた裁判例は少ないといえる[30]。共謀関係はあったが，事後の行為に積極的にかかわらなかったにとどまる場合には，他の共犯者によって達成された犯罪結果について離脱は認められず[31]，共犯者に対して当初の共謀関係から離脱する旨を告げた場合においても，共犯関係からの離脱が認められていない事案がある[32]。また，共犯者の中でもとくに他の共犯者に対する影響力の強い者は，その分だけ，共犯関係からの離脱が認められるためには，共謀関係がなかった状態にまで復元させなければ，共犯関係からの離脱は認められないとされており，高度の要求がなされているといえる[33]。

具体的な要件として検討されるべきものとして，①共犯者への離脱の意思表明の要否，②犯行継続の阻止行動の要否，などが考えられる。しかし①については前述のように共犯者への意思表明があっただけでは足りないとしたものがありつつ，その一方で前掲参考判例②は以下のように明示的な離脱の意思表示は不要としている[34]。

「……そのうちの一人がその非を悟り該犯行から離脱するため現場を立ち去

> つた場合，たとい，その者が他の共謀者に対し，犯行を阻止せず，又該犯行から離脱すべき旨明示的に表意しなくても，他の共謀者において，右離脱者の離脱の事実を意識して残余の共謀者のみで犯行を遂行せんことを謀つた上該犯行に出でたときは，残余の共謀者は離脱者の離脱すべき黙示の表意を受領したものと認めるのが相当であるから，かかる場合，右離脱者は当初の共謀による強盗の予備の責任を負うに止まり，その後の強盗につき共同正犯の責任を負うべきものではない。」

　この限りでは，①共犯者への離脱の意思表明が存在することは，「共犯関係からの離脱」を認めるための決定的な要因とは必ずしもなっていないことがうかがわれる。また②犯行継続の阻止行動については，たとえば以下のようにこれを要件として要求するものもある。

> 「……被告人が帰った時点では，〔共犯者〕においてなお制裁を加えるおそれが消滅していなかつたのに，被告人において格別これを防止する措置を講ずることなく，成り行きに任せて現場を去つたに過ぎないのであるから，〔共犯者〕との間の当初の共犯関係が右の時点で解消したということはできず……」

　その一方で，前掲参考判例②のように犯行を阻止しなくても「共犯関係からの離脱」が認められた裁判例も存在する。よって②犯行継続の阻止行動も，それがあれば離脱を認めるための十分条件とはなり得るであろうが，必要条件として，離脱のための決定的な要因とはなっていないといえる。
　裁判例において離脱が認められた事例を概観すると，2つの傾向がみてとれるものといえる。まず，離脱行為者の離脱行為後に共犯者によって最終的に成し遂げられた犯罪が，当初の離脱行為者も交えての謀議段階での犯罪行為とはもはや別の，ある意味新たな犯罪であると評価された場合に，共犯関係からの離脱が認められている傾向がうかがわれる。たとえば，「……一旦他の者と犯罪の遂行を共謀した者でもその着手前他の共謀者にもこれが実行を中止する旨を明示して他の共謀者がこれを諒承し，同人等だけの共謀に基き犯罪を実行した場合には前の共謀は全くこれなかりしと同一に評価すべきものであつて，他

第9章　共犯からの離脱または共謀関係の解消

の共犯者の実行した犯罪の責を分担すべきものでない。」(傍点筆者)として以前の共謀関係がなくなって，離脱後には全く新たな共謀に基づく犯罪があったに過ぎないとされたり[36]，「……他の共謀者において，右離脱者の離脱の事実を意識して残余の共謀者のみで犯行を遂行せんことを謀った上該犯行に出でたときは，残余の共謀者は離脱者の離脱すべき黙示の表意を受領したものと認めるのが相当である……」(傍点筆者)といった形で残りの共犯者による新たな共謀に基づいての犯罪行為であると評価された場合には，それ以前の共謀の意味が失われ，それにより離脱が認められているのである[37]。これはいうなれば，単独犯であれば「(第三者の介入による)因果関係の断絶」とでもいうべき状況があったことによるものといえる。すなわち，当初の(離脱者を含む)共謀関係が，事後的な(離脱者を含まない)新たな残りの共犯者による共謀関係の介入により，結果に帰属されなくなるものと考えられるのである[38]。

　またこれに加えて，当初の(離脱者を含む)共謀関係が正面から解消されたといえる場合，すなわち前述の「共同性」が解消されたといえるような場合にも，共犯関係からの離脱が認められているといえる。すなわち，被告人が主犯格の共犯者と共に被害者に暴行(第1暴行)を加えたところ，別の共犯者がやりすぎではないかと思い制止したことによりその暴行が中止され，被告人が被害者をベンチに連れて行き「大丈夫か」などと問いかけたのに対し，勝手に慰謝料の話を進めていると考え腹を立てた主犯格の共犯者が被告人に文句をいって口論となり，いきなり被告人を殴りつけて失神させたうえ，被告人をその場に放置したまま他の共犯者と一緒に被害者ともども別の場所に赴いて同所で被害者に暴行(第2暴行)を加え，この結果，顔面挫傷，左大腿挫傷などについて第1暴行によるものか第2暴行によるものか両者あいまって生じたかわからない傷害結果が生じたという事例について，以下のように共犯関係からの離脱が認められている[39]。

> 「……〔主犯格の共犯者〕を中心とし被告人を含めて形成された共犯関係は，被告人に対する暴行とその結果失神した被告人の放置という〔主犯格の共犯者〕自身の行動によって一方的に解消され，その後の第2の暴行は被告人の意思・関与を排除して〔主犯格の共犯者ら〕のみによってなされたものと解す

るのが相当である。」

　これも，主犯格の共犯者による被告人への殴打によって被告人が失神したことにより，「共同性」が失われたことによるものなのである。前述の①共犯者への離脱の意思表明や②犯行継続の阻止行動なども，このような「共同性」を失わせ得るひとつの要因として考慮されていると考えられる。

4　当該判例の射程

　多くの「共犯関係からの離脱」の裁判例においては，上述のように，共犯関係からの離脱を認めるための基準が統一的ないしは決定的な形で示されているとはいえず，裁判例ごとに，その検討に際して考慮した事情（もしくは「その事例において」共犯関係からの離脱が認められるためになされるべきであった要件）を列挙する形で結論を導くものが多くみられ，すなわちいわゆる「事例判例」的なものが多く，今回の表題判例もそれに連なるものではある。ただ，上述のような「共同性」の解消があったとの評価が可能なものであったかどうかという点については，いずれの裁判例も前提にしており，その点は表題判例においても同様であると考えられる。

　たとえば，表題判例は被告人が「……本件犯行以前にも，第1審判示第1及び第2の事実を含め数回にわたり，共犯者らと共に，民家に侵入して家人に暴行を加え，金品を強奪することを実行したことがあった」こと，および「本件犯行に誘われた被告人は，本件犯行の前夜遅く，自動車を運転して行って共犯者らと合流し，同人らと共に，被害者方及びその付近の下見をするなどした後，共犯者7名との間で，被害者方の明かりが消えたら，共犯者2名が屋内に侵入し，内部から入口のかぎを開けて侵入口を確保した上で，被告人を含む他の共犯者らも屋内に侵入して強盗に及ぶという住居侵入・強盗の共謀を遂げた」という事実を，わざわざ前提事実として検討の対象に加えている（事実関係(1)(2)参照）。これは，離脱を認めるか否かの，そのさらに前提となる，共犯としての関与の程度（強さ）を検討するために必要なことだったのである。すなわち，「共同性の解消」があったかどうかを評価して判断するためには，その解

消の対象となるべき「共同性」がどれだけの強度でなされていたかを問題としなければならないのである。このような観点から，表題判例の帰結は，被告人が以前の強盗に全く関与せず下調べもしていなかった事例にも同様に当てはまるとはいえない。「共同性」の内容（程度）が異なる事案では，その際に求められる「共同性の解消」の内容（程度）も必然的に異なることになるのである。これによって，上述のような「共犯関係からの離脱を認めるための基準が統一的ないしは決定的な形では示されない」という現象が生じるのである。

その限りで，表題判例が「……被告人において格別それ以後の犯行を防止する措置を講ずることなく待機していた場所から見張り役と共に離脱したにすぎ〔ない〕」としたのも，上述のように，「犯行継続の阻止行動がないから離脱は認められない」として直接に「犯行継続の阻止行動の不存在が共犯関係からの離脱を否定する」としたと解するべきではなくて，「今回の共同性の内容からすれば，今回の事案では，『犯行継続の阻止行動がない』こともあいまって，結局として『共同性』は解消されていない」としたものであると考えるべきである。

〔注〕
1) 表題判例は「離脱」という表現を事実的行為を意味するものとして表現し，そこから導かれる（法的評価を加えた）法的現象を「共謀関係の解消」（共犯関係の解消）として表現して区別しており，このような区別を適切なものとする見解もみられる（任介辰哉・最高裁判所判例解説刑事篇（平成21年度）(2013年) 172頁以下，島田聡一郎・判例評論641号（2012年）177頁以下）が，本稿ではとりあえず論点名として一般的に呼称されることの多い「共犯関係からの離脱」という表現で統一する。
2) 大判大正12・7・2刑集2巻610頁。
3) 同様の傾向は大判昭和10・6・20刑集14巻722頁が，複数人で賭博開帳罪に共同して着手後に犯意を翻してそれ以降の実行行為に関与しなかった事案について，「相被告人の共同犯意に基く実行行為を阻止せざる限り被告人のみに付中止犯として論ずることを得ざる」とした上で，その共犯者の行為により遂行された犯罪の責任を免れないとしたことにおいてもみられる。
4) 最判昭和24・7・12刑集3巻8号1237頁。
5) 最判昭和24・12・17刑集3巻12号2028頁。
6) 東京高判昭和25・9・14高刑集3巻3号407頁。
7) 参考判例②。
8) 泉二新熊『日本刑法論上巻（総論）［訂正第40版］』（有斐閣，1927年）532頁以下，江家義男『刑法講義総則篇［改訂5版］』（敬文堂書店，1949年）387頁以下など。
9) 井上正治「共犯と中止犯」平野龍一ほか編『判例演習［刑法総論］［増補版］』(1969年) 209頁以下。

10) 大塚仁『刑法概説（総論）［第4版］』（有斐閣，2008年）348頁以下。
11) 西田典之『共犯理論の展開』（成文堂，2010年）259頁以下，さらに香川達夫『中止未遂の法的性格』（有斐閣，1963年）188頁以下も参照。
12) 中山研一『刑法総論』（成文堂，1982年）508頁。
13) 西田・前掲注11）270頁。さらに熊谷烝佑「共犯からの離脱」『刑法判例百選Ⅰ総論』（有斐閣，1978年）は，共同正犯者全員が中止行動をとったにもかかわらず結果が発生した場合に，「もし全員が障害未遂だとすれば，実行行為と結果発生との間に因果関係がないことを前提にしなければおかしい」と批判する。
14) 平野龍一『刑法総論Ⅱ』（有斐閣，1975年）383頁以下。
15) もちろん，結果的に事実として「離脱行為」と「中止行為」が重なることはあり得るものといえる。しかし，たとえば傷害罪の共同正犯者中の1人が，傷害行為中に翻意してそれ以降の行為をやめ，また他の共犯者のさらなる傷害行為を止めようとしたものの，逆にその共犯者から反撃されて失神させられ，その後に他の共犯者が継続した傷害行為から被害者の死亡結果が発生した場合（類似事案として参考判例⑤参照）に，死亡結果について「離脱」は十分に認められ得るものと考えられるが，離脱後の離脱者の罪責が「傷害罪」となり，未遂犯が問題となるわけではない以上，未遂犯の成立を前提としている「中止」は問題になり得ない。このように，前提状況やその効果が異なる以上，「離脱」と「中止」は別次元の概念として捉えられるべきなのである。
16) 西田・前掲注11）240頁以下など。
17) この点については平山幹子『不作為犯と正犯原理』（成文堂，2005年）69頁以下，金子博「過失犯の共同正犯について――「共同性」の規定を中心に」立命館法学326号（2010年）26頁以下，同じく金子博「不作為犯の共同正犯(1)(2・完)」立命館法学344号（2012年）115頁以下，347号（2013年）157頁以下などを参照。
18) 札幌高判平成12・3・16判時1711号170頁の事例を素材としている。
19) そうであるからこそ，不作為犯に関する現在の通説である「保障人説」は，――不作為「行為」ではなくて――「作為義務」についての違反という「義務違反」を不作為犯の中心的要素とするのである。松宮孝明『刑法総論講義［第4版］』（成文堂，2009年）85頁以下を参照。
20) 「共犯関係からの離脱」を検討する際に，明確にこのような規範的観点に基づいて検討するものとして，成瀬幸典「共犯関係からの離脱について」立教法務研究7号（2014年）146頁以下（ただし狭義の共犯からの離脱に関して），山中敬一『刑法総論［第2版］』（成文堂，2008年）960頁，塩見淳「共犯関係からの離脱」法学教室387号（2012年）99頁以下，金子博「判例評釈」立命館法学332号（2010年）290頁以下，葛原力三「共謀関係の解消が否定された事例」平成21年度重要判例解説（有斐閣，2010年）180頁など。
21) 山中敬一「共謀関係からの離脱」『立石二六先生古稀祝賀論文集』（成文堂，2010年）579頁は，「一般に，共謀関係からの離脱の要件として，因果関係の遮断を要求するのは，過大な要求であり，不当である」としている。
22) 松宮・前掲注19）316頁。
23) このような観点から「因果性遮断説」も，事実上，その「因果性遮断」の判断の中に規範的評価を実質的に取り込みつつあるように見受けられる。金子・前掲注20）332号292頁は，「『共犯の因果性の遮断』は，事実評価から規範的評価へと移行する傾向にあるといえよう」，とする。
24) この「共同性」の要件は，複数人が犯罪行為に関与して一定の犯罪結果がもたらされたものであることをその内容とするものなので，たとえば，具体的な実行行為の内容（の一部）

を行ったか否かという点——これは共同「正犯」であることを基礎づけるものとしての「正犯性」の要件として，別に検討されるべきものである——をその内容とするものではなく，共同正犯および教唆犯，そして幇助犯の各共犯形態に共通する要件であることに注意を要する。この点については金子・前掲注17)「不作為の共同正犯（2・完）」185頁以下を参照。

25) これは共同正犯の一形態とされる共謀共同正犯においても同様である。参考判例①は「共謀共同正犯が成立するには，二人以上の者が，特定の犯罪を行うため，共同意思の下に一体となつて互に他人の行為を利用し，各自の意思を実行に移すことを内容とする謀議をなし，よつて犯罪を実行した事実が認められなければならない」としており，このような「各自の意思を実行に移すことを内容とする謀議」により「（因果性ないし規範性に基づく）共同性」が基礎づけられていることがまさしく共謀共同正犯として評価されることの欠くべからざる要素となっている——むしろ共謀共同正犯であればこそ，この共同性要件がひとつの重要な要素として明確に現れる——のである。

26) もちろん，離脱が認められた時点が実行の着手前か着手後かによって，結果的に成立し得る罪責は異なり得る。共同正犯者が実行の着手後に離脱が認められたのであれば，犯罪結果はその離脱した共同正犯者に帰属されるものではなく，せいぜいでも未遂犯が成立することになる（さらにこれに加えて中止犯としての要件を充足すれば，中止未遂の成立も認められることになる）。それに対して共同正犯的に関与していた者が実行の着手前に離脱が認められたのであれば，当然に未遂犯も成立せず，せいぜいでも予備罪処罰規定がある限度でその予備罪が成立するにとどまることになる。しかしこれは「実行の着手前であったか着手後であったか」による法律効果でしかなく，その前提となる「離脱」の要件の内容そのものについては，「共同性」の解消ということで共通しているのである。

27) 逆にいえば，「共犯関係からの離脱」が認められたとしても，結果的にそれによる罪責評価が「未遂犯」とならない場合は考えられ得るので，「『共犯関係からの離脱』は問題になるが『共犯における中止犯』は問題になり得ない事例」も想定され得る。参考判例④は，共犯者と暴行を加えた後，現場を立ち去ったが，「その際に『おれ帰る』といつただけで，……〔被害者〕に対しこれ以上制裁を加えることを止めるという趣旨のことを告げず，〔共犯者〕に対しても，以後は〔被害者〕に暴行を加えることを止めるよう求めたり，あるいは同人を寝かせてやつてほしいとか，病院に連れていつてほしいなどと頼んだりせずに，現場をそのままにして立ち去」り，その後共犯者によってさらに暴行が加えられて被害者が死亡した（死亡結果は被告人の立ち去り行為前の暴行によるのか，立ち去り後の暴行によるのかは不明）という傷害致死罪の事案に関して，共犯関係が解消していたということはできず，被告人は傷害致死の罪責を負うとした。本事案では被告人の離脱行為によって死亡結果の原因となる暴行に被告人が関与しないことになるのかが問題となったのであり，仮にこの点について共犯関係からの離脱が認められたとしても，被告人の罪責は傷害罪となるにとどまったのであって，中止犯は問題になりようもない事案であった。このようにしてこの参考判例④により，最高裁も「共犯関係からの離脱」と「共犯における中止犯」の論点を区別していることが初めて明らかになったのである。

28) もちろん，Aが帰宅して以降の，捕まるまでのBの行動に関しては，共犯関係からの離脱を問題にする余地はあるものの，結局法的評価としての「窃盗未遂」という点では変わりがないので，問題にする実益は少ないものと考えられる。

29) 事例②のように，Aが単純に帰宅しただけにとどまるようなものであったならば，このような中止犯の成立は認められにくいであろう。しかしたとえば翻意したAがその場でのBへの犯行中止の説得は難しいと諦め，自分は帰宅する旨の嘘をついて離脱し，直後にBの犯行

を止めるために警察に通報するなどして結果を阻止したのであれば、法的評価としての「窃盗未遂」という点については変わりないものの、なお「共犯における中止犯」として認められる余地は十分にあり得るものと考えられる。

30) 本文中にも既に挙げた東京高判昭和25・9・14高刑集3巻3号407頁および参考判例②以降において共犯関係からの離脱が認められたといえるものとして、東京地判昭和31・6・30週刊法律新聞19号13頁（有印公文書偽造について、着手前）、大阪高判昭和41・6・24高刑集19巻4号375頁（強姦について、着手前）、神戸地判昭和41・12・21下刑集8巻12号1575頁（強姦致傷について、着手後（強姦罪は成立））、東京地判昭和52・9・12判時919号126頁（毒物及び劇物取締法違反について、着手前）、大阪地判平成2・4・24判タ764号264頁（殺人未遂、銃刀法違反、火薬類取締法違反について、着手前）、東京地判平成12・7・4判時1769号158頁（監禁、拐取者身代金要求について、着手後）、参考判例⑤（傷害について、着手後）が挙げられる。

31) 東京高判昭和30・12・21裁特2巻24号1292頁、東京高判昭和32・2・21東高時報8巻2号39頁。

32) 仙台地判昭和34・1・22下刑集1巻1号107頁、東京高判昭和46・4・6東高時報22巻4号156頁、および表題判例。

33) 東京地判昭和41・7・21判時462号62頁、参考判例③、旭川地判平成15・11・14LEX/DB28095059など。たとえば、「……共謀関係の離脱というためには、自己と他の共謀者との共謀関係を完全に解消することが必要であつて、殊に離脱しようとする者が共謀者団体の頭にして他の共謀者を統制支配しうる立場にあるものであれば、離脱者において共謀関係がなかつた状態に復元させなければ、共謀関係の解消がなされたとはいえないというべきである。」（参考判例③）、とされている。

34) 同様に「共謀の解消は必ずしも明示的になされる場合に限られるものではない」として共犯関係の解消を認めた裁判例として、東京地判昭和52・9・12判時919号126頁。なお、このような①共犯者への離脱の意思表明が認定された上で「共犯関係からの離脱」が認められた裁判例としては、東京地判昭和31・6・30週刊法律新聞19号13頁、大阪高判昭和41・6・24高刑集19巻4号375頁、神戸地判昭和41・12・21下刑集8巻12号1575頁を参照。

35) 参考判例④。同様に共犯者の実行を阻止しなかったことを理由に共犯関係からの離脱を否定した裁判例として、東京高判昭和30・12・21高刑裁特2巻24号1292頁（「……その抛棄の意思を外部に表明しその共犯者の犯行の実行を阻止するか結果の発生を阻止しないかぎり、その刑責は消滅しない……」）、仙台地判昭和34・1・22下刑集1巻1号107頁。

36) 東京高判昭和25・9・14高刑集3巻3号407頁。

37) これ以外の離脱が認められた裁判例においても、「……右の謀議から脱退しようと決意し、以来〔共犯者〕等との交渉を絶ち、〔共犯者〕等も之を諒承して、以後は残った自分達だけで廃車証明書を偽造し、之を売却して利得することを謀つた……」（東京地判昭和31・6・30週刊法律新聞19号13頁）とか、「〔共犯者〕が、その後なおも引続いて同女を強姦しようと企て、……場所的にかなり離れ、しかも被告人が予想もしなかつた〔第2犯行現場〕へ連行し、〔共犯者〕らが同所で同女を強いて姦淫したとしても、その姦淫は法律的には判示認定の姦淫〔＝最初の犯行〕と包括一罪として評価し得るも、社会的事実としては別個の姦淫と見るのが相当であつて、〔第2犯行現場〕における姦淫の共謀について被告人は何ら関知していないのであるから……」（神戸地判昭和41・12・21下刑集8巻12号1575頁）とか、「……被告人……は、……襲撃の方法まで具体的に指示されたにもかかわらず、同日……襲撃に出かけてみると、それを実行する気を失って……全く襲撃を実行しようとせず、その夜〔共犯者〕

に適当な理由を言って本件けん銃を渡して帰宅し，……〔共犯者〕から『昨日なんでこんかったんですか。』と尋ねられたのに対し，『達ちゃん，お前が音ならしたら，わしはわしで格好つけたるがなあ。』とあいまいなことを言い，怒った〔共犯者〕に『もう，よろしいわ。』と言われて，それで終わり，〔共犯者〕が〔別の共犯者〕に右のような被告人……の言動を報告すると，〔別の共犯者〕は，『もうほっとけ。』とまで言って，……襲撃の実行を〔共犯者〕にやらせる決意をしたのであり，さらに，……被告人……は……以後，……全被告人と一切連絡を断って姿を隠し，……以上によると，被告人……は……報復の意思を完全に失っており，このことは，〔他の被告人〕らにも伝わっていたものと認められる」（大阪地判平成2・4・24判タ764号264頁），として，新たな犯行の共謀の存在が離脱を認めるための大きな要因とされていることがうかがわれる。

38) 同様の発想に基づくものとして，島田聡一郎「共犯からの離脱・再考」研修741号（2010年）3頁以下。ただし，仲間割れに基づいて犯行の上でいわゆる「置いてけぼり」を食らわされたような事例について，すべて離脱を認めてよいかは疑問が残る（たとえば，AとBとCが3人で共同して詐欺行為をしていたが，Cの不遜な態度に嫌気がさしたAとBがCを仲間はずれにして自分達だけで分け前を分けることを共謀し，Cには「犯行成果が得られなった」などと嘘をついてAとBだけで詐欺既遂により得られた利得を分けた場合）。なおこのような，犯行途中で他の共犯者から関係を断たれたにすぎないとされた事例として，大判昭和9・2・10刑集13巻127頁，東京高判昭和28・1・27東高時報3巻1号23頁参照。

39) 参考判例⑤。ただしこのように共犯関係からの離脱を認めつつも，結論としては，被告人は第1暴行による傷害結果について共同正犯として刑責を負うだけでなく，第2暴行による傷害についても同時傷害の規定（刑法207条）によって刑責を負うべきものであるとされた。

◆復習問題1

甲は，乙から「強盗に使うのでナイフを貸してくれ。」と依頼され，これに応じてナイフを乙に渡した。その後，乙は，丙・丁に対し，「最近，知り合いのAが多額の保険金を手に入れたので，それぞれがナイフを準備してA宅に強盗に押し入ろう。」と持ち掛け，3名で計画を立てた。ところが，乙は，犯行当日の朝になって高熱を発したため，「おれはこの件から手を引く。」と丙・丁に電話で告げて，両名の了承を得た。しかし，丙・丁は予定どおり強盗に押し入り現金を奪った。

甲および乙の罪責を論ぜよ（ただし，特別法違反の点は除く）。

（参考：平成7年度旧司法試験論文式刑事法第1問）

◆復習問題2

甲は，知人であるBからAの過失による交通事故で120万円の損害を受けたのに，Aがその支払いに応じないという話を聞き，自らがBに代わってAとの交渉に当たることで，Bの損害金120万円に自らの取り分を上乗せした合計200万円をAに要求して支払わせようと企て，Bの了解を得たうえで，かつての不良仲間で先輩格であっ

た乙に対して前記の事情を話し、協力を求め、乙と共にＡと面談し、200万円の支払いを求めた。

　その際、甲は、支払いに応じさせるためにはやはり脅す必要があると考え、語気を強めながら、「あんたにも家族がいるだろう。家族が事故に遭えば、被害に遭った者の気持ちが分かるかもしれんな。家族が事故に遭ってから、あの時200万円支払っておけば良かったと悔やんでも遅いぞ」とＡに申し向け、200万円の支払を強く要求した。

　Ａは、損害額の残りが200万円に及んでいるものと誤信した上、このまま損害金の支払を拒否していると、甲乙両名らによって自己の家族に危害を加えられるのではないかと畏怖したことから、甲乙両名に対し「今はこれしかないので、これで勘弁してくれ」と言って、とりあえず20万円を手渡した。

　その後、乙は、甲のＡに対する脅し文句が予想以上に強かったことから、これ以上執拗かつ強硬に支払を要求すると警察沙汰になるのではないかと恐れ、甲に対し、「少しやりすぎたのではないか。やはりおれは手を引くから、お前もこの辺でやめておけ。」と強い口調で告げ、さらに、「お前がＡにしつこく要求して警察沙汰になったら、おれが迷惑することを忘れるな」と念押しし、甲は、渋々ながら「分かりました。この話はなかったことにします。20万円もＢから返してもらって、Ａに返しますよ。」と返答した。

　甲は、その後間もなく、せめてＢの損害額120万円はＡに支払わせてＢに手渡してやらないと、Ｂに対するメンツが立たないと考え、残金100万円を支払わせるため単独でＡと面談し、Ａがなおも畏怖し続けていることを知りながら、100万円の支払を要求した。

　Ａは、前記のとおり畏怖し続けていたことから、甲の要求どおり、残金として現金100万円を甲に手渡した。

　甲および乙の罪責を論ぜよ（ただし、特別法違反の点は除く）。

（参考：平成19年度現行司法試験論文式刑事法第１問）

〔野澤　充〕

第 10 章

共犯と「条件付故意」
——「K－1脱税」事件——

表題判例：最決平成18・11・21刑集60巻9号770頁
参考判例①：最決昭和56・12・21刑集35巻9号911頁
参考判例②：最判昭和59・3・6刑集38巻5号1961頁

1 事実関係

(1)被告人は，スポーツイベントの企画及び興行等を目的とする株式会社Kの代表取締役として同社の業務全般を総括していたものであるが，同社の平成9年9月期から同12年9月期までの4事業年度にわたり，架空仕入れを計上するなどの方法により所得を秘匿し，虚偽過少申告を行って法人税をほ脱していたところ，同社に国税局の査察調査が入るに及び，これによる逮捕や処罰を免れるため，知人のAに対応を相談した。

(2)Aは，被告人に対し，脱税額を少なく見せかけるため，架空の簿外経費を作って国税局に認めてもらうしかないとして，Kが主宰するボクシング・ショーに著名な外国人プロボクサーを出場させるという計画に絡めて，同プロボクサーの招へいに関する架空経費を作出するため，契約不履行に基づく違約金が経費として認められることを利用して違約金条項を盛り込んだ契約書を作ればよい旨教示し，この方法でないと所得金額の大きい平成11年9月期と同12年9月期の利益を消すことができないなどと，この提案を受入れることを強く勧めた。

(3)被告人は，Aの提案を受け入れることとし，Aに対し，その提案内容を架空経費作出工作の協力者の一人であるBに説明するように求め，被告人，

A及びBが一堂に会する場で，AがBに提案内容を説明し，その了解を得た上で，被告人がA及びBに対し，内容虚偽の契約書を作成することを依頼し，A及びBは，これを承諾した。

(4)かくして，A及びBは，共謀の上，BがKに対し上記プロボクサーを上記ボクシング・ショーに出場させること，KはBに対し，同プロボクサーのファイトマネー 1000万ドルのうち500万ドルを前払すること，さらに，契約不履行をした当事者は違約金500万ドルを支払うことなどを合意した旨のKとBとの間の内容虚偽の契約書及び補足契約書を用意し，Bがこれら書面に署名した後，K代表者たる被告人にも署名させて，内容虚偽の各契約書を完成させ，Kの法人税法違反事件に関する証拠偽造を遂げた。

(5)なお，Aは，被告人から，上記証拠偽造その他の工作資金の名目で多額の資金を引き出し，その多くを自ら利得していることが記録上うかがわれるが，Aにおいて，上記法人税法違反事件の犯人である被告人が証拠偽造に関する提案を受け入れなかったり，その実行を自分に依頼してこなかった場合にまで，なお本件証拠偽造を遂行しようとするような動機その他の事情があったことをうかがうことはできない。

■**主な争点**■

Aに対する証拠偽造教唆が被告人に成立するか？

2 裁判所の判断

(1)第1審について

「被告人は，相談相手のAから架空経費の作出を教示されて，その名目を自ら発案し，プロモーターに対する選手育成費の支払に関しては経費作出の実行を主導したこと，Mの招聘に関しても，経費支払の相手役としてBを選定し，同人の承諾を取り付けたこと，虚偽契約書の作成という方法をAから教示されて，三者会合を持ち，その場で，上記方法による本件証拠偽造の実行方をF及びGに依頼し，両名の承諾を得たことといった一連の経

過を認めることができるのであり，これに照らすと，前記会合の席で，被告人からA及びBに対し本件証拠偽造を実行するよう働き掛けがなされ，これに応じて，BはもとよりAも，その実行方を決意したものと認めることができる。弁護人は，Aにおいてそれ以前に既に本件証拠偽造に関する犯罪意思を形成していた旨主張するが，Aは，被告人の相談相手として本件証拠偽造の方法を考案しこれを被告人に教示してはいたものの，それを自らが正犯として実行しようとの意思は，被告人の上記働き掛けによって初めて生じさせられたものと認めることができる。」

　被告人側は第1審での判断を不服として控訴したが，控訴審において被告人側はもっぱら量刑についてのみ争い，証拠偽造教唆の成否については争わなかった。そして，控訴審において控訴が棄却されたため，被告人側は再度証拠偽造教唆は成立しないとして最高裁に上告した。

(2) 最高裁について

「Aは，被告人の相談相手というにとどまらず，自らも実行に深く関与することを前提に，Kの法人税法違反事件に関し，違約金条項を盛り込んだ虚偽の契約書を作出するという具体的な証拠偽造を考案し，これを被告人に積極的に提案していたものである。しかし，本件において，Aは，被告人の意向にかかわりなく本件犯罪を遂行するまでの意思を形成していたわけではないから，Aの本件証拠偽造の提案に対し，被告人がこれを承諾して提案に係る工作の実行を依頼したことによって，その提案どおりに犯罪を遂行しようというAの意思を確定させたものと認められるのであり，被告人の行為は，人に特定の犯罪を実行する決意を生じさせたものとして，教唆に当たるというべきである。」

3 当該判例について検討すべき論点

■Q1 犯人自身による証拠隠滅の教唆は，判例・学説においてどのように扱われているか？

　表題判例における争点は，上述の通り，被告人にAに対する証拠偽造教唆が成立するかであった。その際，論ずるべき点は2つある。1つは，犯人自身による証拠偽造の教唆による処罰が認められるのか，である。このことが認められることを前提に，さらに問題となるのが，被告人は被教唆者のAに教唆したといえるのかどうかである。このように表題判例においては，2つの問題点が存在するが，まず，証拠偽造罪の教唆を犯人自身が行った場合に，犯人を証拠偽造の教唆犯で処罰することができるのかどうかについて検討しよう。

　まず，なぜそもそも犯人自身による証拠偽造の教唆による処罰の是非が問題となるのかといえば，刑法104条は，「他人の刑事事件に関する証拠を隠滅し，偽造し，若しくは変造し，又は偽造若しくは変造の証拠を使用した者」として，「他人の刑事事件」に関する証拠の隠滅などのみを処罰し，「自己の」刑事事件に関して証拠の隠滅などを行った者を正犯として処罰しておらず，正犯が処罰されないのであれば，正犯に従属する教唆もまた処罰すべきでないとも考えられるからである。

　この点につき，学説では，教唆犯を肯定する見解(以下，肯定説という)と否定する見解(以下，否定説という)とで対立している。

　判例は肯定説に立っている。すなわち大判明治45・1・15(刑録18輯1頁)において犯人自身による証拠偽造の教唆の可罰性が肯定され，さらに大判昭和10・9・28(刑集14巻997頁)においては，以下の通り，犯人自身による証拠偽造の不処罰根拠を示しつつも，犯人自身による教唆の可罰性が肯定されている。

>「犯人自ら為したる証拠隠滅の行為を罰すべしと為すは人情に悖り被告人の刑事訴訟における防御の地位と相容れざるものありとし，刑事政策上これに可罰性を認めざるものに係る。
>　然るに他人が他人の刑事被告人事件に関する証拠を隠滅するの行為あり

第 10 章　共犯と「条件付故意」

> たるときは刑法第104条の罪を構成し，かくして其の証拠隠滅行為に出でたる目的が刑事被告人を庇護するためその利益を図るにありたりとするも同罪の成立を肯認すべきものなる以上，自己の刑事被告事件に関する証拠を隠滅させしむるため他人を教唆して犯罪実行せしめたる者に対しては，教唆犯の罪責を負担せしむるをもって正当となせばなり。」(筆者において，旧字体を改め，片仮名を平仮名に改めた)

その後，最高裁は，大審院判例を受け継ぎ，たとえば最決昭和40・9・16 (刑集19巻6号679頁) において，次のように判示した。

> 「なお，犯人が他人を教唆して，自己の刑事被告事件に関する証憑を偽造させたときは，刑法104条の証憑偽造罪の教唆犯が成立するものと解すべき」とした。

以上のように，判例においては，まず犯人自らが証拠偽造を行う場合には，人情に悖ること，刑事訴訟における被告人の防御の観点から不処罰としつつ，犯人自身が証拠隠滅を教唆する場合においては，被教唆者において証拠偽造が成立する以上，当該犯罪の実行を教唆した者についても証拠偽造罪の教唆が成立することは当然とするのである。ここでは，自らにおいて証拠偽造する場合と，自己に関わるものであっても他人をして犯罪を行わせた場合とでは法的評価は当然に異なるとされているのである。表題判例もまた，このような従来の判例と結論を同じくするもので，それゆえこれまでの判例を踏襲したものと解される[2]。

それに対して学説においては，上述の通り，肯定説と否定説が対立しているが，肯定説は主として次のような根拠で，犯人自身による教唆の可罰性を肯定する。たとえば，団藤によれば，「本人の実行については期待可能性が欠如するが，他人を教唆して実行させるのは，他人を罪に陥れるものであるから期待可能性は欠如しない[3]」とするのである[4]。

このような肯定説に対して，否定説は自己の刑事事件において自ら証拠隠滅する場合の不処罰の根拠を期待可能性の欠如に見出すことを前提に，このことは正犯だけでなく，共犯にも妥当するとして，犯人自身による証拠偽造の教唆

165

は不可罰とするのである。

　肯定説は，犯人自身にとっては自己の刑事事件であっても，正犯の犯罪は成立している以上，それに関わった犯人自身もまた共犯としての処罰に値するとするもので，これは共犯の処罰根拠論でいうところの責任共犯論（他人を罪責に陥れた点に処罰根拠を見出す），あるいは不法共犯論（正犯に違法な行為を誘発・助長した点に共犯の処罰根拠を見出す）を前提とするものといえよう。このような責任共犯論あるいは不法共犯論それ自体の問題性は置いておくとしても，肯定説が不処罰の実質的根拠を期待可能性の欠如に見出すとき，否定説のいうように，自ら証拠偽造する場合と他人を唆してする場合とで心理的圧迫状況が類型的に異なるとは思えないので，教唆犯としても期待可能性の欠如は妥当し，不処罰とする否定説の結論のほうが妥当であると思われる。

　ところで否定説において正犯における証拠偽造の不処罰根拠について期待可能性の欠如を理由とするとき，その体系的位置づけとして責任阻却が考えられているわけではなく，自ら証拠偽造をする場合には「他人の刑事事件」にあたらず，それゆえ構成要件に該当しないと考えている点に注意すべきである。ただ犯人自身による証拠偽造が処罰されない実質的根拠を期待可能性の欠如に求めているのである。それゆえ，否定説において犯人自身による証拠偽造の教唆を不可罰とする場合に実質的根拠を期待可能性の欠如に見出すにしても，正犯と同様に犯人自身による証拠偽造教唆が教唆犯の構成要件に該当しないということを論証しなければならないのである。

　この点，近時，共犯の処罰根拠の観点から犯人自身による証拠偽造の教唆において，教唆犯構成要件該当性を否定する見解が主張されている。すなわち，共犯の処罰根拠を，共犯者もまた他人を通じて構成要件を実現した点に見出す惹起説である。証拠偽造罪とは「他人の刑事事件に関する証拠の隠滅」などを行う犯罪であるが，この犯罪に対する教唆とは，惹起説によれば，教唆者が他人を通じて，「他人の刑事事件に対する証拠の隠滅」などする場合と理解されることになる。それに対して，犯人自身による証拠偽造教唆とは犯人自身が他人を通じて「自己の刑事事件に関する証拠の隠滅」などの教唆を行っている場合であるので，他人を通じて，「他人の刑事事件に関する証拠の隠滅」という構成要件を実現したものでない以上，共犯として処罰することはできないとす

るのである[8]。このように解すれば、犯人自身が教唆犯の構成要件に該当しないことを説明できる[9]。

しかし、上述の通り、判例は肯定説に依拠しており、表題判例もまたこのことを前提に、被告人に対して証拠偽造の教唆の成否を論じているので、ここでは、犯人自身による証拠偽造教唆について惹起説によればその教唆犯構成要件の不該当性を説明できることの確認にとどめ、以下では犯人自身による証拠偽造教唆の可罰性もまた肯定されることを前提にして検討を進めよう。

■Q2　教唆犯はどのように定義されるのか？

通説によれば、教唆とは、「人に犯罪実行の決意を生ぜしめること」である[10]。この定義に従えば、すでに犯罪実行の決意を有している者に犯罪を行うよう唆しても、教唆にはならず、心理的幇助（場合によっては共謀共同正犯）の成否が問題となるにすぎない[11]。判例もまた同様の立場にある[12]。

このことを前提に表題判例をみると、表題判例において被教唆者は被告人に対して具体的な証拠の偽造のやり方を提案しており、それゆえ被告人側は、被教唆者は被告人の証拠偽造の指示以前にすでに証拠偽造の決意を有していたのであるから、証拠偽造の教唆犯は成立しないと主張したのである。

もっとも、表題判例の認定事実によれば、被教唆者は証拠偽造を行うかどうかについて、被告人の指示の有無に依存させていた、つまり被告人の指示があれば行うが、しかし被告人の指示がなければ行うつもりはなかったとされている。問題は、このように犯罪の実行を一定の事態にかかわらせている場合であっても、被教唆者に犯罪実行の決意があったといえるのかどうか、である。

■Q3　「条件付故意」と真の故意との関係は？

このように、犯罪の遂行を一定の条件に依存させる心理状態を一般に条件付き故意という[13]。条件付き故意に関してはそもそも故意として十分なのかが争われているが、判例と通説ないし多数説は条件付き故意もまた一定の要件のもとで故意として肯定している。

条件付き故意は、結果の発生が不確実である点では、未必の故意と共通するが、しかし未必の故意の場合、犯罪結果が発生するかどうかは行為者にとって

不確定だが，しかし行為を行う決意は有しているのに対して，条件付き故意においては，行為それ自体を行うかどうかが不確定で，それゆえ犯罪を行う決意を有していたといえるのかどうかが問題となる点で異なる。

この点，後述の通り，判例あるいは学説は決意それ自体を未だ有していない未決意の場合と，意思それ自体は確定しており，それゆえ決意は存在するが，しかし決意の実現を一定の外部的事情の発生に依存させている場合とを分け，後者においては決意それ自体が存在する以上，故意としては問題ないとするのである[14]。もっとも，ここでいう決意の程度（意思の確定の程度）については後述の通り，学説上，争いがある。

判例もまた，予備罪（たとえば，大判明治42・6・14刑録15輯769頁）においてや，参考判例にあるように，共謀共同正犯の事例において，条件付き故意もまた故意として十分との判断を示している。以下ではとりわけ，参考判例①②をとりあげて検討し，これらとの関係で表題判例を位置付けてみよう。

Q4 参考判例①②と表題判例は整合するのか？

参考判例①は，組織的暴力団の幹部である被告人が抗争中の相手方暴力団の組長を配下の者を使って殺害させたもので，被告人は，AおよびBとの間で，被害者らがビル四階のC方に押し掛けまたは喧嘩となるなどの事態になれば，被害者を殺害するもやむなしとして，同人殺害の共謀を遂げ，その際，現実に殺害の実行に着手すべき事態については，現場に赴く者の状況判断に委ねられていたという事案で，最高裁は次の判断を下した。

> 「謀議された計画の内容においては被害者の殺害を一定の事態の発生にかからせていたとしても，そのような殺害計画を遂行しようとする被告人の意思そのものは確定的であつたのであり，被告人は被害者の殺害の結果を認容していたのであるから，被告人の故意の成立に欠けるところはない」

このように参考判例①は，被告人は行為の遂行を一定の事態にかかわらせていたものの，殺害意思それ自体は確定していたとして故意を肯定している[15]。つまり，上述の学説の理解と同様に，「意思そのもの」が確定していたのかどうかと，その意思を遂行するのかどうかを一定の条件に依存させている場合とを

区別し，殺害意思そのものは確定していることから，故意に欠けるところはないとしたのである。この理解は次の参考判例②においても踏襲されている。

参考判例②は，被告人が，同伴者らとともに，被害者との金銭問題を解決するため犯行現場の喫茶店へと向かい到着した際に，同伴者らに対し，同伴者らが場合によっては殺害も辞さない決意でいることを知りそれもやむなしとし，被害者の応対が悪いときは，その後の事態の進展を同人らの行動に委ねる旨の意思を表明していたところ，その後犯行現場においてAらが刺身包丁で被害者の左前胸部等を突き刺し，さらに右自動車内において，Bが刺身包丁で被害者の大腿部を突き刺し同車内において，被害者を前記左前胸部（心臓）刺創に基づく出血失血により死亡させるに至らせたという事案で，最高裁は次のような判断を示した。

「原判決は，指揮者の地位にあつた被告人が，犯行現場において事態の進展をAらの行動に委ねた時点までには，謀議の内容においてはAらによる殺害が被害者の抵抗という事態の発生にかかつていたにせよ，Aらによつて実行行為を遂行させようという被告人の意思そのものは確定していたとして，被告人につき殺人の未必の故意を肯定したものであると」理解し，被告人に殺人の故意を認めた原判決を是認した。

参考判例②は最終的に未必の故意を肯定しているが，しかし，問題となっているのは参考判例①と同様にいわゆる条件付き故意が刑法上の故意として十分なのかということである。そしてこの点につき，被告人の，実行行為を遂行させようという意思それ自体は確定していたとして故意を肯定したのである。

それに対して，表題判例は，「Aは，被告人の意向にかかわりなく本件犯罪を遂行するまでの意思を形成していたわけではないから，Aの本件証拠偽造の提案に対し，被告人がこれを承諾して提案に係る工作の実行を依頼したことによって，その提案どおりに犯罪を遂行しようというAの意思を確定させたものと認められる」とし，被告人の意向がなければ犯罪を遂行するつもりはなかった，つまり，依頼以前は未だ未決意の状態にあったとする。もっとも，表題判例においてAは被告人に自ら証拠偽造の提案をし，その実行に深く関与することを前提としていたことから，依頼以前から，証拠偽造を行う意思はす

でに有しており，ただ，その遂行を被告人の承諾・依頼にかかわらしめていたと解することもでき，このように理解する場合，表題判例のいう「意思の確定」とは，意思の実現の確定であって，意思それ自体の確定をいうものではない。このような理解が正しければ，表題判例もまた参考判例①②と同様に意思それ自体は確定していた事例ということになる。であれば，同様の心理状態であるにもかかわらず，参考判例①②は故意が肯定されるのに対して，表題判例においては故意が否定されるのは矛盾ではないかが問題となるのである。[18]

　このことに答えるためには，どのような場合に条件付き故意が認められるのかについて明らかにしなければならない。条件付き故意には2つの問題点がある。1つは，上述の通り，どの程度の決意であれば故意として十分なのかという問題と（意思の確定の程度に関する問題），もう1つは，条件の性質が決意の成否に影響するのか，つまり付与された条件の性質と故意との関係の問題である[19]。

　前者の意思の確定の程度に関しては，学説上争いがあるが，多数説は，意思が最終的に確定している，つまり不退転の決意を必要とするのに対して[20]，少数説は犯罪遂行に向けての優越的な確定，つまり一応の決意で十分とする[21]。このように最終性説と優越性説とが学説上対立しており，また判例の理解においても，判例は最終性説の立場とする見解[22]と，優越性説で理解できるとする立場[23]が対立している。

　以上の意思の確定の程度に関する争いを踏まえて，表題判例と参考判例①②とを矛盾なく理解するためには，参考判例①②は意思の確定ということで最終性を求めていると解し，それに対して表題判例においては，被教唆者には優越的な意思しか認められないため，故意として不十分ゆえに，依頼以前には故意は未だないとしていると解さなければならない。

　しかし表題判例は被教唆者が，依頼以前にどのような心理状態にあったのか，つまり証拠偽造の決意を有していたのか，有していたとしてそれはどの程度強固なものなのかにつき，明らかにしていない。それゆえ，この点に参考判例①②との相違を見出すのは困難であろう。

　むしろ表題判例が，「Aは，被告人の意向にかかわりなく本件犯罪を遂行するまでの意思を形成していたわけではない」としていることからすれば，条件

との関係で被教唆者のＡにはいまだ意思の形成がない，つまり決意それ自体がそもそも存在しないと解しているように思われる。それゆえ，次に，条件が決意に与える意味の観点から表題判例を検討し，表題判例において決意が否定されるのかどうかについて検討しよう。

　この点を検討するにあたって，まず明らかにしておかなければならないのは，そもそも犯罪遂行の決意とは何なのかである。この点，近時の有力説によれば，決意とは「ある一定の内的方向付けの認識」とし，それに対して未決意とは「望まれる複数の可能な行態が非両立であることから生じる内的コンフリクト状態」とする。[24] つまり，決意とは，複数の選択肢の中から自ら特定の方向に確定することで内的コンフリクト状態を解消することと解されるのである。このように決意において行為者の主体的な判断が示されているがゆえに，倫理的判断の対象となり，刑法上の非難の対象となるのである。

　このことを踏まえると，刑法の意味での決意とは，「構成要件を実現すると主体的に判断を下したこと」と解される。このような理解からすれば，たとえばある行為者がサイコロを振り偶数の目がでれば殺害を実行しようと考えていたという場合，当該行為者は殺害の遂行について主体的な判断を下すことなく，その決断を完全に外部に依存させているため，「条件を含めた，実現される事態全体に対して行為者の主体的な判断」が示されておらず，それゆえ，決意とはいえず，故意としては不十分とされるのである。[25]

　以上のことを前提にすると，表題判例が，「被告人が証拠偽造に関する提案を受け入れなかったり，その実行を自分に依頼してこなかった場合にまで，なお本件証拠偽造を遂行しようとするような動機その他の事情があったことをうかがうことはできない」と認定し，「Ａは，被告人の意向にかかわりなく本件犯罪を遂行するまでの意思を形成していたわけではない」との判示は，被教唆者のＡが証拠偽造の遂行を被告人に完全に委ねていることから，被教唆者には証拠偽造の主体的判断が示されたとはいえず，それゆえ犯行決意が認められないことを意味するものと解されるのである。つまり，被教唆者が自己の犯罪遂行を味方側に完全に委ねていたがゆえに，依頼以前には，主体的な判断は未だなかったと表題判例は解したのだと理解するのである。[26]

　それに対して参考判例①②は殺害結果について条件成就に依存させているも

のの当該条件は表題判例とは異なり敵側のものであり，条件の性質が表題判例における場合と異なる。つまり自己の行為計画に基づいて行為を遂行していく際に，当然様々な偶然的な事情に左右されるのであるから，その遂行は敵側の事情も含めた一定の条件に左右されるものの，そのことをも含めてその遂行過程全体について，行為者は通常，主体的な判断を下しているといえる。であれば，参考判例①②においては，行為者は条件を含めた事態全体については行為者の主体的な判断を示しているといえ，それゆえ故意が認められたと理解しうる。仮にこのような理解が正しければ，表題判例と参考判例①②とを整合的に理解することができる。しかし，このような理解もまた困難だとすれば，表題判例と参考判例①②とはやはり矛盾することになるだろう。

4　当該判例の射程

　表題判例は教唆犯の成立において実行者の決意の有無・程度が問題となることを示した点で先例的な意義を有するものといえる。さらに，正犯者が犯罪の遂行を一定の外部的条件にかかわらしめた場合に，意思の形成が認められず，それゆえ故意が否定される場合のあることを示した点でも意義を有すると思われる。このことによって，判例においても犯罪の遂行を一定の条件に依存させた場合に故意が認められる場合もあれば否定される場合もあることが示された。もっとも，その基準については明らかではなく，この点，今後の判例の集積において明確化されることが期待される。

　最後に表題判例の射程として問題となるのは，一定の条件に犯罪の遂行を依存させている心理状態が故意として否定される場合のあることが，表題判例の事案のように，教唆犯との関係に限定されるのか，それともその他の故意一般にも妥当するのかである。この点，表題判例が，条件付与の決意に与える意味の観点から決意を否定したとすれば，この点については教唆犯との関係に限定されない。もっとも，表題判例において，味方側の依頼である点であったことが主体的判断との関係で重要だとすれば，表題判例の射程は，犯罪の遂行が味方側の振る舞いに依存している場合に限定されるのであって，参考判例①②のように敵側の振る舞いに犯罪の遂行を依存させている場合には及ばない。

第 10 章　共犯と「条件付故意」

〔注〕
1）　表題判例に関する評釈・解説としては以下のものがある。門田成人「判批」法学セミナー626号（2007年）119頁，豊田兼彦「判批」刑事法ジャーナル8号（2007年）140頁，嶋矢貴之「判批」ジュリスト1363号（2007年）131頁，谷直之「判解」受験新報674号（2007年）18頁，前田巌「判解」ジュリスト1336号（2007年）118頁，宮川基「判批」判例セレクト2007（法学教室330号別冊）（2007年）28頁，山元裕史「判解」警察学論集60巻9号（2007年）187頁，十河太朗「判批」同志社法学60巻8号（2007年）425頁，瀬戸毅「判解」研修710号（2007年）13頁，関根徹「判批」速報判例解説編集委員会編『速報判例解説Vol.1』（日本評論社，2007年）187頁など。
2）　豊田・前掲注1）141頁以下，十河・前掲注1）428頁以下など。
3）　団藤重光『刑法綱要各論［第3版］』（創文社，1990年）90頁。同旨のものとして，大塚仁『刑法概説　各論』（有斐閣，1974年）491頁，佐久間修『刑法各論』（有斐閣，2006年）389頁，392頁など。
4）　肯定説のさらなる根拠として，たとえば前田は，他人を教唆して証拠を隠滅させる方が法益侵害性が高まるとする。前田雅英『刑法各論講義［第4版］』（東京大学出版会，2007年）538頁。
5）　山口厚『刑法各論［第2版］』（有斐閣，2010年）589頁，西田典之『刑法各論［第5版］』（弘文堂，2011年）445頁以下，449頁など。
6）　この点，武藤は「他人を介入させた場合の方が期待可能性が高まるということを積極的に論証しない限り，犯人による教唆は不可罰とされるべき」とする。武藤眞朗「司法に対する罪と共犯」西田典之ほか編『刑法の争点』（有斐閣，2007年）252頁。
7）　松宮孝明『刑法総論講義［第4版］』（成文堂，2013年）318頁以下。
8）　豊田・前掲注1）145頁，さらに松宮・前掲注7）252頁以下，320頁以下も参照。
9）　もっとも，近時，犯人自身による証拠偽造への関与において，教唆犯を肯定するのみならず，幇助犯や共同正犯をも肯定しうるとの見解が主張されている。たとえば，安田によれば，犯人蔵匿罪・証拠隠滅罪とは「犯人が『他人に助けてもらえる』ことを処罰」するもので，「自らを助ける行為については不問に付される結果，犯人自身は同罪の不法を犯しえない」としたうえで，犯人自身による証拠偽造教唆については「65条1項の実質的根拠がそのままの形で妥当し，犯人自身は単独では当該不法を犯しえないが，それを犯しうる他者の行為に関与することにより，ともに不法を実現しうることになる」とすることで，自身の証拠偽造に関与した犯人に教唆犯の成立のみならず，幇助，共同正犯の成立をも肯定するのである。安田拓人「司法に対する罪」法学教室305号（2006年）80頁，同様の結論を採るものとして，内田文昭「消極的身分と共犯」『田宮裕博士追悼論集』（信山社，2001年）430頁，十河・前掲注1）436頁以下，439頁など。しかし，そもそも犯人自身は実現しえないとされたことが，他人の関与があれば（65条1項の実質的根拠を妥当させたとしても），なぜ他人のみならず犯人自身もまた実現することができることになるのであろうか。
10）　団藤重光『刑法綱要総論［補訂版］』（創文社，1979年）377頁，山口厚『刑法総論［第2版］』（有斐閣，2007年）292頁など。このような定義に対しては，教唆とは「客観的に犯罪に至ることとなる行為の決意をさせてこれを実行させること」をいうとする見解も有力に主張されている。松宮・前掲注7）280頁。もっとも，表題判例における問題においては，いずれの立場に立つにせよ同様に問題となる。
11）　豊田・前掲注1）142頁，西田典之『刑法総論［第2版］』（弘文堂，2011年）325頁。
12）　大判大正6・5・25刑録23輯519頁。
13）　もっとも，条件付き故意の定義自体は，未だ明確ではない。最決昭和56・12・21におい

173

て,「条件付故意とは,故意は単純に存在し,これに基づく実行行為だけが条件にかかっている場合を指している」とする。それに対して,学説においては,たとえば内藤は,「犯罪遂行の意思は確定的であるが,その遂行を一定の条件に関わらせている場合」とし,西村は,「自己の行為のさらなる遂行を一定の条件にかからせている場合」とする。西村秀二「いわゆる『条件付故意』について──未完成犯罪を中心として」上智法学論集30巻1号(1987年)260頁。それに対して,齊藤は,条件付き故意とは,「実行行為のまえの行為をするかどうか迷っているまだ確定していない心理状態」をいうものであり,実行行為に至ればそのような心理状態は解消するだろうから,条件付き故意を故意と考える必要はないとする。齊藤誠二『刑法講義各論Ⅰ〔新訂版〕』(多賀出版,1979年)63頁。
14) 塩見淳「条件付故意について」刑法雑誌30巻1号(1989年)43頁。
15) 本件に関する,評釈・解説として,福田平「判批」判例時報1046号(1982年)214頁,岡野光雄「判批」昭和57年度重要判例解説(1983年)157頁,園田寿「判批」『刑法判例百選Ⅰ〔第2版〕』(有斐閣,1984年)102頁,佐藤文哉「判解」最高裁判所判例解説刑事篇昭和56年度(1982年)330頁など。
16) 浜野惺「判解」最高裁判所判例解説刑事篇昭和59年度(1985年)207頁。
17) 本件に関する評釈,解説として,青柳文雄「判批」判例時報1129号(1984年)214頁,西村秀二「判解」『刑法判例百選Ⅰ〔第3版〕』(有斐閣,1991年)86頁,西村秀二「判解」『刑法判例百選Ⅰ〔第4版〕』(有斐閣,1997年)84頁,浜野・前掲注16)202頁,安達光治「判解」『刑法判例百選Ⅰ〔第5版〕』(有斐閣,2003年)76頁など。
18) 松宮・前掲注7)292頁以下参照。
19) 塩見・前掲注14)43頁。
20) 西村・前掲注13)251頁など。
21) 塩見・前掲注14)83頁,園田・前掲注15)103頁,安達・前掲注17)77頁など。
22) 西村・前掲注13)281頁以下,福田・前掲注15)56頁など。
23) 塩見・前掲注14)83頁。
24) 塩見・前掲注14)67頁。
25) 塩見・前掲注14)67頁以下。
26) 表題判例に関する調査官解説が「被告人の承諾・依頼がない以上証拠偽造に及ぶメリットがAにない点」に着目して意思の確定を否定するのも,被教唆者には主体的な判断が示されていないことの理由をいうものと解される。前田巌「判解」ジュリスト1336号(2007年)120頁。

◆復習問題1

暴力団の舎弟頭甲は,配下のA,B及びCとの間で,一向に貸金を返さないDから貸金問題について明確な回答が得られないときは,結着をつけるために,暴力的手段に訴えてでもDを強制的に連行しようと企てた。その際,当初は,Dと貸金問題についていま一度話し合ってみる余地もあると考えていたものの,一方では,このような緩慢な態度に終始していると舎弟頭として最後の責任をとる羽目にもなりかねないとも考え,また,本件犯行現場に向かう自動車内等でのA,B,Cの言動から,AらがDの抵抗いかんによってはこれを殺害することも辞さないとの覚悟でいるのを察知し,Aらとともに本件犯行現場に到着した際には,Aらに対し,Dの応対が悪い

ときは，その後の事態の進展を同人らの行動に委ねる旨の意思を表明した。その後犯行現場においてＡ及びＢが刺身包丁でＤの左前胸部等を突き刺したうえ転倒した同人を自動車後部座席に押し込む際，「早よ足を入れんかい」などと指示し，さらに右自動車内において，Ｂが刺身包丁でＤの大腿部を突き刺したのに対してもなんら制止することがなかった。

甲の罪責について論ぜよ（ただし，特別法違反の点は除く）。

（参考：最判昭和59・3・6刑集38巻5号1961頁）

◆復習問題2

　スポーツイベントの企画及び興行を目的とする株式会社Ｋの代表取締役である甲は，架空仕入れの計上などで所得を秘匿し，虚偽過少申告を行なって法人税をほ脱していた。国税局がＫに査察調査に入るに及び，甲が税理士の乙に対処を相談したところ，乙は，さらに同僚の税理士丙に具体的な対処方法を相談した。すると，丙は，脱税額を少なく見せる目的で，外国人のプロボクサーの招聘に関する架空経費を作出するため，違約金条項を盛り込んだ契約書を作成する方法があることを教示し，それを甲に勧めた上で甲から依頼があれば乙が契約書の作成を請け負えばよいと助言したので，乙はこの方法を甲に提案して，その受け入れを強く勧めた。甲は，乙の提案に従い，乙に対して内容虚偽の契約書を作成することを依頼し，乙はこれを承諾した。その上で，乙は，プロボクサーの丁を説得してＫと丁との間の内容虚偽の契約書及び補足契約書を用意し，丁がこれらの書面に署名した後，Ｋ代表者たる甲にも署名させて，内容虚偽の各契約書を完成させた。

甲，乙，丙，丁の罪責について論ぜよ（ただし，特別法違反の点は除く）。

（参考：最決平成18・11・21刑集60巻9号770頁）

〔玄　守道〕

第11章

他殺と自殺関与の区別
——「自動車による海中飛込み強制」事件——

表題判例：最決平成16・1・20刑集58巻1号1頁
参考判例①：最判昭和33・11・21刑集12巻15号3519頁
参考判例②：広島高判昭和29・6・30高刑集7巻6号944頁
参考判例③：福岡高宮崎支判平成1・3・24高刑集42巻2号103頁
参考判例④：東京地判昭和47・4・27刑月4巻4号857頁，判時668号32頁

1 事実関係

(1)甲は，ホストクラブにおいてホストをしていたものであるが，客であったAが数ヶ月間にわたってたまった遊興費が支払えなくなったことから，Aに対し，激しい暴行，脅迫を加えて強い恐怖心を抱かせ，風俗店などで働くことなどを強いて，分割でこれを払わせるようになった。
(2)しかし，甲は，Aの少ない収入からわずかずつ支払いを受けることに飽き足らなくなり，Aに多額の生命保険金を掛けたうえで自殺させ，保険金を取得しようと企て，Aを複数の生命保険に加入させたうえ，婚姻の意思がないのに偽装結婚して，保険金の受取人を自己に変更させるなどした。
(3)甲は，借金の返済のためにまとまった資金を用意する必要に迫られたことから，生命保険契約締結から1年を経過した後にAを自殺させることにより保険金を取得するという当初の計画を変更し，Aに対し直ちに自殺を強いる一方，Aの死亡が自動車の海中転落事故に起因するものであるように見せかけて，災害死亡による保険金を早期に取得しようと企てるに至った。そこで，某年1月9日，甲は自己の言いなりになっていたAに対し，

176

まとまった金が用意できなければ，死んで保険金で支払えと迫ったうえ，Aに車を運転させ，それを他の車を運転して追尾する形で，本件犯行現場まで行かせたが，付近に人気があったため，その日は飛び込ませることを断念した。

(4) 甲は，翌10日午前1時ころ，Aに対し，事故を装って車ごと海に飛び込むという自殺の方法を具体的に指示し，同日午前1時30分ころ，本件漁港において，Aを運転席に乗車させて，車ごと海に飛び込むように命じた。しかし，甲は，Aがこれまで頼めないといっていた父親のところに連れて行ってほしいなどと話しだしたことに激怒し，Aの顔面を平手で殴るなどの暴行を加え，海に飛び込むように迫った。さらに，Aは哀願を繰り返し，夜が明けてきたことなどから，甲は，「絶対やれよ。やらなかったらおれがやってやる。」などと申し向けたうえ，翌日に実行を持ち越した。

(5) Aは，甲の命令に応じて自殺する気持ちはなく，被告人を殺害して死を免れることや，逃げることなども考えたが，思い悩むうち，車ごと海に飛び込んで生き残る可能性にかけ，死亡を装って甲から身を隠そうと考えるに至った。

(6) 翌11日午前2時過ぎころ，甲は，Aを車に乗せて本件漁港に至り，運転席に乗車させたAに対し，「昨日言ったことを覚えているな。」などと申し向け，さらに，ドアをロックすること，窓を閉めること，シートベルトをすることなどを指示したうえ，車ごと海に飛び込むように命じた。甲は，Aの車から距離を置いて監視していたが，その場にいると，前日のように被害者から哀願されるかもしれないと思い，もはや実行する外ないことをAに示すため，現場を離れた。

(7) それから間もなく，Aは，脱出に備えて，シートベルトをせず，運転席ドアの窓ガラスを開けるなどしたうえ，普通乗用自動車を運転して，本件漁港の岸壁上から海中に同車もろとも転落したが，車が水没する前に，運転席ドアの窓から脱出し，港内に停泊中の漁船に泳いでたどり着き，這い上がるなどして死亡を免れた。

(8) 本件当時，現場の海は，岸壁の上端から海面まで約1.9m，水深約3.7m，水温約11度という状況にあり，このような海に車ごと飛び込めば，脱出する

意図が運転者にあった場合でも，飛び込んだ際の衝撃で負傷するなどして，車からの脱出に失敗する危険性が高く，また，脱出に成功したとしても，冷水に触れて心臓まひを起こし，あるいは心臓や脳の機能障害，運動機能の低下を来して死亡する危険性が極めて高いものであった。

■**主な争点**■

(i) 死亡の危険のある行為を被害者が自ら行った場合の自己答責性（自損行為性）の有無

(ii) 死亡の危険のある行為を被害者に強制した場合の殺人の実行行為性

(iii) 被告人による強制にもかからず，被害者が現実に死亡の意思を有しなかった場合の殺人罪の故意

2 裁判所の判断

「上記認定事実によれば，被告人は，事故を装い被害者を自殺させて多額の保険金を取得する目的で，自殺させる方法を考案し，それに使用する車等を準備した上，被告人を極度に畏怖して服従していた被害者に対し，犯行前日に，漁港の現場で，暴行，脅迫を交えつつ，直ちに車ごと海中に転落して自殺することを執ように要求し，猶予を哀願する被害者に翌日に実行することを確約させるなどし，本件犯行当時，被害者をして，被告人の命令に応じて車ごと海中に飛び込む以外の行為を選択することができない精神状態に陥らせていたものということができる。

　被告人は，以上のような精神状態に陥っていた被害者に対して，本件当日，漁港の岸壁上から車ごと海中に転落するように命じ，被害者をして，自らを死亡させる現実的危険性の高い行為に及ばせたものであるから，被害者に命令して車ごと海に転落させた被告人の行為は，殺人罪の実行行為に当たるというべきである。

　また，前記（番号省略——引用者）のとおり，被害者には被告人の命令に応じて自殺する気持ちはなかったものであって，この点は被告人の予期に反

> していたが，被害者に対し死亡の現実的危険性の高い行為を強いたこと自体については，被告人において何らの認識に欠けるところはなかったのであるから，上記の点は，被告人につき殺人罪の故意を否定すべき事情にはならないというべきである。」

3 当該判例について検討すべき論点

■Q1 本件の特殊性はどのような点にあるといえるか？ 参考判例①～③の事案と比較せよ

　事実関係(8)で示したとおり，真冬の海に自動車ごと飛び込むという，甲が被害者Aに強いて命じた行為は，負傷により脱出に失敗し，たとえ脱出に成功したとしても冷水に触れたことによる心臓まひ等で死亡に至る危険性が高いものであった。その意味で，Aが助かったのは，彼女自身の事前の準備もあるが，運によるところも大きかったといえよう。

　Aは，自らの死を意図してこのような行為に出たわけではない。事実関係(5)に示されるとおり，Aは，本件実行の前日の時点で，甲の命令に応じて自殺する気持ちはなく，当日，命令を実行することにしたのは，車ごと海に飛び込んで生き残る可能性に賭け，死亡したように装って甲から身を隠そうとするためであった。つまり，Aは甲の命令のとおりに自殺するという意思は，はじめからなかったことになる。

　これに対し，参考判例①～③の事案では，本件と異なり，被害者が死の危険のある行為を自ら実行する際，（そこに至った動機はともかくとして）自己の死を形の上では意図しており，生存の可能性に賭けて，そのための措置を講ずるようなことはしていない。この点に大きな違いがある。従来の裁判例に比して本件に特殊な点を挙げるとすれば，それは，行為者に強制されて，自殺に相当する行為を実行した被害者が，強制にもかかわらず自らの死を望んでおらず，むしろ，生存の可能性に賭け，行為者に見つからないようにそのための事前の措置も講じていた点にある。

179

■Q2　本件において，Aは自己の行為による死亡の危険性を認識していたといえるか？

　もちろん，冒頭で述べたとおり，甲によって命令された行為は，Aによる事前の脱出のための措置にもかかわらず，死亡の危険性の高いものであった。本問では，Aがこのような危険を実際に認識していたかを問うているが，まず，一般論として，本件被告人の殺意に関する部分で，第1審判決（名古屋地判平成13・5・30刑集58巻1号8頁）は次のように述べている。

> 「真冬の海で，水温が低く，心臓麻痺や溺死の危険性が高いこと，相当の高さから海面まで車で落下すれば，かなりの衝撃が加わり，それにより負傷する可能性が高いこと，海中に沈んでいく車から脱出することは困難であり，仮に脱出できたとしても死亡の危険性が高いことは，通常，了解できる事柄であ」る。

　本件被告人についても，現場の状況や被害者が車ごと海中に飛び込むことをわかっていたことから，これらの点は十分に認識することができたとされている。
　被害者Aにおいても，通常の判断能力を有する限り，上記の事項は十分に分かっていたと考えるのが自然であろう。このことは，Aが本件実行の前日，同様に自動車ごと海中に飛び込むように強制され，恐怖のあまりそれができず，また，第1審の事実認定によると，その際，緊張のあまり嘔吐してしまったという点からも窺える。そして，Aが本件実行において，自身が死に至る可能性があると覚悟していたことは，彼女が海から上がった直後に，連絡を受けて駆けつけた勤め先のスナックのママに対し，死んでしまった場合のことを考えて，後で警察の方で身元がすぐに分かるように，財布と運転免許証をブラジャーの中に入れたと話していることからも分かる。したがって，Aは，海中に自動車ごと飛び込むという行為につき，死亡に至る危険性が高いことを認識していたということができる。

■Q3　甲のAに対する強制は，Aの行為選択に至るまでの意思決定にどのような影響を与えたか？　また，Aは自らの意思で本件行為に出たと解せるか？

　甲は，事実関係(1)で示されるように，Aがホストクラブの客として遊興代金

を払えない状態になった時点から、Aに対して暴行を加えており、Aはこれに対して恐怖心を抱いていたことが窺える。第1審判決の事実認定では、被害者は被告人の言動や暴力に対し、強い恐怖心を抱き、たとえ逃げたとしても、ホストクラブ業界の情報網を使って探し出され、家族にも迷惑がかかると考え、被告人に従うことにしたとされている。また、被告人はその後も、被害者がいうことを聞かなかった場合などに暴行を加えている。さらに、本件実行の前には計3日間にわたり、Aは被告人宅に寝泊まりさせられ、自殺するように強く要求されている。こうした事実を踏まえ、第1審判決はAが本件行為を選択するに至った意思決定過程の評価について次のように述べる。

「被告人に対する借金及びその返済を迫る被告人の脅しや暴力によって、服従関係にあり、返済の資金を用意することができず、逃げることもできず、家族に助けを求めることもできない状態にあったところ、本件犯行前、約3日間にわたり、被告人から車ごと海に飛び込んで死ぬように執拗に迫られ、暴行も受けるなどしたことから、精神的に疲弊し、被告人の指示に逆らうことができず、車ごと海に飛び込む以外の選択肢を選ぶことはできない状態に至っていた。」

このように、暴行、脅迫等による強制によって、他にとり得る選択肢が奪われるような場合、被害者のした意思決定は、自由になされたものとは評価されない。

参考判例③も、欺罔や脅迫・威迫により被害者を自殺へと追いつめた行為につき、(強盗)殺人罪の成立を認めたものである。事案は、被告人は被害者から事業資金名目などで借金をしていたが、返済が立ち行かなくなったため、発覚を免れるために、被害者に自殺させるように仕向けようとしたものである。被告人は、まず、被害者に対し、他人に金を貸していたことを種にして、それが出資法という法律に違反しており、間もなく警察が調べに来るが、罪となると3ヶ月か4ヶ月刑務所に入ることになるなどと虚構の事実を述べて脅迫し、不安と恐怖におののく被害者を、警察からの追及から逃すためという口実で連れ出して、17日間にわたり、鹿児島から福岡、出雲などを連れ回ったり、自宅や空き家に一人で潜ませたりした。その間、体力も気力も弱った被害者に、近所

の人にみつかるとすぐに警察に捕まるとか，警察に逮捕されれば身内のものにも迷惑がかかるなどと申し向け，知り合いや親戚との接触を断ち，もはやどこにも逃げ隠れする場所がないという状況にあるとの錯誤に陥らせ，身内に迷惑がかかるのを避けるためにも自殺する以外とるべき道はない旨，執拗に慫慂して心理的に追いつめた。そして，犯行当日には，警察官がついに被告人のところまで事情聴取にきたなどと告げて恐怖心を煽る一方，被告人としても警察の捜査が及んでおり，もはや庇護してやることはできない旨告げて突き離したうえ，被害者が最後の隠れ家として一縷の望みを託していた小屋もないことを確認させたすえ，被害者に農薬であるマラソン乳剤原液約100ccを自ら嚥下させて死亡させた。このような事案において，参考判例③は，自殺教唆と殺人の区別につき，次のような一般論を述べる。

「自殺とは自殺者の自由な意思決定に基づいて自己の死の結果を生ぜしめるものであり，自殺の教唆は自殺者をして自殺の決意を生ぜしめる一切の行為をいい，その方法は問わないと解されるものの，犯人によって自殺するに至らしめた場合，それが物理的強制によるものか，心理的強制によるものかを問わず，それが自殺者の意思決定に重大な瑕疵を生ぜしめ，自殺者の自由な意思に基づくものと認められない場合には，もはや自殺教唆とはいえず，殺人に該当するものと解すべきである。」

　上で詳述した事実関係を前提にすると，被害者は，被告人の作出した虚構の事実に基づく欺罔威迫の結果，警察に追われているという錯誤に陥り，長期間の逃避行の最中も被告人から執拗な自殺の慫慂を受けるなどして次第に追いつめられた挙句，現状から逃れるためには自殺するほかないと誤信して，死を決したことから，参考判例③は，被告人の行為につき，自殺教唆ではなく，被害者の行為を利用した（強盗）殺人行為に該当すると結論付ける。参考判例③の事案は，自殺行為に至らしめた手段が，身体的な暴行や粗野な脅迫ではないという点で本問と異なるが，被害者を被告人のもとから離れられない状態に置いたうえで圧迫を加え，執拗に自殺を慫慂し追いつめていったという点で，共通するものがある。このような場合，行為者による脅迫ないしは威迫は，被害者の行為選択における意思決定の自由を奪うものといえ，それにより，被害者は

自らの自由な意思により死に至る行為を自ら行ったとは評価されなくなる。その場合，事態は被害者が自らの責任において行なった自殺ではなく，これを強制した者による他殺と評価されることになる。

参考判例②の事案も，被告人が妻である被害者の不貞を疑い，被害者に対し常軌を逸した虐待，暴行を加え，「自殺します，B（被害者名）」なる書面まで作成させるなどしたところ，被害者は，これ以上被告人の圧迫を受けるよりむしろ死を選ぶに如かずと決意し自殺したというものであり，本問の事案とは，被害者を自殺に至らしめた手段の点で共通するものがある。もっとも，参考判例②は，次のように述べて，本件被告人の行為が殺人ではなく，自殺教唆にとどまるとしている。

「本件においては前記の如く被告人の暴行，脅迫によってBが自殺の決意をするに至ったものであること並びに被告人が自己の行為によつて同女が自殺するであろうことを予見しながら敢て暴行，脅迫を加えたことが夫々認められるけれども，被告人の右暴行，脅迫がBの前記決意をなすにつき意思の自由を失わしめる程度のものであったと認むべき確証がないので，結局被告人の本件所為は自殺教唆に該当すると解すべきである。」

このようにみてくると，被害者の行為選択における意思の自由の有無が，自殺と他殺を分ける決定的な基準となっていることが分かる。

これに対し，参考判例①のように，強制ではなく，行為者の欺罔により惹起された動機の錯誤を理由に自殺意思を否定する裁判例もある。参考判例①の事案は，いわゆる偽装心中に関するもので，被告人は被害者の女性に対し，追死をすると偽って致死量の青化ソーダを与えて飲ませ，中毒死させたというものである。この場合，参考判例①は，次のように述べて被害者の自殺意思を否定し，殺人罪の成立を認める。すなわち，この場合には被害者が自らを死に至らしめたことは，自殺ではなく他殺と評価されていることになる。

「本件被害者は被告人の欺罔の結果被告人の追死を予期して死を決意したものであり，その決意は真意に添わない重大な瑕疵ある意思であることが明らかである。そしてこのように被告人に追死の意思がないに拘らず被害者

> を欺罔し被告人の追死を誤信させて自殺させた被告人の所為は通常の殺人罪に該当する。」

　しかし，ここでは，本問のような場合とは異なり，被害者は被告人の強制により自殺以外の行為を選択することが実際上不可能といえるような状況に追いつめられていたわけではない。あくまで，被告人による追死という（一般的に不合理な）動機に支配されていたため，本人としては他の選択肢がとり得なかったにすぎない。客観的な評価として，この場合はむしろ，被害者は自らの自由な意思決定に基づいて，自殺を選択している。これを，本問や参考判例③のような強制による事案と同列に，被害者が自殺したにもかかわらず，事態を行為者による他殺と評価することは，事理に即したものとはいえない。そもそも，被害者による動機の錯誤は，他者による法益侵害に対する承諾の場合に問題となるものであって，ここで問題にしている自殺意思の有無につきこれを持ちだすのは，両者の混同である。この場合は，自殺者が他の選択肢も存する状況で，自由な意思決定に基づいてかかる行為を選択していることから，動機の錯誤を問題にすることなく，事態を自殺と評価するのが適切である。本問や参考判例③と，参考判例①とでは，自殺意思の有無を論じるうえで前提となる事案が異なるのである。[3]

■Q4　Q1～Q3で検討したことを踏まえつつ，甲の罪責を論ぜよ

　甲は，Aに対し暴行や脅迫を加え，自宅に寝泊まりをさせて離れられない状態にして，威圧的かつ執拗に自殺するように迫り，Aは甲の命令に応じ，自動車ごと海中に飛び込むという死に至る危険性の高い行為を自ら実行している。Aは自己の行為の危険性について認識していたものの，甲の要求を受け入れて死ぬつもりはなく，むしろ，生き残って甲から身を隠す可能性に賭けていた。

　客観的にみれば，Aが実行した行為は死亡に至る危険性の高いものであるが，Aには自殺をする意図はなく，むしろ生存の可能性に賭けていたことから，積極的に自己を危険にさらす，すなわち自己危殆化の意図で海中に飛び込んだものといえる。しかし，甲はAのかかる意図を知らず，あくまで自己の要求に従い，自殺の意図で当該行為に出たものと認識していた。ここに，甲の

認識と現実とのずれが存在する。それは，甲の殺人の故意の有無に影響するであろうか。この点，表題判例は次のように述べ，そのようなずれは殺人の故意の有無に関する判断には影響しないとする。

> 「被害者には被告人の命令に応じて自殺する気持ちはなかったものであって，この点は被告人の予期に反していたが，被害者に対し死亡の現実の危険の高い行為を強いたこと自体については，被告人において何ら認識に欠けるところはなかったのであるから，上記の点は，被告人につき殺人罪の故意を否定すべき事情にはならないというべきである。」

すなわち，死に至る危険性の高い行為を意図的に強制することは，強制を受けた者の主観的対応の如何にかかわらず，殺人の実行行為と評価される。

■**Q5 参考判例④の事案を読み，自殺と他殺の区別についてこれまで検討してきたものとは異なる方向性は考えられないか，さらに考察せよ**

参考判例④は，いわゆる三島由紀夫事件判決である。事案は，作家の三島由紀夫と三島の思想に共鳴する学生らが，いわゆる70年安保を背景に，憲法改正に向けた動きを起こすべく自衛官らに決起を促す計画を立てていた。三島らは，計画に従い，当時の自衛隊市ヶ谷駐屯地内の東部方面総監室において総監を人質にとり，総監を救出に来た幹部自衛官らに傷害を負わせ，自衛官を本館前に集合させ三島の演説を静聴させる要求書を彼らに交付し，ないしは口頭でその旨申し向けたが，自衛官らが決起しなかった場合にかねてから覚悟していたように，三島ほか1名の学生が割腹して自決し，その際，他の学生3名が共謀のうえ，三島らの首を切り落として介錯し死亡させたというものである。本件では，弁護人が国家のための緊急救助による違法性阻却を主張したが，これは排斥されている。

本問で考察を求めている問題は，本件の事態が三島らによる自殺と，介錯を行った学生らによる他殺のいずれと評価できるかということである。これにつき，参考判例④は，罪となるべき事実を次のように認定している（ここでは，三島に関する部分のみ取り上げるが，Mも三島に引き続いて割腹自決している）。

> 「Mと共謀のうえ，同日午後0時10分ごろ前記総監室において，三島が自決するため前記短刀（鎧通し）をもって割腹した際，同人の嘱託を受けて，Mにおいて日本刀でその首を切り落として介錯し，即時同所において三島を頸部切断により死亡させて殺害し」たものである。（途中一部括弧内省略——引用者）

　形の上では，嘱託殺人罪（刑法202条後段）の認定となっているが，他方で，ここで使われている「自決」という表現は，自らの手で命を絶つことを意味しており，三島自身が死を選んだものであることを示している。本件は，三島とMが中心となって立てた計画に，3名の学生らがついていったものである。三島は計画通りに自衛官ら決起しない場合，自ら命を絶つことを覚悟していたのであり，その際，割腹という古来からの武士の作法にのっとったまでである。たしかに，因果的な観点からみれば，介錯した者が三島を死に至らしめているが，全体としてみれば，むしろ三島による自殺と評価できる出来事である。この事件は，表題判例や参考判例③などとは逆に，他者が被害者を死に至らしめる行為を行ったとしても，被害者による自殺と評価できる場合があり得ることを示唆するものといえる。

4 当該判例の射程

　表題判例は，暴行や脅迫などによって，被害者に死亡の危険の高い行為を強制した場合に，行為は被害者自身の手で行われたが，自殺ではなく他殺と認め，結果的に被害者は生きのびることができたことから，殺人未遂罪の成立を肯定したものである。参考判例②，③のようなケースと異なり，被害者は当該行為によって死ぬことを意図していなかったが，死亡の危険性が高いことは認識していた。被告人は，被害者の死を意図しながら死亡する危険性の高い行為を強制したことから，他殺と評価されている。ここでは，実行時の被害者の主観的意図を問題にしないという点において，新たな判断が付け加えられているといえる。他方，強制により被害者の行為選択の自由が奪われたことを他殺の根拠とする点では，参考判例③と同旨といえ，自由意思の有無を問題とする点

で，②の前提とも共通する。もちろん，純粋な動機の錯誤の事案ではない点で，参考判例①とは異なる。

〔注〕
1) 直接的な強制の場合に殺人罪の成立を認めたケースとして，最決昭和59・3・27刑集38巻5号2064頁。
2) 参考判例①より以前に，追死すると欺罔して被害者を自殺させた事案につき，殺人罪の成立を認めた裁判例として，仙台高判昭和27・9・15高刑集5巻11号1820頁がある。なお，追死の欺罔の場合に，被害者の錯誤により自殺意思が無効となるかの議論は，戦前から存在しており，宮本英脩『刑法学粋［第5版］』（弘文堂書房，1935年）542頁はこれを肯定するのに対し，牧野英一『日本刑法 下巻各論［第67版］』（有斐閣，1943年）277頁は，この場合も自殺の性質を失わない以上，教唆の方法に限定はないのであるから，詐欺や恐喝の手段としての欺罔ないしは脅迫をもってする場合でも，自殺関与罪を構成するにとどまるとしていた。
3) これに対し，被害者が自殺の意味を理解する能力や死の認識を欠く場合は，そもそも，自由な意思決定に基づく自殺と評価できない場合であり，他殺とすることに理論的問題はない。これに関する裁判例として，次のようなものがある。大判昭和9・8・27刑集13巻1086頁（将来を悲観した被告人が，幼い子どもを殺害して自らも死のうとしたところ死に切れなかった事案で，5歳11ヶ月の長男には殺害の承諾があったとの主張に対し，「未だ自殺の何たるかを理解するの能力を有せず」として，殺害の嘱託・承諾の能力を否定した），最決昭和27・2・21刑集6巻2号275頁（被害者は重い精神疾患のため通常の意思能力がなく，自殺の何たるかも理解せず，被告人の命ずることは何でも服従するのを利用して，縊首の方法を指導して首をつらせた行為につき，殺人罪にあたるとした），大判昭和8・4・19刑集12巻471頁（被害者が被告人の信厚く，万事意のままになるのに乗じ，ある薬剤を飲んで首を絞めても仮死状態になるだけで，別の薬剤を飲めば蘇生できると偽りを申し向け，それを信じた同人が自ら首をつって死亡した事案で，被害者に自殺意思はなく，被告人の詐言により，仮死状態になるだけで蘇生できると信じていたものであるとして，殺人罪にあたるとした）など。

◆復習問題

> 甲は，生命保険を掛けたAを自殺させて保険金をせしめようとして，Aに暴行と脅迫を加え，夜間に自動車で岸壁から海に飛び込んで自殺するよう要求した。Aは，この場を逃れるには車で海に飛び込むしかないと考えたが，死ぬつもりはさらさらなく，甲の命令に反してシートベルトを着けず窓も開けたまま海に飛び込み，飛び込んだ瞬間に自力で車から脱出して，停泊中の漁船に泳ぎ着き保護された。
> 甲の罪責について論ぜよ（ただし，特別法違反の点は除く）。
>
> （参考：最決平成16・1・20刑集58巻1号1頁）

〔安達 光治〕

第12章

承継的共（同正）犯
—— 暴行加担事件 ——

表題判例：最決平成24・11・6刑集66巻11号1281頁

参考判例①：大判昭和13・11・18刑集17巻839頁
参考判例②：大阪高判昭和62・7・10高刑集40巻3号720頁
参考判例③：東京高判平成9・3・18東高時報48巻1～12号16頁
参考判例④：東京高判平成16・6・22東高時報55巻1～12号50頁
参考判例⑤：東京高判平成17・11・1東高時報56巻1～12号75頁
参考判例⑥：東京高判平成21・3・10東高時報60巻1～12号35頁
参考判例⑦：大阪地判平成9・8・20判タ995号286頁

1 事実関係

　A及びBは，午前3時頃，C及びDに対し暴行を加え，更にCらを本件現場に連行し暴行を加えた。これらの一連の暴行により，Cらは，X（被告人）の本件現場到着前から負傷していた。連行中にBから連絡を受けたXは，午前4時過ぎ頃，本件現場に到着し，CらがAらから暴行を受けて逃走や抵抗が困難であることを認識しつつAらと共謀の上，Cらに対し暴行を加えた。共謀加担後に加えられたXの暴行は，それ以前のAらの暴行よりも激しく，加担以前に生じていたCらの傷害を相当程度重篤化させるものであった。Xの共謀加担前後にわたる一連の前記暴行の結果，Dは，約3週間の安静加療を要する見込みの傷害を負い，Cは，約6週間の安静加療を要する見込みの傷害を負った。

　原判決は，XはAらの行為及びこれによって生じた結果を認識，認容し，さらに，これを制裁目的による暴行という自己の犯罪遂行の手段として積

極的に利用する意思の下に，一罪関係にある傷害に途中から共謀加担し，上記行為等を現にそのような制裁の手段として利用したものであると認定し，Xはその共謀加担前のAらの暴行による傷害を含めた全体について承継的共同正犯として責任を負うとした。

■**主な争点**■

共謀加担後の暴行が共謀加担前に生じていた傷害を相当程度重篤化させた場合の傷害罪の共同正犯の成立範囲

2 裁判所の判断

表題判例は，原判決の量刑は妥当であるとして本件上告を棄却したが，職権で次のように判断し，原判決には刑法60条，204条の解釈適用を誤った法令違反があるとした。

「被告人は，共謀加担前にAらが既に生じさせていた傷害結果については，被告人の共謀及びそれに基づく行為がこれと因果関係を有することはないから，傷害罪の共同正犯としての責任を負うことはなく，共謀加担後の傷害を引き起こすに足りる暴行によってCらの傷害の発生に寄与したことについてのみ，傷害罪の共同正犯としての責任を負うと解するのが相当である。」

その上で，被告人が先行者らの行為およびこれによって生じた結果を認識，認容し，暴行の手段として積極的に利用する意思で暴行に及んだとする原判決の認定については，以下のように述べている。

「被告人において，CらがAらの暴行を受けて負傷し，逃亡や抵抗が困難になっている状態を利用して更に暴行に及んだ趣旨をいうものと解されるが，そのような事実があったとしても，それは，被告人が共謀加担後に更に暴行を行った動機ないし契機にすぎず，共謀加担前の傷害結果について刑事責任を問い得る理由とはいえない。」

さらに，これには，千葉裁判官の以下の補足意見が付されている。そこでは，後行者関与後の暴行に起因する傷害結果が具体的に特定できない場合の処理について，以下のように述べられている。

「証拠上認定できる限度で，適宜な方法で主張立証がされ，罪となるべき事実に判示されれば，多くの場合特定は足り，訴因や罪となるべき事実についての特定に欠けることはないというべきである。もちろん，加療期間は，量刑上重要な考慮要素であるが，他の項目の特定がある程度されていれば，『加療期間不明の傷害』として認定・判示した上で，全体としてみて被告人に有利な加療期間を想定して量刑を決めることは許されるはずである。本件を例にとれば，共謀加担後の被告人の暴行について，凶器使用の有無・態様，暴行の加えられた部位，暴行の回数・程度，傷病名等を認定した上で，被告人の共謀加担後の暴行により傷害を重篤化させた点については，『安静加療約３週間を要する背部右肋骨・右肩甲部打撲擦過等のうち，背部・右肩甲部に係る傷害を相当程度重篤化させる傷害を負わせた』という認定をすることになり，量刑判断に当たっては，凶器使用の有無・態様等の事実によって推認される共謀加担後の暴行により被害者の傷害を重篤化させた程度に応じた刑を量定することになろう。」

「共謀加担後の傷害が重篤化したものとまでいえない場合（例えば，傷害の程度が小さく，安静加療約３週間以内に止まると認定される場合等）には，まず，共謀加担後の被告人の暴行により傷害の発生に寄与した点を証拠により認定した上で，『安静加療約３週間を要する共謀加担前後の傷害全体のうちの一部（可能な限りその程度を判示する。）の傷害を負わせた』という認定をするしかなく，これで足りるとすべきである。

　仮に，共謀加担後の暴行により傷害の発生に寄与したか不明な場合（共謀加担前の暴行による傷害とは別個の傷害が発生したとは認定できない場合）には，傷害罪ではなく，暴行罪の限度での共同正犯の成立に止めることになるのは当然である。」

「強盗，恐喝，詐欺等の罪責を負わせる場合には，共謀加担前の先行者の行為の効果を利用することによって犯罪の結果について因果関係を持ち，犯

罪が成立する場合があり得るので，承継的共同正犯の成立を認め得るであろうが，少なくとも傷害罪については，このような因果関係は認め難いので……，承継的共同正犯の成立を認め得る場合は，容易には想定し難いところである。」

3 当該判例について検討すべき論点

■Q1　承継的共（同正）犯の意味とその問題点について述べよ

すでに他人が犯罪を開始していた時に，後からそれに加わった者が，加担前の出来事についても共犯として罪責を負うかどうかという問題がある。これを，一般に「承継的共犯」の問題という。そして，これがとくに共同正犯の成否にかかわる場合には，「承継的共同正犯」の問題という。たとえば，①甲が強盗目的で被害者を殴り倒して一時的に失神させた後に乙がやってきて仲間に加わり，甲と協力して被害者の身に着けていた財物を奪い取ったという場合，乙は被害者に対する暴行に加わっていなかったにもかかわらず，強盗罪の共同正犯となるかが問われるのである。

また，①の事例を少し変えて，②殴り倒された被害者に傷害が生じた場合，後から加わった乙もまた，甲と共に強盗致傷罪の共同正犯となるかも問題となるし，さらに，③単に被害者に暴行を加えている甲に乙が後から加わり，甲と共にさらに被害者に暴行を加え，結果的に被害者は負傷したが，この傷害が乙の加担前の暴行によるものか加担後のそれによるものか不明な場合に，乙も甲と共に傷害結果全体について傷害罪の共同正犯となるかという問題もある。いずれも，傷害結果の「承継」が問題となる。

さらに，④甲に騙されてすでに錯誤に陥っている被害者から財物を受け取る役目を引き受けた乙は，被害者に対する欺罔行為には加担していないにもかかわらず，詐欺罪の共犯（たいていは，刑法62条にいう従犯）となるかという問題もある。これは，「承継的従犯」の問題である。

これら「承継的共犯」では，後から加担した乙は，甲がすでに発生させた出来事に対しては因果的影響を及ぼすことができなかったにもかかわらず，それ

をも含めた罪名での共犯として処罰されてよいのか，ということが問題となる。すでに失神して（さらに，負傷して）いる被害者から財物を奪うのは，本来，窃盗罪にすぎず（①②），すでに負傷している被害者に暴行を加えても暴行罪にしかならず（③），すでに錯誤に陥っている被害者から財物を受け取っても何の罪にもならない（④）はずである。それなのに，乙を強盗罪ないし強盗致傷罪の共同正犯としてよいのか（①②），あるいは傷害罪の共同正犯としてよいのか（③），さらに，詐欺罪の共犯としてよいのか（④）が問われるのである。

■Q2　傷害罪に関する承継的共同正犯成立の要件を挙げて説明せよ

　表題判例が述べているように，従来の裁判例では，「被告人において，CらがAらの暴行を受けて負傷し，逃亡や抵抗が困難になっている状態を利用して更に暴行に及んだ」場合には，承継的共同正犯が認められるとする傾向にあった。一般化すれば，①先行者が作り出した状態を認識しつつこれを自己の犯罪遂行の手段として積極的に利用した場合に承継的共同正犯が認められるということである。

　もっとも，それは，②成立上の一罪関係にある犯罪に途中から関与して，③以後の犯行を共同して（先行者と共謀して）遂行した場合に限られる。ゆえに，参考判例②が認めるように，甲が恐喝の手段たる暴行によって被害者を負傷させた後，乙が財物の喝取に加担した場合には，恐喝罪と成立上の一罪関係にない傷害罪は「承継」されないし，甲が被害者を殴り倒して立ち去った後に乙が単独で失神している被害者から財物を奪った場合にも，強盗罪は承継されない。付言すれば，恐喝未遂のみを認めた参考判例⑥が認めるように，自己の犯罪遂行の手段として利用し得ない，先行者がすでに喝取した財物についても，「承継」はあり得ない。

　しかし，表題判例は，暴行の途中から関与したX（被告人）について，「共謀加担前にAらが既に生じさせていた傷害結果については，被告人の共謀及びそれに基づく行為がこれと因果関係を有することはないから，傷害罪の共同正犯としての責任を負うことはなく，共謀加担後の傷害を引き起こすに足りる暴行によってCらの傷害の発生に寄与したことについてのみ，傷害罪の共同正犯としての責任を負う」と明言した。つまり，暴行途中の関与の事例における傷

害結果の「承継」を否定したのである。その伏線は，参考判例②によって，すでに張られていた。参考判例②は，次のように述べている。

> 「先行者が遂行中の一連の暴行に，後行者がやはり暴行の故意をもって途中から共謀加担したような場合には，一個の暴行行為がもともと一個の犯罪を構成するもので，後行者は一個の暴行そのものに加担するのではない上に，後行者には，被害者に暴行を加えること以外の目的はないのであるから，後行者が先行者の行為等を認識・認容していても，他に特段の事情のない限り，先行者の暴行を，自己の犯罪遂行の手段として積極的に利用したものと認めることができず，このような場合，当裁判所の見解によれば，共謀加担後の行為についてのみ共同正犯の成立を認めるべきこととなり，全面肯定説とは結論を異にすることになる。」

■Q3 参考判例を考慮して，結果的加重犯における死傷結果に関する承継的共同正犯の要件について考察せよ

また，強盗致死傷罪のような結果的加重犯における傷害結果についても，近年の下級審判例は，「承継」を否定する傾向にある。たとえば，参考判例⑤は，次のように述べている。

> 「被害者両名の傷害はすべて被告人両名について共謀が成立する前に生じていたものと認めざるを得ず，被告人両名が他の共犯者らによるこれらの傷害の原因となった暴行による被害者両名の反抗抑圧状態を利用して強盗の犯行に加功したとしても，加功前に生じた傷害の結果についてまで帰責されるものではないと解するのが相当である。」

ここでは，「承継」は，被告人加担後の強盗を遂行する手段として利用できる「被害者の反抗抑圧状態」と，それを作り出す手段としての暴行・脅迫の限度にとどまることが前提とされている。その結果として，加担後の反抗遂行には不要な被害者の「傷害」という結果は，「承継」されないのである。

この点に関し，ときおり，参考判例①が強盗致死罪の「承継」を認めたものとして挙げられることがある。しかし，それは，強盗罪の従犯しか認めなかっ

た原判決に対して被告人側のみが上告したもので，原判決の宣告刑（懲役2年）を不利益変更できなかったために，原判決を破棄しつつも，同じ懲役2年を言い渡したものである。この宣告刑は，強盗致死罪の法定刑の下限（無期懲役）を従犯および酌量減軽しても届かないほど軽いものであった。つまり，被告人を強盗致死罪の従犯としたのは，本判決の結論からみれば「傍論」であって，先例的価値をもたないものだったのである。ゆえに，参考判例⑤に代表される後の下級審判例の多くは，参考判例①に従っていない。

ゆえに，今や，傷害罪においても，他の結果的加重犯においても，傷害結果（ないし死亡結果）は「承継」されないと考えてよいであろう。

■Q4　参考判例を考慮して，継続犯に関する承継的共同正犯の要件について考察せよ

監禁罪のような継続犯に関しては，参考判例④が認めるように，加担前の監禁については「承継」は否定される。もっとも，殺人目的での毒ガスの継続的製造に途中から関与した被告人に，製造過程全体について殺人予備罪の承継的共同正犯を認めた参考判例③のような裁判例もある。しかし，この判決では「承継」の有無は中心的な争点ではない。

参考判例④は，次のように述べている。

「被告人は，上記X組事務所に到着した時点で，Cが正座をさせられていてAやBから怒鳴られているという状況を認識して，その後の監禁行為に加功したものではあるが，CがX組事務所に連行される前の，d公園でのAらの暴行や連行の態様等については知らなかったと認められるのであり，しかも，被告人は，暴力団の上位者であるAからの指示によって上記組事務所に赴き，その場の状況から，Cを監禁し，他県へ連行するというAらの意図を了解してその後の監禁行為に加功したに過ぎないのであって，自分が加功する前の監禁状態をことさらないしは積極的に利用する意思があったものとも認められない。そうすると，被告人が，Cの監禁について共同正犯としての責任を負うのは，上記X組事務所に到着した以後の監禁に限られると解するのが相当である。」

なお，ここでは，「自分が加功する前の監禁状態をことさらないしは積極的に利用する意思」への言及がみられる。しかし，加担後の監禁行為の実現に関しては，加担前の監禁状態は被害者の自由がすでに奪われているので監禁しやすいという意味での，以後の行為の動機・契機にすぎず，意味はないと思われる。

■Q5 参考判例を考慮して，手段・目的型結合犯に関する承継的共同正犯の要件について考察せよ

これに対して，強盗罪や詐欺罪・恐喝罪などの手段・目的型結合犯に関しては，判例は「承継」を認める傾向にある。参考判例①の原判決および参考判例⑤（強盗罪），参考判例②（恐喝罪），その他多数の下級審判例が，これを認めている。いうまでもなく，表題判例の射程はこのタイプの犯罪には及ばないし，千葉補足意見も，これについては例外的な扱いを許容する趣旨にみえる。

もっとも，この場合でも，先行者の作り出した状態に対する後行者の因果性は認められない。また，先行者の行為の効果を利用することによって犯罪の結果について因果関係をもつだけで，当該結合犯の正犯が認められるのであれば，たとえば先行者の暴行によって抗拒不能状態に陥った女性を，先行者の行為が原因でそうなったという事情を認識しつつ，この状態を利用する意思で単独で姦淫した場合，先行者の行為の効果を利用することによって犯罪の結果について因果関係をもったことになるが，これは強姦罪（177条）ではなく準強姦罪（178条）の正犯にしかなり得ない。

これは，いわゆる「因果性」のみでは説明し得ないものであると思われる。したがって，この結論は，先行者との間の共謀（＋一部実行）によって成立する共犯の罪名が，先行者の罪名に従属する，つまり，共犯の成立に関して「罪名従属性」が一定の範囲で認められていると考えざるを得ないのである。具体的にいえば，甲に騙されてすでに錯誤に陥っている被害者から財物を受け取る役目を引き受けた乙は，被害者に対する欺罔行為には加担していないにもかかわらず，まぎれもなく，甲の詐欺罪の完遂を援助しているのであるから，これは詐欺罪の共犯と評価せざるを得ないということである。

■**Q6 参考判例②と⑦を比較しつつ，傷害罪において同時傷害の特例（207条）が適用される範囲を考察せよ**

　最後に，参考判例⑦は，暴行の途中からの加担者に対して，承継的共同正犯を否定しつつ，同時傷害の特例（207条）により，加担前の傷害も含めて傷害罪の共同正犯が成立するとしている[9]。他方，参考判例②は，これを否定する判示を示しており，また，表題判例ないしその千葉補足意見も，これを否定するかに思われる判示をしている。これを検討してみよう。

　まず，参考判例⑦は，次のように述べている。

「一般に，傷害の結果が，全く意思の連絡がない二名以上の者の同一機会における各暴行によって生じたことは明らかであるが，いずれの暴行によって生じたものであるのかは確定することができないという場合には，同時犯の特例として刑法207条により傷害罪の共同正犯として処断されるが，このような事例との対比の上で考えると，本件のように共謀成立の前後にわたる一連の暴行により傷害の結果が発生したことは明らかであるが，共謀成立の前後いずれの暴行により生じたものであるか確定することができないという場合にも，右一連の暴行が同一機会において行われたものである限り，刑法207条が適用され，全体が傷害罪の共同正犯として処断されると解するのが相当である。」

　他方，参考判例②は，次のように述べている。

「後行者たる乙が先行者甲との共謀に基づき暴行を加えた場合は，傷害の結果を生じさせた行為者を特定できなくても，少なくとも甲に対しては傷害罪の刑責を問うことができるのであって，刑法の右特則の適用によって解消しなければならないような著しい不合理は生じない[10]。従って，この場合には，右特則の適用がなく，加担後の行為と傷害との因果関係を認定し得ない後行者たる乙については，暴行罪の限度でその刑責が問われるべきこととなるのであって，右結論が不当であるとは考えられない。」

　この点につき，表題判例は，この問題について直接には言及していない。また，学説の中には，本決定の事案を，被害者に生じた傷害結果について，共謀

加担前の暴行に起因するか，共謀加担後の暴行に起因するか，不明な類型ではなく，その意味で刑法207条の適用となる余地はない類型と評するものもある。

しかし，表題判例でも，加担後の暴行は被害者の傷害を「相当程度重篤化させた」という程度にしか特定できなかったのであり，従来であれば，同時傷害の特例の適否が問題となるべき事案であった。つまり，表題判例は，従来であれば，傷害結果が「共謀加担後の暴行に起因するか，不明な」場合として刑法207条の適用対象とされていた事案につき，刑法207条を適用しないで，関与後に生じたと立証できる程度の傷害のみを後行者に帰責させようとしていると解される。

加えて，「共謀加担後の暴行により傷害の発生に寄与したか不明な場合」には，千葉補足意見によれば，「傷害罪ではなく，暴行罪の限度での共同正犯の成立に止める」というのであるから，こうなると，刑法207条を適用して後行者に傷害結果全体を帰責させる余地はなくなる。このように考えると，刑法207条適用の余地は，先行者の暴行の途中に後行者が関与するタイプの事件では，ほとんど考えられなくなるのである。

もちろん，これらの判示部分は「傍論」であるから，後の判例を事実上拘束するような刑訴法405条にいう「判例」ではない。しかし，本決定およびそれを詳論する千葉補足意見は，そこまでの発展可能性を含意したものとみることは可能である。[11]

4 当該判例の射程

■**参考判例と比較しつつ本決定の先例的意義を検討せよ**

もっとも，本決定の「先例」としての射程については，次のようにいうことができよう。本決定は，結論としては被告人側の上告を棄却して，原判決の結論は是認しているのであるから，本決定が理由中で述べていることは，厳密には，刑訴法405条にいう「判例」ではない，と。しかし，参考判例の中にある高裁レベルの下級審判例の動きをみれば，本決定がその理由中で述べたことは，すでにかなりの程度「判例」として定着しているといってよい。また，その法廷意見，および，これに加えられた千葉補足意見は，今後の「判例」の動向を

占ううえで大きなインパクトのあるものと考えられる。

次に，強盗罪などの（手段・目的型）結合犯への影響については，本決定が傷害罪に関するものであるため，その射程は及ばない。ゆえに，これらの結合犯については，本決定が直接にその先例拘束性をもつものではない。この点は，本決定に付された千葉補足意見が明言しているところである。したがって，この問題に関しては，これまでの下級審判例の動向が，「判例」の方向を占うカギとなる。

最後に，刑法207条の同時傷害の特例の適用範囲への影響に関しては，一部には，本決定の事案は後行者関与後の暴行に起因する傷害の程度が「不明な事案」ではないから，本件に刑法207条の適用余地はないとする見解がある。しかし，本決定の事案は，後行者関与後の傷害結果につき，「相当程度重篤化させた」という幅のある表現を用いており，従来の裁判実務では「不明な事案」として刑法207条の適用も考えられた事案ではなかったかと思われる。ゆえに，本決定は，この種の事案について同時傷害の特例適用も否定する傾向にあるものと思われる。

〔注〕
1） ここでは，後遺症のない一時的失神は，刑法204条にいう「傷害」に含まれないものと解する。この点につき，最決平成24・1・30刑集66巻1号36頁は，被害者に対し，睡眠薬等を摂取させたことによって，約6時間または約2時間にわたり意識障害および筋弛緩作用を伴う急性薬物中毒の症状を生じさせた事案につき傷害罪の成立を認めたが，これは，昏酔の手段および程度等に関し事案を異にする裁判例である。
2） 強盗罪では，暴行・傷害が財物強取の手段となっていなければならないので，以下では，このタイプの犯罪を「手段・目的型結合犯」と呼ぶ。これには，詐欺罪や恐喝罪も含まれる。
3） これに対して，「承継的教唆犯」という問題は，観念し難い。もっとも，説得役を承継するという事態も，ないわけではない。
4） ましてや，甲が単なる暴行目的で被害者を失神させて立ち去った後に乙が被害者から財物を奪っても，強盗罪の共同正犯にはならない。この場合には，甲にも強盗罪が成立しないことに注意が必要である。
5） それまで，傷害罪の事案で加担前の傷害結果の承継を認めるか否かにつき，下級審の見解は分かれていた（積極例として，名古屋高判昭和50・7・1判時806号108頁，札幌地判昭和55・12・24刑月12巻12号1279頁，大阪地判昭和63・7・28判タ702号269頁，東京高判平成8・8・7東高時報47巻1〜12号103頁。消極例として，大阪高判昭和62・7・10高刑集40巻3号720頁）。積極例において承継が肯定された実際上の理由は，加担後の暴行から生じた傷害を認定・特定することの困難性を回避する点にあったといわれている。

6） もっとも，一部には，表題判例の「被告人において，CらがAらの暴行を受けて負傷し，逃亡や抵抗が困難になっている状態を利用して更に暴行に及んだ……事実があったとしても，それは，被告人が共謀加担後に更に暴行を行った動機ないし契機にすぎず，共謀加担前の傷害結果について刑事責任を問い得る理由とはいえないものであって，傷害罪の共同正犯の成立範囲に関する上記判断を左右するものではない。」という判示部分を捉えて，「動機ないし契機」を超えて「積極的に利用した」といえる場合には，最高裁も傷害の「承継」を否定する趣旨ではないであろうと捉える向きもある。この点では，表題判例と参考判例②とでは，考え方を異にするというのである。しかし，この判示部分の前に，「被告人は，共謀加担前にAらが既に生じさせていた傷害結果については，被告人の共謀及びそれに基づく行為がこれと因果関係を有することはないから，傷害罪の共同正犯としての責任を負うことはな」いと，留保なしに明言されていることからすれば，このような捉え方は疑わしい。

7） ここにいう「全面肯定説」とは，後行者において，先行者の行為等を認識・認容して一罪の一部に途中から共謀加担した以上常に全体につき共同正犯の刑責を免れない，とする見解をいう。今日では，少数説である。

8） この種の事例に同時傷害の特例 (207条) を適用した参考判例⑦も，「当裁判所は，『承継的共同正犯が成立するのは，後行者において，先行者の行為及びこれによって生じた結果を認識・認容するに止まらず，これを自己の犯罪遂行の手段として積極的に利用する意思のもとに，実体法上一罪を構成する先行者の犯罪に途中から共謀加担し，右行為等を現にそのような手段として利用した場合に限られると解する』立場 (大阪高裁昭和62・7・10判決・高刑集40巻3号720頁) に賛同するものである。」と述べて，傷害の「承継」を否定している。

9） 同旨，名古屋高判平成14・8・29高刑速 (平14) 134頁。この判決は，恐喝目的での被害者への暴行の途中に，暴行を止めて被害者に話をしようとした被告人が他の共犯者に殴打されて気絶し，その後，さらに被害者に暴行が加えられた事案につき，気絶した後の暴行については共犯関係の解消を認めつつ，被害者に生じた傷害がどの時点で生じたか不明である等として，同時傷害の特例を適用し，被告人にも傷害全体について罪責を認めたものである。

10） 同時傷害の特例の意味である。

11） 刑法207条の解釈論としても，先行者の暴行の途中から後行者が関与した場合には，先行者が生じた傷害につき，単独犯または共同正犯の形で結果を生じさせたことは明らかであるから，厳密にいえば，「それぞれの暴行による傷害の軽重を知ることができず，またはその傷害を生じさせた者を知ることができないとき」には当たらないと解すべきであろう。

◆復習問題1

甲は，Aと喧嘩をして同人を木刀で殴打しているところに友人乙が通りかかったので，加勢を求めたところ，乙は，角材を手にして甲と共にAを殴打した。その結果，Aは，全身打撲の傷害を負い，内臓破裂により死亡したが，死因となった内臓破裂が乙の加勢後の殴打によるものかどうかは不明である。

甲及び乙の罪責につき，反対説に言及しながら自説を述べよ (ただし，特別法違反の点は除く)。

(参考：平成3年度旧司法試験論文式刑法第1問)

◆**復習問題 2**

1　甲は，Ｖに対し，現金50万円を脅し取る目的で，同人方および同人を暴力団事務所へ連行するタクシー内でその顔面を殴打する暴行を加え，右事務所内では，更にその顔面，頭部を数回にわたって手拳，木刀およびガラス製灰皿で殴打し，その下腿部を足蹴りにする暴行を加え，よって同人を畏怖させた。この時点で，すでにＶの顔面等に出血がみられた。

2　甲と同じ暴力団に所属する乙は，甲の暴行がすべて終了したのちに現場に現われて甲から事情を聞き，甲の恐喝を手助けするつもりで，同様に，Ｖの顔面，頭部を数回にわたって手拳，木刀およびガラス製灰皿で殴打し，その下腿部を足蹴りにする暴行を加えた。その結果，Ｖは現金30万円を甲に手渡し，残りの20万円は後日支払うことを約束した。

3　Ｖは，甲および乙の一連の暴行により加療約8日間を要する顔面打撲，頭頂部挫創，右下腿打撲の傷害を負ったが，両者のそれぞれの暴行によってどのような傷害が生じたか，詳細は不明であった。

（参考：大阪高判昭和62・7・10高刑集40巻3号720頁）

〔松宮　孝明〕

第13章

事後強盗罪の法的性格
―「パチスロロム取替え」事件―

表題判例：大阪地堺支判平成11・4・22判時1687号157頁
　参考判例①：大阪高判昭和62・7・17判時1253号141頁
　参考判例②：東京地判昭和60・3・19判時1172号155頁
　参考判例③：最決昭和54・11・19刑集33巻7号710頁
　参考判例④：名古屋高判平成19・8・9判タ1261号346頁

1 事実関係

(1)甲は，乙，丙，丁および戊が，S市内のパチンコ店に夜間侵入し，店内のパチンコ遊技機に設置されたロムを交換することを共謀のうえ実行する際に，乙ら4名をパチンコ店まで自動車で送迎する役割を担うこととなった。なお，乙はパチンコ店のロムを当たりの出やすい不正なものに取り換え，後日，仲間に「打ち子」としてそこでパチンコ遊戯をさせ，それにより得た金の一部を仲間に報酬として分配し，残りを自己のものとする計画であった。また，乙らはロムの交換を実行するために，かねてよりS市内や近隣地域のパチンコ店を下見して回っていたが，その際，甲は乙らの犯行計画を聞かされていながら，同人らを乗せて自動車を運転し，報酬を得ていた。

(2)某日午前4時ごろ，丙および丁が，A遊戯株式会社代表取締役Bが管理するパチンコ店Pに女子トイレ窓から侵入し，同所において，Bの管理にかかるパチンコ遊技機に設置されたロムを，持参した不正なロムと取り換えた。その間，乙と戊は，当初の申し合わせのとおり，付近の路上等で見張りをしていた。取り換えを終えた丙と丁は，午前5時ごろ，侵入した窓から出てきた。

201

(3)ちょうどそのとき，パチンコ機のデータ回収のためにPに立ち寄ったA社社員のCに発見された。丙らは逃走を図ったが，Cの追跡を受け，居酒屋R先路上で丙が取り押さえられた。そこへ，あらかじめ丙からの連絡を受けていた乙が急行し，同所において，丙の逮捕を免れさせるために，Cに対し所携の特殊警棒で頭部を数回殴打する暴行を加えた。これにより，乙はCに通院治療約7日間を要する傷害を負わせた。

(4)甲は，乙ら4名が実行役と見張りに分かれてPに侵入し，ロムを取り換えることを知りながら，4名を乗せた普通乗用自動車を運転してPまで走行したうえ，上記侵入によるロムの交換の間，付近に自動車を停車して乗車したまま待機していた。さらに，上記取り換え行為終了後は，乙が丙の逮捕を免れさせるためにCに暴行を加えるであろうことを知りながら，乙を上記自動車に乗せて居酒屋R先路上まで走行させ，本件暴行の間は，乗車したままその場に待機していた。そして，乙が丙の奪還に成功するや，甲は，両名を上記自動車に乗せて逃走した。

■**主な争点**■

(i) 共同正犯と幇助犯の区別
(ii) 事後強盗罪の法的性格
(iii) 窃盗犯人でない者が事後強盗罪に関与する場合，どのような犯罪の共犯となるか
(iv) パチンコ遊技機のロムを不正に交換した場合の不法領得の意思

2 裁判所の判断

「被告人甲は，事前の下見においては乙らを乗せて自動車を運転するなどしていた。また，乙らがパチンコ店Pに侵入して，ロムの交換に及んだ際には，乙らをPまで搬送し，現場で待機して，警官や警備員が来た場合には，携帯電話で乙に連絡するつもりでいた。しかしながら，これらのことから，被告人甲については，共謀共同正犯の成立要件である『実行行為者の行為を自己の犯罪の実現のために利用する意思』および『実行行為者に対する支配

的地位』の存在を認めることは困難であり，乙らの建造物侵入および窃盗に対しては，幇助犯が成立するに留まるとみるのが相当である。

　また，その後，乙がCに暴行を加えて丙を奪還した際に，乙を自動車の助手席に乗せて現場に急行し，暴行後，乙および丙を乗せて逃走した行為については，窃盗犯人である乙が，共犯者である丙の逮捕を免れさせるために，Cに対し暴行を加えることを認識した上で，乙の犯行を容易にする行為に及んでいるのであるから，これが，少なくとも，乙の事後強盗（致傷）に対する幇助に当たることは明らかである。

　ところで，本件は，窃盗の幇助犯が，正犯者の事後強盗致傷罪（奪還行為）を幇助した場合であるが，事後強盗罪は，窃盗犯人たる身分を有するものが刑法238条所定の目的をもって，人の反抗を抑圧するに足りる暴行，脅迫を行うことによって成立する真正身分犯であるところ，同条の趣旨，罪責，法定刑等に照らすと，同条の「窃盗」には幇助犯は含まれないと解するのが相当であるから，結局，被告人甲については，刑法65条1項，62条1項により，事後強盗致傷罪の幇助犯が成立する。

　被告人甲の行為は，建造物侵入および窃盗の幇助罪と事後強盗致傷の幇助罪に該当することになるが，事後強盗罪の罪質や，右幇助行為が，いずれも犯行に使用した車両の運転行為であって，時間的にも場所的にも近接した一連の行為であることにかんがみれば，窃盗の幇助罪は事後強盗致傷の幇助罪に吸収されると解することができる。したがって，結局，被告人甲については，建造物侵入罪および事後強盗罪致傷の幇助罪が成立する。」

3 当該判例において検討すべき論点

■**Q1** 甲の行為の評価について，丙，丁によるパチンコ店Pへの侵入およびロムの交換・持ち去りに対するものと，乙のCへの暴行による丙の奪還に対するものに分けて検討せよ。また，両者の罪数関係について，参考判例で確認せよ

①Pへの侵入とロムの交換・持ち去りに対して

丙および丁がパチンコ店Ｐに侵入し，ロムを不正なものと交換して持ち去るのに際し，甲は自動車を運転して乙，丙，丁，戊を犯行現場まで連れて行き，実行の間は付近に自動車を停めて車内で待機していた。これらは事前の共謀に基づくものであるが，そのことを理由に甲はＰへの侵入およびロムの交換につき共同正犯となるのか，それとも，少なくとも実行そのものは分担していないことから，幇助にとどまるのかが問題となる。まず，犯行現場までの搬送は，予備段階のものであり幇助といえよう。次に，実行の際の待機であるが，甲の意識としては，これは警備員や警官が来た場合に備えてのものであり，万一の場合には乙らに携帯電話で知らせる態勢でいたのであるから，見張りと評価することができる。そこで，事前の共謀に基づいて見張りを行うことが，共同正犯と幇助犯のいずれに該当するかが問題となる。

　ここで確認すべきは，一概に見張りといっても，犯罪類型によって評価が異なりうることである。たとえば，監禁罪では，被害者が監禁場所から逃げないように見張っておくことは，監禁行為そのものであり，見張りは正犯行為である。これに対し，賭博罪において，たとえば，現に賭博が行われている建物の外で見張りを行うことは，賭博行為そのものではなく，むしろ，外部からの妨害や官憲による踏み込みなどに備えることで心理的に安心感を与えるなどの意味において，幇助と評価し得る。大判大正７・６・17刑録24輯844頁は，次のように述べて，自らは賭けに参加せず見張りのみを行う者を幇助としている。

>「単に賭博実行者の為に見張を為す行為の如きは畢竟妨害を排除して賭博実行を容易ならしめ則ち賭博犯を幇助したる関係あるに止まるものと謂わざるべからず。」（傍点を省いた——引用者）

　表題判例は，Ｐへの侵入およびロムの交換・持ち去りは，建造物侵入および窃盗に該当するとしたが（ロムを不正なものと交換し，もともと内蔵されていたロムを持ち去る行為が窃盗に該当し得るかについては，Ｑ５で検討する），それでは，このような侵入窃盗の場合，見張りはどのように評価されるか。この点，最判昭和23・３・16刑集２巻３号220頁は，共謀のうえ，夜間に作業所に侵入して綿糸を窃取した際，現場まで案内をし，見張りをしていた者について，窃盗罪の共同正犯を認めており，侵入窃盗および強盗については，多くの判例も事前の共謀

に基づく見張りを共同正犯としている。つまり，事前の共謀に基づく現場での見張りは，共同正犯ということになる。

　しかし，甲については，（その様子に気を払いつつも）車内で待機していたにとどまり，乙や戊のような具体的な見張り行為をしていたわけではないことから，慎重な検討を要する。本問における甲と類似して，建造物侵入による窃盗に際し，運転手役を務め，実行の間は現場付近に自動車をとめて車内で待機していた被告人につき，東京高判平成15・1・23東高時報54巻1頁は，4回にわたって行われた建造物侵入・窃盗のすべてについて建造物侵入および窃盗の共同正犯とした原判決を破棄し，最初の2回については幇助とした。その理由について，以下のように述べている。

> 「被告人がその後累行的に犯行グループの金庫盗に関与していることなども考慮に入れたとしても，被告人が原判示第1の金庫盗において，自らも実行役らの行為を利用して建造物侵入，窃盗の犯罪を実現する意思を有していたと認めるには証拠不十分であり，被告人には実行役らによる本件各犯罪の実行を容易にする意思のみであったと認定するほかない。」

ここでは，共同正犯と幇助を区別する基準として，自ら犯罪を実現する意思であるのか，もっぱら実行役らの犯罪を容易にする意思のみであるのかという主観的事情が重視されている（第2の金庫盗についても，被告人の意思が自らも実行役らの行為を利用して犯罪を実現するというものまでに高まっていたかどうかはなお明確でないとされる）。この点，表題判例でも，

> 「被告人については，共謀共同正犯の成立要件である『実行行為者の行為を自己の犯罪の実現のために利用する意思』及び『実行行為者に対する支配的地位』の存在を認めることは困難であり，幇助犯が成立するに留まるとみるのが相当である。」

と述べている。少しであるとはいえ，現場から離れたところに停めていた自動車内で待機したにとどまる甲は，幇助となろう。

②Cへの暴行による丙の奪還に対して

甲は，乙が丙を奪還する目的でCに対して暴行を加えた際，かかる事情を認識しながら現場まで自動車で乙を送り届け，車内で待機していた。まず，甲は暴行そのものには加わっていないので，実行行為を分担したとはいえない。この暴行は一貫して乙が主体となって行われたものであり，甲はそれを補助する役割しか果たしていない。この点，表題判例は「『実行行為者に対する支配的地位』にあるものとは認め難」いとする。それゆえここでも，甲は幇助と評価されることになろう。なお，奪還後に甲が乙と丙を自動車に乗せて逃走を図った点については，犯行後の援助であり，幇助犯として特に問題とする必要はなかろう（もっとも，表題判例は，逃走の部分も含めて幇助とするようである）。

　①および②の幇助行為の罪数関係であるが，Q2およびQ3でみるように，②は乙による事後強盗を幇助したものであり，①の侵入窃盗の幇助はこれに吸収されるというのが，参考判例の考え方である。

■Q2　事後強盗罪（238条）における「窃盗」という文言は，どのような意義を有するか。本問の甲および乙に即して検討せよ

　事後強盗とは，窃盗が，財物を得てこれを取り返されることを防ぎ，逮捕を免れ，または罪跡を隠滅する目的で，人に暴行または脅迫を行った場合に，強盗として論ずるものである。ここでいう「窃盗」とは，窃盗犯人のことである。Q1で検討したとおり，乙は，ロムの交換については共同正犯であり，この行為が窃盗罪に該当する限りでは（先に触れたように，その是非はQ5の検討事項である），「窃盗」にあたる。仲間の丙の逮捕を阻止するためにCに暴行を加え，その結果，Cに通院治療7日間を要する傷害を負わせた乙は，ロムの交換・持ち去りが窃盗罪に該当する限りで，事後強盗致傷（238条，240条前段）の罪責を負う。[1]

　これに対し，ロムの交換・持ち去りを幇助したにすぎない甲が「窃盗」といえるかは，検討を要する。この点，表題判例は次のように判示する。

「事後強盗罪は，窃盗犯人たる身分を有するものが刑法238条所定の目的をもって，人の反抗を抑圧するに足りる暴行，脅迫を行うことによって成立

する真正身分犯であるところ、同条の趣旨、罪責、法定刑等に照らすと、同条の『窃盗』には幇助犯は含まれないと解するのが相当である。」

　沿革的にみると、事後強盗罪は旧刑法ではもともと、窃盗が財物を得てその取り返しを防ぐ目的で、臨時に人に暴行・脅迫を加える場合のみが規定されていた（382条）。この場合、事後強盗罪は「財物を得」た者、すなわち窃盗の正犯者のみが犯せる犯罪である。その後、現行刑法で「逮捕を免れる目的」と「罪跡を隠滅する目的」が加えられたが、立法者の説明によると、その趣旨は、この２つの目的を加えることで「補修」をはかることにあるとされる（倉富勇三郎他（編）・松尾浩也（増補改題）『増補　刑法沿革総覧』2210頁）。つまり、基本的な趣旨は旧刑法と変わっていない。それゆえ、沿革的には、事後強盗罪は窃盗の正犯者のみが犯すことのできる犯罪であり、窃盗の幇助者は、主体になり得ないことになる。こうした事後強盗罪の趣旨の他、表題判例が示す罪質や法定刑といった実質的根拠に照らしても、事後強盗罪の主体である「窃盗」には、窃盗の幇助者は含まれないと解される。なお、Ｑ３で検討する、事後強盗罪を窃盗と暴行ないしは脅迫の結合犯とする見解（結合犯説）でも、「窃盗」は、財産犯罪としての事後強盗罪の構成要素となるから、幇助を含まないことになろう。いずれにしても、甲は「窃盗」にはあたらない。

■Ｑ３　「窃盗」（窃盗犯人）でない関与者につき、その罪責と科刑について論ぜよ

　ここでは、事後強盗の幇助者である甲の罪責と科刑が問題となる。これにつき表題判例は、端的に次のように判示している。

「本件は、窃盗の幇助犯が、正犯者の事後強盗致傷罪（奪還行為）を幇助した場合であるが、事後強盗罪は、窃盗犯人たる身分を有するものが刑法238条所定の目的をもって、人の反抗を抑圧するに足りる暴行、脅迫を行うことによって成立する真正身分犯であるところ、同条の趣旨、罪責、法定刑に照らすと、同条の『窃盗』には幇助犯は含まれないと解するのが相当であるから、結局、被告人（甲）については、刑法65条１項、62条１項により、事後強盗致傷罪の幇助犯が成立する。」

これに対し，参考判例②も，表題判例と同様，事後強盗罪を身分犯と解するが，その罪名と科刑の処理に関しては，異なった考え方を示している。

「事後強盗罪は，窃盗という身分を有する者が主体となる身分犯の一種であって，被告人Xはその身分がないのであるから，本件では承継的共同正犯の問題ではなく，共犯と身分の問題として把握すべきであり，この解決が本件事案の実態に即しているものと考える。それ故，身分のない被告人Xには，刑法65条１項により強盗致傷罪の共同正犯となるものと解するが，その刑は，同法65条２項によって傷害の限度にとどまると判断するのが相当である。」

つまり，窃盗犯人という身分をもたない関与者にも，65条１項により事後強盗の共同正犯が成立し，科刑については，同条２項により，暴行罪（これにより相手方を傷害した場合は傷害罪）ないしは脅迫罪の限度で処断する。これと同様の考え方は，すでに新潟地判昭和42・12・5判時509号77頁で示されていた。なお，参考判例①は，窃盗既遂後に暴行のみを共同して行った者は，65条１項，60条により（事後）強盗致傷罪の共同正犯となるというが，これは窃盗犯人自身の量刑に関する判断において傍論として（すなわち，共同正犯者への法令の適用に関する当該裁判所の独自の見解として）示されたにすぎない。したがって，判例としては，共同正犯の事案に関して，事後強盗罪を不真正身分犯と解し，65条２項により科刑の個別化を認めてきたところ，表題判例により，幇助の事案については，事後強盗罪は真正身分犯であるとして，窃盗犯人でない関与者を事後強盗の幇助とされたとみるべきである。

このように判例は，事後強盗罪を（真正か，不真正かはいったん措くとして）身分犯としている。これに対し，学説には，事後強盗罪を窃盗と暴行・脅迫の結合犯とする見解（結合犯説）がみられる。これは，238条に掲げられた目的のうち，財物の取返しを阻止する目的については，事後強盗罪の成立に，暴行・脅迫が窃盗の既遂後であることを要するのに対し，逮捕を免れる目的と罪跡を隠滅する目的については，窃盗が未遂段階でも可能であることから（その場合，事後強盗の未遂罪となる），238条の「窃盗」を事後強盗の着手とみる。この見解では，窃盗犯人でない関与者は承継的共犯とされる。そして，判例のように，「窃

盗」を身分とする見解に対しては，既遂を要することになり，窃盗が未遂段階での暴行・脅迫を事後強盗未遂とする解釈がとれなくなると批判する。

しかしながら，事後強盗罪の構成要件的行為は，あくまで暴行・脅迫であり，そこに窃盗は含まれない。結合犯は，複数の行為を組み合わせてひとつの構成要件的行為を形成する犯罪であるが，事後強盗罪はそのような構造になっていない。むしろ，238条は「窃盗が」としており，それは文法上，主体の属性を示すことからすると，事後強盗罪を身分犯と解する方が犯罪の実体に即している。[2] 結合犯説が論拠とする未遂の点については，236条1項の財物強盗罪において，財物奪取の意思で相手方の反抗を抑圧する程度の暴行・脅迫を加えたが，財物奪取に失敗した場合に強盗未遂罪となることとの均衡から，財物の窃取ができなかった場合に事後強盗の未遂とするという説明が可能である。いずれにしても，判例は，事後強盗罪につき，窃盗を実行していない関与者を承継的共犯とはみていない。

さて，真正身分犯か，不真正身分犯かの問題であるが，これについては，暴行，脅迫が構成要件的行為であることからすると，やはり不真正身分犯ということになろう。そのうえで，参考判例②のような罪名と科刑を分離する考え方が理論的に適切でないとみるなら，窃盗犯人でない関与者については，事後強盗罪ではなく，暴行罪ないし脅迫罪（相手方を傷害させた場合には傷害罪）の共同正犯または幇助犯となる。

■Q4 強盗予備罪（237条）の目的である「強盗の罪」に事後強盗も含まれるか？ Q3の考察を踏まえながら論じよ

刑法237条にいう「強盗の罪」が，236条の強盗罪を指すことは間違いない。問題は，これに238条の事後強盗罪が含まれるかにある。参考判例③は，この論点に関する最高裁判例であり，以下のように述べている。

> 「刑法237条にいう『強盗の目的』には，同法238条に規定する準強盗を目的とする場合を含むと解すべきであ」る。

また，この結論を支持する学説（肯定説）も多い。これは，「強盗として論ずる」という準強盗の効果からは，「強盗の目的」に準強盗は含まれないとする理由は

209

ないこと，居直り強盗（窃盗目的で物色中などに発見され，暴行・脅迫により財物を確保すること）となった場合との区別の問題や，処罰の必要性などを根拠とする。

　しかしながら，予備罪とは本来，実行する犯罪が先に規定され，それを受ける形で後に予備罪の処罰規定が置かれるものであるから（108条・109条1項と113条や，199条と201条の関係をみよ），参考判例③や肯定説のような見解は，予備罪の解釈としては異質である。また，予備罪は処罰の前倒しであるから，可能な限り制限的にその処罰範囲を画すべきである。特に，事後強盗とは，窃盗の着手後ないしは既遂後に暴行・脅迫を行う犯罪であるところ，窃盗を企てる者は，後事の備えとして護身に使える道具をあらかじめ所持していることも多いから，窃盗の予備行為を安易に強盗予備罪としないという見地からも，制限的な解釈が求められる。さらに，事後強盗の目的とは，盗品が取り返されそうになるなど，一定の状況に遭遇した場合にのみ実行するという意味で，条件付きのものである。それが，はたして「目的」の名に値するかも問題となる。こうした理由から，学説では，事後強盗目的を「強盗の目的」に含めない見解も有力である。

　ところで，事後強盗が強盗予備罪における「強盗の目的」に含まれるか否かという問題は，事後強盗が身分犯であるか，結合犯であるかという問題と，理論的に密接に関係する。身分犯において，身分を持たない者が当該身分犯を自ら実行するために準備をするということは，理論上考えにくいが，身分犯でなければ，そのような理論的制約は存在しない。それゆえ，事後強盗罪を（真正，不真正を問わず）身分犯と解する立場からは，未だ「窃盗犯人」の身分を有しない段階において，事後強盗目的の予備が，強盗予備罪とされることはない。これにつき，参考判例③の原審判決（東京高判昭和52・12・8刑集33巻7号722頁）は次のように述べていた。

「事後強盗を身分犯であるとして，いまだその身分を取得しない者の行為に事後強盗予備の構成要件充足ということはあり得ないという所論についても，およそ予備というものは犯罪の実行に着手する以前に特定の犯罪の準備行為をするものであるから，これを本件についていえば，被告人がいまだ事後強盗の構成要件の一部である窃盗の実行行為に着手していないこと

> を論拠に本罪の成否を云々するのは当たらないというべきである。」

これはどちらかというと，結合犯説的な考え方を示すものといえるが，事後強盗罪を身分犯と解するのが判例の立場である。そうであれば，事後強盗目的での予備を強盗予備罪とすることは，理論上は否定的に解さざるを得ない。参考判例③も，それが是認する原判決も，この点が理論的にうまくつながっていない。

■Q5　パチンコ台のロムを不正に付け替えるために取り外したロムを持ち去ることにつき，窃盗を認めることはできるか？

表題判例は，甲が関与したパチンコ台のロムの交換の実行者である乙らを「窃盗犯人」としていることから，交換したロムを持ち去る行為を窃盗とみていることが分かる。周知のように，判例は，窃盗罪 (235条) の成立には，主観的構成要件要素として，占有侵害の認識としての窃盗の故意とともに不法領得の意思が必要であると解している。念のため，大判大正4・5・21刑録21輯663頁が示した不法領得の意思の定義を確認しておこう。

> 「権利者を排除して他人の物を自己の所有物として其の経済的用法に従い之を利用若しくは処分するの意思。」

これは一般には，「権利者排除意思」と「利用・処分意思」に分けられる。どちらかが欠ける場合には，窃盗罪にはあたらない。本問では，持ち去ったロムを何らかの形で使用することは予定されておらず，おそらくは廃棄される運命であろう。このような場合，窃取した財物に対する利用・処分意思が欠ける (ここでいう「処分」とは，他者への有償ないしは無償の譲渡などを指すのであり，単純な廃棄は「処分」にはあたらないことを，念のため確認しておく。因みに，前掲・大判大正4・5・21は，単純な隠匿目的での教育勅語の持ち去りにつき，不法領得の意思を否定したものであった)。それゆえ，参考判例は，ロムを交換して持ち去る行為が窃盗であることを当然の前提であるかのようにしているが，交換したロムをどうするつもりであったのかが明らかにならなければ，それは確定的にはいえないのである。この点，参考判例④は，ロムの交換に関し本問と類似の事案で次のように判示している。

> 「被告人らが正規ロムを取り外した目的は不正なロムを取り付けるための準備と見るべきであり，これを持ち去ったことについても，証拠上，その目的が明らかでなく，被告人が，検察官に対し，取り外したロムを捨てると共犯者から聞いていないと供述していること等を考慮しても，単にその場に放置できず，他の場所に投棄するためであったと解する余地があるから，被告人らが取り外して持ち去った正規ロムについてその経済的用法に従って利用，処分する意思，すなわち不法領得の意思を有していたと認めることができない。」

　さらに，福岡高判平成12・9・21高刑速平成12年度197頁は，ロム等の取り換えにつき，そのためにパチンコ遊技機を営業の用に供することが相当期間不可能になり，パチンコ店の営業が一部妨げられたことは明らかであることから，偽計業務妨害罪（233条後段）の成立を認めており，そもそも窃盗罪の成否の問題とはしていない。

　これらのことから，本問のようなケースで，交換したロムの持ち去りに窃盗罪の成立を認めることは困難と思われる。不法領得の意思が認められるのは，ロムを何らかの形で（たとえば，新たな不正ロムの開発のための資料とするなどして）利用し，ないしは，（たとえば，専門の買い取り業者がいて，その者に売り渡すなどして）処分することを予定しているような場合であるが，あまり想定し得ない。いずれにせよ，本問のように財物を持ち去った後，その扱いが不明な事案では，弁護人は不法領得の意思の有無について争い，裁判所に判断を示させる必要があろう。

4　当該判例の射程

■参考判例①，②および④を比較して，表題判例の射程を検討せよ

　表題判例は，事後強盗の事案で，窃盗の幇助者は事後強盗罪の正犯とはならないことを前提に，その者が窃盗既遂後の暴行を幇助した場合につき，事後強盗罪が真正身分犯であることを前提に，事後強盗の幇助罪とした。その場合，窃盗の幇助は事後強盗の幇助に吸収される。表題判例は幇助に関するものであり，参

考判例①や②のように，共同正犯について判断を示すものではない。また，参考判例①が窃盗を実行していない関与者を事後強盗の共同正犯であり，65条1項が適用されるとしたのは，傍論であり先例としての価値を持ち得ない。共同正犯については，参考判例②のごとく，65条1項により事後強盗罪の共同正犯となり，同条2項により暴行罪（ないしは傷害）または脅迫罪で科刑されることになろうか。また，不正なものと交換をしたロムの持ち去りが窃盗にあたることを前提にしているが，これについては，参考判例④に照らすと，不法領得の意思の有無の点で疑問がある。福岡高判平成12・9・21高刑速平成12年度197頁のように，取り換えについて，偽計業務妨害罪とする余地があろう。

〔注〕
1) 強盗致傷罪の法定刑の下限（6年の懲役）は，傷害罪のそれ（1万円の罰金）と比較して格段に重いことから，傷害罪の場合と異なり，医師の診療を要しないような軽微な傷害は，強盗致傷罪における「傷害」に含まれないとするのが通説である。強盗致傷罪については，2004年の刑法改正において，7年から6年の懲役へと法定刑の下限を軽くする改正がなされた（因みに，この改正で法定刑が軽くなったのは，これのみである）。これにより，傷害が軽微な場合には，酌量減軽（66条）によって執行猶予を付することが可能となったので，強盗致傷に軽微な傷害の場合が含まれるかという問題は，ほぼ解消されたとの見方もある（西田典之『刑法各論［第6版］』（弘文堂，2012年）186頁。高橋則夫『刑法各論［第2版］』（成文堂，2014年）285頁も参照）。しかし，解釈論上，罪名の相違は重要であり，また，法定刑の最下限でなければ執行猶予が付かないということは，強盗致傷罪が，依然として顕著に重い当罰性を有することを示す。この点，大阪地判平成16・11・17判タ1166号114頁は，強盗致傷罪においても執行猶予が付することが可能となるようにするという上記の刑法改正の論議に言及しつつ，被害者の負傷の程度が軽微であるとして，強盗未遂罪と傷害罪の観念的競合とした。なお，本問においてCが被った傷害は，従来の通説からしても，（事後）強盗致傷罪の成立を認め得るものといえる。
2) 学説には，「窃盗」を行為の状況とみる見解もある。これは，暴行・脅迫が窃盗の機会に行われなければならないことを示すものとして傾聴に値するが（先述したように，旧刑法には「臨時に」という要件があった），「窃盗が」という238条の文言と合わない。

◆復習問題

1　甲は，生活費に窮し，同じく失職中の友人の乙に，どこかで金を盗むことはできないかと相談した。
　乙は，かつて勤めていた会社の社長Aの自宅に何度も行ったことがあり，Aが自宅の書斎にある机の引き出しの中に現金300万円くらいを入れているのを知っていたことから，それを話したところ，甲は，それを聞いて，A方に盗みに入ろうと考え，乙

に対し，「一緒にその金を盗みに入らないか。」と言ったが，乙は，「俺はそんな危ないことはしたくない。」と言った。そこで，甲は，乙に対し，「それじゃあ，俺が入るから，Aの家の場所と現金の在りかを教えてくれ。300万円手に入れることができたら，お前に100万円やる。」と言った。

　乙は，甲が首尾よく現金を盗むことができれば自分もまとまった金を手に入れることができると思い，「分かった。明日Aの家を見に行こう。家の間取り図も作っておくよ。」と答え，さらに，「Aは一人暮らしだ。毎週月曜日には必ず会社に出勤するので，月曜日の日中Aは家にいない。Aは月曜日の午前8時半ころ家を出るが，午前10時ころには通いの家政婦が来るので，やるんだったら月曜日の午前8時半から午前10時前までだ。トイレの窓にはいつも鍵が掛かっていないから，そこから家の中に入れると思う。書斎の机の引き出しには300万円くらいは入っているはずだし，ほかの場所にも金目の物があるはずだ。」と説明した。

2　同日夜，乙は，A方の間取り図面を作成し，トイレの場所，書斎の場所やAがいつも現金を入れていた机の場所等を同図面に書き込んだ。

　そして，翌日の昼間，乙は，自分の自動車に甲を乗せてA方付近まで運転し，Aの自宅を指さして，甲に対し，「あれがAの家だ。」と教えるとともに，前記図面を甲に手渡した。この後，甲は，乙に対し，「今度の月曜日にやる。Aが家を出た後すぐに入るから，午前8時過ぎにAの家の近くに着けるように今度の月曜日の朝迎えに来てくれ。」と言った。乙は，これに対して，「分かった。」と答えた。甲は，帰宅後，乙から受け取った前記図面を再確認するとともに，万一家に人がいた場合に備え，カッターナイフ（刃体の長さ8センチメートル）を準備した。

3　翌週の月曜日，乙は，前記自動車を運転して甲方に行き，甲を同車に乗せて，A方付近に向かい，午前8時過ぎころA方付近に到着した。

　乙は，甲がA方から出て来るまで付近道路に同車を停車させたまま待っていようと思い，甲に対し，「ここで待っているよ。」と言ったところ，甲は，乙が何度も同車でA方を訪れた旨聞いていたことから，だれかに乙の自動車を見られるのは絶対に避けたいと考え，「お前は先に帰っていてくれ。車を見られたらまずい。」と言った。そこで，乙は，甲を同車から降ろした後，すぐに同車を運転してその場を去った。

4　甲は，Aが家を出たのを確認した後，A方に向かい，無施錠のトイレの窓を開けて屋内に入った。そして，甲は，書斎に行き，机の引き出しを開けて現金300万円を見付け，これを着ていたジャンパーのポケットに入れた。

　甲は，まだ時間に余裕があったことから，引き続き別の金品を探そうと考え，居間に入った。

　ところで，A方には，乙が出入りしなくなった後，Aの父であるB（70歳）が同居していたが，乙はそのことを知らなかった。甲が居間に入った時，Bは同所にいたが，

甲が入って来たのを見て、その場に立ちすくんだ。

　甲は、Bの姿を見るや、ジャンパーのポケットに入れていた前記カッターナイフを取り出してその刃を約5センチメートル出し、Bに歩み寄り、「金を出せ。」と言いながら、カッターナイフの刃をBの目の前に突き出した。Bが「助けてくれ。」と大声を上げたので、甲は、右手に持ったカッターナイフの刃先をBの左頬に突き付けながら、「静かにしろ。騒ぐと殺すぞ。」と申し向けた。Bは恐怖の余り大声を出すのをやめ、その場にしゃがみ込んだが、甲は、さらに、Bに対し、「金を出せ。」と申し向けた。

　同居間のテーブル上には、Aが日常の支払用の現金を入れていた封筒があったので、Bは、やむを得ず、同封筒を甲に渡した。甲は同封筒に入っていた現金2万円を取り出してジャンパーのポケットの中に入れ、さらにBに対し、カッターナイフの刃を突き付けながら、「まだあるだろう。どこにあるんだ。」と申し向けたところ、Bは甲の背後のリビングボードを指さして、「多分あそこにあると思う。」と言った。

　そこで、甲は、同リビングボードの方に行き、物色を始めたが、そのすきにBは慌てて居間から逃げ出した。

　甲は、Bが「どろぼう。」と叫びながら玄関のドアを開けたのを見て、このままではだれかにBの声を聞きつけられ、捕まってしまうと思い、Bを追うのをあきらめて裏口から逃げた。

5　一方、乙は、甲と別れた後A方付近から離れ、自宅に戻ろうとしていたが、途中、甲のことが気掛かりになり、再びA方付近に向かい、A方付近路上に自動車を止めて、車内からA方の様子を見ていた。

　すると、Bが前記のように玄関から走り出て来て、「どろぼう。」と叫びながら、A方前路上に走り出て来たので、乙は、甲が盗みを実行中に居合わせたBに見付かってしまったのだと思い、このままでは、近所の人がBの声を聞きつけて警察に通報すると考え、Bを黙らせるために、すぐに同車から降りてBに駆け寄り、背後から左腕をBの首に回して右手でBの口を塞いだ。

　Bは乙の右手に噛みついて抵抗したので、乙は、Bからとっさに手を離した上、その顔面を拳で力一杯殴打したところ、Bはその衝撃で倒れ、その際、ブロック塀の角に後頭部を強打し、その場にうつ伏せに倒れ、動かなくなった。

6　Bは、甲及び乙がA方前路上から逃走した直後、たまたま通り掛かった者に発見されて、救急車で病院に搬送されたが、前記のとおりブロック塀の角に後頭部を強打した際に頭蓋骨を骨折しており、これによる脳内出血によって間もなく死亡した。

　甲及び乙の罪責について論ぜよ（ただし、特別法違反の点は除く）。

（参考：平成20年度現行司法試験論文式刑事系第1問）

〔安達　光治〕

第14章

財産上不法の利益
――「暗証番号聞き出し」事件――

表題判例：東京高判平成21・11・16判タ1337号280頁
  参考判例①：最判昭和30・4・8刑集9巻4号827頁
  参考判例②：最判昭和32・9・13刑集11巻9号2263頁
  参考判例③：東京高判平成1・2・27高刑集42巻1号87頁
  参考判例④：神戸地判平成17・4・26判時1904号152頁
  参考判例⑤：最決昭和61・11・18刑集40巻7号523頁

1 事実関係

　被告人は，平成20年8月28日午前2時50分ころ，金品窃取の目的で，無施錠の玄関ドアから被害者方に侵入し，台所兼居間で本件被害者が寝ていることを確認するとともに，隣の南側和室に財布が入ったバッグがあることを発見し，被害者が目を覚ましてもすぐには見えない同和室の隅の壁際に同バッグを移動した上で，中から財布を取出して中身を確認したところ，現金は6000円程度しか入っていなかったものの，本件口座のものを含む数枚のキャッシュカードが入っていたことから，被害者を包丁で脅して暗証番号を聞き出し，キャッシュカードで現金を引き出そうと決意し，帰る際に持って行けばいいと考えてキャッシュカードの入った財布を同和室の隅に置いておいたバッグに戻した上，包丁を台所から持ち出し，これを被害者に突き付けながら，「静かにしろ。一番金額が入っているキャッシュカードと暗証番号を教えろ。暗証番号を教えて黙っていれば，殺しはしない。」などと言って脅迫し，被害者はやむなく同人名義のA銀行普通預金口座の暗証番号を伝えた。なお，口座の残高は数百円しかなく，犯行後に被告人

はATMによって引き出すことはできなかった。

　検察官は，上記事実につき，被告人は被害者を脅迫し，その反抗を抑圧して，同人から，同人名義の口座の暗証番号を聞き出して同口座から預金の払戻しを受け得る地位を取得し，もって財産上不法の利益を得たものである，として2項強盗罪で起訴した（なお，被告人は，窃盗罪および強制わいせつ罪でも起訴されているが省略する）。

　第1審（さいたま地川越支判平成21・6・1判例集未登載）は「〔1〕被告人が本件被害者から窃取に係るキャッシュカードの暗証番号を聞き出したとしても，財物の取得と同視できる程度に具体的かつ現実的な財産的利益を得たとは認められないとし，また，〔2〕刑法236条2項の「財産上不法の利益」について，「移転性」のある利益に限られ，同項に該当するためには，犯人の利益の取得に対応した利益の喪失が被害者に生じることが必要であると解した上で，被告人が上記のとおり暗証番号を聞き出したとしても，キャッシュカードの暗証番号に関する情報が本件被害者と被告人との間で共有されるだけで，本件被害者の利益が失われるわけではないから，被告人が「財産上不法の利益を得た」とはいえないとして，強盗罪の成立を否定し，強要罪が成立するにすぎないとした。

　これに対して，検察官は「〔1〕被告人が本件被害者から窃取に係るキャッシュカードの暗証番号を聞き出すことは同人名義の預貯金口座から預貯金の払戻しを受け得る地位を得ることにほかならず，この地位を得ることは，財物の移転と同視できる程度に具体的かつ現実的な財産的利益を得たものということができ，また，〔2〕いわゆる2項強盗の罪が成立するためには，財産上の利益自体が被害者から行為者にそのまま直接移転することは必要でなく，被害者が不利益を被る反面，行為者が利益を得るという関係にあれば，行為者の利益と被害者の不利益の間に完全な対応関係がなくてもよいと解され，本件においても，被告人が財産上の利益を得た反面，本件被害者は不利益を被っており，2項強盗の罪が成立する」として控訴した。

■主な争点■
　(i)キャッシュカードとその暗証番号を併せ持つことは財産上の利益といえるか？

(ii)財産上の利益は移転性を有するものに限られるか？

2 裁判所の判断

(i)について

「キャッシュカードを窃取した犯人が，被害者に暴行，脅迫を加え，その反抗を抑圧して，被害者から当該口座の暗証番号を聞き出した場合，犯人は，現金自動預払機(ATM)の操作により，キャッシュカードと暗証番号による機械的な本人確認手続を経るだけで，迅速かつ確実に，被害者の預貯金口座から預貯金の払戻しを受けることができるようになる。このようにキャッシュカードとその暗証番号を併せ持つ者は，あたかも正当な預貯金債権者のごとく，事実上当該預貯金を支配しているといっても過言ではなく，キャッシュカードとその暗証番号を併せ持つことは，それ自体財産上の利益とみるのが相当であって，キャッシュカードを窃取した犯人が被害者からその暗証番号を聞き出した場合には，犯人は，被害者の預貯金債権そのものを取得するわけではないものの，同キャッシュカードとその暗証番号を用いて，事実上，ATMを通して当該預貯金口座から預貯金の払戻しを受け得る地位という財産上の利益を得たものというべきである」とした。

もっとも聞き出し時点で窃盗罪が成立しているかは疑問の余地があるが，「被告人は，キャッシュカードをいつでも容易に取得できる状態に置いた上で暗証番号を聞き出そうとしたもので，このような本件の事実関係の下においては，被告人において本件被害者からキャッシュカードの暗証番号を聞き出すことの持つ意味は，被告人が既にキャッシュカードの占有を確立している場合と何ら異ならないというべきであるから，この点は2項強盗の罪の成立を妨げるものとはいえない」として，財産上の利益を肯定した。

(ii)について

「2項強盗の罪が成立するためには，財産上の利益が被害者から行為者にそのまま直接移転することは必ずしも必要ではなく，行為者が利益を得る反面において，被害者が財産的な不利益（損害）を被るという関係があれば足

りると解される(例えば，暴行，脅迫によって被害者の反抗を抑圧して，財産的価値を有する輸送の役務を提供させた場合にも2項強盗の罪が成立すると解されるが，このような場合に被害者が失うのは，当該役務を提供するのに必要な時間や労力，資源等であって，輸送の役務そのものではない。)。そして，本件においては，被告人が，ATMを通して本件口座の預金の払戻しを受けることができる地位を得る反面において，本件被害者は，自らの預金を被告人によって払い戻されかねないという事実上の不利益，すなわち，預金債権に対する支配が弱まるという財産上の損害を被ることになるのであるから，2項強盗の罪の成立要件に欠けるところはない」とした。

よって，「原判決は，前記公訴事実につき，事実の認定ないし評価及び刑法236条2項の解釈を誤った結果，強盗罪の成立を否定して強要罪を認定するにとどめる法令の適用の誤りを犯したものであり，これが判決に影響を及ぼすことは明らかである」として破棄自判し，2項強盗罪の成立を認めた(懲役4年6月。なお本件は上告されたが，その後上告は棄却されている)。

3 当該判例について検討すべき論点

■Q1 財産上不法の利益とは何か？

(1)「不法」とはどういう意味か

　刑法の個別財産に対する罪の中には，財物と財産上の利益の双方を客体とするものがある。強盗罪(236条)は財物について1項で「財物を強取した」と規定し，詐欺罪(246条)，恐喝罪(249条)においては1項において「財物を交付させた」と規定している。財産上の利益については，各条の2項で「財産上不法の利益を得，又は他人にこれを得させた」と規定している。このことから，財物を対象とする犯罪は1項犯罪，財産上の利益を対象とする犯罪は2項犯罪とも呼ばれる(以下，本章では2項強盗，2項詐欺，2項恐喝という[1])。

　本章では，財産上の利益について検討を加える。法文上は「財産上不法の利益」と表記されるが，これは「利益」そのものが「不法」であるという意味ではなく，「適法の理由なくして他人より財産上の利益を自己に取得するか又は第

219

三者たる他人をして之を取得[2]」させることを意味する。したがって、ここでの検討課題は、「財産上の利益」が認められるためにはどのような考慮が必要か、という点にある。

　一般に財産上の利益とは、1項犯罪にいう財物以外の財産的利益を意味するとされる。それは積極的なものであっても消極的なものであってもよく、また永久的利益であっても一時的な利益でもよい。したがって、債権を得るなどの積極的な利得を得るだけでなく、財物の返還請求権を免れる、あるいは一時的に債務の弁済を免れるといったようなものでも財産上の利益が認められる場合がある。

(2) キャッシュカードと暗証番号を併せ持つことは財産上の利益といえるか

　表題判例では、キャッシュカードと暗証番号を併せ持つことが財産上の利益といえるか、が争われた。

　原審は暗証番号を聞き出すことは「財物の取得と同視できる程度に具体的かつ現実的な財産的利益を得たとは認められない」としている。これに対して表題判例は「キャッシュカードとその暗証番号を併せ持つ者は、あたかも正当な預貯金債権者のごとく、事実上当該預貯金を支配しているといっても過言ではなく、キャッシュカードとその暗証番号を併せ持つことは、それ自体財産上の利益とみるのが相当」として、これを肯定している。

　暗証番号を知っているだけでは、行為者は預金を引き出すことはできないのであるから、「暗証番号を聞き出したこと」自体は具体的かつ現実的な財産的利益とはいえない。そこで表題判例は「キャッシュカードとその暗証番号を併せ持つこと」に着目し、被告人がキャッシュカードを窃取したあるいはいつでも窃取しうる状態にあったという事実関係の下での暗証番号の聞き出しについて財産上の利益を考えている。

　最近では、預貯金を銀行窓口等で払い戻すよりも、ATMからの引き出しが通常用いられ、またコンビニエンスストアなどでは24時間引き出すことも可能である。そのような現状からみれば、キャッシュカードと暗証番号を併せ持てば、いつでも口座から預金を引き出すことが可能である。そうすると、キャッシュカードをも併せ持っていることを前提に考えれば、その暗証番号を聞き出すことは、原審のように「財物の取得と同視できる程度に具体的かつ現実的な

財産的利益を得たとは認められない」とはいえないであろう。

　もちろん，暗証番号はキャッシュカードを用いて預金を引き出すために必要な情報にすぎないのであって，暗証番号はそれ自体が財産上の利益としての意味をもつものではない。どのような手段によってであれ，キャッシュカードが手元にある場合にのみ（そのカードの）暗証番号を聞き出すことに意味がある。[3]

　したがって，本件のようにキャッシュカードの入手と暗証番号の聞き出しが同時に行われているような場合には，キャッシュカードの入手が目的であり，それを活用するために暗証番号を聞き出したにすぎず，むしろカードに対する1項強盗として評価すべきであると思われる。[4]

　もっとも，すでに何らかの方法でカードを入手の上，被害者から暴行・脅迫を用いて暗証番号を聞き出した場合には，単なる強要罪ではなく，キャッシュカードと暗証番号を併せ持つことによって口座から預金を引き出しうる地位を得たとして，2項強盗罪の成立を認めうる。[5]

　以上のように，キャッシュカードを取得していることを前提にその暗証番号を聞き出すことが財産上の利益といいうる場合があるとしても，さらに問題がある。

　財物を対象とする奪取罪，交付罪は財物の移転によって成立するから，特段の困難は生じない。では，有体性を欠く財産上の利益を「得た」というためには，どのような行為と結果が必要なのであろうか。この点ではまず被害者の側に何らかの処分行為が必要かということが問題となる。さらに，利益の「移転性」が必要かということが問題となる。前者は本件では直接の争点とはなっていないが，財産上の利益を理解するうえで重要であるので，まずこの点から検討しよう。

■Q2　処分行為は必要か？

　2項犯罪が成立するために被害者に処分行為が必要かについて，大審院は強盗罪においても交付罪においてもこれを必要としてきた。

　2項強盗罪につき，暴行または脅迫の「手段を以て不法に財産上無形の利益を得又は他人をして之を得せしむる為め他人に財産上の処分（作為又は不作為を含む）を強制することを要し債務者か債務の履行を免るる目的を以て単に債権者を殺害する行為の如きは同条項の強盗罪を以て論することを得す」としてい

た。2項詐欺罪についても同様に、「刑法第246条第2項の意義に於て財産上不法の利益を得たる者として同条の刑を以て処断するには相手方をして権利の放棄、債務の約束其他財産上の利益を授与すへき特定の行為を為さしめ欺罔者又は第三者に於いて之に因りて事実上利益を取得したる事実の存在を必要」とするとしていた。

　もっとも、ここでどのような処分行為が必要とされるかが問題となる。また、2項強盗罪については上述の大審院判例が変更されていることもあり、別途検討が必要である。

(1) 交付罪の場合

　交付罪において被害者にはどのような処分行為が必要であろうか。参考判例①をみてみよう。事案は、リンゴの仲買人である被告人がリンゴ500箱の売買契約を結びその代金を受領したにもかかわらず履行をなさなかったので、買手であるAから再三の督促を受けたのに対し、履行の意思がないのにAを駅まで案内し、リンゴ422箱を貨車に積みリンゴがAのもとへ向かうと誤信させ、Aを安心して帰宅させ、債務の弁済を免れたというものである。本件につき、原審は2項詐欺罪の成立を認めた。しかし、参考判例①は原審の判断について、以下のように判示して原審を破棄した。

「刑法二四六条二項にいう『〔人ヲ欺罔シテ〕財産上不法ノ利益ヲ得又ハ他人ヲシテ之ヲ得セシメタル』罪が成立するためには、他人を欺罔して錯誤に陥れ、その結果被欺罔者をして何らかの処分行為を為さしめ、それによって、自己又は第三者が財産上の利益を得たのでなければならない。しかるに、右第一審判決の確定するところは、被告人の欺罔の結果、被害者Aは錯誤に陥り、「安心して帰宅」したというにすぎない。同人の側にいかなる処分行為があつたかは、同判決の明確にしないところであるのみならず、右被欺罔者の行為により、被告人がどんな財産上の利益を得たかについても同判決の事実摘示において、何ら明らかにされてはいないのである。同判決は、『因て債務の弁済を免れ』と判示するけれども、それが実質的に何を意味しているのか、不分明であるというのほかはない。あるいは、同判決は、Aが、前記のように誤信した当然の結果として、その際、履行の督促をしな

> かつたことを，同人の処分行為とみているのかもしれない。しかし，すでに履行遅滞の状態にある債務者が，欺罔手段によつて，一時債権者の督促を免れたからといつて，ただそれだけのことでは，刑法二四六条二項にいう財産上の利益を得たものということはできない。その際，債権者がもし欺罔されなかつたとすれば，その督促，要求により，債務の全部または一部の履行，あるいは，これに代りまたはこれを担保すべき何らかの具体的措置が，ぜひとも行われざるをえなかつたであろうといえるような，特段の情況が存在したのに，債権者が，債務者によつて欺罔されたため，右のような何らか具体的措置を伴う督促，要求を行うことをしなかつたような場合にはじめて，債務者は一時的にせよ右のような結果を免れたものとして，財産上の利益を得たものということができるのである。」

財産上の利益を得たというためには，単に一時債務を免れたという事実だけでは足らず，被害者の側に債務の履行について何らかの具体的措置が是非とも行われざるを得なかった特段の状況が必要とされ，そのような具体的措置を欺罔されたために行わなかったという関係が必要だとされているところが着目される。[9]

(2) 強盗罪の場合

これに対して，2項強盗罪について判例は異なった見解を取っているようにみえる。上述のように，大審院は2項強盗罪においても「他人に財産上の処分（作為又は不作為を含む）を強制すること」を必要としており，2項強盗罪においても処分行為が必要だと考えていた。もっとも，タクシー運賃の支払いを免れるため運転手の首を後方から締め付け，その場を逃走して支払いを免れたという事案で，236条「第1項第2項共に強盗罪の成立するには暴行脅迫と財物奪取又は不法利得との間に因果関係あるを以て足れりとし常に必ずしも被害者の意思表示あるを要するものに非す」として，強盗罪においては被害者の処分行為は不要であるかのようなものも存在した。[10]

最高裁になって，被害者から多額の金銭を借用していた被告人がその返済を免れる目的で被害者を殺害しようとしこれを遂げなかった事案で，参考判例②は次のように述べて強盗殺人未遂罪の成立を認めた。

「236条2項の罪は1項の罪と同じく処罰すべきものと規定され1項の罪とは不法利得と財物強取とを異にする外,その構成要件に何らの差異がなく,1項の罪におけると同じく相手方の反抗を抑圧すべき暴行,脅迫の手段を用いて財産上不法利得するをもって足り,必ずしも相手方の意思による処分行為を強制することを要するものではない。犯人が債務の支払を免れる目的をもつて債権者に対しその反抗を抑圧すべき暴行,脅迫を加え,債権者をして支払の請求をしない旨を表示せしめて支払を免れた場合であると,右の手段により債権者をして事実上支払の請求をすることができない状態に陥らしめて支払を免れた場合であるとを問わず,ひとしく右236条2項の不法利得罪を構成するものと解すべきである。この意味において前示明治43年判例は変更されるべきである。」

これにより,最高裁は2項強盗罪については処分行為を不要としたと解されている。しかし,最高裁が処分行為を全く不要としているかについては疑問の余地がある。

というのも,本件では「一面前記貸借につき証書もなくその内容は分明を欠き,また,他面同女が死亡すれば被告人以外にその詳細を知る者のないことに思をいたし,むしろ同女を殺害して債務の履行を免れ以て財産上不法の利得を得ようと企図し」たことが重視されているからである。控訴審も「債権者が子女を有せず全くの独り暮しであって其の債権債務関係については証書等これを証明すべき資料が存在しないのみならず債権者及び債務者以外に其の内容を知る者がなく且当事者間においても亦其の債権債務の額の一部が不分明である場合において債務者が其の債務の履行を免かれる為債権者を殺害すれば債務者自身債務の内容真相を発表しない限り右は五里霧中に帰し結局債務者は債権者に対し財産上の処分を強制することなく其の債務の履行をなすを要しない結果を招来し終局的に財産上不法の利得を得るに至る」としている。[11]

本件では,債権額はおろか債権債務関係があったことすら他人には知り得ない状況にあったのであるから,債権者である被害者を殺害してしまえば,債務の履行を半ば永久的に免れるという関係にある。このような関係にある場合には,債権者を殺害することは「財産上の処分(作為又は不作為を含む)を強制する

こと」と同じ意味を有するといえよう。

　そうだとすると，参考判例②は大審院のいう，2項強盗の暴行脅迫は「他人に財産上の処分（作為又は不作為を含む）を強制すること」が必要であり，したがって「債務者か債務の履行を免るる目的を以て単に債権者を殺害する行為の如きは同条項の強盗罪を以て論することを得す」とした部分につき，「必ずしも相手方の意思による処分行為を強制することを要するものではな」く，「債権者をして事実上支払の請求をすることができない状態に陥らしめて支払を免れた場合」でも2項強盗罪が成立する余地があるという範囲で変更したにすぎない。[12]

　そのように解さなければ，暴行・脅迫を手段として事実上の利益を得たに過ぎない場合でも2項強盗罪が成立することになってしまうが，これは広きに失する。

　その後の下級審でも，交際相手と共謀して相続を目的に両親を殺害したという事案で参考判例③は以下のように述べて2項強盗罪の成立を否定している。[13]

「刑法236条2項の強盗は，暴行，脅迫によって被害者の反抗を抑圧した上，その意に反して不法に財産上の利益を得ることを，同条1項所定の財物の強取に匹敵すると評価し，これと同様に処罰しようとするものであるから，その対象となる財産上の利益は，財物の場合と同様，反抗を抑圧されていない状態において被害者が任意に処分できるものであることを要すると解すべきところ，現行法上，相続の開始による財産の承継は，生前の意志に基づく遺贈あるいは死因贈与等とも異なり，人の死亡を唯一の原因として発生するもので，その間任意の処分の観念を容れる余地がないから，同条2項にいう財産上の利益には当たらない。」

　また，会社を実質的に経営していた被害者を殺害し，その営業上の権益を取得したような場合にも，参考判例④は以下のように述べて2項強盗罪の成立を否定している。

「人を殺害することにより，犯人が被害者の有していた何らかの財産上の利

益を取得する結果になることはままあり得ることであって、犯人がそれを意図していたからといって、このような場合全てに２項強盗殺人罪の成立を認めることは、あまりにその成立範囲を拡大するものといわざるを得ない」

　このようにみてくると、２項強盗罪においても、財産上の利益を得たというためには、単に事実上の利益を得たというだけでは足らず、交付罪と同様それが被害者によって処分可能なものであることが必要であり、債権債務関係にあっては、債権者をして（一時的なものも含めて）履行の請求をしない旨を表示せしめるという処分行為が必要であると解すべきである[14]。もっとも、第三者には把握できないような債権債務関係において債権者を殺害する場合や、たとえ把握できた場合であっても、相続人らによる権利の行使が事実上不可能もしくは著しく困難になるような場合には、債権者の殺害によって事実上債務の請求を放棄ないし猶予させた[15]、すなわち処分行為をさせたのと同視しうるのであるから、財産上不法の利益を得たということができよう[16]。

　本件においては、被害者は被告人による脅迫により銀行口座の暗証番号を伝えている。キャッシュカードと暗証番号を併せ持つことが財産上の利益だとすると、キャッシュカードを持つ相手方に本人しか知り得ない暗証番号を伝えることは、その口座から預金を引き出すことを可能にする処分行為といえる[17]。

　もっとも、暗証番号は単なる情報にすぎず、それを伝えても情報が「共有」されるに過ぎない。そこで表題判例の原審は以下のようにいう。

「刑法236条２項の『財産上不法の利益』について、『移転性』のある利益に限られ、同項に該当するためには、犯人の利益の取得に対応した利益の喪失が被害者に生じることが必要である。」（傍点筆者）

　この点の指摘は、参考判例④にもみられる。

「『経営上の権益』などというものについて、包括的な承継が全く観念できない訳ではないとしても、本件においては、被害者を殺害すること自体によって、それが行為者に移転するという関係を想定することは困難である

ことからすれば，本件の事実関係のもとでは，検察官の主張する『経営上の権益』は刑法236条2項の『財産上の利益』に当たらないと解するのが相当である。」(傍点筆者)

では財産上の利益というためには，利益の「移転性」は必要であろうか。次に検討しよう。

■Q3 利益の「移転性」が必要か？

表題判例は，この点に関して以下のように述べている。

> 「2項強盗の罪が成立するためには，財産上の利益が被害者から行為者にそのまま直接移転することは必ずしも必要ではなく，行為者が利益を得る反面において，被害者が財産的な不利益(損害)を被るという関係があれば足りると解される……。そして，本件においては，被告人が，ATMを通して本件口座の預金の払戻しを受けることができる地位を得る反面において，本件被害者は，自らの預金を被告人によって払い戻されかねないという事実上の不利益，すなわち，預金債権に対する支配が弱まるという財産上の損害を被ることになるのであるから，2項強盗の罪の成立要件に欠けるところはない。」

つまり，表題判例は，財産上の個別利益の移転性を必要としていない。これに対して，1項強盗と2項強盗では客体が異なるだけであり，他の要素は共通だとする理解からは，1項強盗との同価値性を担保するためには財物の移転と同視できる利益の移転が必要だとする批判が考えられる。

しかし，利益の中には移転が観念できるものと，観念できないものが混在している。たとえば債務の一時免除においては利益が移転することを観念し難いが，だから財産上の利益ではない，とはいえないであろう。

1項強盗において移転性が要求されるのは客体が有体性のある財物だからである。そしてそれは，奪取行為によって得られた利益が財物であり，財物を失うことが損害であるからにほかならない。[18] つまり，ここで求められるのは「移転性」なのではなく，「利益」と「損害」の関係性なのである。したがって，移

227

転が観念できないような利益であっても2項犯罪は成立しうる。

では，利益と損害の間にはいかなる関係性が必要なのであろうか。

表題判例を，利益と損害が反面的事実として存在すれば足りるとしているように解してはならない。あくまでも，利得と損害が裏腹の関係であること，すなわち利得と損害の素材の同一性が必要であろう。そうでなければ，被相続人を殺害すれば行為者は相続しうる地位を取得し，反面被害者はその財産を失うことになろうし，実質上の経営者を殺害し，自己の地位が相対的に上昇して経営上の権益を得れば，反面被害者はそれを失うことになり，財産上の利益が肯定されてしまうからである。

本件においては，キャッシュカードを持つ相手方に暗証番号を伝えることによって，相手方は現実に銀行口座から金銭を引き出すことが可能となるという利益があり，それに対応して，口座名義人は自己の口座内の金銭が引き出されるリスクを負ったという損害があったとみることができよう（もっとも，前述のように本件の事実関係の下ではキャッシュカードに対する1項強盗と評価すべきである）。

■Q4　財物の返還請求権の免脱は2項犯罪となるか？

本件に関連して，参考判例⑤を検討しておこう。事案は対立する暴力団員から覚せい剤を不法に入手したのち，殺害しようとしたところそれを遂げなかったというものである。本件では当初は被害者を殺害して覚せい剤を入手しようと計画していたところ，計画を変更して，覚せい剤仲介を装って被害者から覚せい剤を入手したのち，殺害に着手したという事案の特徴がある。

原審はこれを1項強盗殺人未遂としたが，参考判例⑤は以下のように述べて，原審を破棄し2項強盗殺人未遂罪の成立を認めた。[19]

「被告人による拳銃発射行為は，被害者を殺害して同人に対する本件覚せい剤の返還ないし買主が支払うべきものとされていたその代金の支払を免れるという財産上不法の利益を得るためになされたことが明らかであるから，右行為はいわゆる二項強盗による強盗殺人未遂罪に当たるというべきであり，先行する本件覚せい剤取得行為がそれ自体としては，窃盗罪又は

> 詐欺罪のいずれに当たるにせよ，前記事実関係にかんがみ，本件は，その罪と（二項）強盗殺人未遂罪のいわゆる包括一罪として重い後者の刑で処断すべきものと解するのが相当である」

　しかし，本件で仮に先行の覚せい剤の入手が窃盗罪とされた場合，財物の返還請求権を免れたとして2項強盗罪が認められるであろうか。

　もしこれが肯定されるとすれば，窃盗の機会に財物の取戻しを防ぐために暴行脅迫を用いた場合に成立するとされる238条の趣旨は没却されることになる。なぜなら，238条を経由しなくても，窃盗犯人が，窃盗成立後に被害者を殺害した場合，そのことだけで2項強盗罪が成立することになるからである。

　財物の返還請求権を免れるために被害者を殺害した場合に2項強盗殺人罪が成立する場合はある。しかし，そこで財産上の利益を得たというためには，被害者を殺害することで事実上，返還請求（代金支払請求）を免れたことだけでは足りないのである。やはり，前述のように2項強盗罪が成立するにあたっては，原則として処分行為あるいは処分行為をさせたのと同視しうるような（たとえば履行期が到来しており被害者の側に何らかの措置を取るべき特段の状況下で被害者を殺害したというような）行為が必要とされるべきである。そして，そのことによって財産上の利益が得られたと評価しうる場合に限って2項強盗罪の成立を認めるべきであろう。[20]

4　当該判例の射程

　最後に当該判例の射程を検討しておこう。本件は被害者から暗証番号を聞き出したことについて強要罪を認めた原審を破棄し，2項強盗罪を認めたものである。もっとも，暗証番号を聞き出し，それを知ったことそのものが財産上の利益になるわけではない。暗証番号を聞き出すことによって現実に預金を引き出しうる地位を得たといいうるかが問題である。預金を引き出しうる地位を得るためには，暗証番号のみならずその暗証番号の対象となるキャッシュカードが同時に存在することが必要である。

　このように，キャッシュカードを所持・あるいは所持できる状態にある行為

者が，暗証番号を聞き出した場合には，２項強盗罪が成立する，とした点に，本件の意義がある。したがって，本件の射程は暗証番号の聞き出しに２項犯罪の成立を認めたとまでいいうるほど広くはない。

さらに２項犯罪を論じるにあたって，その利益が移転可能かどうかは直接問題とはならず，預金を引き出しうる地位を得たことと対応して預金に対する支配が弱まったことで財産上の利益を認めた点でも意義を有する。もっとも，その内実として事実上の利益とそれに対応する事実上の損害，とするだけで足りるかについてはさらに検討を要する。

しかし，すでに検討したように，本件では暗証番号の聞き出しとキャッシュカードの取得が同時に行われているのであるから，暗証番号の聞き出しの前提となるキャッシュカードの強取について１項強盗罪の成立を認めるべきであったと考えられる。

〔注〕
1) 財物を対象とする犯罪を「領得罪」，財産上の利益を対象とする犯罪を「利得罪」と呼ぶこともある。
2) 246条２項について，大判明治42・11・15刑録15輯1614頁。236条２項においても「暴行又は脅迫の手段を用いて不法に財産上無形の利益を得又は他人をして之を得せしめたる」としている（大判明治43・6・17刑録16輯1210頁）。
3) カードごとに暗証番号を異ならせていることもありうるのであるから，当該口座を引き出すためにはカードとその暗証番号がセットで入手できなければ意味がない。
4) なお本件では，カードの占有は未だ被害者にあったとする余地があるから，暗証番号を聞き出した時点では，１項強盗の着手があったにとどまり，カードの持ち去りの時点をもって既遂に達したと評価すべきであろう。
5) この点，行為者の目的は預金の引き出しであり，暗証番号の聞き出しの時点では未だ未遂にとどまると解する余地もあるが，そうだとすると，預金引き出し目的で通帳と印鑑を強取した場合に１項強盗罪の既遂犯が成立することとの整合性が問われる。また，カードの窃取の被害者はカードの所有者であるが，カードを利用した引き出しの被害者は現金を占有する銀行にあるとする通説的な理解との関係も問題となろう。
6) 前掲・注2）明治43年判決。
7) 大判大正12・2・13刑集２巻52頁。
8) したがって，欺罔の相手方に財産の処分権限または地位が必要である（大判大正6・4・12刑録23輯339頁）。福岡高判昭和41・4・22下刑集８巻４号602頁参照。
9) 同様に旅館に宿泊した被告人が，知人を見送ると欺いて代金の支払いを免れた事案でも「詐欺罪で得た財産上不法の利益が，債務の支払を免れたことであるとするには，相手方たる債権者を欺罔して債務免除の意思表示をなさしめることを要するものであつて，単に逃走して事実上支払をしなかつただけで足りるものではないと解すべきである」としている（最

決昭和30・7・7刑集9巻9号1856頁)。もっとも,この事案では宿泊時からすでに代金を支払いの意思がなかったとして詐欺罪の成立が認められており,逃走して支払いを免れた旨の原審判示は無用の判示であるとしているから,傍論にすぎない。

なお,交付罪における処分行為は必ずしも明示的に行われる必要はない。最決昭和43・12・11刑集22巻13号1469頁も「被告人が一審判決判示の脅迫文言を申し向けて被害者等を畏怖させ,よって被害者側の請求を断念せしめた以上,そこに被害者側の黙示的な少くとも支払猶予の処分行為が存在するものと認め,恐喝罪の成立を肯定したのは相当である」としている。

10) 大判昭和6・5・8刑集10巻205頁。
11) 同様に2項強盗罪には処分行為は不要とした判例といわれる最判昭和35・8・30刑集14巻10号1418頁も,麻薬購入資金として預かった金銭を費消した被告人が,出損した2名を殺害したという事例であり,被害者2名が死亡すればその返金を請求する者がいなくなる,という事実関係の下で出された判断である。
12) 債務の支払いを免れるために債権者を殺害したが,債権債務関係が明確に把握できたという事案について,大阪高判昭和59・11・28高刑集37巻3号438頁は「債務の支払いを免れる目的で債権者を殺害しさえすれば,そのこと自体によって常に必ず財産上不法の利益を得たことになるとの趣旨まで含むものとは解されない」としている。もっとも,本件では履行期到来済みのものも含めた債権全体について被害者を殺害したことにつき,債権者側による速やかな権利行使を相当期間不可能ならしめたものと認められ,かかる場合も財産上不法の利益を得た場合にあたる,として強盗殺人を認めた原審を維持した。広島高判昭和63・1・26高刑速(昭63)125頁も参照(ここでは債権者を殺害した場合の2項強盗の故意について論じられている)。
13) なお,相続目的で両親を殺害した事例につき2項強盗罪を認めたものとして横浜地判昭和63・12・14判夕691号(1989年)160頁がある。
14) 上で述べたように,ここでいう処分行為は必ずしも明示の意思表示によらなくてもよい。このような視点に立つと239条の昏睡強盗が客体を財物に限っていることが興味深い。
15) 上述の交付罪と同様に考えるのであれば,単に債権債務関係があるだけにとどまらず,すでに履行期が到来し,債権者の側で何らかの具体的措置が,ぜひとも行われざるをえなかったであろうといえるような特段の情況が存在したことも必要とされる。
16) この点はタクシー代金の支払いを免れるために運転手に暴行・脅迫を加える場合も同様である。運転手は乗客の個人情報を知り得ないのであるから,逃走されてしまえばその請求をすることは不可能となるからである。
17) 上述のように,本件はキャッシュカードの入手にかかる1項強盗罪と解する余地があるが,ここではキャッシュカードをすでに入手したことを前提とする。
18) なお,詐欺罪のような交付罪においては,財物の交付・移転と並んで「財産権の行使として合理的な目的の不達成」が財産損害として検討される。第15章参照。
19) なお,本件は先行する財産犯と2項強盗罪という異なる罪名について,いわゆる「混合的包括一罪」を認めた判例として著名である。
20) この点,売買契約を装って財物を騙取した場合であれば事情は異なりうる。本件の場合のように財物と金銭の引換を前提とするような取引形態においては,被害者は財物の交付によって,即座に金銭の支払いを請求する状態に至っているのであるから,その支払いを免れるために被害者を殺害した場合には,相手方に処分行為をさせたのと同様の結果が発生し,それによって利得を得たことに2項強盗罪の成立を認める余地がある。

なお，覚せい剤取引が公序良俗に違反し代金支払請求権は存在しないとする見解もあり得ようが，本件と同様判例は一般に代金支払請求権を不法に免れたとして2項犯罪を肯定している。

◆復習問題1

　甲は，金品窃取の目的で，○○年8月28日午前2時50分ころ，無施錠の玄関ドアからA女方に侵入し，台所兼居間でAが寝ていることを確認するとともに，隣の南側和室に財布が入ったバッグがあることを発見し，Aが目を覚ましてもすぐには見えない同和室の隅の壁際に同バッグを移動した上で，中から財布を取出して中身を確認したところ，現金は6000円程度しか入っていなかったものの，B銀行C支店の普通預金口座のキャッシュカードが入っていたことから，Aを包丁で脅してその暗証番号を聞き出し，キャッシュカードで現金を引き出そうと決意したこと，そして，帰る際に持って行けばいいと考えてキャッシュカードの入った財布を同和室の隅に置いておいたバッグに戻した上，包丁を台所から持ち出し，これをAに突き付けながら，「静かにしろ。B銀行のキャッシュカードの暗証番号を教えろ。暗証番号を教えて黙っていれば，殺しはしない。」などと言って脅迫し，Aは，やむなく本件口座の暗証番号を教えた。そこで，甲は，本件キャッシュカードの入った財布を同和室の隅から持ち出して，A方から立ち去った。
　甲の罪責について論ぜよ。

（参考：東京高判平成21・11・16判タ1337号280頁）

◆復習問題2

　甲は，食料品店主Aに対し，「指定した口座に400万円振り込まなければ，商品に毒を入れるぞ。」と電話で脅し，現金の振込先としてB銀行C支店の自己名義の普通預金口座を指定した。やむなくAが2回に分けて現金合計400万円の振込手続を行ったところ，200万円は指定された口座に振り込まれたが，2回目の200万円は，Aの手続ミスにより，同支店に開設され，預金残高が37万円であった乙の普通預金口座に振り込まれてしまった。その直後，乙が，30万円を通帳を使って窓口で引き出したところ，なお残高が207万円となっていたので，誤振込みがあったことを知り，更に窓口で100万円を引き出した。乙は，家に戻りその間の事情を妻丙に話したところ，丙は，「私が残りも全部引き出してくる。」と言って同支店に出向き，乙名義の前記口座のキャッシュカードを用い，現金自動支払機で現金107万円を引き出した。
　甲，乙及び丙の罪責について，他説に言及しながら自説を論ぜよ（ただし，特別法違反の点は除く）。

(参考：平成11年度旧司法試験論文式刑法第2問)

〔大下 英希〕

第 15 章

詐欺罪と財産上の損害
──「搭乗券」事件──

表題判例：最決平成22・7・29刑集64巻5号829頁
参考判例①：最決平成14・10・21刑集56巻8号670頁
参考判例②：最決平成12・3・27刑集54巻3号402頁
参考判例③：最決平成16・7・7刑集58巻5号309頁
参考判例④：最決平成19・7・17刑集61巻5号521頁

1 事実関係

　被告人は，Bと共謀のうえ，航空機によりカナダへの不法入国を企図している中国人のため，航空会社係員を欺いて，関西国際空港発バンクーバー行きの搭乗券を交付させようと企て，平成18年6月7日，A航空会社チェックインカウンターにおいて，A航空から業務委託を受けている係員に対し，真実はバンクーバー行きA航空36便の搭乗券を同国に不法入国しようとして関西国際空港のトランジット・エリア内で待機している中国人に交付し，同人を搭乗者として登録されているBとして航空機に搭乗させてカナダに不法入国させる意図であるのにその情を秘し，あたかもBが搭乗するかのように装い，Bに対する航空券及び日本国旅券を呈示して，前記A航空36便の搭乗券の交付を請求し，係員をしてその旨誤信させ，同係員からBに対する同便の搭乗券1枚の交付を受けた。また，Cと共謀のうえ，同年7月16日，Cが前記と同様の意図及び態様により，Cに対する航空券及び日本国旅券を呈示して，バンクーバー行きA航空36便の搭乗券の交付を請求し，Cに対する同便の搭乗券1枚の交付を受けた。

なお，B，Cが所持していた航空券は運賃を支払い正規に入手したものである。また，B，Cとしてカナダ入国を企図した搭乗予定者は，ともに搭乗口入口で航空会社職員に，偽造パスポートによる搭乗者であることを見抜かれ，搭乗を拒まれたため，カナダへの入国はできなかった。

　被告人は，この事件について詐欺罪（246条1項，以下本章で詐欺罪というときは1項詐欺のことをいう）で起訴されたが，航空会社は航空運賃を受領している上，搭乗券を得た中国人は実際には搭乗できなかったのであるから，財産上の損害が発生しておらず，したがってまた「欺く」行為もない上，損害があったとしても可罰的違法性がないなどと主張した。しかし，1，2審で有罪判決を受けた（懲役1年6月，執行猶予3年）。

■主な争点■
(ⅰ) 正規の航空運賃を受領した航空会社に財産上の損害（以下，財産損害あるいは単に損害という）はあるか？
(ⅱ) 本人名義の航空券を呈示して搭乗券の交付を受ける行為は「欺く」行為といえるか？

2 裁判所の判断

　第1審は，損害について「航空会社は，旅客機に搭乗しようとする者に対し，搭乗券を発券する際，旅券の呈示を求めて，その者が本人であることを確認し，その者自身が日本を出国して目的地に向けて当該旅客機に搭乗するものとして，搭乗券を発券し交付しており，搭乗者とされている本人以外の別人が，搭乗券を譲り受け，これを使用して，旅客機に搭乗するということが分かれば，搭乗券を発券しない」とした上で，「航空会社は，本人の同一性を要求している搭乗券について，真実搭乗する意思のない者に対して，運行の利益を受け得るための搭乗券を発券させられたものであり，航空会社には社会的に見て経済的価値のある損害が生じたものということができ」るとした。また，欺く行為については，「航空会社が財産的処分行

為をするための判断の基礎たる事実である真の搭乗者と航空券・旅券に記載されている者との同一性を偽り，これを誤信させた『欺く』行為があったものと認められる」として，詐欺罪の成立を認めた。

　第2審は，原判決を相当として是認できるとした。その上で，「搭乗券は，航空券や乗客名簿に記載され，搭乗者として承認されている者との同一性を示し，それなくしては航空機に搭乗することができないもので，財産罪による保護に値する十分な社会的，経済的価値があることが明らかである上，上記の同一性がない者による搭乗券の使用，すなわち航空機への搭乗は，航空機の運航の安全上重大な弊害をもたらす危険性を含み，航空会社に対する社会的信用の低下，業績の悪化に結び付くものであり，さらに，本件の事案では，航空会社は，自社の発券の不備によって搭乗券の使用者にカナダへの不法入国をさせてしまった場合，同国政府に最高額で3000ドルを支払わなければならないことも認められ，航空会社にとって，搭乗券の不正使用を防ぐ財産的利益は極めて大きい。したがって，搭乗券が詐欺罪の客体としての財物性を満たすことはもとより，その適正な管理は，航空会社にとって重大な財産的関心事であって，搭乗券を交付するかどうかの判断上重要な事項を偽ってその交付を受けようとする行為が，財産的侵害に向けられたものであることは明白である」とし，また「人的一致を偽って搭乗券の交付を求める行為は，重要事実について航空会社の担当者を錯誤に陥れ，搭乗券の交付をするかどうかの判断を誤らせる行為であって，詐欺罪における欺罔行為に該当することに異論の余地がな」いとして控訴を棄却した。

　表題判例は，「本件において，航空券及び搭乗券にはいずれも乗客の氏名が記載されているところ，本件係員らは，搭乗券の交付を請求する者に対して旅券と航空券の呈示を求め，旅券の氏名及び写真と航空券記載の乗客の氏名及び当該請求者の容ぼうとを対照して，当該請求者が当該乗客本人であることを確認した上で，搭乗券を交付することとされていた。このように厳重な本人確認が行われていたのは，航空券に氏名が記載されている乗客以外の者の航空機への搭乗が航空機の運航の安全上重大な弊害をもた

らす危険性を含むものであったことや，本件航空会社がカナダ政府から同国への不法入国を防止するために搭乗券の発券を適切に行うことを義務付けられていたこと等の点において，当該乗客以外の者を航空機に搭乗させないことが本件航空会社の航空運送事業の経営上重要性を有していたからであって，本件係員らは，上記確認ができない場合には搭乗券を交付することはなかった。また，これと同様に，本件係員らは，搭乗券の交付を請求する者がこれを更に他の者に渡して当該乗客以外の者を搭乗させる意図を有していることが分かっていれば，その交付に応じることはなかった」とした上で，「搭乗券の交付を請求する者自身が航空機に搭乗するかどうかは，本件係員らにおいてその交付の判断の基礎となる重要な事項であるというべきであるから，自己に対する搭乗券を他の者に渡してその者を搭乗させる意図であるのにこれを秘して本件係員らに対してその搭乗券の交付を請求する行為は，詐欺罪にいう人を欺く行為にほかならず，これによりその交付を受けた行為が刑法246条1項の詐欺罪を構成することは明らかである」として上告を棄却した。

3 当該判例について検討すべき論点

■Q1　本件の被害者はだれか？

　本件では，直接欺罔され，搭乗券を交付したのは，A会社が業務委託していた会社の係員である。もっとも，航空運賃を受領するのはA航空であり，運航のサービスを提供するのもA航空である。したがって，本件の財産交付によって被害を受けるのはA航空会社である。表題判例も，「当該乗客以外の者を航空機に搭乗させないことが本件航空会社の航空運送事業の経営上重要性を有していた」としていることから，被害者はA航空会社である。

■Q2　詐欺罪における財産損害は財物の交付に尽きるか？

　本件では，被告人は正規の運賃を支払い航空券を購入しているので，A航空会社は1人分の航空券代金を受領したことに対して，1人分の座席を提供す

だけであり，経済的損失は発生していないようにもみえる。

このように被害者が相当対価の給付を受けている場合に詐欺罪の成立が肯定されるか否かについては争いがある。詐欺罪も財産犯の一種であるから何らかの意味で財産損害は必要であるが，そこでいう財産損害の内実が問われることになる。

(1) 全体財産減少説

まず，詐欺罪の成立には被害者の全体財産の減少を必要とし，その損害と利益は表裏の関係にあるとする全体財産減少説がある。この見解によれば，相当対価の給付があった場合には，全体財産の減少がみられないことから，詐欺罪の成立は否定される。もっとも，詐欺罪は背任罪のように条文上「財産上の損害」が要求されておらず，全体財産に対する罪ではなく個別財産に対する罪であるとされ，本説の支持者は少ない。

(2) 個別財産減少説

そこで，詐欺罪は個別財産に対する罪であるから，財物の移転そのものが損害であり，それで足りるとする見解がある。これを形式的個別財産減少説という。形式的個別財産減少説によれば，損害は財物移転に尽きているのであるから，詐欺罪の成否は「事実を知れば交付意思を生じなかった」という錯誤にかかることになる。形式的個別財産減少説によれば，「欺罔によって隠された事実」と「隠されたことによって生じた交付意思」との間に結びつきが求められるが，その錯誤には広く動機の錯誤も含むという点に特徴がある。

しかし，財物の移転そのものが損害であるという表現は誤解を招くものである。この表現では，たとえば，買物客が店舗において代金を支払って物品を購入した場合であっても店舗と買物客双方に損害が生じることになってしまうからである。そうではないのだとすると，詐欺罪における財産損害は財物の移転に尽きるものではない。

詐欺罪において個別財産たる財物の移転が損害になるのは，それが錯誤に基づいた交付行為によって移転するからである。つまり，「財物移転の反対給付として得ようとしたものが得られないにもかかわらず」財物を交付し移転させられたこと，が詐欺罪における財産損害と解すべきである。

このように被害者が得ようとしたものが欺罔によって得られなかった，とい

う「目的不達成」を財産損害としてとらえ，それを欺罔行為，錯誤，財物の交付・移転と並んで詐欺罪の独立の要件として理解する見解を，実質的個別財産減少説という。

　実質的個別財産減少説によれば，目的不達成を「財産損害」としてとらえるのであるから，どのような目的でもよいわけではなく，その目的が「財産権の行使として合理的な目的」に限定されるというところに特徴がある。

　もっとも，このような目的不達成を別個の要件としてではなく，錯誤の問題として論じようとするのが，いわゆる法益関係的錯誤説である。詐欺罪は瑕疵あるとはいえ交付意思そのものは有しているから，財物移転そのものの認識はある。そこで論者は，詐欺罪の保護法益を財物移転にではなく，欺罔されたことによって目的が達成されなかったこと，に求める。

　ところが，法益関係的錯誤説の中でもここでいう目的に何が含まれるかについては争いがあるのである。たとえば「客観化可能で具体的給付に内在し，かつ経済的に重要な目的」とする者や[1]，「詐欺罪で保護されるべき目的は経済的な目的に限られるわけではなく，社会的に重要な目的も同罪の保護対象に含まれる[2]」とする者がいる。しかし，これを経済的に重要な目的に限定する論者については，そのような限定を付すことができる理由が問われることになろうし，経済的目的に限定されず社会的に重要な目的も含むとする論者においては，結局のところその内実は動機の錯誤を広く含むこととなり，法益関係的錯誤説が主張された理論的根拠を失わせることになるのではないかと思われる。

　したがって，財産交付の目的が達成されないことを，財物の移転とは異なる要件として検討し，詐欺罪の財産犯としての性格から，その目的を「財産権の行使として合理的な目的」に限定する，実質的個別財産減少説が原則として妥当である。

(3) 判例の立場

　判例は大審院時代から相当対価の支払いがあった場合でも，以下のように述べて，詐欺罪の成立を認めてきた[3]。

> 「犯人にして真正の事実を告知せんか相手方は財物を交付せさる場合に於て真実に反せる事実を告知し相手方を錯誤に陥れ因て財物を交付せしめたる

> 以上は詐欺罪は直に成立すへく其財物交付の対価として取得したる財産上の利益か交付したる財物の価格以上に出て相手方に於て現実に損害を受けさりし場合ありとするも之か為めに詐欺罪の成立を妨くへきに非す。」

　最高裁も，配給物資の不正受給について，以下のように述べて詐欺罪を認めている[4]。

> 「公定代金を支払ったとしても真正な指令書を持っておるものでなければ買受けることのできないものであるに拘わらず偽造の指令書を真正な指令書と詐り係員を誤信せしめて日本酒と麦酒とを買取ったのであるから，詐欺罪の成立をさまたげるものではない。」

　さらに，商品の効能について誇大広告的な欺罔手段を用いてそれを信じた顧客に物品を購入させたが，物品の価値は支払った代金相当のものであったという，いわゆるドル・バイブレーター事件においても，以下のように述べて，詐欺罪の成立を認めた[5]。

> 「たとえ価格相当の商品を提供したとしても，事実を告知するときは相手方が金員を交付しないような場合において，ことさら商品の効能などにつき真実に反する誇大な事実を告知して相手方を誤信させ，金員の交付を受けた場合は，詐欺罪が成立する。」

　このように判例は相当対価の支払いがあった場合においても「財物を交付せしめたる以上詐欺罪は直ちに成立す」るとしていることから，少なくとも全体財産減少説的な考慮は不要としている[6]。また「事実を告知するときは相手方が金員を交付しないような場合において……真実に反する誇大な事実を告知して相手方を誤信させ，金員の交付を受けた場合」に詐欺罪が成立するというのであるから，上述の形式的個別財産減少説と親和性を有するようにもみえる。
　しかし，次に検討するように，判例を形式的個別財産減少説で説明するのには，なお検討の余地がある。

第15章　詐欺罪と財産上の損害

■Q3　本件において航空会社にどのような財産損害が生じているか？　未成年者が年齢を秘してタバコを買う場合との関係を意識して答えよ

(1) 表題判例の財産損害についての判断方法

　まず，本件における財産損害の判断についてみておこう。第1審は次のように判示している。

> 航空券上の者と搭乗者の人格の同一性は搭乗券を発券するかどうかの判断において重要な要素であり，航空会社は「搭乗者とされている本人以外の別人が，搭乗券を譲り受け，これを使用して，旅客機に搭乗するということが分かれば，搭乗券を発券しない」と認定した上で，それにもかかわらず，被告人らがその旨欺いて搭乗券の交付を受けたことから，「航空会社は……運行の利益を受け得るための搭乗券を発券させられたものであり，航空会社には社会的に見て経済的価値のある損害が生じたものということができ」る。

　ここでの損害の判断の対象は，「搭乗券の発券」という財物の移転にかかるもののようにみえる。ところで，搭乗券は単なる紙片にすぎずその財産的価値は微々たるものである。そのようなものでも財物といえるであろうか。

　判例において財物とは「財産権殊に所有権の目的となり得べき物をいい，それが金銭的乃至経済的価値を有するや否やは問うところではない」とされている。さらに判例ではその財物の「経済的価値効用」に言及されることがある（参考判例①②）。第1審が搭乗券の交付により「航空会社には社会的に見て経済的価値のある損害が生じたものといえる」という点に言及しているのも，「運行の利益を受け得るため」という搭乗券の「経済的価値効用」に関する判断として理解できよう。

　もっとも，そこでいう運行の利益は，航空券の正規の購入者には当然に与えられるべきものなのであるから，それが搭乗券という形で移転してもなんら損害は発生しないと主張することが可能である。

　この点で，第2審は搭乗券の財物性を肯定したうえで，以下のようにかなり具体的に財産損害の内容を述べている。

241

(搭乗者として承認されている者との)「同一性がない者による搭乗券の使用,すなわち航空機への搭乗は,航空機の運航の安全上重大な弊害をもたらす危険性を含み,航空会社に対する社会的信用の低下,業績の悪化に結び付くものであり,さらに,本件の事案では,航空会社は,自社の発券の不備によって搭乗券の使用者にカナダへの不法入国をさせてしまった場合,同国政府に最高額で3000ドルを支払わなければならないことも認められ,航空会社にとって,搭乗券の不正使用を防ぐ財産的利益は極めて大きい。したがって,搭乗券が詐欺罪の客体としての財物性を満たすことはもとより,その適正な管理は,航空会社にとって重大な財産的関心事であって,搭乗券を交付するかどうかの判断上重要な事項を偽ってその交付を受けようとする行為が,財産的侵害に向けられたものであることは明白である。」

第2審は航空券の不正使用によって業績が悪化することや,カナダ政府への罰金を支払わなければならない可能性といったような,搭乗券が不正に使用された場合の具体的な財産損害を指摘している。また,搭乗券の適正管理が航空会社の重大な財産的関心事であるという指摘からは,搭乗券の適正管理という目的が欺罔によって達成されなかった,という点も財産損害としてとらえているようにも読める[9]。

この点につき,表題判例は次のように述べている。

「厳重な本人確認が行われていたのは,航空券に氏名が記載されている乗客以外の者の航空機への搭乗が航空機の運航の安全上重大な弊害をもたらす危険性を含むものであったことや,本件航空会社がカナダ政府から同国への不法入国を防止するために搭乗券の発券を適切に行うことを義務付けられていたこと等の点において,当該乗客以外の者を航空機に搭乗させないことが本件航空会社の航空運送事業の経営上重要性を有していたからであって,本件係員らは,上記確認ができない場合には搭乗券を交付することはなかった。」

表題判例は,「経営上の重要性」に言及しているが,これは損害を論じた文脈ではない。そのような重要性を有していたからこそ,本件係員らは,第三者

に譲渡することが分かっていれば交付に応じなかったと続けており，そのような事実関係からすると，本件被告人の行為は詐欺罪にいう「欺く行為」にほかならないとしているからである。

そうすると，最高裁はあくまでも被告人らの行為が「欺く行為」にあたるか，すなわち本件係員らが「事実を知れば財物の交付意思を生じなかった」場合にあたるかを判断しているように読める。

このように読めば，表題判例も財物の移転を損害とし，それが錯誤に基づいているかによって詐欺罪の成否を決するという，形式的個別財産減少説に立っているようにみえる。しかし本決定の判断はそれに尽きていない。

それは本決定が第1審と異なり，航空会社がなぜ搭乗券の交付を拒みうるかについて詳細に認定しているところに現れている。これは，被害者が事実を知れば交付意思を生じなかった，とするだけでなく，[10]「隠された事実」と「隠されなければ生じなかった交付意思」との間の結びつきが，一般に是認できる合理性があることを示すために行われたと解しうる。つまり，被害者としては事実を知れば交付しなかったといえても，その結びつきが一般的に是認できる合理的なものでなければ，詐欺罪は成立しないと解する余地があるのである。さらにその結びつきを「経営上の重要性」という観点から説明している点が注目される。

このように，表題判例が，表現上「欺く行為」にのみ言及していることから，形式的個別財産減少説に立っていると解するべきではない。表題判例の言及はまさに航空会社としてその交付に応じる目的が「経営上の重要性」という観点から「合理的」といえるかについて判断を下しているのである。

このようにみれば，本決定を，「搭乗券交付」という財産権行使の「経営上の重要性」という合理的目的が達せられたかという，実質的個別財産減少説の観点から説明する方が妥当である[11]。

(2) 未成年者が年齢を秘してタバコを買う場合

未成年者がその旨を秘してタバコをコンビニエンスストアで購入したという事例ではどのような結論となるだろうか。

近時のたばこ販売に関する規制強化の状況に鑑みれば，コンビニエンスストアの店員は購入者が未成年者であることを知ればタバコを販売することはない

と考えられる。そうすると，形式的個別財産減少説からは，未成年者であることを秘して購入を申し込む行為は欺く行為にあたり，成年者であると錯誤してタバコを交付し，移転させられたのであるから，仮に代金を支払ったとしても詐欺罪が成立する。

　しかし，コンビニエンスストアが客にタバコという財物を交付するのはその代金を収受するためである。したがって，たとえ未成年者であることを知れば販売することはなかった，という事情があったにせよ，タバコを販売し代金を収受するという目的は達成されているのであって，成人であると欺罔されてタバコを交付し移転させられたことを財産損害と呼ぶことはできない。

　もちろん，未成年者にタバコを販売しないという方針自体は社会的に重要で是認できるものである。しかし，それはあくまでも未成年者の喫煙防止という公衆衛生上の目的であって，コンビニエンスストアは公衆衛生を保持する責任の担い手ではないのであるから，その目的が貫徹されなかったとしてもこれを詐欺罪にいう財産損害として把握することはできないのである。

(3) 本件で航空会社に発生した財産損害

　(2)のように考えると，航空会社も営利企業であるから，正規の航空運賃を受領することでその目的は達成されており，航空券を搭乗券と引き換えることについて詐欺罪を論じる余地はないようにも思われる。

　もっとも，航空会社は関連法令や国際規約によって国際航空運送の安全性の担保や不法な入出国を抑制する役割の一部を担っている。これは単なる国際航空運送の安全性の確保といった公益上の義務にとどまらず，航空会社が国際航空運送という事業によって収益を上げるという目的と表裏一体の関係にあるといえる。航空会社は航空運送事業を営み収益を上げるためにはそのような公益上の義務を担わなければならず，逆にそのような義務を担えないのであれば航空運送事業を営めないという関係にあるといえる。だからこそ航空会社は国際便搭乗に際して厳重な本人確認を行うのである。

　表題判例が，当該乗客以外の者を航空機に搭乗させないことが航空会社の航空運送事業の「経営上」重要性を有していた，としていることもこの意味に理解される。したがって，国際航空運送という場面に限っていえば，（たとえ航空券の正規の購入者であっても）当該の者に「適正に搭乗すること」を要求すること

は，なお航空会社にとって「財産権の行使として合理的な」目的といえよう。

そうすると，航空会社は，自己が搭乗するかのように装って発券を求めた者に発券させられたことによって，航空券を「適正に」発券するという目的を達成できなかったのであるから，その目的の不達成が財産損害として把握されることになる。

このように，「財産権の行使として合理的な目的」は，その者が行う事業の内容や関係法令上の義務，社会的に担っている役割において変化しうるのである。

このような考慮は，詐欺罪の成立を認めてきた従来の判例の理解にもなじむものである。参考判例③においては，被告人の負債は，担保である土地を処分してもなお回収できないにもかかわらず，被告人に利益が残る形で土地が処分されることは住管機構の存在意義に合致せず，したがって仮に当時の土地の価額に相当する金額が支払われたとしても，根抵当権の抹消は住管機構の「財産権の行使として合理的な目的」に合致しない。また参考判例④においては当時すでに金融機関には本人確認法を通じて口座の不正使用を防止する措置を取ることが求められ，金融機関による事業経営と口座の適正使用の管理は表裏のものとなっていたといえるのであるから，不正使用を前提とする口座開設に伴う通帳・カードの交付は，金融機関の「財産権の行使として合理的な目的」に合致しないことになる。

このように，「財産権の行使として合理的な目的」はその事業の主体や内容によって異なりうるという判断は，判例上もみられるところである[12]。

4 当該判例の射程

表題判例は，航空会社の国際線搭乗券の交付について，国際航空運送の安全性や不法出入国の防止といった観点から「航空券に名前のある乗客以外の者を航空機に搭乗させないことが本件航空会社の航空運送事業の経営上重要性を有していた」ことを理由として詐欺罪の成立を認めた。航空会社のような営利企業において相当対価が支払われているにもかかわらず，搭乗券という財物の交付・移転に詐欺罪を認めたところに新判例としての価値がある。

もっともこの理由付けは本件の事案の特性によって用いられた表現にすぎず，今後の判例の動向に注目しておく必要がある。なお，表題判例が考慮した，国際航空運送の安全性，不法出入国の防止という理由付けを前提とする限り，本人確認のシステムが国際線ほど厳格に要求されていない国内航空運送については（たとえ約款上その譲渡が禁止されているとしても），本決定の射程外である。[13]

5　補論：暴力団員であることを秘してゴルフ場の利用を申し込む行為と欺く行為

　　　参考判例⑤：最判平成26・3・28刑集68巻3号582頁
　　　参考判例⑥：最決平成26・3・28刑集68巻3号646頁

　参考判例⑤は，暴力団員であることを秘してゴルフ場（A倶楽部およびBクラブ。なお，A倶楽部およびBクラブは，いずれもゴルフ場利用細則または約款で暴力団関係者の施設利用を拒絶する旨規定していたし，九州ゴルフ場連盟，宮崎県ゴルフ場防犯協会等に加盟したうえ，クラブハウス出入口に「暴力団関係者の立入りプレーはお断りします」などと記載された立看板を設置するなどして，暴力団関係者による施設利用を拒絶する意向を示していた。）を利用したことについて，2項詐欺罪の成立を認めた原審を破棄し，被告人を無罪としたものである。原審は「暴力団員による利用を一般的に禁止し，他の正規の利用者において安心してプレーすることができる利用環境を整備し，本件各ゴルフ施設の社会的信用を維持していくことは，本件各ゴルフ施設を経営する事業者として経営上重要な事柄であり，暴力団員でないことが，財産的処分行為をするための判断の基礎となる重要な事項である」として2項詐欺罪の成立を認めているが，参考判例⑤は以下のように述べて，詐欺罪の成立を否定した。

「暴力団関係者であるビジター利用客が，暴力団関係者であることを申告せずに，一般の利用客と同様に，氏名を含む所定事項を偽りなく記入した『ビジター受付表』等をフロント係の従業員に提出して施設利用を申し込む行為自体は，申込者が当該ゴルフ場（筆者注：A倶楽部）の施設を通常の方法で利用し，利用後に所定の料金を支払う旨の意思を表すものではあるが，それ以上に申込者が当然に暴力団関係者でないことまで表しているとは認め

られない。そうすると、本件における被告人及びCによる本件各ゴルフ場の各施設利用申込み行為は、詐欺罪にいう人を欺く行為には当たらないというべきである。

　なお、Bクラブの施設利用についても、ビジター利用客である被告人による申込み行為自体が実行行為とされており、会員であるDの予約等の存在を前提としているが、この予約等に同伴者が暴力団関係者でないことの保証の趣旨を明確に読み取れるかは疑問もあり、また、被告人において、Dに働き掛けて予約等をさせたわけではなく、その他このような予約等がされている状況を積極的に利用したという事情は認められない。これをもって自己が暴力団関係者でないことの意思表示まで包含する挙動があったと評価することは困難である」

　他方、参考判例⑥は参考判例⑤におけるBクラブと同様に会員の紹介によってゴルフ場を利用した行為について、2項詐欺罪の成立を認めた原審を、以下のように述べて維持した。

「入会の際に暴力団関係者の同伴、紹介をしない旨誓約していた本件ゴルフ倶楽部の会員であるAが同伴者の施設利用を申し込むこと自体、その同伴者が暴力団関係者でないことを保証する旨の意思を表している上、利用客が暴力団関係者かどうかは、本件ゴルフ倶楽部の従業員において施設利用の許否の判断の基礎となる重要な事項であるから、同伴者が暴力団関係者であるのにこれを申告せずに施設利用を申し込む行為は、その同伴者が暴力団関係者でないことを従業員に誤信させようとするものであり、詐欺罪にいう人を欺く行為にほかならず、これによって施設利用契約を成立させ、Aと意を通じた被告人において施設利用をした行為が刑法246条2項の詐欺罪を構成することは明らかである」

　参考判例⑥のように、暴力団であることを知ればその利用を拒絶することが、「ゴルフ倶楽部としての信用、格付け等が損なわれることを未然に防止する意図によるものであって、ゴルフ倶楽部の経営上の観点からとられている措置である」としても、それだけで暴力団であることを秘して利用を申し込む行

為が欺く行為となるわけではない。

　参考判例⑤と⑥が結論を分けた理由は，当該ゴルフ場において，そのような暴力団排除の意図が施設利用を認めるかどうかの判断の基礎となる経営上重要な事項となっていることが，具体的な態様（参考判例⑥のゴルフ場は，「ゴルフ場利用約款で暴力団員の入場及び施設利用を禁止する旨規定し，入会審査に当たり上記のとおり暴力団関係者を同伴，紹介しない旨誓約させるなどの方策を講じていたほか，長野県防犯協議会事務局から提供される他の加盟ゴルフ場による暴力団排除情報をデータベース化した上，予約時または受付時に利用客の氏名がそのデータベースに登録されていないか確認するなどして暴力団関係者の利用を未然に防」ぐという措置を取っていた）によって，客観的に示されているかという点にあるように思われる（参考判例⑤においては，「受付表に暴力団関係者であるか否かを確認する欄はなく，その他暴力団関係者でないことを誓約させる措置は講じられていなかったし，暴力団関係者でないかを従業員が確認したり，被告人らが自ら暴力団関係者でない旨虚偽の申出をしたりしたこともなかった」といった点や，「本件ゴルフ場と同様に暴力団関係者の施設利用を拒絶する旨の立看板等を設置している周辺のゴルフ場において，暴力団関係者の施設利用を許可，黙認する例が多数あり，被告人らも同様の経験をしていたというのであって，本件当時，警察等の指導を受けて行われていた暴力団排除活動が徹底されていたわけではない」といった点が認定されている）。

　参考判例⑤・⑥は，銀行や航空会社のように，当該業界が一律に同一の規範で規制されている場合のみならず，ゴルフ場のような営利企業において，相当対価の支払いがあった場合であっても詐欺罪が成立する余地があることを認めた点で注目されるが，他方で，暴排運動が高まっているといったような社会的な目的の重要性から詐欺罪の成立を認めたのではなく，あくまでも，それが，当該企業において客に施設を利用させるための基礎となる重要な事項であることが具体的，客観的な形で示されていることを要求した点で詐欺罪の成立を画した点が重要である。

〔注〕
1)　佐伯仁志「詐欺罪の理論的構造」山口厚・井田良・佐伯仁志『理論刑法学の最前線Ⅱ』（岩波書店，2006年）109頁以下。

2） 橋爪隆「詐欺罪成立の限界について」『植村立郎判事退官記念論文集現代刑事法の諸問題［第1巻第1編理論編・少年法編］』（立花書房, 2011年）189頁以下。
3） 大判大正2・11・25刑録19輯1299頁。同様に成立を認めたものとして，大判昭和8・2・15刑集12巻126頁, 大判昭和9・2・8刑集13巻99頁, 大判昭和17・2・2刑集21巻77頁など。もっとも, 大判大正8・3・27刑録25輯396頁, 大決昭和3・12・21刑集7巻772頁などのように詐欺罪の成立を否定したものもあるが, その理由は相当対価の支払いによって財産損害が生じなかった, という点ではない。なお恐喝罪についてではあるが大判大正11・11・7刑集1巻642頁参照。
4） 最判昭和23・6・9刑集2巻7号653頁。
5） 最決昭和34・9・28刑集13巻11号2993頁。同様の判断を示したものとして, 最決昭和35・10・26集刑135号633頁, 最決昭和36・7・4集刑138号613頁など。
6） 最判昭和36・9・26集刑139号363頁は「詐欺罪の成立には必ずしも財物の交付に因り被害者の全体としての財産的価値が減少することを必要とせず, いやしくも人を欺罔して財物を交付させた事実ある以上は, その事実自体により既に相手方に対し財産的損害を生ぜしめていると解すべき」としてこの点を明示している。
7） 最判昭和25・8・29刑集4巻9号1585頁。
8） 他人名義の口座開設が詐欺罪に問われた参考判例①の控訴審は預金通帳の財物性を否定したと評価されることがあるが, 控訴審はまず「他人ないし架空人名義で口座を開設されたとしても, 銀行としては, 当該口座を利用する預金者との間で取引約款に従った債権債務を取得するにすぎず, このような口座の開設により直ちに財産的な損害を生じるといった関係にはない……その行為は金融秩序に関する規制のための法規に触れることはあり得るにしても, 詐欺罪には当たらない」として, 詐欺罪を否定したうえで,「他人名義による口座開設が詐欺罪の予定する利益としての定型性を欠くと解される以上, それに伴う通帳の取得も, 1項詐欺を構成しない」としているのであって, 通帳そのものが財物性を有しないのではなく, 他人名義で口座を開設する行為自体に犯罪が成立しないのであるから, 開設に伴って当然に交付される通帳を受け取ったとしても詐欺罪にあたらないとしているにすぎない。したがって, 本件控訴審を前提にしたとしても, 通帳の窃取はやはり財産犯を構成する。もっとも同決定は検察官の上告を棄却して, 詐欺罪の成立を否定した原判決を確定させているのであるから, 詐欺罪の成立を認めた判示部分は「傍論」にとどまる。
9） もっとも, 第2審のいう搭乗券の適正管理の目的には, 航空機の安全性や, 不法出入国の防止といったものも含まれていることから, そのような目的が達成されないことが, なぜ財産的侵害と評価しうるかが問われることになる。
10） 形式的個別財産減少説を徹底すれば, 被害者が事実を知れば, 交付しなかったという事実を摘示するだけで足りるはずである。
11） この点, 表題判例が第2審の指摘した, 業績悪化による利益の減少, カナダ政府に3000ドルを支払わなければならない, という部分を認定から除外している点は表題判例の損害に対する配慮を窺わせる。第2審の指摘した損害は将来的に発生しうるものであり, また行為者の得たものと直接の関係性を有しない。詐欺罪においては処分行為（領得・利得）と損害との間に直接性が必要であり, それらは裏腹の関係にあることが必要である（素材同一性）。第2審のいう風評被害や将来の出捐の可能性は搭乗券の交付・移転から直接生じるものではないのであるから, これを損害の認定に用いることは適切ではない。
12） なお, 公共工事の請負人が受領する権利を有する請負代金を欺罔手段を用いて不当に早く受領したことが詐欺罪に問われた最判平成13・7・19刑集55巻5号371頁は「本来受領する権

利を有する請負代金を不当に早く受領したことをもって詐欺罪が成立するというためには，欺罔手段を用いなかった場合に得られたであろう請負代金の支払とは社会通念上別個の支払に当たるといい得る程度の期間支払時期を早めたものであることを要する」として請負人の行為に詐欺罪は成立しないとした。社会通念上別個の支払いに当たらないのであれば，単なる工事代金の支払いにすぎず，たとえ不当に早く支払わされたという事実があっても，その支払いは公共団体の「財産権の行使について合理的な目的」に合致するといえる。
13) なお，搭乗券を有することによって得られる利益の内容はもちろん航空機に搭乗することであり，本件でその利益はトランジット・エリア内にいた者に帰属するが，その者は実際の搭乗に失敗している。しかし，この点は詐欺罪の成立に影響を与えない。詐欺罪は財物の移転時点で直ちに成立するからである。詐欺罪の成立においてその利益が自己に帰属すると第三者に帰属するとは問われない。しかし詐欺罪の成立には財物の移転のみならず，その時点で本件搭乗券をほしいままに経済的用法に従って利用処分する意思すなわち不法領得の意思を有していることが必要である（本件では本来搭乗できない第三者に搭乗券を利用して搭乗させる意思があるから，もちろん肯定される）。この点につき次章を参照のこと。

◆復習問題1

　甲は乙にAの殺害を依頼し，乙はこれを引き受けた。甲は，犯行準備のための資金として乙に現金100万円を手渡し，A殺害後には報酬としてさらに200万円を支払うことを約束した。その後，乙は，その妻丙から「甲なんかのために，危ない橋を渡ることはない。」と説得され，殺害を思いとどまり，丙と2人でその100万円を費消した。そのころ，Aは既に重病にかかっており，しばらくして病死したが，乙はこれに乗じて，甲に対し自分が殺害したように申し向けて約束の報酬を要求し，現金200万円を受け取った。その夜，乙は，丙にこれを自慢話として語り，同女にそのうちの100万円を与えた。
　乙及び丙の罪責を論ぜよ（ただし，特別法違反の点は除く）。

（参考：平成10年度旧司法試験論文式刑法第2問）

◆復習問題2

　甲は，紳士服の専門店であるA社の営業担当者として高級紳士服の販売を担当していた。甲は，遊ぶ金に困ったことから，顧客から金銭を入手してこれに充てようと考え，A社を訪れたBに対し，Bのためにオーダースーツを製作する意思などないのに，「お客さん，良いオーダースーツをお作りいたしますよ。20万円で一着ご用意できます。」と持ち掛けた。日ごろから既製品のスーツに物足りなさを感じていたBは，甲の話を聞いて，オーダースーツなら注文してもよいと考え，「では，ひとつスーツを作ってもらおうか。」と言ってオーダースーツを注文することとした。そこで，甲は，Bに好みの生地を選ばせたり，Bの身体の寸法を測るなど，あたかもオーダー

スーツを製作するように装いつつ,「この生地ですと代金は20万円ですが,7万円を内金として預からせてください。スーツの出来上がりは今日から4週間後になります。」と言った。Bは,甲の言葉を信じて,その20万円のオーダースーツを注文し,内金として,現金7万円を甲に預けて帰って行った。しかし,甲は,直ちにその7万円全額をパチンコに費消した。

　その4週間後,甲は,Bに電話して,「スーツが出来上がりましたので,ご来店ください。」と告げ,BをA社の店舗に呼び出した。来店したBを出迎えた甲は,Bを店舗内に待たせたまま,その店舗から徒歩数分の場所にある既製服を保管している同社の倉庫に行き,同社の既製服部門の責任者であり,かつ,同倉庫における商品の出入庫を統括管理しているCに対し,「チラシの写真撮影用にスーツを1着借りていくよ。」と言った。Cは,甲のその言葉を信じ,「わかりました。でも,すぐ返してくださいよ。」と答えて甲が倉庫から既製品のスーツを持ち出すことを認めたため,甲は,Bが選んだ生地に似ていて,Bの体格に合ったサイズの既製品のスーツ1着(販売価格20万円)を選んで同倉庫から持ち出した。そして,甲は,店舗に戻り,待っていたBに対し,「ご注文のスーツでございます。」と言って,その既製品のスーツがあたかもBが注文したオーダースーツであるかのように見せ掛けてBに手渡した。Bは,その場でそれを試着したところ,自分の身体にぴったりだったので,そのスーツが既製品であるとは気付かずに,「これでいい。さすが注文しただけあって,着心地もなかなかだ。」などと満足して,その場で13万円を現金で支払い,そのスーツを持ち帰った。その後,甲は,この13万円全額を自分個人の飲食代として費消した。

　甲の罪責を論ぜよ(ただし,特別法違反の点は除く)。

(参考:平成22年度旧司法試験論文式刑法第2問)

〔大下　英希〕

第16章

不法領得の意思
―― 「國際航業」事件 ――

表題判例：最決平成13・11・5刑集55巻6号546頁
参考判例①：最判平成14・3・15裁時1311号7頁
参考判例②：最判昭和24・3・8刑集3巻3号276頁
参考判例③：最判昭和33・9・19刑集12巻13号3047頁
参考判例④：最判昭和33・9・19刑集12巻13号3127頁
参考判例⑤：最判昭和34・2・13刑集13巻2号101頁

1 事実関係

　被告人甲は，昭和59年6月29日から昭和63年5月11日までの間國際航業株式会社（以下「國際航業」という）の取締役経理部長として，被告人乙は，昭和60年4月1日から昭和63年12月16日までの間同社の経理部次長として，いずれも同社の資金の調達運用，金銭の出納保管等の業務に従事していたものである。
(1)被告人甲がさきに同社の株式を買い占めていたEに協力して同社の経営権を同社代表取締役会長Iの一族から奪取すべく画策しており，他方，被告人両名がI会長らの方針によりひそかに買占めに対抗していわゆる防戦買いの挙に出たことがEの知るところとなり，Eと被告人甲との間に確執が生じ，Eが同社の経営権を取得したときは被告人両名が役職を直ちに解任されることが必至であったことから，被告人両名は，J及びK両名に対して，Eの取引先金融機関等に融資を行わないよう圧力をかけ，あるいは同人及びその協力者を誹謗する文書を頒布してEの信用を失墜させ，同人に対する金融機関等による資金支援を妨げ，同人による買占めを妨害し，更には

買占めに係る株式を放出させるなど，同人による同社の経営権の取得を阻止するための種々の工作を依頼し，その工作資金及び報酬等に同社の資金を流用しようと企て，前後6回にわたり業務上保管中の同社の現金合計8億9500万円を，右工作資金及び報酬等に充てるためにJらに交付した。
(2)被告人両名は，被告人甲の取締役解任後，更にJ及びKに対し，引き続きEによる同社の経営権の取得を阻止するため，前と同様の工作を依頼し，その工作資金及び報酬等に同社の資金を流用しようと企て，前後3回にわたり，被告人乙が業務上保管中の同社の現金合計2億8000万円を，右工作資金及び報酬等に充てるためにJらに交付した。
(3)甲，乙は両事実について業務上横領罪で起訴され（なお甲は所得税法違反でも起訴されているがその点は省略する），金員の支出権限がある，あるいは不法領得の意思がないとして争った。第1審はその主張を肯定して業務上横領罪については両名を無罪とした（なお所得税法違反の罪により甲は懲役2年及び罰金7000万円）。しかし，第2審は支出権限を否定し，また不法領得の意思に欠けるところはないとして被告人両名を業務上横領罪で有罪とした（甲につき懲役3年及び罰金7000万円，乙につき懲役1年6月執行猶予3年）。

■**主な争点**■
　(i)被告人両名の行為は，会社方針に従った支払権限を有するものであったか？
　(ii)権限外の行為であったとしても，被告人らにもっぱら委託者本人のためにこれを行ったとして不法領得の意思が否定されるか？

2　裁判所の判断

(1)第1審について
　第1審は，Eらが所有するA社株式について「株買い取り策へ向けた被告人両名の工作，更に被告人両名の本件各金員の支出は，会社の方針に反するものであったといえないどころか，まさに委託者本人である國際航業の方針に沿ったものということができる」とした上で，事実(1)について，甲の一般的支出権限あるいはL社長の包括的承諾により具体的支出権限が

あったとして，各支出につき権限を認めた。他方，事実(2)については，「L社長の明示の承諾はなく，被告人乙に支出権限はあったとは認められないものの，同被告人が専ら委託者本人である國際航業のために行ったものと認められるから，同様に同被告人には不法領得の意思が欠けており，業務上横領罪の成立は認められない。占有者の身分を有する被告人乙に犯罪が成立しない以上，これに加功したとされる被告人甲に業務上横領罪の成立は認められない」として，被告人両名を業務上横領罪に関して無罪とした。
(2) 第2審について

第2審は，会社の方針については第1審判決を是認したものの，各金員の支出につき被告人らの支出権限を否定した上で，「E側による國際航業株の買占めは，支配株式の取得を通じての企業買収の動きであるところ，問題は，このような方法による企業買収の動きに対して現経営陣がいわゆる企業防衛を目的としてどのような対応策をとることができるか」をさらに問題とした。その中で，株式会社は，「社会通念上許容されない行為や法に抵触するような行為は，行うことができないのであるから」，「取締役に具体的な業務執行権限が与えられるということはあり得ない」，株式会社は，「会社の支配権に関する株主の最終的な判断権を奪うような行動に出るべきではない」，取締役会は，「重要な業務執行については，自ら決定しなければならず，これを代表取締役に委ねることは許されない」といった諸点を指摘し，本件のような株式の買取りは当時の商法においては，「自社株式取得の禁止規定に明らかに違反しており，本来委託者本人である会社自体でも行うことのできないことを行おうとしたものといわざるを得ない」，また，被告人らがJらに依頼した工作の具体的な手段も，「名誉棄損，侮辱，信用毀損，業務妨害，脅迫などの罪に触れかねないものであり，現に行われたことの多くもまさにこれに該当するものであった。本件裏工作は，このような面から見て委託者本人においても行うことが許されないことであった」とした上で，「本件の各金員の支出は，いずれも違法目的を有し，かつ，禁令の趣旨に明らかに反した行為であり，また，手続上も取締役会の決議を経ていない行為であって，被告人らは具体的支出権限を有してはいなかっ

たものと認める」として，支出権限を否定した。さらに，被告人らの不法領得の意思を認定するにあたって，一般論として「占有者が権限がないのに物を処分した場合であっても，それが専ら委託者のために行ったときには，不法領得の意思を欠くため，横領罪は成立しないことになる」とした上で，もっぱら本人のためであったかを検討している。そこで，被告人甲については，甲がＥらと通じて2億3000万円を受け取りながら，Ｅらとの全面対決に至ったことでＥらから裏切り者として攻撃され，また，妻子に危害を加えるなどの脅迫を受けており，要求された最初の3000万円の交付がその直後であったことから，被告人らの意図が専ら國際航業のためであるとはいえず，「甲の前記の弱みを隠し又は薄める意図と度重なる本件支出行為の問題化を避ける意図が加わっていた」と認定して不法領得の意思を認めた。また，「被告人らによる本件金員の支出行為が不法領得の意思によるものであったか，それとも専ら会社のためにしたものであったかは，さらに，その支出行為が委託者である会社自体であれば行い得る性質のものであったか否かという観点からも検討する必要がある。すなわち，その支出行為が違法であるなどの理由から金員の委託者である会社自体でも行い得ない性質のものである場合においては，金員の占有者である被告人らがこれを行うことは，専ら委託者である会社のためにする行為ということはできず，支出行為の相手方などのためにした行為というほかないからである」とした上で，前記認定を元に，被告人らに不法領得の意思を肯定し，被告人両名を業務上横領罪で有罪とした。

(3) 表題判例（被告人甲について）

表題判例はまず，「当時，國際航業としては，乗っ取り問題が長期化すると，同社のイメージや信用が低下し，官公庁からの受注が減少したり，社員が流出するなどの損害が懸念されており，被告人らがこうした不利益を回避する意図をも有していたことは，第1審判決が認定し，原判決も否定しないところである」として，委託者本人のためにする意思があったことを認めたが，「原判決も認定するように，本件交付は，それ自体高額なものであった上，もしそれによって株式買取りが実現すれば，Ｊらに支払うべき経

費及び報酬の総額は25億5000万円，これを含む買取価格の総額は595億円という高額に上り（当時のAの経常利益は，1事業年度で20億円から30億円程度であった。），國際航業にとって重大な経済的負担を伴うものであった。しかも，それは違法行為を目的とするものとされるおそれもあったのであるから，会社のためにこのような金員の交付をする者としては，通常，交付先の素性や背景等を慎重に調査し，各交付に際しても，提案された工作の具体的内容と資金の必要性，成功の見込み等について可能な限り確認し，事後においても，資金の使途やその効果等につき納得し得る報告を求めるはずのものである。しかるに，記録によっても，被告人がそのような調査等をした形跡はほとんどうかがうことができず，また，それをすることができなかったことについての合理的な理由も見いだすことができない」とした上で，原審の是認した，各交付の時点において，それぞれの交付に見合った工作が成功するか否かは全く不明確であったことや，被告人は，L社長らに本件交付について報告する機会が度々あったのに，その交付の内容や具体的交付目的等を報告していないこと，被告人の意図は，専ら國際航業のためにするところにあったとはいえず，自己の前記弱みを隠し又は薄める意図と，度重なる交付行為の問題化を避ける意図とが加わっていたと認定するのが相当であるとした「事情をも考慮すれば，本件交付における被告人の意図は専ら國際航業のためにするところにはなかったと判断して，本件交付につき被告人の不法領得の意思を認めた原判決の結論は，正当として是認することができる」として甲に不法領得の意思を認めた。

　もっとも，なお書きとして，「当該行為ないしその目的とするところが違法であるなどの理由から委託者たる会社として行い得ないものであることは，行為者の不法領得の意思を推認させる1つの事情とはなり得る。しかし，行為の客観的性質の問題と行為者の主観の問題は，本来，別異のものであって，たとえ商法その他の法令に違反する行為であっても，行為者の主観において，それを専ら会社のためにするとの意識の下に行うことは，あり得ないことではない。したがって，その行為が商法その他の法令に違反するという一事から，直ちに行為者の不法領得の意思を認めることはで

きないというべきである」として，第2審が前提とした不法領得の意思の判断方法を否定している。

(4) 参考判例①（被告人乙について）

参考判例①は，被告人乙につき不法領得の意思を認めるにあたって「本件では，被告人において甲の不法領得の意思を認識，認容して犯行に加わったことが認められるか，被告人に自己保身など，固有の利己目的が存在したことが認められれば，被告人の不法領得の意思の存在を肯定すべきである」とした上で，「被告人は，少なくともある段階までは，本件交付は甲の権限に基づくものであるか，又は専ら國際航業のために行う正当な支出であると認識していたのではないかと解する余地がある」とした。そして上記表題判例を引用して第2審の不法領得の意思の判断方法を否定した上で，「原判決は，被告人の不法領得の意思の有無について，法律の解釈を誤り，ひいては審理を尽くさず，その結果事実を誤認した疑いがあ」るとして原裁判所に差戻した。[1]

3 当該判例について検討すべき論点

■Q1 「横領」の定義は？

本件では，業務上横領罪の成否が問題となっているが，まず「横領」の定義について確認しておこう。一般に横領罪における横領については，横領罪が財産犯であることを前提として，自己の占有する他人の物を不法に領得すること，とする領得行為説と，横領罪の本質を委託者の信頼を裏切るものとして，占有物に対して権限を逸脱すること，すなわち委託の趣旨に反する行為をなすこと，とする越権行為説が対立している。

両者の違いは，不法領得の意思を要するか否かにあるとされ，具体的には自己の占有する他人の財物を一時使用した場合（いわゆる使用横領），あるいは単純に毀棄・隠匿目的でした場合（いわゆる毀棄・隠匿横領）には，領得行為説からは横領罪の成立が否定され，越権行為説からは肯定されることになるといわれている。

判例はこの点につき，「横領罪は自己の占有する他人の物を自己に領得する意思を外部に発現する行為があった時に成立する」として領得行為説に立つとされている。もっとも判例は大審院時代を含めると，次に述べる不法領得の意思の定義を用いて，領得行為説からは成立が否定されるはずの使用横領，毀棄・隠匿横領について横領罪の成立を認めている。そこで，横領罪における不法領得の意思の内実を考察する必要がある。

■Q2　横領罪における不法領得の意思と窃盗罪におけるそれとの異同は？
(1) 窃盗罪における不法領得の意思と横領罪における不法領得の意思
　横領罪の成立の限界を画すものが不法領得の意思であるとすると，その内容が問題となる。
　従来不法領得の意思は，とりわけ窃盗罪の成立要件との関係で論じられており，「権利者を排除し他人の物を自己の所有物と同様にその経済的用法に従いこれを利用し又は処分する意思」のことをいうとされてきた。
　しかし，判例は横領罪においては，「他人の物の占有者が委託の任務に背いて，その物につき権限がないのに所有者でなければできないような処分をする意思をいう」(参考判例②)としている。
　この不法領得の意思の定義は，経済的用法に従った処分行為を要求していないのであるから，結局その意味するところは越権行為にほかならないとも理解される。
　もっとも下級審の中には，横領罪においても窃盗罪と同様の不法領得の意思の定義を用いるものがある。たとえば，参考判例③は納金ストにおいて会社の金銭を労組分会委員長名義で預金したという事案にかかるものであるが，その控訴審は次のように述べて経済的用法に従った処分意思，すなわち不法領得の意思がないとして第1審の無罪判決を維持した。

「横領罪の成立に必要な不法領得の意思とは他人の物の占有者が委託の任務に背いてその物につき権限がないのに所有者でなければできないような処分をする意思をいうのである。しかしてここに処分をする意思というのは他人の物を自己の所有物と同様にその経済的用法に従いこれを利用し，又

は処分する意思と解するのが相当である。

　記録を精査してみても，被告人等に於て右にいわゆる処分をする意思を有していたことを認めるに足る証拠は一つもない。本件抑留行為によっては，不法領得の意思を推認するわけにはいかない。」

　これに対して，参考判例③は以下のように述べている。

「そもそも，横領罪の成立に必要な不法領得の意思とは，他人の物の占有者が委託の任務に背いて，その物につき，権限がないのに，所有者でなければできないような処分をする意思をいうのであり，必らずしも，占有者が自己の利益の取得を意図することを必要とするものでないことは，当裁判所の判例とするところである。従って，他人の金員を保管する者が，所有者の意思を排除して，これをほしいままに自己の名義をもつて他に預金するが如き行為は，また，所有者でなければできないような処分をするに帰するのであつて，場合により，横領罪を構成することがあるのは，論旨のいうとおりである。

　しかしながら，右の如き保管者の処分であつても，それが専ら所有者自身のためになされたものと認められるときは，不法領得の意思を欠くものとして，横領罪を構成しないことも，また，当裁判所の判例とするところである。」

　参考判例③は，不法領得の意思の定義そのものは従来の定義を維持し，被告人らが行った処分が横領に当たる可能性を指摘しながら，他方で，その処分がもっぱら本人のために行われたものである場合には不法領得の意思を欠くとして，原審の無罪判決を是認した。もっとも，参考判例③は検察官の上告を棄却して，原審の無罪判決を維持したものであるから，この判示部分は傍論にすぎない。しかし，後述のように参考判例④は参考判例③のこの部分を引用して，業務上横領罪の成立を認めた原審を破棄・差戻したのであるから，その意味で判例としての意義を有する。

　このように，判例および表題判例は，当該行為が横領行為に該当するように思われる行為であっても，もっぱら本人のためにする意思が認められる場合に

は，横領罪の成立を否定している。この関係をどのように考えるべきであろうか。

(2)横領行為と「もっぱら本人のためにする意思」

横領行為と「もっぱら本人のためにする意思」の関係をいかに解するかについて，表題判例は注目すべき判断を示している。すでにみたように，第2審は，不法領得の意思を認めるにあたって，本件各支出が違法であるなどの理由から金員の委託者である会社自体でも行い得ない性質のものである場合においては，金員の占有者である被告人らがこれを行うことは，もっぱら委託者である会社のためにする行為ということはできないとして，不法領得の意思を認めている。

これはつまり，委託者本人にできないことであれば委託者は支出権限を認めることができず，支出権限が認められないのであれば行為者は権限がないにもかかわらず所有者にしかできない行為をしたこととなり，本人に権限を与えることができず自己も権限がないことを認識して支出に及んでいるのであるから，それは自己または支出の相手方の利益のためであり本人のためとはいえない，という論理構造である。この見解は判例のいう横領行為および横領罪の不法領得の意思の定義に忠実な判断のようにもみえる。

しかし，表題判例はこのような判断構造を否定した。つまり，その行為が本人たる会社にできるものであるかどうかという行為の客観的性質の問題と行為者がそれをどのような主観で行ったかという判断は，別異のものである，とするのである。もっとも，表題判例においては被告人甲に不法領得の意思を肯定して業務上横領罪の成立を維持したのであるから，この判示は傍論にすぎない点に注意が必要である。しかし，参考判例①が乙に関しては表題判例を引用して不法領得の意思を否定しており，そのことでこの部分も判例としての意義を有することになる。

客観的な横領行為の問題と，「もっぱら本人のためにする意思」の関係は，参考判例④でも問題とされていた。

参考判例③と同様の納金ストが問題となった参考判例④の原控訴審は次のように述べて，業務上横領罪の成立を認めていた。

第 16 章　不法領得の意思

> 「しかし横領罪における不法領得の意思というのは，原判決も説明するとおり，他人の物の占有者が委託の任務に背き所有者の権利を排除してその意に反し擅に自己のため抑留したり，所有者でなければできないような処分をしたりする意思をいうのであつて，必ずしも占有者が自己の所有とする意思または利益を得る意思があることを要せず，もとより後日領得物を返還または補塡する意思があつたということは，横領罪の成立を妨げるものではないものと解するのが相当である。」

これに対して，参考判例④は次のように述べて，原審を破棄し差戻している。

> 「労働争議の手段として集金した電気料金につき一時自己の下に保管し，しかもその保管の方法が会社のため安全且つ確実なものであり，そして毫も自らこれを利用又は処分する意思はなく，争議解決まで，専ら会社のため一時保管の意味で，単に形式上自己名義の預金となしたに過ぎないと認められる場合においては，これを以て直ちに横領罪の成立を認むべきものではないことは，前記当小法廷の判例の趣旨に徴し肯認せられるところである。しかるに，原判決が本件預金が右の趣旨に出でたものであるか否かを審究することなく，その判示するような『事実関係における被告人名義の右預金所為は前記にいわゆる不法領得の意思実現と解されても致し方ない筋合であり』と速断し，被告人には不法領得の意思がないから横領罪は成立しない旨の控訴趣意をその理由がないとしたのは，法律の解釈を誤つた違法があるか，又は理由不備の違法があるから，破棄を免れない。」

このように，本人の意に反するような行為であっても，行為者の側になおもっぱら本人のためにする意思が認められる場合があるということが示されている。

したがって，表題判例が明示した，行為の客観的性質の問題と行為者の主観の問題は別異の判断であるとする考え方は，すでに判例の中にみられていたともいえる。[7]

表題判例においても，「乗っ取り問題が長期化すると，同社のイメージや信用が低下し，官公庁からの受注が減少したり，社員が流出するなどの損害が懸

念されており，被告人らがこうした不利益を回避する意図をも有していた」と認定されているから，甲が行った株式買い取り工作に関する支出が本人のためにも行われていたと評価しうる。[8] しかし，甲は同時に自己の「弱味を隠し又は薄める意図と，度重なる本件支出行為の問題化を避ける意図が加わっていた」と認定されており，さらに本件支出の調査や報告を怠ったこととあいまって，本件支出が「もっぱら」委託者である本人のためにする行為であったことが否定されている。これと異なり，乙の側では甲の不法領得の意思を基礎づける事情を知り得ず，また乙自身に自己保身などの固有の利己目的から本件支出を行ったことが否定され，乙は乗っ取り問題から来る会社の不利益を回避する意図を有していたとして，業務上横領罪の成立が否定されている。

このように，自己または第三者のためにする意思と本人のためにする意思が併存することはありうるが，それらのうちのどれが主たる意思かによって不法領得の意思の存否が判断されているといえよう。

■Q3　本決定と参考判例⑤との関係は？

参考判例⑤は，森林組合の長であった被告人らが，所定の使途以外に使用できない旨規正されている農林漁業資金融通法に基づいて組合に貸付けられた政府貸付金175万円中43万円を，諸経費の支払資金に窮していたA町からの要請を受けてA町に貸付けたという事案である（そのほかにも横領に問われた事実があるがその点は省略する）。

第1審は，被告人の行為は組合の利益のためにその権限に基づき利用したものとして，不法領得の意思を否定し無罪としたが，第2審は，被告人は権限なくA町の利益を図るために行ったとして，業務横領罪の成立を認めたところ，参考判例⑤は以下のように判示した。

「A町に対する貸付は年末に際し諸経費の支払資金に窮していた同町からの要請に基き専ら同町の利益を図るためになされたものであつて，組合の利益のためにする資金保管の一方法とは到底認め難く」，「支出は組合役員会の決議の趣旨にも反し，組合本来の目的を逸脱し，たとえ監事の承認を経ているとはいえ，この承認は監事の権限外行為に属し，これあるがため被

第 16 章　不法領得の意思

> 告人らの右各支出行為が組合の業務執行機関としての正当権限に基く行為であると解すべきものでない」ことから，本件「支出行為は，被告人らが委託の任務に背き，業務上保管する組合所有の金員につき，組合本来の目的に反し，役員会の決議を無視し，何ら正当権限に基かず，ほしいままに被告人ら個人の計算において，A町及び被告人ら個人の利益を図つてなしたものと認むべきである」[9]

　もし参考判例⑤が，組合所有の金員について，組合でもなし得ないような貸付けであるから，占有者である行為者が行った場合には，不法領得の意思があり業務上横領罪が成立するとしているならば，このような考察方法は表題判例および参考判例①の規範に照らして，再考の余地がある。権限逸脱行為であったとしても，さらに不法領得の意思として行為者に処分意思があったのか，あるいは「もっぱら本人のためにする意思」があったのかという点が検討されるべきなのである。

　たしかにこの事案では，本件金銭が無断で転貸され，それが発覚した場合には，本来組合員に転貸するべき資金が政府に回収される可能性があった。そうすると組合にとっては政府貸付資金の用途外流用はぜひとも阻止しておきたい事態であったとも考えられる。

　しかしながら，表題判例や，参考判例④の判断を合わせて考えれば，たとえ本人にはできない行為あるいは本人の意に反する行為であっても，もっぱら本人のためにしたといいうる場合がありうるのである。

　参考判例⑤においても，地方公共団体という回収の確実な貸付先であり，しかも現実に資金が回収され，組合に利息収入が入った事実があったというのであるから，なお不法領得の意思を否定すべき事案であったように思われる。[10]

4　当該判例の射程

　表題判例は，委託者本人である会社にとってなしえない違法な支出を行った担当者に業務上横領罪の成立を認めた。もっとも，その不法領得の意思を認めるにあたっては，被告人の行った支出が，もっぱら本人である会社のためにす

263

るところであったかという観点から判断をしている。

　また，傍論ではあるが不法領得の判断方法として，当該行為が違法であることは行為者の不法領得の意思を推認させるひとつの事情であることは認めながら，なお，行為の客観的性質と，行為者の主観の問題は別異の問題であることを示した。そこでは，「たとえ商法その他の法令に違反する行為であっても，行為者の主観において，それを専ら会社のためにするとの意識の下に行うことは，あり得ないことではない」として，本人たる会社でも行い得ない違法行為であっても，なお本人のためにする意思があるとして，不法領得の意思が否定される場合があることを示している。

　その判断は，参考判例①に引用され，同様に本人でもなしえない違法な支出を行った共犯者については，もっぱら本人のために行う正当な支出と認識していたとして，横領罪の成立が否定されたという意味で，この部分も判例としての意義を有している。[11]

　また，表題判例と参考判例①を比較してみると，自己保身のような利己目的で支出等を行った場合には，本人のためにする意思が併存する場合においても，それが「もっぱら」本人のためにする意思ではなかったといいうるとして，不法領得の意思が肯定されることを示した点にも意義があろう。

5 補論：交付罪における不法領得の意思

　参考判例⑥：最決平成16・11・30刑集58巻8号1005頁

　不法領得の意思は，財産領得罪に共通するものであるから，この点においては交付罪でも変わらない。

　参考判例⑥は，被告人が，共犯者と共謀のうえ，叔父に対して内容虚偽の支払督促を申し立てたうえ，支払督促正本等の送達に赴いた郵便配達員に対して，自ら叔父の氏名を名乗り出て受送達者本人であるように装い，郵便配達員の求めに応じて，郵便送達報告書の受領者の押印または署名欄に叔父の氏名を記載したという事案に関するものである。最高裁は以下のように述べて詐欺罪の成立を否定した。

264

第 16 章　不法領得の意思

> 「郵便配達員を欺いて交付を受けた支払督促正本等について，廃棄するだけで外に何らかの用途に利用，処分する意思がなかった場合には，支払督促正本等に対する不法領得の意思を認めることはできないというべきであり，このことは，郵便配達員からの受領行為を財産的利得を得るための手段の一つとして行ったときであっても異ならないと解するのが相当である。そうすると，被告人に不法領得の意思が認められるとして詐欺罪の成立を認めた原判決は，法令の解釈適用を誤ったものといわざるを得ない。」

そこでは，客観的には詐取行為と評価しうる行為であっても，毀棄・隠匿目的に基づく場合には不法領得の意思がない，とされたものであり，表題判例と基本的な方向性を同じくするものと考えられる。

〔注〕
1）　なお差戻審である東京高判平成15・8・21判時1868号147頁は，「被告人が甲の不法領得の意思を認識，認容して犯行に加わったと認めるには合理的疑いが残り，また，被告人に自己保身などの固有の利己目的があったことについても合理的疑いが残るというべきである」として，乙を無罪とした。
2）　最判昭和27・10・17集刑68号361頁。
3）　大判明治44・5・22刑録17輯897頁，大判大正2・12・16刑録19輯1440頁，大判大正4・2・10刑録21輯94頁など。また，行為者には換金できない，つまり捨てるか置いておくかしかできない線引き小切手を持ち出した事例につき横領罪を認めた東京高判昭和34・3・16高刑集12巻2号201頁は，横領罪の不法領得の意思とは「他人の物を保管する者が他人の権利を排除してその物を自己の所有物のごとくに支配しまたは処分する意思をいい，必ずしもその物の経済的用法に従いこれを利用しまたは処分する意思は必要としないもの」として，単なる拐帯行為にも横領罪を肯定した。しかしこれらの判例は具体的な使用目的の認定は不要としているにすぎないと解する余地がありその射程は慎重に考察する必要がある。
4）　最判昭和26・7・13刑集5巻8号1437頁。なお，大判大正4・5・21刑録21輯663頁は，「権利者を排除して他人の物を自己の所有物として其経済的用法に従い之を利用若くは処分するの意思」（傍点筆者）としていた。
5）　参考判例④の差戻控訴審も同様の定義を用いている。また，東京地判昭和60・2・13刑月17巻1＝2号22頁は，自己が占有外部への持出しが禁じられた機密資料を持出しコピーしたという事例で同様の定義を用いた。機密資料の持出しは，コピーが目的でありフロッピー等その物の領得は不要であるから，使用窃盗・使用横領として不法領得が否定されると争われることが多いであろう。しかし，持出しを窃盗罪とした各裁判例（東京地判昭和55・2・14刑月12巻1＝2号47頁，東京地判昭和59・6・15刑月16巻5＝6号459頁など）と同様，情報媒体という財物の性格から，情報のコピーに必要な時間だけ持ち出しても，その財物を利用しつくすことができるという点に特徴があり，それをコピーすることは（情報媒体の）「経

265

済的用法にしたがった処分」であるといえるし、その意味で権利者排除意思も認められる。もっとも、当該事案は「経済的用法にしたがって利用する意図」を認めて有罪とした事例であり、従来の定義でも横領罪の成立を認めることができる。

6) このような考慮は、すでに大審院時代からみられていた。一般論としては、公金の不正使用について出された大判明治44・10・26刑録17輯1795頁、大判大正3・6・27刑録20輯1350頁を嚆矢として、寺の住職が寺の庫裡を建設するために、檀家総代の同意並びに主務官庁の認可を受けて買戻約款を付して寺の什物を売却した事例で「自己に領得する意思に出てたるものと謂ふを得ざる」として無罪を言い渡した大判大正15・4・20刑集5巻136頁があった。最高裁においても、最判昭和28・12・25刑集7巻13号2721頁は、農協組合長が組合の事業に含まれない貨物自動車営業に組合資金を支出したことにつき種々の事情を考慮のうえ、「組合の内部関係において、その事業に属しないとしても、被告人が該営業のため組合資金をほしいままに支出した一事を以つて直ちに業務上横領罪を構成するものと即断することはできない。即ち、右支出が専ら本人たる組合自身のためになされたものと認められる場合には、被告人は不法領得の意思を欠くものであつて、業務上横領罪を構成しないと解するのが相当である」として差戻した。なお表題判例の原審は大正15年判決およびこの判決を引用している。参考判例③、④も昭和28年判決を引用する。

7) 参考判例④は、参考判例③が列挙する事情がなく、原審段階では業務上横領罪が認められていたものである。なお、参考判例③および参考判例④の差戻し上告審（最判昭和39・11・24刑集18巻9号639頁）における検察官上告趣意とそれに対する弁護人の答弁は、大審院時代から当時までに出された横領罪の判例をそれぞれの立場から検討することで、横領罪の基本的な問題点が明らかになっており読み応えがある。一読をお勧めする。

8) 第1審はその点も肯定している。さらに「会社の役員又は従業員が会社のために行った行為が、その役員又は従業員個人にもその地位の保全、昇進等の間接的反射的利益をもたらすということは、通常ありうることであって、役員又は従業員に関接的反射的利益が及ぶことがあっても、そのことのために右の行為が自己の利益を図ったものとみるのは相当でない」としている。

9) なお、本件には河村大助裁判官の「本件組合の財産たる金員を町に貸付けることは組合が組合財産を処分することであつて、たとえそれが前記融通法に違反する行為であつても代表者等個人が個人のためにこれを処分するものでないから、その代表者等個人に不法領得の意思を認むる余地は存しないものというべきである。然るに組合から町への貸付であること明らかな本件において唯流用禁止違反の事由があるからといつて、卒然として個人を業務上横領罪に問擬するのは、不正領得という財産犯罪の本質を逸脱するものであつて、到底これを是認し得ない」という少数意見が付されている。

同様の事案として、最判昭和24・7・16集刑12号599頁、最判昭和25・9・19刑集4巻9号1664頁、最判昭和26・1・23集刑39号573頁、最判昭和27・3・6集刑62号145頁、最決昭和28・5・7集刑80号81頁などがあるが、これらの事案では各行為者に、物の費消、第三者への貸付、譲渡といった、自己または第三者の利益を図る処分行為が存在しており、必ずしも権限がないことだけを理由として横領罪を肯定しているわけではない。

10) もっとも、本人のために行う意思であれば、どのような違法行為も行いうるとはいえないであろう。「本人のため」とはいかなる意味なのかについてはさらに検討の余地がある。

11) 乙についてはその後無罪が確定しているが、もし乙が無罪であったとすると、本件支出のうち、甲が業務上の占有者の地位を失った後の支出については、占有者という身分者たる乙が無罪であることから、業務上横領罪の共同正犯に問えないという問題があると思われる。

◆復習問題1

　甲は，BからAを依頼されてAを恐喝し，それによって畏怖したAから100万円を渡された。当初，甲は，この100万円全額をBに手渡すつもりだったが，入手後に一部を自己のものにしたいと考えるようになり，Bに対しては「残り100万円のうち50万円しか受け取れなかった。」と嘘を言って現金50万円のみを手渡し，残金50万円を自己のものとして費消した。
　甲の罪責について論ぜよ（ただし，特別法違反の点は除く）。

（参考：平成19年度現行司法試験論文式刑事法第1問）

◆復習問題2

　Aは，宝石（時価100万円）を詐欺によりBから取得したが，その事情を秘して，宝石を100万円で売却することを甲に依頼した。甲は，宝石を受領した当初は，それがだまし取られたものであることを知らなかったところ，その後，偶然その事情を知るに至ったが，そのことを秘してCに売却し，代金100万円を受け取った。甲は，その代金のうち30万円を自己の借金の返済のために使ってしまい，Aには，「70万円でしか売れなかった。」と言って納得させ，残りの70万円を渡した。
　甲の罪責を論ぜよ（ただし，特別法違反の点は除く）。

（参考：平成14年度現行司法試験論文式刑事法第2問）

〔大下　英希〕

第17章

「背任」の意味と背任罪の共犯
―― 「北國銀行」事件 ――

表題判例：最判平成16・9・10刑集58巻6号524頁
　参考判例①：最判昭和31・12・7刑集10巻12号1592頁
　参考判例②：最決昭和58・5・24刑集37巻4号437頁
　参考判例③：最決平成15・2・18刑集57巻2号161頁
　参考判例④：最決平成20・5・19刑集62巻6号1623頁

1 事実関係

　被告人は，株式会社北國銀行（以下「北國銀行」という）の代表取締役頭取として業務全般を総轄していた。Aは，石川県信用保証協会（以下，「信用保証協会，」という）の専務理事として業務全般を統括執行し，協会のため職務を誠実に遂行すべき任務を有していた。Bは常務理事として，また，Cは常勤理事としてAらと同様の任務を有していた。
(1)信用保証協会は，信用保証協会法に基づいて設立され，中小企業者等に対する金融の円滑化を図る目的をもって債務保証等の業務を行っていた認可法人であり，北國銀行は，信用保証協会の保証債務のうち45％強に当たる債権を有する，石川県最大の地方銀行であった。
(2)信用保証協会は，北國銀行が平成5年6月30日にD社に融資した8000万円の債務について保証をしていたが，D社は，その直後，事実上倒産した。
(3)信用保証協会の事務担当者は，北國銀行がD社の経営状態の悪化を知りながら融資を実行したのではないかとの疑いを抱いたものの，その確証が得られなかったので，代位弁済の実行に向けた審査手続を進めていたが，

その過程で，融資の担保となっていた工場財団の機械166点のうち機械4点が登記漏れになっていることに気付き，この点が保証条件違反に当たるとの理由で，代位弁済できない旨を北國銀行側に伝えた。その後，北國銀行の審査部は，代位弁済を受けることは困難と判断して，信用保証協会に対し，債権償却のための免責通知書の発行を求めるに至り，平成8年2月15日ころ，その交付を受けた。

(4)他方，信用保証協会においては，平成6年度から平成10年度までの間，県，市町村及び金融機関の出捐金や負担金により，合計10億5000万円を基本財産に充てるという基本財産増強計画があり，北國銀行も，平成6年度及び平成7年度には，各4000万円を超える負担金を拠出していた。平成8年3月28日，Cは，被告人に面会して，同計画に基づき，平成8年度の負担金の拠出を依頼したところ，被告人は，「負担金拠出には応じられない。それよりもD社の代弁否認は無茶ではないか。160件あまりの担保物件の追担の4件ぐらいで否認は無茶ではないか。A専務と相談しなさい」などと言って，Cを叱りつけ，前記債務に係る信用保証協会の免責方針を見直し，代位弁済に応ずるよう強く要請した。

(5)Cは，AとBに被告人の要請を報告し，対応を協議した。その結果，信用保証協会役員らは，北國銀行が負担金を拠出しなければ基本財産増強計画に支障を来すおそれがあることから，被告人の要請に応じざるを得ないと判断し，北國銀行審査部部長らに対し，代位弁済に応ずる旨を告げた。

(6)同年4月1日，Cが再度，被告人に面会して負担金の拠出を依頼したところ，被告人は，信用保証協会が免責通知を撤回したことについて礼を述べるとともに，拠出に応ずる態度を示した。そして，信用保証協会は，同年7月19日，北國銀行に対し，8000万円の代位弁済を実行した。

以上の事実につき，被告人はAらと共謀して，北國銀行の利益を図る目的をもって，Aらがその任務に背き，北國銀行に対する保証債務が消滅しているにもかかわらず，消滅しなかったかのように免責通知を撤回した上，北國銀行に8000万円の代位弁済を実行し，その結果信用保証協会に同額の財産上の損害を加えたとして，背任罪の共同正犯として起訴された。

■**主な論点**■
(i)代位弁済に応じることで今後の基本財産増強計画を円滑に進めるべき，との判断に基づいてAらによって行われた代位弁済は，任務に背く行為に当たるか？
(ii)どのような場合に背任の相手方による加功が共同正犯になるか？

2 裁判所の判断

第1審は，Aら3名は，「免責通知を撤回する正当な理由はなく，代位弁済することが信用保証協会の役員としての任務に違背することを認識しながら，免責通知を撤回し，8000万円を代位弁済したものであるから，任務違背行為があったことは明らか」として，Aらに背任罪を肯定し，被告人については，「被告人は，免責通知を撤回させるだけの正当な理由はなく，免責通知を撤回させ，信用保証協会に代位弁済させることが，役員であったAらの任務に違背するものであり，北國銀行の利益になるものであることをいずれも認識していた。だからこそ，被告人はCに対し，負担金拠出に応じられないなどと言って免責通知の撤回と代位弁済を強く要求し，『A専務と相談しなさい』と言ってAらに伝えさせた。その上でA，B及びCがこれに応ずることに決めて順次共謀を遂げた」として共謀共同正犯を肯定した（懲役2年6月，執行猶予4年）。

第2審は，Aらの任務違背行為につき，「保証債務は消滅しているのであり，免責通知撤回の理由など全くなかったことが明らかであって，Aらの免責通知を撤回して代位弁済をした行為が信用保証協会の役員としての任務に違背するものである」とし，被告人については，「被告人の行為は正常な交渉とはかけ離れたものであって，被告人は北國銀行の頭取等としての社会的地位に基づく影響力に基づいて信用保証協会役員に対し不当な要求をしたものといわざるを得ず，Cらがこれに応ずることは同人らの信用保証協会役員の任務に違背するものであることをも明確に認識していたと認められる」として，控訴を棄却した。

これに対して、表題判例は、被告人が代位弁済を求める際に持ち出した、負担金の拠出の拒絶について、「北國銀行のみが負担金の拠出を拒絶し、協会から利益は受けるけれども、応分の負担をすることは拒否するという態度を採ることが実際上可能であったのか、ひいては、原審の認定のように、被告人が協会に対する負担金の拠出に応じないことを利用して代位弁済を強く求めることができたかどうか、については疑問がある」とした。仮に北國銀行が負担金の拠出を拒絶することが可能であったとしても、「協会としては、(ア)本件代位弁済に応ずることにより、北國銀行の負担金の拠出を受け、今後の基本財産増強計画を円滑に進めるべきか、それとも、(イ)北國銀行からの負担金を断念しても、本件代位弁済を拒否すべきか、両者の利害得失を慎重に総合検討して、態度を決定すべき立場にある。上記(ア)の立場を採ったとしても、負担金の拠出を受けることと切り離し、本件代位弁済をすることが、直ちに協会役員らの任務に背く行為に当たると速断することは、できない」とした上で、「本件では免責通知書に記載された事由すなわち工場財団の対象となる機械166点のうち4点について、登記手続が未了であったという事実以外にも免責事由が存したとして、協会役員らが免責通知を撤回し代位弁済をした行為がその任務に違背するものであった旨を詳細に判示しているが、上記の登記手続が未了であったという事実以外の事実を当時の被告人が認識していたことは確定していないのであるから、そのような事実を直ちに被告人が行為の任務違背性を認識していた根拠とすることはできない」とした。

さらに、被告の働きかけにつき「事務担当者間の交渉結果につき役員による交渉によって再検討を求めること自体が不当なものと評価されるべきものではない」とした上で、「本件においては、被告人が協会役員らと共謀の上、協会に対する背任行為を実行したと認定するには、少なからぬ合理的な疑いが残っているといわざるを得ない」として、原審の有罪判決を破棄し事件を原審に差戻した。

差戻審（名古屋高判平成17・10・28高刑速（平17）285頁）は、まず、「協会と『対向関係』にある北國銀行の頭取であって、協会の『事務処理者』の立場には

271

ない被告人が，本件代位弁済に関して，協会役員らに対し，北國銀行に有利な取扱いを要請し，働き掛けた場合，その要請・働き掛けが著しく相当性を欠き，協会役員らに背任行為を強いる危険が高いなど，経済取引上の交渉事として社会的に容認される限度を超えない限り，協会の『事務処理者』である協会役員らが協会に対する背任罪の刑事責任を問われる場合であっても，被告人に対しては，背任罪の共謀共同正犯の責任を問うことはできないというべきである」とした上で，「被告人が圧倒的に優越した立場にあったのを利用して，まずCに免責撤回を迫って背任の共謀を持ちかけ，Cを介して他の共犯者にも共謀を持ちかけたのではないか，そうだとすると，被告人の要請は，経済取引の交渉として社会的に許容される限度を超えるのではないか，との疑いが全くないわけではない」が「被告人が負担金の拠出を拒むことで，実際に協会役員らに免責を撤回して代位弁済するよう強いることができたかは疑問であることや被告人がCに本件代位弁済を要請した際の言動の内容等先に指摘した諸事情に照らすと，被告人が協会側に再考を強く求めたにすぎないにもかかわらず，被告人の影響力の大きさを知悉していた協会役員らは，北國銀行との関係の悪化とそのもたらす協会への影響を懸念する余り，保身を図ろうとする気持ちもあって，いわば過剰に反応し，免責を撤回して代位弁済に応じる意向を慌ただしく固めてしまった，とみるべき余地もなお残ると言わざるを得ない」として被告人とAらとの共謀を否定した。また，被告人の故意につき，「被告人がCに免責撤回を要請した際の言動に照らすと，被告人は，機械4点の登記漏れは全額の免責事由には当たらず，交渉の余地があると考えており，だからこそCに対し，いわば叱責といっても過言ではないほどの強硬な姿勢で免責を撤回して代位弁済をするよう要請したものとみることができなくはない。そうだとすると，被告人が，免責を撤回して本件代位弁済をすることが協会役員らの任務違背行為であると認識していたとするには，これまた疑問が残るといわざるを得ない」として，被告人を無罪とした。

3 当該判例について検討すべき論点

■Q1 背任罪の成立要件とは？

背任罪は，条文上「財産上の損害」が要求されていることから，全体財産に対する罪とされる。背任罪が成立するためには，①他人のためにその事務を処理する者であること（事務処理者），②任務に背くこと（任務違背），③財産上の損害を加えたこと（財産上の損害），④自己若しくは第三者の利益を図る又は本人に損害を加える目的（図利加害目的），が必要とされている。それぞれの要件について，争いがあるところであり，その意味を正確に理解しておく必要がある[1]。

本件では，Aらの行為が任務違背に当たるか，という点と，Aらに背任罪が成立するとして，被告人を背任罪に加功した者として共同正犯に問えるか，が争われている。

そこで，まずAらに背任罪が成立するかを検討しておこう。

■Q2 事務処理者とは？

背任罪の主体は，「他人のためにその事務を処理する者」である[2]。その事務の「その」は他人を意味するから，その事務の内容は委託者である「他人」の事務である必要がある。また，背任罪の財産犯としての性格からその事務は「財産上の事務」に限られる[3]。

このように事務処理者は他人の財産上の事務を処理する者であるが，自己の事務と他人の事務の限界が問題となる[4]。参考判例①は，自己の所有する不動産に第1抵当権を設定するにあたって，抵当権者に権利証，委任状，印鑑証明等を交付したが，抵当権者がその登記を怠っている間に，他の者に抵当権を設定し，その者を第1抵当権者として登記した，という事案にかかるものである。参考判例①は，被告人の抵当権設定の登記義務は設定者である被告人固有の事務であって他人の事務ではないとする上告趣意に対して，以下のように述べて背任罪の成立を肯定した原審を是認した。

273

> 「抵当権設定者はその登記に関し，これを完了するまでは，抵当権者に協力する任務を有することはいうまでもないところであり，右任務は主として他人である抵当権者のために負うものといわなければならない」

　しかし，本件ではすでに登記に必要な書類はすべて抵当権者に手渡されており，あとは抵当権者の側で登記をすればよいという状態なのであるから，さらに登記に協力できることはないはずである。そうすると，ここでいう登記協力義務とは，担保価値を減少させないようにするという不作為の義務ということになる。しかし，登記が完了するまで，第三者に抵当権設定登記をさせないことは，むしろ抵当権設定者である「自己の」任務と解するべきであろう[5]。

　もっともここでは第2審で認定された，(抵当権者が)「その後登記をしなかつたのは被告人の方で来月払うからというて一ヶ月毎に手形の書き替えをしたので登記をすることができず，猶，被告人は来月こそ払うから登記をしないでもよいだろう。君に弁済する前に『他に担保に供して金を借りることはしない』というていた」という部分が重要である。

　参考判例①で登記がなされなかったのは，被告人が書類を渡したのち，登記をしないように依頼し，かつ他に担保に供さないことを約していたからである。そうだとすると，被告人は抵当権者のためにそれを他の担保に供さないという任務を負ったといえるのであるから，背任罪にいう事務処理者になるのである。したがって，すべての抵当権設定者が事務処理者になると解すべきではない[6]。

　表題判例において，Ａらは信用保証協会の理事として業務を統括し，代位弁済の要件の有無等を適正に判断することで信用保証協会のために職務を誠実に遂行すべき任務を負っていたのであるから，事務処理者にあたる。

■Q3　任務違背行為とは？

　任務違背行為とは，他人の財産上の事務を委託された者として負っている任務に反する行為，つまり本人の財産を擁護する任務に違背することをいう。この任務違背の判断にあたっては当該事務処理者が負う私法上の善管注意義務違反が基本とされる。

しかし，法令や単なる内部的手続きの違反をもってすぐさま任務違背が肯定されるのではない。当該行為をなすに至った行為者の意図やその実質的な効果など当該取引についてこれを実質的に考察すれば，その行為が必ずしも会社にとって不利益を及ぼすものでなく，取締役の会社に対する誠実義務に反するものでないような場合も存在しうるのであるから，任務違背を認定する際には，これを実質的観点から検討することが必要である。

また，企業の経営者等にはいわゆる「経営判断の原則」が認められており，取引行為によって結果的に会社に損害を与える結果となったとしても，「その決定の過程，内容に著しく不合理な点がない限り，取締役としての善管注意義務に違反するものではない」とされている。

たとえば，会社がある事業に投資したが，失敗し会社に損害が発生したとしても，合理的経営判断からみて，著しく不合理な点がないといえる場合には，なお「任務違背」があったとはいえない。さらに，当該取引によって確実に会社に損害が発生する場合ですら，「任務違背」でないこともある。というのも，当該取引が確実に損害を発生させるとしても，当該取引相手との関係性，それまでの取引状況，その後の収益の見通し，などの観点からみて，当該取引を行うことが，本人たる会社のためになることもあるからである。いわゆる「損して得とれ」という判断も，合理的「経営判断」として許容されうる。

したがって，「任務違背」を考えるにあたっては，短期的，一回的な取引を独立に評価させるのではなく，それと引き換えに得られる利益をも考慮のうえ，総合的に判断することが求められる。

このように，任務違背の判断においては，単に形式的な違反性だけを問題にするのではなく，その主体が担っている，本人の財産を擁護する任務に違背したかどうかを総合的・実質的観点から考察する必要がある。

表題判例においては，免責を撤回する正当な事由がないにもかかわらず，代位弁済を行ったのであるから，第1審，第2審がいうように任務違背は明らかなようにもみえる。

しかしながら，表題判例は以下のように述べている。

「北國銀行が協会に対する平成8年度の負担金の拠出を拒絶することが実際

上も可能であり，かつ，協会側が被告人から負担金の拠出に応じられない旨を告げられていたとしても，協会としては，(ア)本件代位弁済に応ずることにより，北國銀行の負担金の拠出を受け，今後の基本財産増強計画を円滑に進めるべきか，それとも，(イ)北國銀行からの負担金を断念しても，本件代位弁済を拒否すべきか，両者の利害得失を慎重に総合検討して，態度を決定すべき立場にある。上記(ア)の立場を採ったとしても，負担金の拠出を受けることと切り離し，本件代位弁済をすることが，直ちに協会役員らの任務に背く行為に当たると速断することは，できないはずである。」

表題判例は，任務違背を総合的かつ実質的な観点から検討を加え，Aらの任務違背を否定しているかのような判断を下しているのである[11]。もっとも，この点につき，差戻審においては「協会役員らが，被告人から強い要請を受けるや，その直後といっても過言ではない時点で，急きょ従前の方針を唐突に翻し，被告人の要請に応じる意向を固めたことは，協会の経営判断としては，著しく合理性を欠くものである」とされているから，その判断が経営判断としても合理性を欠き，信用保証協会の理事として，協会の財産を擁護するという任務に違背したことが前提とされている[12]。

■Q4　財産上の損害とは？

背任罪は，構成要件上「財産上の損害」が要求される全体財産に対する罪であるが，そこでいう「財産上の損害」とはどのようなものかが問われる。

参考判例②は山口県信用保証協会の支所長らが自己に与えられた権限を越えて，弁済期に完全な弁済をなすことは到底期待し得ない債務者に対して信用保証を行ったという事案であるが，この信用保証が財産上の損害といえるかが争われた。

この点につき，参考判例②は以下のように述べている。

「刑法二四七条にいう『本人ニ財産上ノ損害ヲ加ヘタルトキ』とは，経済的見地において本人の財産状態を評価し，被告人の行為によって，本人の財産の価値が減少したとき又は増加すべかりし価値が増加しなかつたときを

第17章 「背任」の意味と背任罪の共犯

いうと解すべきであるところ，……同人の債務がいまだ不履行の段階に至らず，したがつて同協会の財産に，代位弁済による現実損失がいまだ生じていないとしても，経済的見地においては，同協会の財産価値は減少したものと評価されるから，右は同条にいう『本人に財産上の損害を加へたるとき』にあたるというべきである。」

このように判例は，本人の財産が現実に減少することは必要とせず，経済的見地において財産価値が減少したかどうかを問題としている。[13]

■Q5　背任罪における「任務に背き」の意味と「財産上の損害」との関係とは？

しかしながら，信用保証協会の債務保証は中小企業者等が金融機関から貸し付けを受けるについてその債務を保証することによってこれに金融援助を与えるという性質を有する。そうすると信用保証協会の保証を受けようとする企業等の中には，通常の手続きにおいては金融機関から融資を受けることができないものが含まれていることから，信用保証の際には常に代位弁済，すなわち信用保証協会の財産に損害が発生するリスクが生じているともいえる。

このように，業務の内容に従った決定が，本人の財産に損害を与えるリスクを含む場合には，単にリスク（損害）が発生したことのみならず，その業務の執行が適切に行われたか，すなわち任務違背行為がなかったか，という観点から評価せざるを得ない。

この点では，参考判例②の以下の部分が参考となる。

「信用保証協会の行う債務保証が，常態においても同協会に前記の意味の損害を生じさせる場合の少なくないことは，同協会の行う業務の性質上免れ難いところであるとしても，同協会の負担しうる実損には資金上限度があり，倒産の蓋然性の高い企業からの保証申込をすべて認容しなければならないものではなく，同協会の役職員は，保証業務を行うにあたり，同協会の実損を必要最小限度に止めるべく，保証申込者の信用調査，資金使途調査等の確実を期するとともに，内規により役職に応じて定められた保証決定をなしうる限度額を遵守すべき任務があるものというべきである。本件

においては，信用保証協会の支所長であつた被告人が，企業者の債務につき保証業務を行うにあたり，原判示の如く，同企業者の資金使途が倒産を一時糊塗するためのものにすぎないことを知りながら，しかも，支所長に委任された限度額を超えて右企業者に対する債務保証を専決し，あるいは協会長に対する禀議資料に不実の記載をし，保証条件として抵当権を設定させるべき旨の協会長の指示に反して抵当権を設定させないで保証書を交付するなどして，同協会をして保証債務を負担させたというのであるから，被告人はその任務に背いた行為をし同協会に財産上の損害を加えたものというべきである。」

このように，その業務の性質上，本人に財産上の損害を与える可能性がある場合には，その損害を最小限度にとどめるべき任務があり，その任務を履行している限りで，損害が発生したとしても，任務違背性は否定されるということになる。したがって，そのような場合に「任務に背く行為をし，本人に財産上の損害を加えたとき」というためには，損害を最小限度にとどめるべき措置を取らず，そのことによって発生したリスクが現実化して本人の財産に損害を与えたこと，が認められる必要がある。

このように，財産上の損害を考えるにあたっても，それが当該行為者の（総合的・実質的観点から検討された）任務違背行為といかなる関係にあるかを認定することが必要である。

表題判例では，保証条件違反によって保証債務が消滅しているにもかかわらず8000万円の代位弁済をするという任務違背によって本人の財産は減少しているといえるから，「任務に背く行為をし，本人に財産上の損害を加えた」といえるであろう。

もっとも，上述のように表題判例では，Ａらの任務違背性が否定されるかのようにみえるが，差戻審ではＡらの任務違背性が肯定されていることはすでにみたとおりである。

■Q6　図利加害目的とは？

背任罪の故意は，任務違背によって本人に損害を加えることの認識認容で足

りるが，それに加えて，条文上，「自己若しくは第三者の利益を図る目的（図利目的）」，または「本人に損害を加える目的（加害目的）」が必要である。図利目的は本罪の特別の動機であるが，加害目的の内容は故意と同一のものであることから，故意との区別が問題とされてきた。

学説では，これを加害の「積極的動機ないし確定的認識」が必要であるとする説や，「図利加害目的」とは「本人の利益を図る目的」のないことが背任罪の要件であることを裏から述べたものであるとする説がある。

判例は「特別背任罪における図利加害目的を肯定するためには，図利加害の点につき，必ずしも所論がいう意欲ないし積極的認容までは要しないものと解するのが相当であ」るとしつつも[14]，「被告人が本件融資を実行した動機は，イトマンの利益よりも自己やAの利益を図ることにあったと認められ，また，イトマンに損害を加えることの認識，認容も認められるのであるから，被告人には特別背任罪における図利目的はもとより加害目的をも認めることができる」というように，単に本人の利益を図る目的がなかったことではなく，積極的に図利目的・加害目的を認定するものもみられる[15]。

他方で図利目的と本人の利益を図る目的が併存する場合がある。その場合でも「主として」自己・他人の利益を図る目的であれば，図利加害目的が認められる[16]。

以上みてきたように，背任罪の要件の充足性を判断する際には，それぞれの要件が担う役割を意識しつつ，それらの判断が相互に補完する関係にあるという点に注意しなければならない。背任罪の成否が問題となる事案では，すでに本人に財産上の損害が発生していることが多いことから，財産上の損害をもって任務違背を認定し，損害の認識をもって加害目的を認定するかのような短絡的な思考に陥らないことが必要である。

事業経営に際して，損害が発生することはままあるのであって，そこでは，事務処理者がいかなる任務を負っているか，その損害を防止するためにいかなる措置を取ったのか，といった観点から，「任務違背行為」があったのかをチェックすることが必要なのである。

それらの判断においては総合的・実質的観点からの検討が必要であるから，その判断や評価の対象となる事実は，事案の特性に応じて異なりうる。行為者

らの業務の特性，目的や動機，損害の内容などからそれぞれの要件該当性を判断することが求められよう。

　表題判例でも，被告人の関与を論じるにあたって，その前提となるAらの背任罪の成立についてはなお疑問の余地があるとみられるのであるから，その点を慎重に検討することが必要になる。

■Q7　無理な融資を受けた者が背任罪の共犯に問われるための条件とは？

　背任罪は「事務処理者」によって行われる，いわゆる真正身分犯であるところ，これに加功した者は65条1項を通じて共犯が成立する。[17]

> しかしながら，「融資先等あるいはこれに所属する非身分者が，使用者である融資元等（株式会社等）の『使用人』である身分者から不正な融資等を受けたことが特別背任罪の共謀共同正犯としての責任を問われたような事例にあっては，非身分者と身分者の立場が異なる上，両者の利害関係も対立することが多いことから，非身分者について，身分者との間で共謀共同正犯の成立を認めるについては，当該事案の性質，内容に沿って，両者間で『共謀』が成立したと認定するに足りる前提事実，とりわけ，非身分者と身分者との関係，非身分者における身分者の任務違背に関する認識内容やその任務違背行為に対する働きかけの形態等を踏まえ，身分者の任務違背行為そのものに対する非身分者の関与の程度につき，それが通常の融資等の取引の在り方から明らかに逸脱しているといえるか否かについて，慎重に吟味検討をすることが必要」[18]である。

　融資案件において，借手側が貸手に対して何度もアプローチすることは当然ありうるし，また通常の手続では貸し出しを受けることができないからこそ交渉しているのであって，その交渉によって融資を受けられた場合には，貸手の側に何らかの任務違背行為があったのではないかと認識していることもあろう。

　しかし，この程度の交渉で結果的に相手方が任務違背行為に及んだとして背任罪の共犯となると解してしまうと，共犯者の故意も，「未必の故意」の考え方によって容易に認められてしまうことになる。また，そのような働きかけを

すべて背任罪の共犯とすることは，企業間の交渉が常に刑罰威嚇にさらされることにもなりかねず，また取引の実態にもそぐわない。

そこで原則として，その働きかけが融資を受けるものとしての「日常取引行為」とみなされる限りでは背任罪の共犯は成立しないと解すべきであろう[19]。

では，このような融資の相手方に，日常的な取引行為を超えて，背任罪の共犯が成立するのはいかなる場合であろうか。

その判断に際しては，たとえば，「銀行の頭取が実質破たん状態の企業に対し，継続的に多額の赤字補填資金等を実質無担保で融資した場合，その借り手に頭取の特別背任罪の共謀共同正犯が成立するためには，頭取の任務違背や図利・加害目的，財産上の損害の発生を認識したことに加え，頭取の特別背任行為に加功したこと，すなわち，任務違背を明確に認識しながら特別背任行為につき意思の連絡を遂げたり，任務違背に当って支配的な影響力を行使したり，社会通念上許されないような方法を用いるなどして積極的に働きかけ，あるいは，融資に応じざるを得ない状況にあることを利用しつつ，融資の実現に協力するなどした[20]」といった諸点が，事案の特性に応じて総合的に考慮されることになる。

参考判例③では，社会通念上許されないような方法を用いることがなくても，行為者に相手の任務違背・本人の財産上の損害についての高度の認識があり，相手方が自己または第三者の利益を図る目的を有していることを認識し，相手がその融資に応じざるを得ない状況であることを利用しつつ背任行為へ協力するなどして融資の実現に加担しているので，特別背任行為への共同加功が認められるとした。

上述のように，背任罪はその事案の特性に応じて判断のポイントが異なり得るのであるから，画一的な判断にはなじまない。この点は，融資等の相手方が背任罪の共謀共同正犯ないし狭義の共犯としての実態を備えているかの判断に際しても同様であり，事案の特性を考慮しつつ判断せざるを得ない。

では，表題判例の差戻審が認定するように，Ａらに背任罪が成立するとして，その背任の実行を強く要請した被告人に何らかの罪責を問うことが可能であろうか。

この点，表題判例は，銀行が負担金の供出を拒否できることは現実には難しかったのであるからこれを交渉に持ち出して交渉できたかについて疑問があること，被告人にＡらの任務違背性についての認識があったとはいえないこと，役員による交渉によって信用保証協会に再検討を求めること自体が不当なものと評価されるべきではない，などの諸点を挙げて，共同正犯の成立を否定している。
　被告人の行為は，銀行頭取として自己の銀行の利益を図るために信用保証協会と再交渉したにすぎないとみる余地があり，参考判例④のように背任の実現に「積極的に加担した」と評価することができないのであるから，Ａらに背任罪が成立するとしてもなお共同正犯の成立は否定されるといえよう。

4　当該判例の射程

　表題判例は，信用保証協会理事たちによる背任行為において，その代位弁済の相手方となった銀行の頭取につき共同正犯の成立を否定したものである。そこでは，役員としての働きかけの正当性や，Ａらの任務違背についての認識を欠いていることが理由とされている。
　また傍論ではあるがＡらの行為が背任にあたるかについても，任務違背や図利加害目的について疑問が呈されており，その意味で背任の判断について参考となるものである。
　社会通念上許されないような方法を用いる積極的な働きかけがないといえる場合には，背任行為の相手方において共犯の成立が否定される余地があることは従来からも認められており，その点では事例判断にとどまるものであるが，本件のような前提事実の下で行われた働きかけについて共犯の成立が否定されたという意味で，表題判例は先例的な意義を有するといえよう。

〔注〕
1）　なお，背任罪には特別類型として特別背任罪（会社法960条以下）が規定されている。そこでは，刑法上の背任罪の事務処理者にあたる行為主体が限定的に列挙されているほかは背任罪と同様の規定である。背任罪が問われる事例では特別背任罪にあたることも多いことから，本章では背任罪と同様に取り扱う。

第 17 章 「背任」の意味と背任罪の共犯

2) したがって，背任罪は真正身分犯（＝構成的身分犯）である。
3) このような限定を付しておかないと，治療を依頼された医師が，患者にさらなる経済的負担をさせることを目論んで（加害目的）治療の手を抜き（任務違背行為），結果として必要以上の治療費がかかった（財産上の損害），という事案でも背任罪が成立することになるからである。
4) この区別は，単なる債務不履行を背任罪としないためにも重要な観点である。
5) 最決平成15・3・18刑集57巻3号356頁は，株式に質権を設定しそれを引き渡したのち，除権判決の申立て（当時）をして株券を失効させたという事案で，質権の設定者は融資金の返済があるまでは，当該株券を失効させてはならないという任務を負い，この担保価値保全の任務は他人である質権者のために負う，として背任罪の成立を認めた。すでに対抗要件を具備しているにもかかわらず，その後も担保物を侵害しないという義務を負う者を「事務処理者」としてしまうと，対抗要件具備後の担保物の損壊などがすべて背任罪とされてしまうと考えられる。しかしそれでは実質上，債務不履行を広く背任罪としてしまうおそれがある。あくまでも背任罪は，「他人の」事務を処理する者による任務違背に限定しておき，担保権を負担した自己所有物の損壊等については，自己所有物の特則（262条）等を用いて処理すべきであろう。
6) なお，抵当権設定後その登記がされる前に，その情を秘してさらに抵当権を設定したという事案について，大審院は詐欺罪の成立を認めていた（大判大正1・11・28刑録18輯1431頁）。
7) 大阪高判昭和45・6・12判タ255号264頁。
8) 最判平成22・7・15判時2091号90頁。なお事案は株主代表訴訟にかかる民事判例である。
9) もっとも，経営判断原則も無制限なものではなく，業務の性格や公共性の観点から，個々の業態によってその判断は異なる。最決平成21・11・9刑集63巻9号1117頁は，経営判断の原則が適用される余地があることを認めたものであるが，「銀行の取締役の注意義務の程度は一般の株式会社取締役の場合に比べ高い水準のものである」としている。
10) そのように解しないと，企業経営者がそのリスクを承知のうえで，投資判断を下したが，結果的に会社に損害が発生したという事実のみで背任罪が成立することになる。企業は時にそのようなリスクを取るということも許される（いわゆる冒険的取引）のであって，リスクの認識と損害の発生をもって背任罪と解してはならない。
11) そうすると，被告人を共同正犯として論ずる前提となる背任罪が不成立となる。
12) この判示は，Aらの任務違背について原控訴審が指摘していたさらなる保証条件違反があったからともいえるが，被告人を無罪とする差戻審においては，傍論にすぎないとみる余地がある。もっとも，被告人はそのようなAらの任務違背性を認識していたとは認定されていない。
13) 「経済的財産概念」と呼ばれる。もっとも，これを「経済的見地」に限定すると，公序良俗違反の行為から本人に損害が発生した場合も背任罪とされてしまうことから，さらに法的な見地を加味する必要がある。これを，「法律的・経済的財産概念」と呼ぶ。参考判例②の団藤重光裁判官補足意見，および谷口正孝裁判官補足意見を参照のこと。
14) 最決昭和63・11・21刑集42巻9号1251頁。
15) 最決平成17・10・7刑集59巻8号779頁（いわゆるイトマン事件に関する最高裁決定であるが，同日に同事件に関連する被告人に対する3件の決定が出されているので参照する際は注意すること）。
16) 大判大正3・10・16刑録20輯1867頁，大判昭和7・9・12刑集11巻1317頁，最決平成10・11・25刑集52巻8号570頁参照。

17) なお，65条にいう「共犯」には，狭義の共犯のみならず共同正犯も含まれるとするのが判例・通説である。
18) 大阪高判平成14・10・31刑集59巻8号1307頁（いわゆるイトマン事件絵画案件・さつま案件控訴審判決）。
19) 本件と事案は異なるが，ソフトの開発・公開という「日常行為」を行った者に対して，そのソフトを利用した著作権侵害幇助が問われた事案で，ソフトの開発・公開者に幇助犯を問うためには，それが著作権侵害に利用される「一般的可能性を超える具体的な侵害利用状況が必要であり，また，そのことを提供者においても認識，認容していることを要するというべきである」として，被告人には「例外的とはいえない範囲の者がそれを著作権侵害に利用する蓋然性が高いことを認識，認容していたとまで認めるに足りる証拠はない」として，無罪を言い渡したものとして最決平成23・12・19刑集65巻9号1380頁（いわゆるWinny事件最高裁決定）。
20) 札幌高判平成18・8・31刑集63巻9号1486頁（いわゆる拓銀事件控訴審判決）。なお同事件の最決平成21・11・9では原審で特別背任罪の共同正犯が認められた借手側について理由を付することなく上告が棄却されている。

◆復習問題

1　甲は，Dに対し，自己の経営する会社Aへの1億円の融資の担保として，Aの所有する東京都南区川野山〇－〇－〇所在の土地一筆（時価1億円相当。以下「本件土地」という。）に第一順位の抵当権を設定する旨申し入れ，Dもこれを承諾したので，甲とDとの間で，甲がDから金1億円を借り入れることを内容とする消費貸借契約，及び，甲の同債務を担保するためにA社が本件土地に第一順位の抵当権を設定することを内容とする抵当権設定契約が締結された。

　その際，甲は，抵当権設定登記手続に必要な書類をDに交付した。Dは，これらの必要書類を用いて，前記抵当権設定契約に基づき，本件土地に対する第一順位の抵当権設定登記を行うとともに，甲に現金1億円を交付した。

2　本件土地に対する第一順位の抵当権設定登記及び1億円の融資から1か月後，甲は，A社所有不動産に抵当権が設定されていることが取引先に分かれば，A社の信用が失われるかもしれないと考えるようになり，Dに対し，「会社の土地に抵当権が設定されていることが取引先に分かると恥ずかしいので，抵当権設定登記を抹消してくれないか。登記を抹消しても，土地を他に売却したり他の抵当権を設定したりしないし，抵当権設定登記が今後必要になればいつでも協力するから。」などと申し入れた。Dは，抵当権設定登記を抹消しても抵当権自体が消滅するわけではないし，約束をしている以上，甲が本件土地を他に売却したり他の抵当権を設定したりすることはなく，もし登記が必要になれば再び抵当権設定登記に協力してくれるだろうと考え，甲の求めに応じて本件土地に対する第一順位の抵当権設定登記を抹消する手続をした。

なお，この時点において，甲には，本件土地を他に売却したり他の抵当権を設定したりするつもりは全くなかった。
3　本件土地に対する第一順位の抵当権設定登記の抹消から半年後，甲は，知人である乙から，「本件土地をＡ社からＥに売却するつもりはないか。」との申入れを受けた。しかし，このときには，甲は，Ｄとの間で，本件土地を他に売却したり他の抵当権を設定したりしないと約束していたことから，乙の申入れを断った。
4　更に半年後，甲は，再び自己の海外での賭博費用で生じた多額の借入金の返済に窮するようになり，その中でも暴力団関係者からの5000万円の借入れについて，厳しい取立てを受けるようになったことから，その返済資金に充てるため，乙に対し，「暴力団関係者から借金をして厳しい取立てを受けている。その返済に充てたいので5000万円を私に融資してほしい。」などと申し入れた。

乙は，甲の借金の原因が賭博であり，暴力団関係者以外からも多額の負債を抱えていることを知っていたため，甲に融資を行っても返済を受けられなくなる可能性が高いと考え，甲による融資の申入れを断ったが，甲が金に困っている状態を利用して本件土地をＥに売却させようと考え，甲に対し，「そんなに金に困っているんだったら，以前話した本件土地をＡ社からＥに売却する件を，前向きに考えてみてくれないか。」と申し入れた。

甲は，乙からの申入れに対し，「実は，既に，金に困ってＤから１億円を借り入れて，その担保として本件土地に抵当権を設定したんだ。その後で抵当権設定登記だけはＤに頼んで抹消してもらったんだけど，その時に，Ｄと本件土地を売ったり他の抵当権を設定したりしないと約束しちゃったんだ。だから売るわけにはいかないんだよ。」などと事情を説明した。

乙は，甲の説明を聞き，甲に対し，「Ｄの抵当権を登記なしで放っておくＤが悪いんだ。本件土地をＥに売却すれば，１億円にはなるよ。僕への仲介手数料は1000万円でいいから。君の手元には9000万円も残るじゃないか。それだけあれば暴力団関係者に対する返済だってできるだろ。」などと言って甲を説得した。

甲は，乙の説得を受け，本件土地を売却して得た金員で暴力団関係者への返済を行えば，暴力団関係者からの取立てを免れることができると考え，本件土地をＥに売却することを決意した。
5　数日後，甲は，Ｄに無断で，本件土地をＥに売却するために必要な書類を，乙を介してＥに交付するなどして，Ａ社が本件土地をＥに代金１億円で売却する旨の売買契約を締結し，Ｅへの所有権移転登記手続を完了した。甲は，乙を介して，Ｅから売買代金１億円を受領した。

以上の事例に基づき，甲及び乙の罪責について，具体的な事実を摘示しつつ論じなさい（特別法違反の点を除く。）。

(参考:平成24年度司法試験論文式刑事法第1問)

〔大下 英希〕

第18章

「偽造」の意味
──「法定代理人による偽造」事件──

表題判例：東京高判平成12・2・8東高時報51巻2号9頁
参考判例①：最判昭和59・2・17刑集38巻3号336頁
参考判例②：最決昭和45・9・4刑集24巻10号1319頁
参考判例③：東京高判平成11・5・25東高時報50巻5号38頁
参考判例④：最決平成11・12・20刑集53巻9号1495頁
参考判例⑤：（④の原審）東京高判平成9・10・20高刑集50巻3号149頁

＊⑤の被告人名には，「被告人○○（偽名）こと○○（本名）」と書かれてあることに注意されたい。

1 事実関係

　外国籍の被告人Xは，自分の同棲相手で外国籍のAの子供Bが出国できるように日本国の旅券を不正に取得しようと考え，日本人の友人Cに頼んで，Bの写真を貼付し，Cの内妻で日本人のDにその子供で日本人のEの名前を代筆させて，一般旅券発給申請書を作成し旅券事務所に提出して，後日，DがBを連れて旅券事務所に赴き，BをEだと偽って旅券の交付を受けた。

■主な争点■
　法定代理人が介在する場合における「作成者」と「名義人」とは？

2 裁判所の判断

　原判決は，この場合，「名義人」はBの容貌とEという名前を持つ架空人であり，「作成者」はDであって，「その法定代理人であるということもなく，本件文書の作成権限を有しないことは明らか」であるとして偽造を認めたが，本判決は，「人格の同一性にそごが生じたかどうかの判断は文書の性質や機能からみて文書に期待されていると認められる公共的信用の実質を考慮してされる必要」という「文書の性質論」に依拠し，かつ，旅券の「申請書から認識される名義人の人格を考えるに当たって最も重視されるべきは申請書に貼付された写真であり，貼付された写真によって特定される者が右申請書によって表示された人格ということになる」とし，「本件申請書によって表示された人格はEを名乗ってはいるものの貼付された写真によって特定される『B』であ」るとして，本件申請書は，「名義人」がBで，「実際にはこれを『E』において作成しているのである（Eには文書作成能力がないから，Eに代わってその親権者であるDによって作成されている。）」とし，「作成者」がEまたはその法定代理人であるDという偽造文書だという構成で，旅券法違反に加えて，有印私文書偽造，同行使罪を認めた。

3 当該判例について検討すべき論点

■Q1 「偽造」の定義について述べよ

　かつては，「文書偽造」とは「作成権限のない者が他人の名義を冒用して文書を作成すること」と定義されていた。しかし，近年では，ドイツ刑法学の影響の下で，参考判例①以来，「作成者と名義人の人格の同一性を偽ること（Täuschung über die Identität der Person）」という定義が用いられている。参考判例①は，次のように述べている。

「原判決が，私文書偽造とは，その作成名義を偽ること，すなわち私文書の名義人でない者が権限がないのに，名義人の氏名を冒用して文書を作成す

ることをいうのであって、その本質は、文書の名義人と作成者との間の人格の同一性を偽る点にあるとした点は正当である。」

この定義は妥当であるが、そこで用いられている「作成者」と「名義人」という概念については、参考判例①が、「偽造」を否定した原判決を破棄したことで、混乱が生じている。すなわち、

「再入国の許可を申請するにあたっては、ことがらの性質上、当然に、本名を用いて申請書を作成することが要求されているといわなければならない」「前述した再入国許可申請書の性質にも照らすと、本件文書に表示された金哲秀の氏名から認識される人格は、適法に本邦に在留することを許されている金哲秀であって、密入国をし、なんらの在留資格をも有しない被告人とは別の人格であることが明らかである。」(傍点筆者)

つまり、この「文書の名義人と作成者との間の人格の同一性を偽る」というドイツ刑法から輸入した「偽造」概念を採用する際に、最高裁はすでに、「文書の性質論」を用いて、「適法に本邦に在留することを許されている」とか「なんらの在留資格をも有しない」という人の属性を付加して、「人格」の同一性を判定しようとしたのである。

これは、「偽造」にあたらない単なる肩書詐称や「偽名」、「ペンネーム」使用と「偽造」にあたる「他人名義での文書の作成」との区別を曖昧にするものであった。しかも、「文書の性質論」を用いることで、「偽造」の成否が文書によって異なるかのような印象を与えることとなった。表題判例では、その混乱ぶりは、以下の判示の中に現れている。

「作成者本人が名義人本人であることを前提として作成される文書であるためその間に違いがあることにより公共的信用が損なわれるような文書の場合には、当該文書の内容から認識される名義人の人格が作成者本人を指しているか否かにより右にいうそごがあるかどうかを判断することになる。」

これは、「偽造」概念に対する完全な誤解に基づく判示である。なぜなら、どのような文書も「作成者本人が名義人本人であることを前提として作成され

289

る」べきであって，そうでない文書は「偽造文書」だからである。そして，この誤解は，「作成者」という概念が正しく理解されていないことに由来する。後述する「観念説」（「意思説」，「精神性説」ともいう。）によるなら，真正文書である以上，──身体を使って「書いた人」は「名義人」と違っていても──「作成者」と「名義人」は常に一致するのである。

ゆえに，「作成者」，「名義人」，「偽造」という概念を，「観念説」に基づいて，正確に理解する必要がある。

■Q2 「作成者」と「名義人」の定義について述べよ

「名義人」とは，より正確には「作成名義人」のことであり，「書面から読み取れる作成者」のことである。また「作成者」とは，「観念説」によれば，「書面に表示された意思または観念の現実の主体」のことである[3]。つまり，「名義人」は「書面に表示された意思または観念の書面上の主体」であり，「作成者」は「書面に表示された意思または観念の現実の主体」なのである。

そこで，たとえば，真正な代理文書であれば，Aの代理人Bが「A代理人B」という名で文書上に表示する契約の意思は，Aが第三者と何らかの契約を結ぶという内容のものであるから，その文書の「作成者」はAである。ゆえに，法人や意思能力のない者も「作成者」となることはできる。たとえば，「A株式会社代表取締役B」の署名でA社とC社との間に交わされた真正な取引契約書の「作成者」はA株式会社である。また，まだ赤ん坊のAの後見人が書くAの財産の処分契約書の「作成者」は，やはりAである。いずれも，書面に表示された意思は，民法の意思表示のルールに従っていれば，Aのものとみなされるからである。

これに対し，署名のみ自筆の場合を含めて，文書を自らの手で書いた者を「作成者」とする見解を「事実説」という（「身体説」，「行為説」ともいう）。これによれば，たとえば代理文書などは代理人が作成者であるから，とくに代理人名を省略した「隠された代理文書」の場合には，一応「偽造」にあたることになるが[4]，本人から代理文書を書く権限を与えられていることによって，その「偽造」が正当化されることになる。しかし，現在，このような見解を正面から唱えるものはない。

従来の判例は、参考判例②に代表されるように、この場合、「その文書によって表示された意識内容にもとづく効果が、代表もしくは代理された本人に帰属する形式のものである」ことを理由に、A名義の文書としてきた。しかし、効果がAに及ぶのは表示された意思がAのものだからである。[5]

そして、これらの文書におけるBという人物が、実際には、代理権、代表権ないし法定代理権をもっていなかったとすれば、あるいは、本人の意思を表示する意図がなければ、これらの文書は「作成者」はBなのに「名義人」はAであるという意味で、「作成者と名義人の人格の同一性が偽られた」文書、すなわち「偽造」文書となる。

その際、名義人による名義使用の承諾があるだけでは、名義人が作成者となるわけではない。たとえば、交通違反を犯して交通切符ないし反則切符の供述書欄に、「自分はこのような違反をしたことに間違いありません。」という趣旨で署名する場合には、友人の承諾を得て違反者がその友人の名前を書いたとしても、交通違反という事実行為につき、違反者が友人の代理人として違反をするということはあり得ないし、また、違反者が友人を代筆して書いたことになるわけでもない。この場合、たしかに、違反者を検挙した警察官は、署名欄に書かれた友人の名前を違反者の名と誤信するが、警察の交通センターなどで違反の点数処理をする職員にとっては、この名前は、違反者とは別人である友人を指し示すものとして扱われるし、違反者も友人もそれを意図しているのであるから、この供述書に表示されている意識内容は、違反者とは別人である友人のものとなる。ゆえに、名義人は友人で、表示の真の主体である違反者が作成者であるのに、両者が同一であるようにみせかけているから、これは、作成者と名義人の人格の同一性を偽る偽造文書となるのである。[6]

■Q3　写真が貼付されている場合の「作成者」と「名義人」は誰か？

写真が貼付されている場合でも、事情は異ならない。民法の意思表示のルールで現実に旅券の発給を申請する意思があったとみなされるのは、旅券事務所に申請に来た人物であり、ゆえに、その人物が「作成者」である。これに対して、この人物に名前の使用を承諾した人物は、自己に旅券発給申請の意思があるわけではないのだから、「書面に表示された意思または観念の現実の主体」

ではなく，ゆえに「作成者」ではない。そして，通常は，旅券事務所に来た人物が申請者であるから，申請書に貼付されているのはその人物の写真である。ゆえに，参考判例③④がそう認めたように，結局は，貼付された写真の人物が「作成者」となる。これに対して，「名義人」は，申請書に書かれた氏名と，同時に提出される住民票などから特定される人物である。

　注意しなければいけないのは，この場合と「偽名」の場合の違いである。旅券事務所の窓口だけに限定すれば，申請書に記載された氏名は申請者を指し示す名前である。ゆえに，この場面限りでは，それは申請者を指し示す「偽名」であって「作成者」と「名義人」の人格は同一であるから，「偽造」にならないようにみえる。しかし，申請書は，旅券事務所の窓口だけにとどまる文書ではない。それは，当然のごとく，同時に提出された住民票などの身元確認の書類とあわせて住民票や戸籍と照合される。ゆえに，この段階では，申請者が他人の名前を用いた場合，その名前は，申請者とは別人格を指し示すものという意味をもつ。もちろん，申請者もそれを狙って他人の氏名を用いるのであるから，「偽造」も「偽造の故意」も，当然，認められる[7]。

■Q4　法定代理人が絡んだ場合の「作成者」と「名義人」は誰か？

　以上の理屈は，法定代理人が絡んだ場合でも，異ならない。本件に即していえば，本件の旅券申請書に表示された「旅券を発給されたい」という意思の現実の主体，つまり「作成者」は，――法定代理人Aがその意思を代理表示した――Bである。これに対して，氏名欄に「E」と記載され，Eの住民票の写し等が貼付された申請書の処理過程では，この文書の「名義人」は，住民票等でアイデンティファイされたEとして扱われる。ゆえに，この場合でも，「作成者」はB，「名義人」はEでありながら，両者の人格に同一性があるかのように偽られた「偽造」文書が成立したことになる。

　なお，友人の内妻Dはその子Eの法定代理人であるが，この場合，DはEを代理したわけではない。なぜなら，Dは，Eに旅券を取得させようと意図して，Eを代理してEの旅券発給申請の意思を表示したわけではないからである。代理意思がない場合は，代理の効果は生じない。Dは，Bの法定代理人Aに頼まれてBの旅券発給意思を申請書に代筆しただけである。したがって，Dは，「作

成者」はB，「名義人」はEでありながら，両者の人格に同一性があるかのように偽られた文書を「偽造」したのである。ゆえに，判例の考え方によれば，Dと共にそのような申請書の成立について主導的な役割を果たしたXにも，その（共謀）共同正犯が成立する。

4 当該判例の射程

■参考判例と比較しつつ本判決の先例的意義を検討せよ

　本判決は，以上のような理解とは異なり，申請書に貼付された写真によって特定される者が右申請書によって表示された人格つまり「名義人」であるとした。しかし，そうなると，自己の写真を貼付し他人の名を書いた申請書を提出した者には，「作成者」と「名義人」の人格が一致するので，そのような事案で偽造を認めた東京地判平成10・8・19判時1653号154頁（参考判例③の共犯者——名義貸与者——に対する第1審判決）や参考判例③，さらには参考判例④と反対に，その場合には偽造罪が成立しないことになる（もっとも，参考判例⑤の被告人名から明らかなように，この事件で偽造を認めるのは誤りである）。

　たしかに，旅券は，交付されるときに本人が旅券事務所に出向いて受け取るのが原則である。そこで，貼付写真によって申請者本人であることを確認するからである。ゆえに，ここでは，署名欄の名前よりも写真の方が決定的なようにみえる。しかし，それは，この種の文書に，戸籍や住民票などの身元確認書類を用いた身元確認過程があることを忘れた考えである。「文書に表示された意思の書面上の主体」つまり「名義人」は，その文書の全処理過程をみて判断すべきである。

　ただし，「偽造」の理論構成が誤っているからといって，それだけで，表題判決の「判例」としての意味が否定されるわけではない。「判例」というのは「中間命題」たる理論のことではないというのは，本書の序章（「親族間の犯罪に関する特例」（刑法244条）にいう「親族」の範囲）で説明したとおりである。ゆえに，表題判例は，本件のような法定代理人が絡んだ事案に関して「偽造」が認められたという限度で，先例的価値をもつ。つまり，その限度で「判例」となるのである。

5 補論：「同姓同名」の利用や戸籍名での「偽造」？

　最後に，「同姓同名」を利用した場合の「偽造」と無効な養子縁組によって変更した戸籍名で「偽造」が認められた事案を検討しておこう。

(1)「同姓同名」の事例

　これについては，被告人が，弁護士Ａと同姓同名であることを利用して，自分が弁護士であるように偽り，土地調査に関する報酬請求書や領収書等を作成，行使した事件につき，懲役1年が言い渡されたため控訴したが，控訴が棄却されたため，上告した事案に関し，その上告を棄却した最決平成5・10・5刑集47巻8号7頁がある。そこでは，次のように判示されている。

> 「たとえ名義人として表示された者の氏名が被告人の氏名と同一であったとしても，本件各文書が弁護士としての業務に関連して弁護士資格を有する者が作成した形式，内容のものである以上，本件各文書に表示された名義人は，第二東京弁護士会に所属する弁護士Ａであって，弁護士資格を有しない被告人とは別人格の者であることが明らかである」(傍点筆者)

　しかし，この報酬請求書の「名義人」が被告人でないなら，依頼者は，この文書によって，被告人とは別人格に報酬を支払うよう請求されたことになる。被告人はタダ働きをするつもりだったのだろうか。それはありえないと考えるなら，少なくとも，この報酬請求書の（そして領収書も）「名義人」は，被告人のはずであり，そして，現に本決定も「内容」という言葉で認めているように，この文書はその肩書という「内容」に関して虚偽が書かれているものにすぎないはずである。

　なお，これを，平成7年度旧司法試験論文式刑法第2問と同じ事案だと考えないように。後者では，甲は「弁護士甲」という名前で，相手方に，自分とは別の本物の顧問弁護士を想起させようとしているのだから，「作成者」である甲とは別人格を指し示す名前として「偽造」を認めてよい。

(2) 戸籍名での事例

　養子縁組により変更された戸籍名を使用した場合に私文書偽造罪が認められた裁判例として，東京地判平成15・1・31判時1838号158頁がある。
　これは，有印私文書偽造・偽造有印私文書行使の罪の成否が問われた事案で，いわゆるブラックリストに載った融資不適格者となった者が，さらに融資を受けるために，養父となる者の承諾を得ないまま無効な養子縁組届を行い，氏名変更届をして氏名を変えた新たな自動車運転免許証の交付を受け，その名義による自動車運転免許証を使用して，「極度借入基本契約書」と題する申込書書面を作成提出し，金融会社よりキャッシングカードの交付を受けた行為に関するものである。本判決は，次のように判示した。

「サラ金業者である各被害会社にとって，融資の申込に際して行う審査の目的は，戸籍の外観によって形式的に顧客となろうとするものを特定，識別するに止まらず，上記各事項を確認することによって，返済の意思や能力など，当該申込者の人格そのものに帰属する経済的信用度を判断し，申込者が融資を受ける適格を有する者か否かを判断することにあると解されるのであるから，その審査にとって極めて重要な判断資料として機能する本件各申込書は，社会通念上はもとより，取引信義則上も，申込者の人格に帰属する経済的信用度を誤らせることがないよう，その人格の本来的帰属主体を表示することが要求され，その帰属主体を偽ることが許されない性質の文書というべきである。」(傍点筆者)
「本件において融資適格者ではない被告人が，C名義を用いて判示第一の一の『極度借入基本契約書』及び同三の『甲田カード会員入会申込書兼顧客カード（無人契約機用）』と題する各書面を作成した行為は，当時の被告人の戸籍上の記載に基づく表示であったとしても，本件養子縁組が無効である以上，各被害会社に対し，以後の融資契約等の法律効果の帰属主体を，本件養子縁組以前のAすなわち被告人とは別個の人格であるCと偽り，その結果，融資契約等の法律効果が帰属する人格の経済的信用度を誤らせるもので，虚偽の人格の帰属主体を表示し，各文書の作成名義を偽るものにほかならず，いずれについても有印私文書偽造罪が成立する。」

この判決については，借金の有無やその返済能力が「人格そのものに帰属する」という前提自体が，すでに怪しい。人が，その借金の有無や額について虚偽を述べたとしても，それによって「人格の同一性を偽った」とはいわないのが常識だからである[8]。

　いずれにしても，基本に戻って考えれば，偽られたのは多重債務等があるという被告人の属性であり，用いられた氏名が指し示している人格が被告人であることに間違いはない。ゆえに，これに「偽造」を認めるのは疑問である。変更後の氏名が被告人を指示しているという事実は，養親に縁組の意思がないため無効であっても，変わらない[9]（なお，これらの事例をモデルにしたのが，平成15年の旧司法試験論文式刑法第2問である）。

　さらに，類似の事案として，仙台高判平成16・5・10高刑速（平16）229頁がある。これは，無効の養子縁組届出――その動機は，破産宣告の経歴を隠して消費者金融業者から金員を借入れるためとされている――により戸籍簿に改姓した氏名等不実の養親子関係を記載させるなどした被告人が，その養子縁組を離縁されその届がなされた翌日に，すでに入手していた離縁前の住民票の写しを利用して，運転免許センターにおいて，養子縁組により変更された戸籍記載の名義への運転免許証記載事項変更届と運転免許証再交付申請書を作成し，提出した行為につき，同じく，有印私文書偽造・偽造有印私文書行為の罪に問われたものである。本判決は，「偽造」を否定した原判決を破棄して，これらの罪の成立を認めるにあたり，次のように判示した。

> 「運転免許証の記載事項の変更届及び再交付申請書に記載が要求されている作成名義人は，いずれも適法に氏名，本籍，住居等が変更されている人物であり，その故にこそ，当該文書に社会的信用性が付与され，それに基づき以後その申請内容に沿った手続が進められるのである。したがってそこに記載される名義人は，そのような人物としてであり，これが作成名義人であって，そうでないのに，そのような人物として記載される名義人は，適法に氏名等が変更され上記変更届等に記載されるべき名義人を詐称し，当該文書の社会的信用性を悪用するものにほかならず，この本来的に記載されるべき名義人との間に人格の同一性はないというべきである。」

ここでは，消費者金融への融資申込書自体ではなく，その準備のための「運転免許証の記載事項の変更届及び再交付申請書」の「文書の性質」が問題となる。ゆえに，先の東京地判平成15・1・31のような融資申込書の「文書の性質」論では結論が出ない。そのため，本判決は，「運転免許証の記載事項の変更届及び再交付申請書」について，その「名義人」が「適法に氏名，本籍，住居等が変更されている人物」であるとした。しかし，この考え方によると，適法な変更であっても，変更前の氏名，本籍，住居等で特定される人物と変更後のそれとの間には「人格の同一性」がないことになる。なぜなら，この理屈によると，「変更前の氏名，本籍，住居等で特定される人格」は，「変更後の氏名，本籍，住居等で特定される人格」とは異なるはずだからである。しかし，常識で考えれば，およそこの種の変更届では，変更前の人物と変更後の人物は同一のはずであるから，本件では，それはいずれも被告人であり，「偽造」は成立しないはずである。[10]

　しかし，いずれにしても，ペンネームでさえその使用者の人格を指示しているのであるから，無効であるとはいえ，一旦は戸籍に記載された氏名であれば，被告人がそれを自身を指示するものとして用いている以上，「名義人」は被告人自身である。

〔注〕
1）　このような「文書の性質論」を用いた裁判例の嚆矢は，最決昭和56・4・8刑集35巻3号57頁である。そこでは，「交通事件原票中の供述書は，その文書の性質上，作成名義人以外の者がこれを作成することは法令上許されないものであつて，右供述書を他人の名義で作成した場合は，あらかじめその他人の承諾を得ていたとしても，私文書偽造罪が成立すると解すべきである」と判示されていた（傍点筆者）。同旨，最決昭和56・4・16刑集35巻3号107頁。しかし，その結論は，「文書の性質論」ではなく，後述するように「名義人の承諾」の分析的解釈に依拠すべきであった。
2）　このような肩書や資格を「人格」の構成部分に組み込んでしまう解釈も，参考判例①以来，猛威を振るっている。最近では，「国際旅行連盟」なる団体を設立して偽の国際運転免許証を販売していた被告人に有印私文書偽造・偽造有印私文書行使の罪を認めた最決平成15・10・6刑集57巻9号987頁が，「本件文書の名義人は，『ジュネーブ条約に基づく国際運転免許証の発給権限を有する団体である国際旅行連盟』であると解すべきである」として，肩書や資格を「人格」の中に読み込む解釈を展開している。
3）　「観念説」をして，「文書に意思を表示させた者が作成者だ」とする考え方がある。しかし，これは誤解である。「させた」という現実の意思活動を想起させる言葉を使うと，幼児の法定代理人による文書や法人の代表文書については，「作成者」は代理人ないし代表

者ということになってしまうであろう。なぜなら，幼児や法人は，事実として，他人に「意思を表示させる」ことはできないからである。「観念説」の母国ドイツでは，作成者とされるのは「そのような内容での表示を形成した者ではなく，書面のテキストが取引においてその者の表示とみなされる者」であるとされている（I. Puppe, Unzulässiges Handeln unter fremden Namen als Urkundenfälschung, JR 1981, S. 441; ders., Die Bedeutung der Geistigkeitstheorie für die Feststellung des Urkundenausstellers bei offengelegtem Handeln für einen aunderen, NJW 1973, S.1871.）。

4）　家族の依頼でその銀行預金を引き出す際に，払戻し請求書に預金者である家族の名前と登録印を押して窓口に提出する場合を考えよ。これは，「隠された代理文書」である。

5）　なお，ここにいう「意識内容に基づく効果」を，意思表示に基づく民法上の法律効果だと解してはならない。なぜなら，そうであるなら，代理権のない者が代理人と称して作成した文書であっても，民法の表見代理（民法108条以下）などを根拠に表示された意識内容の効果が本人に及ぶ場合，「作成者」は代理された者となって「名義人」と一致するため「偽造」でないことになってしまい，反対に，表示された意識内容が「公序良俗」（民法90条）に反する内容であってその効果が本人に及ばない場合には，その内容が本人の意思を忠実に反映したものであっても，代理・代表文書の「名義人」は代理人・代表者であって本人でないこととなり「偽造」になりかねないこととなるからである。

6）　ゆえに，同様の事案に関する前掲最決昭和56・4・8や前掲最決昭和56・4・16が私文書偽造罪を認めたのは正当である。しかし，そのために「文書の性質」論を持ち出す必要はない。

7）　このような構造は，交通違反の赤切符（交通事件原票）や青切符（交通反則切符）の供述書欄への署名の場合にも認められる。そこでもまた，供述書欄に記載された氏名は，違反の事務処理の過程で，違反者とは別の人格を指し示す意味をもつからである。ゆえに，これらの場合にも，名義人による名前使用の承諾は，「偽造」を否定しない。そして，この結論は，「文書の性質」に左右されるものではない。ありふれた文書である「領収書」でも，名義人の承諾を得て「偽造」文書を作ることは可能である。

8）　もちろん，返済の能力も意思もないことを隠して融資を申し込むこと自体は，詐欺罪にいう「欺罔」にあたる。しかし，それは，「人格の同一性」とは別の問題である。商品の代金を払う意思がないのに購入を装って商品を交付させる詐欺において，行為者が「人格を偽った」とはいわない。また，個人の資力はプライバシーであって，そのような情報が当該個人の知らない間に業者間に普及すること自体が，個人のプライバシー権と緊張関係をもつものである。本件についてブラックリスト上の氏名を名乗れという本判決は，個人に対して，そのようなブラックリスト情報を積極的に申告せよと刑罰で強制するものであり，プライバシー権の観点からみても，問題のあるものである。

9）　参考までに，1987年のドイツの裁判例に，同棲していた男性の姓と自分の名とを組み合わせた名前で小切手を振り出していた女性に対して，「彼女は本名を使いたくなかっただけで，この名前で他人を指し示すつもりはなかった」として文書偽造罪の成立を否定したものがある。OLG Celle, NJW 1986, S.2772.

10）　現に，本判決の原判決は，そのように判断している。これに対する，「原判決は，本件再交付申請書について，本件変更届と一緒に作成し，その作成者が誰か分かる形で一括して係官に提出，行使しているから有印私文書偽造罪等に当たらない旨判示しているが，両者は，本来全く別個独立に作成提出されるものであってみれば，偽造文書であるものが一括して提出するか否かによって，その性質が変転することになり，法的安定性を著しく害するから，是認できない」という本判決の批判は，全くの的外れである。一括して提出しようがしまい

が，変更届も再交付申請書も，その「名義人」は被告人である。

◆復習問題1

甲は，指名手配されて潜伏中，生活費に窮したため，Xという架空の氏名（または偽名）で就職しようと考え，履歴書用紙にXの氏名，虚偽の成年月日，虚偽の住所等を記入した上，Xと刻した印鑑を押捺し，更に甲自身の顔写真を貼付して履歴書を作成した。その後，甲は，広告で見たA社人事部にその履歴書をファクシミリに受信・印字させ，A社人事部長Bの面接試験を受け，A社に入社した。甲は，自己の顔写真入りのX名の社員証を利用し，金融機関C社D支店からX名義で30万円を借りたが，当初の計画に従って期限内に利息分も含め返済した。

甲の罪責を論ぜよ（ただし，特別法違反の点は除く）。

（参考：平成12年度旧司法試験論文式刑法第2問）

◆復習問題2

甲は，20年以上前から乙という名前で社会生活を営み，運転免許証も乙の名前で取得していた。ところが，甲は，乙名義で多重債務を負担し，乙名義ではもはや金融機関からの借入れが困難な状況に陥った。そこで，甲は，返済の意思も能力もないにもかかわらず，消費者金融X社から甲名義で借入れ名下に金員を得ようと企て，上記運転免許証の氏名欄に本名である「甲」と記載のある紙片をはり付けた上，X社の無人店舗に赴き，氏名欄に「甲」と記載し，住所欄には現住所を記載した借入申込書を作成した。

次いで，甲は，この借入申込書と運転免許証とを自動契約受付機のイメージスキャナー（画像情報入力装置）で読み取らせた。X社の本社にいた係員Yは，ディスプレイ（画像出力装置）上でこれらの画像を確認し，貸出限度額を30万円とする甲名義のキャッシングカードを同受付機を通して発行した。甲は，直ちにこのカードを使って同店舗内の現金自動支払機から30万円を引き出した。

甲の罪責を論ぜよ（ただし，特別法違反及び運転免許証を取得した点については除く）。

（参考：平成15年度旧司法試験論文式刑法第2問）

〔松宮 孝明〕

第19章

主観的違法要素と必要的共犯
―― 「昭電疑獄」事件 ――

表題判例：最判昭和37・4・13判時315号4頁
参考判例①：大判昭和7・7・1刑集11巻999頁
参考判例②：最判昭和30・12・21刑集9巻14号2937頁
参考判例③：最決平成9・4・7刑集51巻4号363頁

1 事実関係

昭和電工株式会社が復興金融公庫から23億の融資を受けたことに絡んで，昭和23年6月同社社長が贈賄罪で起訴されたという事案であるが，最終的に相手方である収賄者の多くは賄賂性の認識がなかったなどを理由として無罪となった。

■主な争点■

賄賂申込罪（当時は賄賂提供罪）の成否において，相手方が実際上，賄賂であることの意思表示を，またはその利益が賄賂たる性質を有していることを認識する必要があるのか？

2 裁判所の判断

「被告人日野原節三の弁護人田中伊三次の上告趣意について。
　論旨一は，賄賂提供罪の成立には，相手方において賄賂たることの認識を必要とするところ，本件では，相手方たるA，Bにおいてその認識がなかつたのであるから，賄賂提供罪は成立しないとの単なる法令違反の主張で

あり，論旨二は，かりに，賄賂提供罪の成立には，相手方において必ずしも賄賂たることを認識するを必要とせず，賄賂たることを認識し得べき状況においてこれを提供すれば足りるものとしても，この点につき，原判決は審理不尽，理由不備の法令違反があるとの主張であつて，所論はすべて上告適法の理由とならない。のみならず，賄賂供与申込罪（賄賂提供罪のこと：筆者注）の成立には，相手方に賄賂たることを認識し得べき事情の下に金銭その他の利益の収受を促す意思表示をなせば足りるのであつて，相手方において実際上その意思表示を又はその利益が賄賂たる性質を具有することを認識すると否とは，同罪の成立に影響を及ぼすものではない。（昭和七年（れ）第一六七号同年四月二〇日大審院判決《刑集一一巻四〇二頁》，昭和九年（れ）第四七九号同年六月一四日大審院判決《刑集一三巻八一一頁》各参照。）」

3 当該判例について検討すべき論点

■Q1　「賄賂」とはなにか？　とくに「政治資金」との違いは？

　表題判例は，政界，官界，財界を巻き込み，当時の芦田内閣が総辞職にまで至ったいわゆる昭電疑獄事件であり[1]，裁判での争点は多岐にわたったものの，ここでは，当時の副総理であるBと大蔵省官僚であったAに対する被告人の金銭供与が，賄賂供与罪，さらには賄賂申込罪に当たるかどうかに限定して検討する。

　検討にあたってまず，賄賂とは何か，賄賂と政治資金との違いについて確認しよう。というのも，ここでの検討対象である被告人の金銭供与の相手方にはAのような政治家も含まれていたのであり，政治家に対する金銭供与としては政治資金としての金銭供与もありえ，そうであれば賄賂にはあたらないからである。

　賄賂とは，「公務員の職務に関する不正の報酬としての利益」とされ，それに対して，「政治資金」とは，「政治家の政治活動の資金として供与される金銭」とされる[2]。そして，両者の区別につき，最決昭63・4・11刑集42巻4号419頁は，献金者の利益にかなう政治活動を一般的に期待して行われるだけな

ら賄賂性は否定されるが，政治家の職務権限の行使に関して具体的な利益を期待する趣旨なら賄賂にあたるとしている。

このように利益の提供という同じ行為であっても，当該利益にどのような意味を与えるのかによって，利益提供の意味が異なり，それゆえ，当該利益が賄賂であるためには，行為者が当該利益に職務行為に対する不正な対価としての意味を与えなければならないのである。このように，賄賂が行為者の主観的な意味付けを必要とすることから，賄賂の認識は，主観的違法要素（主観的構成要件）と解されるのである。そして，行為者の主観的な傾向が構成要件の有無を左右していることから賄賂罪は傾向犯と解される。[3]

■Q2　収受者側に「賄賂」性の認識がない場合に賄賂供与罪（賄賂交付罪）が成立するか？

主観的違法要素としての賄賂の認識は，贈る側に賄賂であることの認識を必要とするのはもちろんだが，賄賂を受け取る側にも求められるのであろうか。というのも，通常の犯罪であれば，その成否において，行為する側の認識の有無は問われても相手方となる者の認識の有無が問われることはなく，それゆえ，賄賂供与罪においても，賄賂を贈る側に賄賂の認識があればよく，受け取る側にはその認識は必要ないとも考えられるからである。

この点につき，参考判例①は贈賄者が，仲介者に公務員への賄賂の提供を依頼し，公務員に利益を提供したが，その際，贈賄側の賄賂提供の意思表示が公務員に伝わらず，公務員は政治資金として受け取ったという事案で，次のような判断を示した。

> 「賄賂の交付は賄賂の収受ありて完成するものにして賄賂収受の罪成立せざるときは賄賂交付の罪も亦成立すべきに非ざることは本院の判例とする所なり（昭和三年（れ）第一一五七號同年十月二十九日言渡判決参照）蓋し賄賂の交付と収受とは賄賂の授受なる雙方行爲を組成する各一方の行爲に外ならざればなり」

このように参考判例①は，賄賂の供与と収受を一対のものと理解し，賄賂収受罪が成立しないのであれば，賄賂供与罪も成立しないとしたのである。これ

はすなわち、賄賂供与罪において、賄賂を供与したというためには、受け取り側に賄賂を収受させたことが必要となるのだが、受け取り側が賄賂を収受したというためには、当然に受け取り側においても当該利益が賄賂であることの認識を有していなければならない。というのも、賄賂は上述の通り、当該利益に行為者の主観的な意味付けが与えられて初めて賄賂となるのであるから、賄賂を収受したというためには、受け取る側においても当該利益が職務行為に対する不正な対価という贈る側の主観的意味付けを認識して受け取ることが必要となるからである。かりに、受け取る側で賄賂の認識がなければ、贈る側に対してそもそも職務上不正な便宜をはかることができず、利益供与が意味をなさなくなる。それゆえ、贈賄側と収賄側の両者が、当該利益を賄賂であると認識していることが必要なのである。

このように、賄賂の供与と収受は一体のもので、両者は一方が成立しなければ他方も成立しない関係にあり、このような、単独で犯罪を実行することができず、複数人の関与があって初めて成立するタイプの犯罪を必要的共犯といい、その中でも賄賂供与罪と収受罪のように、贈賄と収賄という相互に対となる行為を必要とする犯罪のことを対向犯という。

■**Q3　収受者側に「賄賂」性の認識がない場合に賄賂申込罪（賄賂提供罪）が成立するか？**

以上の検討から明らかなように、表題判例のように受け取り側に賄賂の認識がなくそれゆえ賄賂収受罪が成立しない場合には、贈る側に賄賂供与罪も成立しない。しかし、賄賂供与罪が成立しない場合であっても、さらに賄賂申込罪が成立する可能性は残る。というのも、贈賄行為は、通常、賄賂提供の申し込み→約束→供与、あるいは申込み→供与という順序で行われることから、申込罪、約束罪は供与罪に対して補充関係に立ち、約束罪は供与罪が成立しないとき、申込罪は供与罪も約束罪も成立しないときに問題となるという関係にあるからである。そして、賄賂申込罪にいう「申込」とは、「賄賂の収受を促す行為」をいうが、このような行為は一方的な行為であるので、必要的共犯ではない。それゆえ、賄賂申込罪は一方の成立なければ他方の成立もなしという関係になく、受け取る側に提供される利益が賄賂であることの認識は不要であり、さら

303

には，受け取る側がその申込を拒否する場合や受け取りを拒否するであっても成立する。[7]

■**Q4** 収受者側に賄賂供与の意思が到達しなかった場合であっても賄賂申込罪は成立するのか？

　もっとも，問題は，一方的行為であるからといって，その申込の意思表示がそもそも相手方に到達しなかった場合にまで賄賂申込罪が成立するのか，である。というのも，「申込」という以上，申し込まれる相手方にその意思表示が到達していることが必要だともいえるからである。この問題に関して，参考判例①は次のような判断を示している。

> 「被告人Aと被告人Bとの間に於てはCに贈るべき賄賂として金員の授受ありたるものなるも被告人BはCに對しては自己が調達を依託せられたる政治資金として交付したるに過ぎず，賄賂なることを示して其の収受を促し又は賄賂なることを了知せしめ得べき事情の下に其の収受を促したるに非ずと謂ふべく。被告人Aが被告人Bをして傳達せしめんとしたる賄賂提供の意思表示は中斷せられてCに到達せざりしものと爲すの外なし。然るに賄賂の提供たるには公務員又は仲裁人に対し賄賂の収受を促す意思表示あるを要すること從來本院判例の趣旨とする所にして（大正六年（れ）第三二二七號大正七年三月十四日言渡判決大正十二年（れ）第五九四號同年十一月二十七日言渡判決昭和三年（れ）第七一八號同年七月七日言渡判決參照），明示たると黙示たるとは之を問はざるも此の意思表示あることを要するは賄賂提供の意思ありて全く表示なきに於ては犯意あるに止り賄賂提供の意思ありて單に利益の収受を促す表示ありたるに過ぎざるときは利益提供の行爲ありと云ひ得べきも賄賂提供の行爲ありと爲すに由なく。又賄賂提供の意思を表示したるも其の表示が相手方に到達せざるに於ては他の意思表示到達したりとするも賄賂の提供は未遂に了りたりと爲す外なければなり。」（筆者において，適宜，句読点を振った。）

　このように参考判例①は，賄賂提供する際に，仲介者がその利益提供の趣旨が賄賂であることを受け取り側に伝えず，それゆえ賄賂提供の意思表示が中断

第19章 主観的違法要素と必要的共犯

されて相手側にそもそも到達しなかった場合には，賄賂供与罪（賄賂交付罪）はもちろん，賄賂申込罪（賄賂提供罪）も成立しないとしたのである。というのも，そもそも賄賂提供の意思表示が相手方にまったく到達しなければ，職務行為の公正さを害される恐れがないからである。したがって，賄賂申込罪は，賄賂提供の意思表示がそもそも受け取り側に到達しなかった場合には成立しない。

■Q5　公職選挙法上の寄附罪（参考判例③）の場合とで違いはあるのか？

次に，その他の法律で規定されている供与罪についても，以上の刑法典上の賄賂供与罪などについての検討が妥当するのかについて検討し，そのことによって供与罪の理解をさらに深めよう。

まずは，公職選挙法221条1項の買収および利益誘導罪における供与が問題となった参考判例②を素材に検討してみよう。

参考判例②は，被告人3名が，市長選挙に際し，同選挙の選挙人らに，特定候補者への投票と投票とりまとめの選挙運動をすることの報酬として，合成清酒を供与したという事案であった。このような事実関係の下，参考判例②の原審は「公職選挙法第二百二十一条第一項第一号の罪の成否は一に供与者の目的意思如何によつて片面的にこれを決すべきものであつて受与者の認識如何によつて左右せらるべきものではない」との判断を示したのに対して，参考判例②はカッコ書きにおいてではあるが次のような判断を示した。

> 「（原判決が，公職選挙法二二一条一項一号の供与罪の成立につき，「供与者の目的意思如何によつて片面的にこれを決すべきものであつて，受与者の認識如何によつて左右せらるべきものでない」と判示したことは供与罪の性質を誤解したものであつて，同号にいわゆる供与とは供与の申込だけでは足らず，申込を受けたものが，その供与の趣旨を認識してこれを受領することを要することは，同号において「供与」と「供与の申込」とを区別して規定しているところから明らかである。しかしながら，第一審判決認定の事実関係によれば被告人に対して，同号所定の供与の申込罪が成立することはあきらかであるから本件については刑訴四一一条を適用しない。）」

このように，参考判例②は買収罪における供与において，賄賂供与罪と同様

に贈る側の利益提供の趣旨を受け取り側においても認識していることが必要と理解しているが，その根拠は公職選挙法221条1項が，「供与」と「供与の申込」を区別しているという形式的な理由を述べるにとどまっている。

　この点，調査官解説によれば，参考判例②の原審のように供与者の目的意思如何によって片面的に供与罪の成否が決されるとすれば，「不法の利益が被供与者の到底認識しえない状態においてその支配内にもたらされたときでも，なお供与罪が成立することとなり，かくては選挙の公正に影響のない行為まで処罰されることになって著しく不当」であるし，「また供与の申し込みを認める範囲は，現実の提供を伴わない供与の申し込みの場合に限定される」との批判がなされている。このような批判は妥当なものと思われ，それゆえ，参考判例②の原審のように，受け取り側の認識とは無関係に供与罪の成否が決せられるのは不当であろう。

　もっとも，本件調査官解説は，相手方の認識とは無関係であってはならないとしつつも，しかし参考判例②のように相手方の現実の認識までを要求するのは行き過ぎとして，「供与の趣旨を認識しうべき事情があれば足りる」としている。しかし，買収罪では票が金銭などで買われるものであることからすれば，買収を受ける相手側も当然，特定の候補者等に対して投票をするとの約束の見返りに利益を受けるものでなければならないであろう。このことからすれば，利益を受け取る側においても利益供与の趣旨を認識していることが必要と解すべきである。

　では，公職選挙法上の寄附罪における供与もまた以上と同様に解すべきなのであろうか。つまり，寄附を受ける側においてその趣旨などを認識していることが必要なのかどうか，である。この点が問題となったのが参考判例③である。

　参考判例③は，市長職にあった被告人が，立候補を予定していた次期市長選挙に際して，同市内のほぼ全部の初盆家庭に初盆参りをした際，初盆家庭の居住者等163名に現金約5000円を供与して寄附をしたという事案で，最高裁はなお書きにおいて，次のような判断を示した。

「なお，公職選挙法一九九条の二第一項，二四九条の二第一項の罪が成立するためには，寄附を受ける者において当該寄附が公職の候補者等により行

われたことや当該選挙に関して行われたことの認識は必要としないと解すべきであるから，本件につき右の罪の成立を認めた原判断は，正当である。」

　このように参考判例③においては，受寄附者側に寄附の主体や寄附の趣旨が選挙に関するものであることの認識について，特に理由を示すことなく不要とした。仮に，供与罪がすべて統一的に理解されるべきだとすれば，参考判例③は先に検討を行った刑法典上の賄賂供与罪や，公職選挙法上の買収罪における供与に関する判例と矛盾することになる。他方で，必ずしも統一的に理解する必要がないのであれば，要件に相違があっても問題はないが，そのように解する場合，問題となるのはその理論的根拠である。

　この点について，参考判例③の原審は，弁護人の，「本件寄附罪と，これと対向関係に立つと想定される受寄附罪とは，必要的共犯（対向犯）の関係にあるから，受寄附者に公職の候補者等からの寄附であることの認識がない場合には，受寄附罪のみならずこれと対向関係にある寄附罪も成立しない」との主張に対して，「所論寄附行為は性質上寄附を受ける者の存在を予定しているという意味でいわゆる対向関係が認められるにすぎず，受寄附行為は公職選挙法上犯罪として規定されていないのであるから，両者は現行法上必要的共犯（対向犯）とはいえない」として，このことから，寄附者と受寄附者との間の認識の共有は不要とした。[14]

　このように，参考判例③の原審は，寄附罪が受寄附者側を処罰していないことから本罪は必要的共犯ではないということを根拠に，受寄附者側に寄附の主体や利益供与の趣旨の認識は不要としている。しかし必要的共犯の理論とは，そもそも「片面的対向犯の場合に処罰規定のない行為を，処罰される対向行為の共犯として処罰することはできないとする結論を導くもの」として展開されてきた経緯を踏まえるのであれば，確かに用語の不適切さはあるが，しかし寄附罪もまた必要的共犯として理解されるべきであろう。[15]

　もっとも，寄附罪を必要的共犯として理解したとしても，必要的共犯であれば行為者相互において対象につき同様の認識を必ず共有しなければならないのであろうか。

　この点，寄附罪は必要的共犯であることを認めつつも，寄附者と受寄附者と

307

の間の認識の共有は不要とする見解も主張されている。すなわち，対向関係にある必要的共犯において，重婚罪のように双方が処罰される場合もあれば，わいせつ物頒布罪のように一方のみが処罰される場合もあり，買収罪は行為者相互とも処罰されるので前者であるのに対して，寄附罪は一方のみが処罰されるから後者の類型に当たるとし，この点に両者の相違を見出し，このことから寄附罪においては相手方に利益供与の趣旨についての認識は不要とするのである。[16]

しかし，重婚罪では，重婚の相手側に重婚の認識がなくても，重婚罪は成立するし，他方で，賄賂罪は旧刑法においては収賄側のみを処罰し，贈賄側を処罰していなかったが，しかし贈賄側と収賄側の両者に対して利益提供の趣旨が賄賂であることの認識を有していたことを必要としていた。[17] これらのことからからすれば，対向行為の一方が不処罰であることを理由に，認識の共有を不要とする結論を導き出すことはできない。

ここまでの検討から明らかになるのは，必要的共犯で対向犯であること（しかも双方が処罰されていること）を理由に，行為者相互に同様の認識が共有されていなければならないということが導き出されるわけではないということであり，それゆえ行為者相互に認識を共有していることが必要かどうかは，結局のところ，当該規定の採用している構成要件要素によるのである。[18] この点，寄附罪について見ると，「寄附をした」という構成要件要素は，寄附を受ける側の受寄附行為を必要とするが，その際，受寄附者は寄附者が公職選挙の候補者等であることの認識を必要としないと解すべきである。なぜなら，寄附者が候補者等であることは，寄附者の主観的意味づけにかかわらず客観的に決まるので，受寄附者の認識如何にかかわらず「寄附」することができるからである。

もっとも，寄附罪でも，寄附者が候補者等であると分かる可能性が全くなければ，これを処罰すべきではないであろう。この点，参考判例③の原判決は，「公職選挙法の右規定の趣旨が，選挙の公正を確保するとともに金のかからない政治を実現しようとすることにあることに照らせば，右規定による寄附罪の成立には，当該寄附行為が，受寄附者において公職の候補者等からの寄附であることを認識しうる形態においてなされることを要せず，受寄附者がそのように認識していたことも必要ではないと解すべき」とした。このように，受寄者

側の認識が不要な理由を「選挙の公正さと金のかからない政治の実現」に求め，このことから寄附行為は「金のかからない政治の実現」に反するものでそれ自体許されないのであり，したがって寄附行為の際に受寄附者の認識はもちろん，その認識可能性までも不要としたのである。もっとも注意すべきは，参考判例③は原判決と同様に，確かに現実の認識を不要とするが，しかし認識可能性まで不要とするかどうかは明言していないという点である。そこで，問題となるのは，参考判例③の原判決がいうように，寄附主体や寄附の趣旨についての認識可能性までも不要とするのが果たして妥当なのかどうかである。

　この点，学説からは，寄附行為の禁止理由について，寄附禁止規定の沿革や[19]，公職選挙法中における寄附罪の位置が選挙経費の支出に関する規定の後に置かれていること，199条の2第1項は「名目の如何を問わず」寄附を禁止していることから主体・趣旨の明らかでない寄附をも処罰していること，249条の2第1項が政治資金規正法上の収入規制などをも含めた選挙経費に関する収入・支出規制の強化の一環として規定されたものであることから，規制目的において選挙経費の抑制という側面を重視すべきとし，寄附主体・趣旨についての受寄附者側の現実の認識のみならず，認識可能性まで不要とする見解が主張されている[20]。

　たしかに，当該規定は，規定の沿革や趣旨，条文の構造などからして，「金のかからない政治の実現」を重視していると解される。しかし，寄附行為の規制目的をとりわけ「金のかからない政治の実現」それ自体と捉えるのには疑問がある。というのも，「金のかからない政治の実現」とは，あくまで「貧富の差によって立候補の機会や当選チャンスに事実上の差別が生じる弊害を少なくすることで「民主政治の健全な発達」に資するための手段的目標」[21]にすぎないと解されるからである。仮に「金のかからない政治の実現」それ自体を規制目的とするならば，公職にある者（あるいはその候補者など）の財産の減少を法律によってしかも刑罰によって保護するということになるが，そのようなパターナリスティックな規制を公職者（あるいはその候補者）たる成人に対して必要とするのであろうか[22]。やはり，疑問とせざるを得ない。それゆえ，寄附罪の規制目的は，公職選挙法の第1条が述べるように（この法律は，日本国憲法の精神に則り，衆議院議員，参議院議員並びに地方公共団体の議会の議員及び長を公選する選挙制度を

確立し，その選挙が選挙人の自由に表明せる意思によつて公明且つ適正に行われることを確保し，もつて民主政治の健全な発達を期することを目的とする），「選挙の公正な実現の確保」に求めるべきであろう。このように理解する場合，「金のかからない政治の実現」を重視するにしてもそれは，「公正な選挙の実現の確保」を達するための手段的目標でしかないので，およそ「公正な選挙の実現の確保」とは無関係な利益提供は，寄附罪の処罰範囲から除外されるべきである。

このような理解からすれば，受寄附者において，寄附主体や寄附行為の趣旨に関して現実に認識することは確かに必要ないが，しかし認識可能性は必要とすべきである。というのも，「多数の有権者を対象として行われる寄附行為は，投票時までに有権者らに対して寄附者たる候補者に好印象を抱かせて投票行動に有利に作用する可能性がありさえすれば，選挙の公正を害する危険」は存在するといえるからである。[23]

4　当該判例の射程

以上，ここまでの検討をまとめると，供与罪において，必要的共犯でかつ対向犯であることが，利益を贈る側と受け取る側で認識を共有していなければならないことの根拠にはならないこと，贈る側と受け取る側の対象に対する認識の共有は各規定の構成要件要素によること，さらには供与のみならず申込などにおいても，規定の目的を損なう可能性のない利益提供とその意思表示は処罰対象とはならないこと，である。

以上のことを踏まえて，表題判例の射程について参考判例①との比較から検討しよう。賄賂供与申込罪において相手方が，参考判例①は，「賄賂提供の意思を表示したるも其の表示か相手方に到達せさるに於ては他の意思表示到達したりとするも賄賂の提供は未遂に了りたり」と述べるように，そもそも賄賂の意思表示が受け取り側に到達しなかった場合には，賄賂申込罪も成立しない。それゆえ，意思表示が相手方に到達したことを要するが，それは表題判例が述べるように，「賄賂供与申込罪の成立には，相手方に賄賂たることを認識し得べき事情の下に金銭その他の利益の収受を促す意思表示をなせば足りる」のである。つまり，賄賂を供与するという意思表示が相手方に認識可能な状態に達

したことが必要なのである。というのも，そもそも認識可能性さえなければ，当該規定の保護法益を害しようがないからである。したがって，参考判例①のように，賄賂提供の意思表示が，受け取り側に賄賂であるとの認識可能な状態においてなされたのでなければ，賄賂申込罪も成立しないのである。

〔注〕
1) 本件に関する簡潔な紹介として，西田典之『刑法各論[第5版]』(弘文堂，2011年) 473頁。
2) 西田・前掲注1) 475頁以下，山口厚『刑法各論[第2版]』(有斐閣，2010年) 619頁以下，松宮孝明『刑法講義各論』(成文堂，2012年) 480頁，482頁など。
3) 佐伯千仭『刑法における違法性の理論』(有斐閣，1980年) 266頁以下，松宮孝明『プチゼミ刑法総論』(法学書院，2006年) 31頁以下。もっとも，主観的違法要素については，それ自体を認めるのかどうかにつき争いがあり，さらに主観的違法要素を認めるにしても傾向犯は否定する見解も存在する。ただ，この見解は，傾向犯として強制わいせつ罪のみを取り上げ，強制わいせつ罪において行為者の主観的傾向(性的意図)が行為の違法性を左右しないとするのみで，賄賂罪についても傾向犯を否定するのかは明らかではない。山口厚『刑法総論[第2版]』(有斐閣，2007年) 97頁以下。
4) 松宮孝明『刑法総論講義[第4版]』(成文堂，2013年) 250頁以下参照。
5) この点，大判明治43・7・5刑録16輯16巻1382頁もまた，次のように説明している。すなわち，「收賄罪は收賄者に於て贈賄者の提供したる賄賂を收受するに因りて成立すると同時に贈賄罪も亦贈賄者に於て賄賂の提供を爲し收賄者之を收受するに因りて成立する故に此二箇の犯罪は其構成要件を同ふするものにして一の不可分的雙面行爲を形成し唯其觀察の方面の異なるに從ひ其名稱を異にするに過ぎすして犯罪行爲の性質に至りては二者の間何等の差異あることなし故に賄賂の授受ありたる場合には贈賄者と收賄者とは相互に共犯たるの關係を有するもの」とする。
6) 西田・前掲注1) 490頁，松宮・前掲注2) 488頁
7) 西田・前掲注1) 490頁，松宮・前掲注2) 488頁，山口・前掲注2) 628頁以下など。また，申込を拒否した場合につき，大判昭和3・10・29刑集7巻709頁。
8) 該当条文は以下のとおりである。
   第二百二十一条　次の各号に掲げる行為をした者は，三年以下の懲役若しくは禁錮又は五十万円以下の罰金に処する。
   一　当選を得若しくは得しめ又は得しめない目的をもって選挙人又は選挙運動者に対し金銭，物品その他の財産上の利益若しくは公私の職務の供与，その供与の申込み若しくは約束をし又は供応接待，その申込み若しくは約束をしたとき。
9) 寺尾によれば，「刑法の贈賄罪の規定は旧刑法において存在せず，旧旧衆議院議員選挙法(明治三三年法律七三号)の投票買収罪の規定から移植せられたもので，……本来同質の犯罪であるから統一的に理解すべきもの」とする。寺尾正二「判解」『最高裁判所判例解説昭和30年度』(法曹会，1956年) 440頁。
10) 寺尾・前掲注9) 441頁以下。
11) 寺尾・前掲注9) 442頁。
12) 松宮孝明『刑事立法と犯罪体系』(成文堂，2003年) 302頁以下。

13) 関連条文は以下のとおりである。
　一七九条二項　この法律において「寄附」とは，金銭，物品その他の財産上の利益の供与又は交付，その供与又は交付の約束で党費，会費その他債務の履行としてなされるもの以外のものをいう。
　第百九十九条の二　公職の候補者又は公職の候補者となろうとする者（公職にある者を含む。以下この条において「公職の候補者等」という。）は，当該選挙区（選挙区がないときは選挙の行われる区域。以下この条において同じ。）内にある者に対し，いかなる名義をもつてするを問わず，寄附をしてはならない。ただし，政党その他の政治団体若しくはその支部又は当該公職の候補者等の親族に対してする場合及び当該公職の候補者等が専ら政治上の主義又は施策を普及するために行う講習会その他の政治教育のための集会（参加者に対して饗応接待（通常用いられる程度の食事の提供を除く。）が行われるようなもの，当該選挙区外において行われるもの及び第百九十九条の五第四項各号の区分による当該選挙ごとに当該各号に定める期間内に行われるものを除く。以下この条において同じ。）に関し必要やむを得ない実費の補償（食事についての実費の補償を除く。以下この条において同じ。）としてする場合は，この限りでない。
　第二百四十九条の二　第百九十九条の二第一項の規定に違反して当該選挙に関し寄附をした者は，一年以下の禁錮又は三十万円以下の罰金に処する。
14) 同旨のものとして，尾崎道明「判解」研修590号（1997年）20頁，土本武司「判批」ジュリスト1138号（1998年）169頁。もっとも，両者とも認識可能性まで不要とするのかは明らかではない。
15) 松宮・前掲注12) 301頁以下，井田良「判批」判例時報1649号（1998年）240頁など参照。
16) 井口修「判解」『最高裁裁判所判例解説平成9年度』79頁。
17) 松宮・前掲注12) 303頁。さらに，西田・前掲1) 472など参照。
18) 松宮・前掲注12) 303頁，井口・前掲注16) 79頁，伊藤渉「判批」ジュリスト1152号（1999年）178頁。
19) 規制の沿革については，井口・前掲注16) 77頁以下，萩原滋「判批」判例タイムズ958号（1998年）56頁以下など参照。もっとも，規制目的をこのように解する立場においても，注14) でも述べたように，受寄附者側の現実の認識のみならず，認識可能性まで不要とするのかは明らかではない見解もある。たとえば，井口・前掲注16) 79頁以下，尾崎・前掲注14) 21頁以下。
20) 伊藤・前掲注18) 179頁。
21) 松宮・前掲注12) 304頁。
22) 松宮・前掲注12) 304頁参照。
23) 松宮・前掲注12) 304頁以下。もっとも，このような認識可能性を必要とする立場に対して井田は，「寄附を受けるものにとっての認識可能性いかんに関わらず，選挙に不正な影響が生ずることは十分考えられるから，寄附を受ける者にとり現に認識可能であったことを要求すべき理由はない」とする。井田・前掲注15) 241頁。しかし受寄附者に認識可能性がそもそもない場合にいかなる不正な影響が生じるというのであろうか。あるいは，認識可能性とは無関係に生じる選挙への不正な影響は，当該規定の保護の範囲外の問題であろう。

◆復習問題

　A県B市内の印刷業者である甲は，知人でB市総務部長として同市の広報誌の印刷発注の職務に従事している乙に現金を渡して同市が発注する広報誌の印刷を受注したいと考えていた。そうした折，甲は，同県内の土木建設業者である知人の丙から同県発注の道路工事をなるべく多く受注するための方法について相談を受けたので，この機会に丙の金を自己のために乙に渡すことを思い付き，乙に対し，「近いうちに使いの者に80万円を届けさせます。よろしくお願いします。」と伝えたところ，乙は，甲が80万円を届けさせることの趣旨を理解した上，これを了承した。一方，甲は，丙に対し，「県の幹部職員である乙に金を渡せば，道路工事の発注に際して便宜を図ってくれるはずだ。乙に80万円を届けなさい。」と言ったところ，これを信じた丙は，使者を介して乙に現金80万円を届けた。乙は，これが甲から話のあった金だと思い，その金を受領した。

　後日，丙は，甲が丙のためではなく甲自身のために乙に80万円を届けさせたことを知るに至り，甲に対して80万円の弁償を求めた。しかし，甲は，丙に対し，「そんなことを言うなら，おまえが80万円を渡してA県の道路工事を受注しようとしたことを公表するぞ。そうすれば，県の工事を受注できなくなるぞ。」と申し向け，丙をしてその請求を断念させた。

　甲，乙および丙の罪責を論ぜよ（ただし，特別法違反の点は除く）。

(参考：平成17年旧司法試験論文式刑法第2問)

〔玄　守道〕

第20章

横領の意味・不可罰的事後行為・公訴時効
——「横領物の横領」事件——

表題判例：最判平成15・4・23刑集57巻4号467頁
参考判例①：大判明治43・10・25刑録16輯1745頁
参考判例②：最判昭和31・6・26刑集10巻6号874頁
参考判例③：大判昭和9・7・19刑集13巻983頁
参考判例④：最判昭和34・2・13刑集13巻2号101頁

1 事実関係

　甲（被告人）は，宗教法人Aの責任役員であるところ，Aの代表役員らと共謀の上，(1)1992（平成4）年4月30日，業務上占有するA所有の土地（以下「本件土地1」という。）を，B株式会社に対し代金1億0324万円で売却し，同日，その所有権移転登記手続を了し，(2)同年9月24日，業務上占有するA所有の土地（以下「本件土地2」という。）を，株式会社Cに対し代金1500万円で売却し，同年10月6日，その所有権移転登記手続を了した。
　甲は，各土地に次のとおり抵当権を設定していた。すなわち，本件土地1については，1980（昭和55）年4月11日，甲が経営するD株式会社（以下「D」という。）を債務者とする極度額2500万円の根抵当権（以下「本件抵当権〔1〕」という。）を設定してその旨の登記を了し，その後，1992（平成4）年3月31日，Dを債務者とする債権額4300万円の抵当権（以下「本件抵当権〔2〕」という。）を設定してその旨の登記を了し，また，本件土地2については，1989（平成元）年1月13日，Dを債務者とする債権額3億円の抵当権（以下「本件抵当権〔3〕」という。）を設定してその旨の登記を了していた。

甲は、この本件土地1，2の売却行為についてのみ、業務上横領罪を理由として起訴され、第1審でその成立が認められた。

原判決は、本件抵当権〔1〕，〔3〕の設定の経緯やその際の各借入金の使途等はつまびらかでなく、これらの抵当権設定行為が横領罪を構成するようなものであったかどうかは明瞭でないし、仮に横領罪を構成することが証拠上明らかであるとしても、これらについては、公訴時効が完成しているとし、また、本件抵当権〔2〕の設定は横領に当たるが、本件土地1の売却と本件抵当権〔2〕の設定とでは土地売却の方がはるかに重要であるとして、本件土地1，2を売却したことが各抵当権設定との関係でいわゆる不可罰的事後行為に当たることを否定し、前記(1)，(2)の各犯罪事実を認定した第1審判決を是認した。

これに対して弁護人は、原判決の上記判断が参考判例①②に違反すると主張した。

■**主な争点**■
(i) 原判決は、参考判例①②の示した「判例」に違反しているか。
(ii) 土地の売却行為は抵当権設定行為によってすでに横領された土地の処分であって「不可罰的事後行為」であり、しかも、抵当権設定行為から起算すれば、すでに公訴時効は完成しているので、売却行為を横領として処罰することはできないのではないか。

2 裁判所の判断

(i)について
・参考判例②について

参考判例②は「『甲がその所有に係る不動産を第三者に売却し所有権を移転したものの、いまだその旨の登記を了していないことを奇貨とし、乙に対し当該不動産につき抵当権を設定しその旨の登記を了したときは、横領罪が成立する。したがって、甲がその後更に乙に対し代物弁済として当該不

動産の所有権を移転しその旨の登記を了しても，別に横領罪を構成するものではない。』旨を判示し，訴因外の抵当権設定による横領罪の成立の可能性を理由に，訴因とされた代物弁済による横領罪の成立に疑問を呈し，事件を原審に差戻したものである。」

・参考判例①について

「抵当権設定とその後の売却が共に横領罪に当たるとして起訴された場合に関するものであり，本件と事案を異にするから，この点は，適法な上告理由に当たらない。」

(ⅱ)について

・委託物横領罪（刑法252条）の構成要件該当性について

「委託を受けて他人の不動産を占有する者が，これにほしいままに抵当権を設定してその旨の登記を了した後においても，その不動産は他人の物であり，受託者がこれを占有していることに変わりはなく，受託者が，その後，その不動産につき，ほしいままに売却等による所有権移転行為を行いその旨の登記を了したときは，委託の任務に背いて，その物につき権限がないのに所有者でなければできないような処分をしたものにほかならない。したがって，売却等による所有権移転行為について，横領罪の成立自体は，これを肯定することができるというべきであり，先行の抵当権設定行為が存在することは，後行の所有権移転行為について犯罪の成立自体を妨げる事情にはならないと解するのが相当である。」

・一部起訴の可否について

「このように，所有権移転行為について横領罪が成立する以上，先行する抵当権設定行為について横領罪が成立する場合における同罪と後行の所有権移転による横領罪との罪数評価のいかんにかかわらず，検察官は，事案の軽重，立証の難易等諸般の事情を考慮し，先行の抵当権設定行為ではなく，後行の所有権移転行為をとらえて公訴を提起することができるものと解される。」

・先行事情の審理の可否について

「また，そのような公訴の提起を受けた裁判所は，所有権移転の点だけを審判の対象とすべきであり，犯罪の成否を決するに当たり，売却に先立って横領罪を構成する抵当権設定行為があったかどうかというような訴因外の事情に立ち入って審理判断すべきものではない。」

「そうすると，本件において，被告人が本件土地1につき本件抵当権〔1〕，〔2〕を設定し，本件土地2につき本件抵当権〔3〕を設定して，それぞれその旨の登記を了していたことは，その後被告人がこれらの土地を売却してその旨の各登記を了したことを業務上横領罪に問うことの妨げになるものではない。」

・結　論

「したがって，本件土地1，2の売却に係る訴因について業務上横領罪の成立を認め，前記(1)，(2)の各犯罪事実を認定した第1審判決を是認した原判決の結論は，正当である。」

再び(i)について

「以上の次第で，刑訴法410条2項により，本件引用判例（＝参考判例②）を当裁判所の上記見解に反する限度で変更し，原判決を維持するのを相当と認めるから，所論の判例違反は，結局，原判決破棄の理由にならない。」（傍点筆者）

＊原判決に判例違反があったとされていることに注意！

3　当該判例について検討すべき論点

　表題判例は甲に，本件土地の売却につき業務上横領罪の成立を認めた。そこで，まず，この業務上横領罪にいう「業務」と「横領」の定義およびその当てはめを理解しよう。

　まず，宗教法人の代表役員であるXが法人の土地を管理するのは，その役員

としての「業務」に属するものと考えてよいであろう。むしろ，議論があるのは，「横領」の成否である。

■Q1 「横領」の定義について述べよ

「横領」は，通説である「領得行為説」に従えば，「不法領得の意思を実現する一切の行為」である。そして，横領罪における「不法領得の意思」は，最判昭和24・3・8刑集3巻3号276頁や参考判例④などによって，「他人の物の占有者が委託の任務に背いて，その物につき権限がないのに所有者でなければできないような処分をする意思」と定義される。表題判例も，横領行為を，「委託の任務に背いて，その物につき権限がないのに所有者でなければできないような処分をした」ことであると考えている。

もっとも，この定義は，「委託の任務に背いて」とあるように，最初から委託物横領罪（刑法252条，253条）のみを念頭においた「横領」の定義であって，委託関係のない遺失物横領罪（刑法254条）における「横領」と共通の定義ではない。むしろ，「横領」全体に使用するためには，情報媒体の横領に関する東京地判昭和60・2・13刑月17巻1・2号22頁が述べるように，窃盗罪の場合と同じく，「権利者を排除し，自己の所有物としてその経済的用法に従ってこれを利用し又は処分する意思」と定義する方が合理的である[1]。

■Q2 「背任」との区別基準を明らかにせよ

横領罪は，通説によれば，背任罪とは法条競合の択一関係にあると解され，刑の下限が重い横領罪が成立する場合には，同じ財産を侵害するのであれば，背任罪は成立しないとされてきた。もちろん，横領罪の客体は「物」（＝財物）であるから，客体が財物でない場合には競合問題は起きず，背任罪のみを検討すれば足りる。しかし，客体が財物であっても，それに対して「不法領得の意思」を実現する行為がなされなければ，それは横領にならない。ゆえに，他人から預けられた財物を不当に（＝権限外で）処分した場合でも，それが預けた本人の名義と計算によって，とくに本人の計算によってなされた，つまり，その処分の損益は本人に帰属するのであり，処分者が物を不法に自分の物にした（または利害関係の一致する他人に不法領得させた）のではない場合には，横領罪

成立しない。

参考判例③は、これを大要以下のように表現している。

> 「村長が第三者の利益を図り其の職務上保管せる村の基本財産を村の計算に於て貸与せんことを決意し村会の決議を経ずして擅に之を第三者に交付し因て村に財産上の損害を加へたるときは背任罪を構成し業務上横領罪を構成するものに非ず。」(判決要旨より)

また、預かった財物を本人の利益のために処分した場合にも、たいてい、それは本人の計算で行われた処分であり、横領ではないと解されよう。

■Q3　「不可罰的事後行為」の定義について述べよ

窃盗犯人が盗んできた物を他人に売却したり破壊したりしても、通常は、窃盗罪以外の犯罪は成立しない。このように、ある犯罪の事後の行為が別罪を構成しない場合、これを「不可罰的事後行為」ないし「共罰的事後行為」と呼ぶ。窃盗罪などの領得罪は、単に財物の占有・所持を害するだけでなく、他人の所有権を蔑ろにして自己がその物の所有者であるが如くにその財物を使用・処分し、それによって経済的利益を得ることを目的(=「不法領得の意思」)とする「所有権その他の本権に対する罪」だからであり、その法定刑も、そのような事後の使用・処分を計算に入れて、器物損壊罪(261条)よりも重くされているからである。

しかし、このような事後行為は本当に「不可罰」なのか、つまり「不可罰的」事後行為なのか、それとも、単に窃盗罪等の法定刑で「共に処罰されている」、つまり「共罰的」事後行為にすぎないのかをめぐって、学説には争いがある。それは、たとえば窃盗行為がすでに公訴時効が完成している等の理由で起訴されず、事後行為のみが起訴された場合に表面化する。「不可罰」説では文字通り不可罰であるが、「共罰」説では、盗品の売却は遺失物横領罪(254条)で、その破壊は器物損壊罪(261条)で処罰できることになる。

■Q4　他人の不動産にほしいままに抵当権を設定する行為は「横領」にあたるか？

これについては、宗教法人の役員(寺の住職ないし若住職)であっても、法人

の重要な財産である土地に，自己が経営する会社の債務の担保のために，所定の手続きを踏まずに抵当権を設定したことは，「委託の任務に背いて，その物につき権限がないのに所有者でなければできないような処分をした」ことにほかならない。つまり，それは，まるで，この土地を自分の所有物のように処分したことなのである。ゆえに，本件の抵当権設定は，それ自体としては，横領にあたる行為となる。

もっとも，宗教法人の手続きには違反していても，寺の維持管理のためにその財産を担保に供することは，必ずしも「横領」とは解されてこなかったことに注意が必要である。[8]

■Q5　すでに横領された物について，再度の委託物横領は可能か？

これもまた，先の「横領」の定義に当てはめれば，解答が可能な問いである。すなわち，横領とは「不法領得の意思を実現する一切の行為」であり，かつ，その不法領得の意思は，「他人の物の占有者が委託の任務に背いて，その物につき権限がないのに所有者でなければできないような処分をする意思」と定義されるのであれ「権利者を排除し，自己の所有物としてその経済的用法に従ってこれを利用又は処分する意思」と定義されるのであれ，いずれにしても，当該土地の所有権はまだこの寺（宗教法人A）にあるので「他人の物」であるから，当該土地の売却は不法領得の意思の実現行為である。そして，任務に背いているとはいえ，甲はまだ，委託に基づいてこの土地を「自己の占有」下に置いており，かつ，それは「業務」によるものであるから，業務上横領罪が成立する。

表題判例も，この点をきちんと指摘している。「委託を受けて他人の不動産を占有する者が，これにほしいままに抵当権を設定してその旨の登記を了した後においても，その不動産は他人の物であり，受託者がこれを占有していることに変わりはなく」という部分が，それである。

■Q6　参考判例②の「判例」の射程はどこまでか？

表題判例が引用する参考判例②の要旨である「甲がその所有に係る不動産を第三者に売却し所有権を移転したものの，いまだその旨の登記を了していない

ことを奇貨とし，乙に対し当該不動産につき抵当権を設定しその旨の登記を了したときは，横領罪が成立する。したがって，甲がその後更に乙に対し代物弁済として当該不動産の所有権を移転しその旨の登記を了しても，別に横領罪を構成するものではない。」という部分は，実は，参考判例②の判決理由中にはない。これは，判決理由ではなくて，最高裁判所刑事判例集第10巻が編纂されたときに編集委員会が後から付する要旨2の「甲がその所有にかかる不動産を第三者に売却し所有権を移転したるも未だその旨の登記を了しないことを奇貨とし，乙に対し右不動産につき抵当権を設定しその旨の登記をするときは横領罪が成立する。従って，甲がその後更に乙に対し右不動産の所有権を移転しその旨の登記をしても（たとえ右所有権譲渡契約成立後右登記の直前に抵当権設定登記を抹消したとしても）別に横領罪を構成するものではない。」という部分を引用したものなのである。[9]

　その参考判例②の弁護人による上告趣意には，「該不動産はM（＝被告人）自身のもので決してT（＝被害者）のものではない。MとTとの間には昭和十九年八月頃から仲介するものがあって本件不動産の売買についての交渉があり代金一万三千五百円に取決めて売買登記をしようとした所が所謂九，一八価格停止令に触れる事を代書人より聞かされて実行するに至らなかった」と書かれている。つまり，弁護人は，主として事実誤認を理由に職権破棄を求めて上告したものと考えられる。この上告趣意に対して，参考判例は，「原判決がことさらに被告人Mが右二月四日一日だけTのため本件不動産の占有を始めたという説明によって右所有権移転登記の時に横領罪が成立すると判断したことは，刑法の解釈を誤った違法がある」と述べた上で，「以上の理由により，所論について一々判断することを省略し，刑訴四一一条一号により原判決を破棄し原審に差し戻すを相当」としたのである。

　これは，主として事実誤認を主張する上告趣意に対して，証拠調べを行わない上告審として事実誤認を直接検討することはできないので，原判決の刑法解釈の誤りを捉えて破棄しておき，実際には，差戻し審で事実調べをやり直すように求める趣旨だったのではないかと思われる。つまり，参考判例②は，「抵当権登記の抹消から代物弁済による所有権移転登記までの間に1日あるからといって，これをもって第1の横領行為が終了し，新たに第2の横領行為が始

まったという理由で代物弁済を横領罪にするのは間違いである」と述べただけなのである。これを言い換えれば、参考判例②は、代物弁済行為のみを起訴した場合に横領罪を否定することまでは、必ずしも述べていないということである。

■Q7 本判決は参考判例②と矛盾するか？
　したがって、実は、表題判例は、参考判例②と矛盾しない。上記のように、参考判例②は、その原判決のように「抵当権登記の抹消から代物弁済による所有権移転登記までの間に１日あるからといって、これをもって第１の横領行為が終了し、新たに第２の横領行為が始まったという理由で代物弁済を横領罪にするのは間違いである」と述べているにすぎないからである。

4　当該判例の射程

■Q1　参考判例と比較しつつ本判決の先例的意義を検討せよ
　表題判例は、行為者が他人の不動産にほしいままに抵当権を設定した後、その不動産を売却した事例について、売却行為だけでも横領罪を構成すると判示した。もちろん、これは、抵当権設定行為が横領にあたらないという意味ではなく、また、抵当権設定と売却とで二個の横領罪が成立するという意味でもない。参考判例①は、抵当権設定とその後の売却が共に横領罪に当たるとして二罪で起訴された場合に、抵当権設定を理由とする横領一罪のみを認めているし、参考判例②も、抵当権設定後の被担保債務の代物弁済として不動産の所有権を移転した事案について、二個の横領罪を認めるべきではないとしているからである。
　ゆえに、表題判例の先例的意義は、（業務上）横領罪の包括一罪の関係にある抵当権設定と売却のうち、売却のみが起訴された場合には、一部起訴を可能とする理論によって、検察官は後の所有権移転行為のみを起訴してかまわないので、それだけで（業務上）横領罪を認めてよいと明言したことにある。決して、２つの横領罪が成立するとまで述べたものでないことに、注意が必要である。

■Q2 「訴因外」の事実？

　もっとも，表題判例は，売却行為が横領罪にあたるか否かの判断の際に，売却に先立って横領罪を構成する抵当権設定行為があったかどうかというような訴因外の事情に立ち入って審理判断すべきものではないと判示している。しかし，これは疑問である。そもそも，抵当権設定と売却とは同一の財物所有権に対する段階的な攻撃であるから，これを二個の横領罪つまり二個の訴因にあたるとするのは妥当でない。したがって，ふたつの行為は，——売却が「不可罰的」事後行為と呼ばれようと「共罰的」事後行為と呼ばれようと——成立上一罪の一種である包括一罪の関係に立つのであって，成立上一罪の関係に立つ行為が「一個の訴因」の外にあるなどとは考えられない。

　また，起訴状に記載された行為だけを問責の対象とすべきだとしても，それは，たとえば，窃盗罪や盗品収受罪等を理由とする訴因に対して，被告人側が，すでに公訴時効の完成した時期に盗んだものであると主張した場合に，これを「訴因外の事情」であるとして審理の対象にしてはならないとは，およそ考えられない。というのも，それは，訴因に掲げられたような犯罪は実行していないという主張を含むものだからである。もしも，それを審理の対象にしないのなら，被告人は公訴時効の完成を裁判で争えないことになってしまう。犯罪の成否と罪数関係という実体的法律関係は，検察官の観念の上では，起訴前に存在するものでなければならない。

■Q3 横領物の再横領？

　もっとも，そう考えると，「1個の物は1回しか領得できない」のではないかという疑問が残る。しかし，すでに窃取した物や横領した物についても，——動産の即時取得（民法192条）が成立しない限り——被害者の所有権が否定されるわけではないから，占有の移転を伴う窃取を重ねて行うことは不可能であるが，「不法領得の意思」を実現する所有権攻撃としての委託物ないし遺失物横領や，さらに——一部損壊を繰り返す場合のように——器物損壊は可能であると解される。また，担保権設定後も行為者がその物の管理を継続する限り，その物は「委託された物」という性格を失うわけではない。さらに，同一の所有権に対する攻撃である以上，それが——債務の担保とその債務の履行の

ための処分のように——一連の関係にある場合には，時間的に近接していなくても，全体を委託物横領の包括一罪と解してよいように思われる。

この場合，事前行為が処罰されれば事後行為が「共罰的事後行為」となり，事後行為が処罰されれば事前行為が「共罰的事前行為」となるのであって，いずれにしても一罪であり，同時に一事不再理効が両者に及ぶと考えるべきであろう。

5 補論：「横領物」を譲り受けた者の共犯の成否および抵当権を設定させ土地売却をあっせんした銀行側の責任

最後に，甲に業務上横領または背任が成立した場合には，事情を知りつつ甲に抵当権を設定させ，かつ，当該土地の所有権をBおよびCに取得させた者の罪責が問題となる。ここでは，まず，甲に業務上横領を成立させる場合には，構成的かつ加減的身分犯である業務上横領に対する非身分者の共犯の扱いが問題となるし，ついで，甲に背任罪を成立させる場合には，構成的身分犯に対する共犯の成否のみが問題となる。いずれの場合にも，非身分者で土地を譲渡される側に「共同正犯」がありうるかということも論点となる。もっとも，その際，「適法な代物弁済を受ける側には共犯は成立しない」とする参考判例②との整合性が問題になる。

この参考判例②の意味については，「被害者」側の土地所有権が未登記のものであって，代物弁済を受けた側には，抵当権についても所有権についても，対抗要件が備わっていたという特殊事情があった[12]。つまり，民法上，代物弁済を受けた側は，抵当権についても所有権移転についても，その権利を「被害者」に対抗できたのである。

これに対して，表題判例の事案では，このような対抗問題は生じない。この土地がAのものであることは，登記簿上も明らかである。しかも，譲り受けた者こそが，BおよびCから融資を受けてAの土地に抵当権を設定するよう甲を煽っている場合には，それにもかかわらず，「譲り受け人は民法にのっとって適法に行動している」などとは，いえた義理ではないであろう。このようにみれば，参考判例②の射程は，表題判例の事案には及ばないと考えることができる[13]。したがって，筆者は，本件につき，甲を煽ってAの土地に抵当権を設定させ，最終的に，債務の弁済のために売却をさせた融資側の人物が，業務上横

第20章　横領の意味・不可罰的事後行為・公訴時効

領の共犯として誰一人起訴も処罰もされていないことに対しては，甲の弁護人は，不平等起訴を理由とする公訴権濫用の主張をすべきであったと考えている。

〔注〕
1）　詳細は，松宮孝明「情報横領と不法領得の意思」『三原憲三先生古稀祝賀論文集』（成文堂，2002年）535頁を参照されたい。
2）　第16章で扱った「国際航業」事件に関する最決平成13・11・5刑集55巻6号546頁や最判平成14・3・15裁時1311号7頁が，その旨を判示している。
3）　これに対して，未遂・既遂に吸収される予備罪は「不可罰的事前行為」ないし「共罰的事前行為」と呼ばれる。それは，成立上の一罪における「吸収関係」の一場合である。
4）　ゆえに，純粋な「所持説」では，「不可罰的ないし共罰的事後行為」の存在を説明し難い。
5）　団藤重光『刑法綱要総論［第3版］』（創文社，1990年）446頁は「犯罪として成立しない」と述べる。
6）　平野龍一『刑法総論Ⅱ』（有斐閣，1975年）416頁等。
7）　もちろん，いずれの見解でも，これらの事後行為には有罪判決の一事不再理効（刑訴法337条1号）が及ぶ。
8）　関東大震災のために倒壊した庫裏の建設資金調達のために仏像を買戻特約付で売り払った住職に対して横領を否定したものとして，大判大正15・4・20刑集5巻136頁。
9）　参考判例②の判決理由そのものは，次のようにしか述べていない。すなわち，「原判決は，控訴趣意第四点の判断において，『被告人Mが……昭和二十三年九月六日右元金合計二万八千円の担保として本件不動産に二番抵当権の設定登記をしたことは明らかであるが，右二番抵当権設定登記は昭和二十四年二月四日抹消され被告人Mは本件不動産につきTのためにまたその占有を始めたのであるから被告人両名が本件不動産につき更に判示の如く所有権移転登記をした以上その所為はまた横領罪に該当するものというべく……』と判示している。しかしながら仮りに判示のように横領罪の成立を認めるべきものとすれば，被告人Mにおいて不動産所有権がTにあることを知りながら，被告人MOのために二番抵当権を設定することは，それだけで横領罪が成立するものと認めなければならない。……判示によれば，昭和二四年二月四日右二番抵当権登記は抹消されたというが，第一審判決の認定によれば，その翌日二月五日代物弁済により被告人MOに所有権移転登記をしたというのであつて，記録によれば，右二番抵当権登記の抹消は所有権移転登記の準備たるに過ぎなかつたことを認めるに十分である。されば原判決がことさらに被告人Mが右二月四日一日だけTのため本件不動産の占有を始めたという説明によって右所有権移転登記の時に横領罪が成立すると判断したことは，刑法の解釈を誤った違法があるに帰する。以上の理由により，所論について一々判断することを省略し，刑訴四一一条一号により原判決を破棄し原審に差し戻すを相当」とする，と。
10）　参考判例①は，次のように述べている。すなわち，「刑法第二百五十二條第一項の罪は自己の占有する他人の物を横領するによりて成立し而して右横領とは他人の物を不正に自己の所有物と同一なる支配状態に置くの謂なれば既に一度他人の物を不正に領得したる以上右犯罪は即時に成立し其領得以後該目的物に對する處分行爲の如きは更に別罪を構成すべきものにあらず」
「原審に於ては既に被告クマは城所幸助の内縁の妻にして假装上幸助より被告へ譲渡した

る如く登記し置きたる判示の地所を他に抵當に差入れ處分したりとして被告を横領罪に問擬しながら其後被告に於て右地所を他に賣却したりと云ふ事實を捉へ來り更に横領罪に問擬し同一物件の處分に對し順次に二箇の横領罪を構成するものと認め被告を判示の如く處分したるは所論の如く不當にして本論旨は理由あり」として原判決を破棄し，判決において「被告か幸助の地所を賣却して之を横領したりとの點は無罪とす」と述べている。
11） 参考判例①は売却について無罪としているが，それは訴因制度のなかった旧旧刑訴法時代のものであり，この部分は不要である。
12） それどころか，弁護人は「被害者」に所有権が移転した事実事態を争っていた。
13） なお，二重譲渡における第二の譲受人に横領罪の共同正犯を認めたものとして，福岡高判昭和47・11・22刑月4巻11号1803頁がある。

◆復習問題

以下の事例に基づき，甲の罪責について，具体的な事実を摘示しつつ論じなさい（特別法違反の点を除く。）。
1 A合同会社（以下「A社」という。）は，社員甲，社員B及び社員Cの3名で構成されており，同社の定款において，代表社員は甲と定められていた。
2 甲は，自己の海外での賭博費用で生じた多額の借入金の返済に窮していたため，知人であるDから個人で1億円を借り受けて返済資金に充てようと考え，Dに対し，「借金の返済に充てたいので，私に1億円を融資してくれないか。」と申し入れた。
 Dは，相応の担保の提供があれば，損をすることはないだろうと考え，甲に対し，「1億円に見合った担保を提供してくれるのであれば，融資に応じてもいい。」と答えた。
3 甲は，A社が所有し，甲が代表社員として管理を行っている東京都南区川野山〇－〇－〇所在の土地一筆（時価2億円相当。以下「本件土地」という。）に第一順位の抵当権を設定することにより，Dに対する担保の提供を行おうと考えた。
 なお，A社では，同社の所有する不動産の処分・管理権は，代表社員が有していた。また，会社法第595条第1項各号に定められた利益相反取引の承認手続については，定款で，全社員が出席する社員総会を開催した上，同総会において，利益相反取引を行おうとする社員を除く全社員がこれを承認することが必要である旨定められていた。
4 それにもかかわらず，甲は，A社社員総会を開催せず，社員B及び社員Cの承認を得ないまま，Dに対し，1億円の融資の担保として本件土地に第一順位の抵当権を設定する旨申し入れ，Dもこれを承諾したので，甲とDとの間で，甲がDから金1億円を借り入れることを内容とする消費貸借契約，及び，甲の同債務を担保するためにA社が本件土地に第一順位の抵当権を設定することを内容とする抵当権設定契約が締結された。
 Dは，前記抵当権設定契約に基づき，本件土地に対する第一順位の抵当権設定登記を行うとともに，甲に現金1億円を交付した。

なお，その際，Dは，会社法及びA社の定款で定める利益相反取引の承認手続が適正に行われ，抵当権設定契約が有効に成立していると信じており，そのように信じたことについて過失もなかった。

甲は，Dから借り入れた現金1億円を，全て自己の海外での賭博費用で生じた借入金の返済に充てた。

5　半年後，甲は，再び自己の海外での賭博費用で生じた多額の借入金の返済に窮するようになり，その中でも暴力団関係者からの5000万円の借入れについて，厳しい取立てを受けるようになったことから，その返済資金に充てるため，Dに対し，「暴力団関係者から借金をして厳しい取立てを受けている。その返済に充てたいので5000万円を私に融資してほしい。」などと申し入れた。

Dは，甲の借金の原因が賭博であり，暴力団関係者以外からも多額の負債を抱えていることを知っていたため，甲にこれ以上融資を行っても返済を受けられなくなる可能性が高いと考え，甲による再度の融資の申入れを断ったが，甲が金に困っている状態を利用して本件土地を知人のEに売却させようと考え，甲に対し，「そんなに金に困っているんだったら，本件土地をA社からEに売却しないか。」と申し入れた。

Dは，「僕の抵当権を抹消して本件土地をEに売却すれば，時価の2億円で売れるよ。僕への仲介手数料は1000万円でいいから。そうすれば，僕に1億円を返済しても君の手元には9000万円も残るじゃないか。それだけあれば暴力団関係者に対する返済だってできるだろ。」などと言って甲を説得した。

甲は，Dの説得を受け，本件土地を売却して得た金員でDおよび暴力団関係者への返済を行えば，暴力団関係者からの取立てを免れることができると考え，本件土地をEに売却することを決意した。

6　数日後，甲は，A社社員B及び同社員Cに無断で，本件土地をEに売却するために必要な書類を，Dを介してEに交付するなどして，A社が本件土地をEに代金2億円で売却する旨の売買契約を締結し，Eへの所有権移転登記手続を完了した。甲は，Dを介して，Eから売買代金から2億円を受領した。

なお，その際，Eは，甲が本件土地を売却して得た金員を自己の用途に充てる目的であることは知らず，A社との正規の取引であると信じており，そのように信じたことについて過失もなかった。

甲は，Eから受領した1億円から，Dに約束どおり1億1000万円を支払ったほか，5000万円を暴力団関係者への返済に充て，残余の4000万円については，海外での賭博に費消した。

（参考：平成24年度司法試験論文式刑事法第1問）

〔松宮　孝明〕

あとがき

　法科大学院が開設されて，10年が過ぎた。この間，「理論と実務の融合」というスローガンのもと，「判例」を中心とした学習に大きな重点が置かれたようにみえる。しかし，それは，ややもすれば，認定された具体的事実を離れて，個別の裁判例がその理由中で述べた「裁判官の学説」に拘泥する傾向にあったように思う。

　たとえば，本書第13章の参考判例①（大阪高判昭和62・7・17判時1253号141頁）は，その理由中で事後強盗罪を真正身分犯とする見解を明らかにした。しかし，この判決の事案は，万引きで逮捕されそうになった窃盗犯人が，逮捕を免れるために仲間の協力を得て被害者に暴行を加えたという事件について，暴行に関与した仲間ではなく，窃盗犯人本人が量刑不当等を理由として控訴したというものであった。ゆえに，窃盗犯人である控訴人に対しては，事後強盗罪の法的性格のいかんに関わらず，238条を介した240条の適用があることに争いのない事案だったのである。その意味で，有斐閣の『判例百選刑法Ⅱ各論』などに引用される，事後強盗罪を真正身分犯とする判示部分は，まったくの傍論である。

　本書では，このような「傍論」を削ぎ落として，「判例」となるべき「主論」を見極め，それによって刑法解釈における「判例」の現状を明らかにする力を養ってもらうことを目標としている。もちろん，それは，刑事裁判の実務家となるために不可欠な力だと思われる。その力が付いたかどうかは，あらたな「裁判例」に対する読者の見方が深まったかどうかによって検証されるであろう。

　なお，そのために，編者としては，各執筆者にいろいろと注文を出すことと

あとがき

なった。この注文にお応えいただいた執筆者各位には，感謝の意を表する。また，このような注文の多い教材の出版をお引き受けいただいた法律文化社，とりわけ担当の掛川直之氏にも，この場を借りて，お礼を申し上げる。

　2014年12月　京都にて

松宮　孝明

判例索引

大　審　院

大判明治42・6・14刑録15輯769頁	168
大判明治42・11・15刑録15輯1614頁	230
大判明治43・6・7刑録16輯1103頁	3, 5
大判明治43・6・17刑録16輯1210頁	230
大判明治43・7・5刑録16輯16巻1382頁	311
大判明治43・10・25刑録16輯1745頁	315, 316, 322, 325, 326
大判明治44・5・22刑録17輯897頁	265
大判明治44・10・26刑録17輯1795頁	266
大判明治45・1・15刑録18輯1頁	164
大判大正1・11・28刑録18輯1431頁	283
大判大正2・11・25刑録19輯1299頁	249
大判大正2・12・16刑録19輯1440頁	265
大判大正3・6・27刑録20輯1350頁	266
大判大正3・10・2刑録20輯1764頁	77
大判大正3・10・16刑録20輯1867頁	283
大判大正4・2・10刑録21輯90頁	37, 40
大判大正4・2・10刑録21輯94頁	265
大判大正4・5・21刑録21輯663頁	211, 265
大判大正6・4・12刑録23輯339頁	230
大判大正6・5・25刑録23輯519頁	173
大判大正7・3・14刑録24輯206頁	304
大判大正7・6・17刑録24輯884頁	204
大判大正8・3・27刑録25輯396頁	249
大判大正11・11・7刑集1巻642頁	249
大判大正12・2・13刑集2巻52頁	230
大判大正12・4・30刑集2巻378頁	120, 121, 123
大判大正12・7・2刑集2巻610頁	155
大判大正12・11・27刑集2巻860頁	304
大判大正15・4・20刑集5巻136頁	266, 325
大判昭和3・7・7法律新聞2898号13頁	304
大決昭和3・10・29刑集7巻709頁	311
大決昭和3・12・21刑集7巻772頁	249
大判昭和6・5・8刑集10巻205頁	231
大判昭和6・7・8刑集10巻7号312頁	94
大判昭和7・4・20刑集11巻402頁	301

大判昭和7・7・1刑集11巻999頁 ·· 302, 304, 310, 311
大判昭和7・9・12刑集11巻1317頁 ··· 283
大判昭和8・2・15刑集12巻126頁 ·· 249
大判昭和8・4・19刑集12巻471頁 ·· 187
大判昭和8・8・30刑集12巻16号1445頁 ·· 95
大判昭和9・2・8刑集13巻99頁 ·· 249
大判昭和9・2・10刑集13巻127頁 ·· 159
大判昭和9・6・14刑集13巻811頁 ·· 301
大判昭和9・7・19刑集13巻983頁 ·· 319
大判昭和9・8・27刑集13巻1086頁 ·· 187
大判昭和9・9・14刑集13巻1257頁 ··· 79
大判昭和10・6・20刑集14巻722頁 ··· 155
大判昭和10・9・28刑集14巻997頁 ··· 164
大判昭和12・4・8刑集16巻485頁 ·· 3, 5
大判昭和13・11・18刑集17巻839頁 ·· 193, 194, 195
大判昭和17・2・2刑集21巻77頁 ··· 249

最高裁判所

最判昭和23・3・16刑集2巻3号220頁 ··· 204
最判昭和23・6・9刑集2巻7号653頁 ·· 249
最判昭和23・10・23刑集2巻11号1386頁 ·· 85
最判昭和24・3・8刑集3巻3号276頁 ··· 258, 318
最大判昭和24・5・18刑集3巻6号772頁 ···································· 65, 74, 76, 78
最判昭和24・5・21刑集3巻6号858頁 ······································ 3, 4, 5, 6, 7, 8, 9
最判昭和24・7・12刑集3巻8号1237頁 ··· 155
最判昭和24・7・16集刑12号599頁 ·· 266
最判昭和24・10・13刑集3巻10号1655頁 ··· 79
最判昭和24・12・17刑集3巻12号2028頁 ·· 155
最判昭和25・3・31刑集4巻3号469頁 ·· 17
最判昭和25・7・11刑集4巻7号1261頁 ·· 94
最判昭和25・8・29刑集4巻9号1585頁 ··· 249
最判昭和25・9・19刑集4巻9号1664頁 ··· 266
最判昭和26・1・23集刑39号573頁 ··· 266
最判昭和26・7・13刑集5巻8号1437頁 ··· 265
最決昭和27・2・21刑集6巻2号275頁 ·· 187
最判昭和27・3・6集刑62号145頁 ·· 266
最判昭和27・10・17集刑68号361頁 ·· 265
最判昭和28・5・7集刑80号81頁 ··· 266
最判昭和28・12・25刑集7巻13号2671頁 ··· 79
最判昭和28・12・25刑集7巻13号2721頁 ·· 266
最判昭和30・4・8刑集9巻4号827頁 ··· 222
最決昭和30・7・7刑集9巻9号1856頁 ·· 231
最判昭和30・12・21刑集9巻14号2937頁 ······································ 305, 306
最判昭和31・6・26刑集10巻6号874頁 ················· 315, 320, 321, 322, 324, 325
最判昭和31・12・7刑集10巻12号1592頁 ······································· 273, 274

331

最判昭和32・1・22刑集11巻1号31頁	44, 45
最決昭和32・1・24刑集11巻1号270頁	95
最判昭和32・9・13刑集11巻9号2263頁	223, 225
最判昭和32・11・8刑集11巻12号3061号	82
最大判昭和33・5・28刑集12巻8号1718頁	157
最判昭和33・9・19刑集12巻13号3047頁	258, 259, 260, 266
最判昭和33・9・19刑集12巻13号3127頁	259, 260, 261, 263, 265, 266
最判昭和33・11・21刑集12巻15号3519頁	179, 183, 184, 187
最判昭和34・2・5刑集13巻1号1頁	54, 55, 56, 136
最判昭和34・2・13刑集13巻2号101頁	262, 263, 318
最判昭和34・7・24刑集13巻8号1163頁	36, 40
最決昭和34・9・28刑集13巻11号2993頁	249
最判昭和35・2・4刑集14巻1号61頁	70, 71, 79
最判昭和35・8・30刑集14巻10号1418頁	231
最決昭和35・10・26集刑135号633頁	249
最決昭和36・7・4集刑138号613頁	249
最決昭和36・9・26集刑139号363頁	249
最判昭和37・4・13判時315号4頁	300
最判昭和39・11・24刑集18巻9号639頁	266
最決昭和40・3・9刑集19巻2号69頁	115, 117, 118
最判昭和40・9・16刑集19巻6号679頁	165
最判昭和41・12・20刑集20巻10号1212頁	104, 105
最判昭和42・10・13刑集21巻8号1097頁	109
最決昭和42・10・24刑集21巻8号1116頁	14
最決昭和43・12・11刑集22巻13号1469頁	231
最決昭和44・7・25刑集23巻8号1068頁	86, 87, 88
最決昭和44・12・4刑集23巻12号1573頁	48
最決昭和45・7・28刑集24巻7号585頁	115, 117, 118, 119
最決昭和45・9・4刑集24巻10号1319頁	291
最決昭和46・6・17刑集25巻4号567頁	18
最決昭和46・11・16刑集25巻8号996頁	56
最決昭和48・5・22刑集27巻5号1077頁	103, 105, 108
最大判昭和49・11・6刑集28巻9号393頁	10, 11, 12
最決昭和50・11・28刑集29巻10号983頁	56
最決昭和52・7・21刑集31巻4号747頁	45, 46
最決昭和53・7・28刑集32巻5号1068頁	94, 95
最決昭和54・11・19刑集33巻7号710頁	209, 210, 211
最決昭和56・4・8刑集35巻3号57頁	297, 298
最決昭和56・4・16刑集35巻3号107頁	297, 298
最決昭和56・12・21刑集35巻9号911頁	168, 169, 170, 171, 172
最決昭和58・5・24刑集37巻4号437頁	276, 277, 283
最決昭和59・2・17刑集38巻3号336頁	288, 289, 297
最決昭和59・3・6刑集38巻5号1961頁	168, 169, 170, 171, 172, 175
最決昭和59・3・27刑集38巻5号2064頁	187
最判昭和60・9・12刑集39巻6号275頁	47

判例索引

最決昭和61・6・9刑集40巻4号269頁	89, 92, 93, 96
最決昭和61・11・18刑集40巻7号523頁	228
最決昭和63・1・19刑集42巻1号1頁	35, 40
最決昭和63・4・11刑集42巻4号419頁	301
最決昭和63・11・21刑集42巻9号1251頁	283
最決平成1・6・26刑集43巻6号567頁	133, 135, 157, 158
最判平成1・11・13刑集43巻10号823頁	48, 49, 50
最決平成1・12・15刑集43巻13号879頁	29
最決平成2・2・9判時1341号157頁	92
最決平成2・11・20刑集44巻8号837頁	19, 20, 21, 27
最決平成4・6・5刑集46巻4号245頁	135
最決平成4・12・17刑集46巻9号683頁	26
最決平成5・10・5刑集47巻8号7頁	294
最決平成6・7・19刑集48巻5号190頁	2
最判平成6・12・6刑集48巻8号509頁	130
最決平成9・4・7刑集51巻4号363頁	305, 306, 307, 308, 309
最決平成10・11・25刑集52巻8号570頁	283
最決平成11・12・20刑集53巻9号1495頁	292, 293
最決平成12・3・27刑集54巻3号402頁	241
最判平成13・7・19刑集55巻5号371頁	249
最決平成13・10・25刑集55巻6号519頁	135
最決平成13・11・5刑集55巻6号546頁	252, 325
最判平成14・3・15裁時1311号7頁	257, 260, 263, 264, 325
最決平成14・10・21刑集56巻8号670頁	241, 249
最決平成15・1・24判時1806号157頁	98
最決平成15・2・18刑集57巻2号161頁	281
最決平成15・3・18刑集57巻3号356頁	283
最判平成15・4・23刑集57巻4号467頁	314
最決平成15・7・16刑集57巻7号950頁	22, 23, 27
最決平成15・10・6刑集57巻9号987頁	297
最決平成16・1・20刑集58巻1号1頁	176, 187
最決平成16・2・17刑集58巻2号169頁	24, 27
最決平成16・3・22刑集58巻3号187頁	111
最決平成16・7・7刑集58巻5号309頁	245
最決平成16・7・13刑集58巻5号360頁	105, 106, 107
最決平成16・8・25刑集58巻6号515頁	96
最判平成16・9・10刑集58巻6号524頁	268
最決平成16・10・19刑集58巻7号645頁	24, 25, 26, 27
最決平成16・11・30刑集58巻8号1005頁	264
最決平成17・7・4刑集59巻6号403頁	37, 40
最決平成17・10・7刑集59巻8号779頁	283
最決平成18・11・21刑集60巻9号770頁	161, 175
最決平成19・7・17刑集61巻5号521頁	245
最決平成20・5・19刑集62巻6号1623頁	282
最決平成20・5・20刑集62巻6号1786頁	42

333

最決平成20・6・25刑集62巻6号1859頁	54, 55, 136, 137
最決平成21・2・24刑集63巻2号1頁	136, 137
最決平成21・6・30刑集63巻5号475頁	140
最決平成21・11・9刑集63巻9号1117頁	283, 284
最判平成22・7・15判時2091号90頁	283
最決平成22・7・29刑集64巻5号829頁	234
最決平成23・12・19刑集65巻9号1380頁	284
最決平成24・1・30刑集66巻1号36頁	198
最決平成24・2・8刑集66巻4号200頁	38, 39, 40
最決平成24・11・6刑集66巻11号1281頁	188
最判平成24・12・7刑集66巻12号1337頁	10, 11, 12
最決平成26・3・28刑集68巻3号582頁	246, 247, 248
最判平成26・3・28刑集68巻3号646頁	247, 248

高等裁判所

東京高判昭和25・9・14高刑集3巻3号407頁	151, 155, 158
福岡高判昭和26・11・28判特19号43頁	80
仙台高判昭和27・9・15高刑集5巻11号1820頁	187
福岡高判昭和28・1・12高刑集6巻1号1頁	151, 155, 158
東京高判昭和28・1・27東高時報3巻1号23頁	159
札幌高判昭和28・9・15高刑集6巻8号1088頁	5
広島高判昭和29・6・30高刑集7巻6号944頁	179, 183, 186, 187
大阪高判昭和30・12・1裁特2巻22号1196頁	85
東京高判昭和30・12・21裁特2巻24号1292頁	158
東京高判昭和32・2・21東高時報8巻2号39頁	158
東京高判昭和34・3・16高刑集12巻2号201頁	265
東京高判昭和35・7・15下刑集2巻7・8号989頁	81
名古屋高金沢支判昭和36・12・25高刑集14巻10号681頁	5
東京高判昭和38・1・24・高刑集16巻1号16頁	3, 5
福岡高判昭和41・4・22下刑集8巻4号602頁	230
広島高松江支判昭和41・5・31判時485号71頁	5
大阪高判昭和41・6・24高刑集19巻4号375頁	158
大阪高判昭和45・6・12判タ255号264頁	283
東京高判昭和46・3・4高刑集24巻1号168頁	36
東京高判昭和46・4・6東高時報22巻4号156頁	158
東京高判昭和46・5・24東高時報22巻5号182頁	79
福岡高判昭和47・11・22刑月4巻11号1803頁	326
名古屋高判昭和50・7・1判時806号108頁	198
東京高判昭和52・12・8刑集33巻7号722頁	210
東京高判昭和53・8・8東高時報29巻8号153頁	74, 76, 80
札幌高判昭和56・1・22刑月13巻1＝2号12頁	109, 110
東京高判昭和57・11・29刑月14巻11・12号804頁	78, 79
大阪高判昭和59・11・28高刑集37巻3号438頁	231
大阪高判昭和62・7・10高刑集40巻3号720頁	192, 193, 195, 196, 198, 199, 200
大阪高判昭和62・7・17判時1253号141頁	208, 212, 213

広島高判昭和63・1・26高刑速（昭63）125頁 231
東京高判平成1・2・27高刑集42巻1号87頁 225
福岡高宮崎支判平成1・3・24高刑集42巻2号103頁 179, 181, 182, 184, 186
大阪高判平成7・12・22判タ926号256頁 76, 78
東京高判平成8・8・7東高時報47巻1～12号103頁 198
仙台高判平成9・3・13高刑速（平9）143頁 80
東京高判平成9・3・18東高時報48巻1～12号16頁 194
東京高判平成9・10・20高刑集50巻3号149頁 293
大阪高判平成10・6・24高刑集51巻2号116頁 76
大阪高判平成10・6・24判時1665号141頁 69, 70, 71, 74, 76, 78, 79
東京高判平成11・5・25東高時報50巻5号38頁 292, 293
東京高判平成12・2・8東高時報51巻2号9頁 287
札幌高判平成12・3・16判時1711号170頁 156
福岡高判平成12・9・21高刑速（平12）197頁 212, 213
東京高判平成13・2・20判時1756号162頁 121, 122, 123
広島高松江支判平成13・10・17判時1766号152頁 76, 78, 79
名古屋高判平成14・8・29高刑速（平14）134頁 199
名古屋高判平成14・8・29判時1831号158頁 156, 158, 159
大阪高判平成14・10・31刑集59巻8号1307頁 284
東京高判平成15・1・23東高時報54巻1頁 205
東京高判平成15・8・21判時1868号147頁 265
仙台高判平成16・5・10高刑速（平16）229頁 296
東京高判平成16・6・22東高時報55巻1～12号50頁 194
名古屋高判平成17・10・28高刑速（平17）285頁 271
東京高判平成17・11・1東高時報56巻1～12号75頁 193, 194, 195
札幌高判平成18・8・31刑集63巻9号1486頁 284
東京高判平成18・11・29刑集62巻6号1802頁 56
名古屋高判平成19・8・9判タ1261号346頁 211, 212, 213
東京高判平成21・2・2刑集66巻4号371頁 39
東京高判平成21・3・10東高時報60巻1～12号35頁 192
東京高判平成21・11・16判タ1337号280頁 216, 232
東京高判平成24・12・18判時2212号123頁 74, 78, 80

地方裁判所

東京地判昭和31・6・30週刊法律新聞19号13頁 158
仙台地判昭和34・1・22下刑集1巻1号107頁 158
東京地判昭和40・9・30下刑集7巻9号1828頁 36
東京地判昭和41・7・21判時462号62頁 158
神戸地判昭和41・12・21下刑集8巻12号1575頁 158
新潟地判昭和42・12・5判時509号77頁 208
盛岡地判昭和44・4・16刑月1巻4号434頁 40
東京地判昭和47・4・27刑月4巻4号857頁，判時668号32頁 185
松江地判昭和51・11・2刑月8巻11＝12号495頁 158
東京地判昭和52・9・12判時919号126頁 158
東京地判昭和55・2・14刑月12巻1・2号47頁 265

335

札幌地判昭和55・12・24刑月12巻12号1279頁……………………………………… 198
横浜地判昭和58・7・20判時1108号138頁………………………… 114, 115, 119, 126
東京地判昭和59・6・15刑月16巻5・6号459頁……………………………………… 265
東京地判昭和60・2・13刑月17巻1・2号22頁…………………………………… 265, 318
東京地判昭和60・3・19判時1172号155頁………………………… 208, 209, 212, 213
札幌地判昭和61・4・11高刑集42巻1号52頁…………………………………………… 31
千葉地判昭和62・9・17判時1256号3頁………………………………………………… 56
大阪地判昭和63・7・28判タ702号269頁……………………………………………… 198
横浜地判昭和63・12・14判タ691号（1989年）160頁……………………………… 231
大阪地判平成2・4・24判タ764号264頁………………………………………… 158, 159
東京地判平成8・6・26判時1578号39頁………………………………………………… 57
大阪地判平成9・8・20判タ995号286頁………………………………………… 196, 199
東京地判平成9・12・12判時1632号152頁……………………………………………… 78
松江地判平成10・7・22判時1653号156頁……………………………………… 76, 78, 79
東京地判平成10・8・19判時1653号154頁…………………………………………… 293
大阪地堺支判平成11・4・22判時1687号157頁……………………………………… 201
東京地判平成12・7・4判時1769号158頁……………………………………………… 158
名古屋地判平成13・5・30刑集58巻1号8頁………………………………………… 180
東京地判平成15・1・31判タ1838号158頁………………………………………… 295, 297
旭川地判平成15・11・14LEX/DB28095059…………………………………………… 158
大阪地判平成16・11・17判タ1166号114頁…………………………………………… 213
神戸地判平成17・4・26判時1904号152頁………………………………………… 225, 226
東京地八王子支判平成18・7・5刑集62巻6号1794頁………………………………… 56
横浜地判平成19・12・13刑集66巻4号279頁…………………………………………… 38
東京地判平成21・1・13判タ1307号309頁……………………………………………… 79
さいたま地裁川越支判平成21・6・1判例集未登載………………………………… 217

簡易裁判所

堺簡判昭和61・8・27判タ618号181頁………………………………………………… 79

■執筆者紹介

＊松宮 孝明（まつみや・たかあき）　　序章・第3章・第6章・第8章・第12章・第18章・第20章
　　1958年生．京都大学大学院法学研究科博士後期課程学修．博士（法学）
　　現在，立命館大学大学院法務研究科教授

安達 光治（あだち・こうじ）　　　　　　　　　　　　　　第1章・第2章・第11章・第13章
　　1972年生．立命館大学大学院法学研究科博士後期課程修了．博士（法学）
　　現在，立命館大学法学部教授

野澤　充（のざわ・みつる）　　　　　　　　　　　　　　　　　　　　　第4章・第9章
　　1974年生．立命館大学大学院法学研究科博士後期課程修了．博士（法学）
　　現在，九州大学大学院法学研究院准教授

玄　守道（ひょん・すど）　　　　　　　　　　　　　　　第5章・第7章・第10章・第19章
　　1975年生．立命館大学大学院法学研究科博士後期課程単位取得退学
　　現在，龍谷大学法学部教授

大下 英希（おおした・ひでき）　　　　　　　　　　　　　第14章・第15章・第16章・第17章
　　1975年生．大阪市立大学大学院法学研究科後期博士課程単位取得退学
　　現在，立命館大学大学院法務研究科教授

Horitsu Bunka Sha

判例刑法演習

2015年4月15日　初版第1刷発行

編　者　松宮　孝明
発行者　田靡　純子
発行所　株式会社　法律文化社

〒603-8053
京都市北区上賀茂岩ヶ垣内町71
電話 075(791)7131　FAX 075(721)8400
http://www.hou-bun.com/

＊乱丁など不良本がありましたら，ご連絡ください．
　お取り替えいたします．

印刷：西濃印刷㈱／製本：㈱藤沢製本
装幀：白沢　正

ISBN 978-4-589-03637-7
Ⓒ2015 Takaaki Matsumiya Printed in Japan

JCOPY　〈(社)出版者著作権管理機構　委託出版物〉

本書の無断複写は著作権法上での例外を除き禁じられています．複写される
場合は，そのつど事前に，(社)出版者著作権管理機構（電話 03-3513-6969，
FAX 03-3513-6979, e-mail: info@jcopy.or.jp）の許諾を得てください．

松宮孝明編
ハイブリッド刑法総論
ハイブリッド刑法各論〔第2版〕
A5判・340頁・3300円／390頁・3400円

基本から応用までをアクセントをつけて解説した刑法の基本書。レイアウトや叙述スタイルに工夫をこらし，基礎から発展的トピックまでを具体的な事例を用いてわかりやすく説明。総論・各論を相互に参照・関連させて学習の便宜を図る。

中川孝博・葛野尋之・斎藤 司著
刑事訴訟法講義案〔第2版〕
B5判・238頁・2700円

情報量を抑えて要点を例挙し，基本的な論理の流れや知識間の関連づけを整理した講義パートと，そこで得た知識を定着させるための短答パートとからなるテキストの第2版。『判例学習・刑事訴訟法』とのリファーも充実。

葛野尋之・中川孝博・渕野貴生編
判例学習・刑事訴訟法
B5判・356頁・2800円

法が解釈・適用される事案解決過程の有機的関連を意識したテキスト。法の適用部分をていねいに紹介し，当該判例の位置づけや学生が誤解しやすいポイントを簡潔に解説。101の重要判例を収録。学部試験・司法試験対策に必携の一冊。

村井敏邦著
裁判員のための刑事法ガイド
A5判・184頁・1900円

もしも裁判員に選ばれたら…。不安を抱える市民のために，これだけは知っておきたい基礎知識をていねいに解説する。裁判のしくみから手続の流れ，刑法理論までカバー。裁判員時代の法感覚を身につけるために最適の書。

村井敏邦・後藤貞人編
被告人の事情／弁護人の主張
―裁判員になるあなたへ―
A5判・210頁・2400円

第一線で活躍する刑事弁護人のケース報告に，研究者・元裁判官がそれぞれの立場からコメントを加える。刑事裁判の現実をつぶさに論じることで裁判員になるあなたに問いかける。なぜ〈悪い人〉を弁護するのか。刑事弁護の本質を学ぶ。

浅田和茂・上田 寛・松宮孝明・本田 稔・金 尚均編集委員
〔生田勝義先生古稀祝賀論文集〕
自由と安全の刑事法学
A5判・756頁・17000円

「自由」と「安全」をキーワードに，刑事法分野における基礎理論，解釈論を展開した意欲的なモノグラフ。「自由と安全と刑法」，「現代社会と刑法解釈」，「人権保障と刑事手続」，「人間の尊厳と刑事政策」の4部から構成。

──法律文化社──

表示価格は本体（税別）価格です